革命文献与民国时期文献
保护计划

成果

周海建　編

中國現代史檔案資料彙編總目

國家圖書館出版社

圖書在版編目(CIP)數據

中國現代史檔案資料彙編總目/周海建編.—北京:國家圖書館出版社, 2022. 5

(民國文獻資料叢編)

ISBN 978-7-5013-7482-3

Ⅰ.①中… Ⅱ.①周… Ⅲ.①中國歷史-現代史-史料-彙編
Ⅳ.①K260.6

中國版本圖書館 CIP 數據核字(2022)第 015606 號

書　　名 中國現代史檔案資料彙編總目
著　　者 周海建　編
責任編輯 梁　盼
封面設計 敬人書籍設計工作室

出版發行 國家圖書館出版社(北京市西城區文津街 7 號　100034)
(原書目文獻出版社　北京圖書館出版社)
010-66114536　63802249　nlcpress@nlc.cn(郵購)
網　　址 http://www.nlcpress.com
印　　裝 河北三河弘翰印務有限公司
版次印次 2022 年 5 月第 1 版　2022 年 5 月第 1 次印刷

開　　本 787×1092　1/16
印　　張 34
書　　號 ISBN 978-7-5013-7482-3
定　　價 198.00 圓

革命文獻與民國時期文獻整理出版工作委員會

革命文獻與民國時期文獻整理出版學術顧問

（按姓氏筆畫排序）

總　序

中華文明之所以博大精深、源遠流長，不僅與未曾斷裂的文字記録有關，也與自古有『易代修史』和重視文獻收集、整理等優良傳統密不可分。明有《永樂大典》、清有《四庫全書》，都是有力的佐證。自新中國成立，特别是改革開放以來，我國日漸加大對古代各時期文獻整理和保護工作的力度，但對具有重要價值又亟需保護的民國時期文獻的重視程度尚需進一步加强。

民國時期是中國歷史上一個重要而特殊的嬗變時期，新舊交匯、中西碰撞，形成了社會轉型期特殊的文化景觀；同時，這一時期也是中華民族遭受外侮、充滿灾難的時期。僅從文化角度考察，一方面傳統文化得到進一步的整理繼承和批判揚弃，另一方面西方文化又强烈衝擊和影響着當時人們的思想與行爲。特别是馬列著作的譯介與傳播，不僅深刻影響着人們的思想意識，而且直接導致了新民主主義革命的爆發，并由此帶來一系列社會巨變。這些政治、經濟、文化、社會的巨大變革，形諸文字，輔之於出版業和新聞業的飛速發展，使得民國時期的出版發行業達到了空前的規模。短短數十年間，積纍了圖書、期刊、報紙以及檔案、日記、手稿、票據、傳單、海報、圖片及聲像資料等大量文獻。這些文獻正是記録、反映民國時期政治、經濟、軍事、文化等諸多方面的重要載體。

概括而言，民國時期文獻具有以下特點：第一，數量衆多。據初步估算，民國時期文獻數量遠遠超過存世數千年的古籍總量，僅國家圖書館一館所藏就達八十八萬餘册。第二，内容豐富。該時期文獻涵蓋了政治、經濟、文化、軍事等領域，既有政府公報、法律規範等方面的文獻資料，也有豐富的文學作品。同時，電影及唱片等作品也大量出現。無論在内容上，還是在文獻形式上，均極爲豐富。第三，歷史和學術價值高。民國時期，中國經歷了内憂外患，中國共産黨領導中國人民開展了艱苦卓絶的革命鬥争，在中國歷史上寫下了輝煌篇章，産生了大量革命歷史文獻。這些文獻歷久彌珍，是研究中國共産黨黨史的珍貴資料。民國時期又是各種思想交匯、碰撞的時期，留下了大量記載時代印迹的資料，在政治、法律、語言文字、歷史等諸學科都留下了豐富的文化遺産，對研究民國時期的歷史，尤其是人文社會科學，有着重要的借鑒意義。第四，現實意義重大。民國時期形成的邊疆墾務、農商統計、中國經濟志、賑灾史料等文獻，對研究國家主權、邊境、民族、軍事以及農業、水利、經濟等均有重要的現實意義，同時也是開展愛國主義教育、革命傳統教育和國情教育的生動教材。例如，大量有關『東京審判』的文字記録、照片、影像資料，集中反映了日軍侵略中國的歷史，是日本軍國主義侵華罪行的有力證據。第五，紙張和印製品質不佳。民國時期正處於從手工造紙向機械造紙轉换的初期，所産紙張酸性高，加之印刷、裝訂等工藝的自身缺陷，造成了文獻印製質量上的先天不足，致使很多文獻出現了嚴重的老化或損毁現象，其保存難度大大高於傳統手工紙文獻。民國時期文獻的上述特點，決定了對其進行保護的思路必須隨着科學技術的發展不斷創新，如在文獻普查、原生性保護基礎上，充分利用影印出版、縮微、數字化等再生性保護方式，以期達到事半功倍之效果。

國家圖書館是國家總書庫，履行國内外圖書文獻的收藏和保護職能，爲中央和國家領導機關立法決策、國内科學研究和公衆提供文獻信息服務。文獻作爲一個國家的歷史積澱和文化載體，肩負着國家和民族的文化傳承重任，保存、保護和利用好這些文獻，是圖書館人的歷史責任。二〇一一年，在文化部、財政部支持下，國家圖書館聯合業内相關單位啓動了『革命文獻與民國時期文獻保護計劃』，旨在通過文獻普查、海内外文獻徵集、整理出版，以及文獻保護技術研究等各項工作的開展，切實有效地搶救與保護民國時期文獻。

文獻整理出版是保護計劃的一項重要内容，由國家圖書館策劃，將依據文獻的館藏特色、資料類型、瀕危狀況、珍稀程度和社會需求等方面，整合各文獻存藏單位所藏，彙集相關領域專家與出版工作者等多方力量，采取『民國文獻資料叢編』形式，統籌規劃、有序推進，成規模地整理、編纂出版包括民國時期政治、經濟、社會、文化、教育、外交等各領域文獻，努力爲社會各界提供豐富的、有價值的、便利的文獻資源。

中華民族的偉大復興，以文化復興爲標志。文化的復興，必須以弘揚傳統文化爲基礎。弘揚傳統文化，又必須以保護、傳承傳統文化爲前提。我們堅信，『叢編』的推出，必將爲民族復興、文化繁榮做出重要貢獻。

是爲序。

周和平

二〇一三年一月

前言

中國素來有重視利用檔案的歷史傳統。自《春秋》以降，『簡策』『簿書』『案牘』等公家文書在中國古代紀傳體、編年體等史書的撰寫中就始終占據着重要地位。近代文獻檔案學家沈兼士也曾指出：『秦亡後，周室所藏遺弃無見之者，而揚雄傷之。然蕭何猶能收秦丞相御史律令圖書，使沛公知天下戹塞户口多少强弱民所疾苦，以興漢室』，强調律令圖書等檔案資料之於一個朝代治亂興衰的重要作用。清末民初，受西方民權思想和新史學思潮的影響，中國傳統以帝王將相爲中心的歷史書寫雖然面臨嚴重衝擊，但學術界對檔案文書的重視程度却并未因之稍減。清代内閣大庫檔案等所謂『新材料』的發現和整理，更成爲促進中國近代史學科發展的一個重要契機。

不過，在一九四九年以前，中國現代史特别是中共黨史的材料却一直未能得到較爲系統的整理。受民國政潮、戰亂等因素影響，一些檔案還存在嚴重的損毁、遺失、破壞等情形。一九四一年，毛澤東在《改造我們的學習》一文中也指出，『對於國内和國際的政治、軍事、經濟、文化的任何一方面，我們所收集的材料還是零碎的，我們的研究工作還是没有系統的。二十年來，一般地説，我們并没有對於上述各方面作過系統的周密的收集材料加以研究的工作，缺乏調查研究客觀實際狀况的濃厚空氣』，特别是中國共産黨的歷史和鴉片戰争以後的中國近百年史，『真正懂得的很少』，『簡直還没有人認真動手去研究』。抗日戰争勝利後，中國共産黨有意識地加强了對各類舊政權檔案的接收工作，惟因客觀條件所限，相關檔案的整理工作仍未展開。

中華人民共和國成立後，基於國家建設和科學研究的需要，中國現代史檔案資料的搜集整理工作開始提上日程。一九五一年二月，中國科學院歷史研究所第三所（近代史研究所）成立南京史料整理處，專責接收民國時期國民黨等舊政權檔案。在范文瀾領導下，該所制訂了收集中國新民主主義革命時期歷史資料的計劃，『準備撰述長編』，并且還擬定了『增設一現代史組』的工作計劃。一九五六年一月，周恩來發表《關於知識分子問題的報告》，其中指出，『爲了實現向科學進軍的計劃，我們必須爲發展科學研究準備一切必要的條件。在這裏，具有首要意義的是要使科學家得到必要的圖書、檔案資料、技術資料和其他工作條件』。中國現代史資料的整理和編選工作逐漸受到重視。

在上述歷史和現實因素的推動下，中國科學院歷史研究所第三所南京史料整理處組織發起了《中國現代政治史資料彙編》（以下簡稱《彙編》）的編選工作。編輯組組長爲時任南京史料整理處主任的王可風，編輯人員包括王可風、劉起釪、王濤、劉濟生、吴文奎、陳鳴鐘、丁思澤、徐友春、柏禹郙、朱子爽等，《彙編》的打印校對則由陳漢章、王静如、林文清、陳素英、吴明華、李漢國、袁静華、王連元、薛道、黄福榮等負責。

《彙編》的編選具有鮮明的時代性。按照整理處的説法，其選題『是根據上級交付的任務來確定的』，緣起於一九五六年五、六月間，中央政治研究室和第三所（近代史研究所）的領導要求該處從其所存的舊政權檔案中『搜集有關一九一九—一九四九年反動統治方面三十年來罪惡活動的資料，爲編寫中國現代政治史提供有關敵人方面的重要資料』。中央政治研究室方面的發起人田家英還特别提醒研究室圖書資料組的工作人員，説『這部分書很重要』，請他們及早與整理者聯繫。此後，在中央政治研究室參與編輯《毛澤東選集》各卷的過程中，《彙編》即發揮了重要作用。

《彙編》的整理者創立了一套較爲系統的史料編纂體系。作爲一套大型的綜合性資料彙編，《彙編》根據不同的歷史時期分爲了四輯：第一輯爲五四運動至第一次國内革命戰争時期的資料，第二輯爲第二次國内革命戰争時期的資料，第三輯爲抗日戰争時期的資料，第四輯爲第三次國内革命戰争時期的資料。每一輯均根據政治、經濟、外交等主題劃分爲若干類目，類目之下又根據所選資料的内容編排了若干項目、條目，構成了條理分明的『輯—類目—項目—條目』的目録體系。在内容選擇上，《彙編》高度體現了其主旨的政治性。編選者突破了『政治史』的狹義範疇，提出：現代史範圍内的政治全貌『除了通過反動政府的政治活動來反映外，還要通過反動的軍事活動、經濟活動、文化活動、外交活動以及人民群衆的反抗鬥争來體現』。因此，《彙編》不僅包括一般意義上的政治類目，還收入了與政治統治密切相關的經濟、軍事、外交、文教以及工農學生運動等數個類目。這樣的做法固然有當時特定環境下『政治挂帥』的考慮，但也爲多方位地理解經常被劃入特定類型的資料提供了一種可行的路徑。

從編選材料的内容看，《彙編》特别注重選材的標準化和科學性。編選者挑選的基本是在中國現代史範圍内具備全面性和典型性的材料，并尤其注重挑選第一手的檔案材料。對於文件的標題和内容，編選者也做了儘可能的考證和注釋，補充了一些因原檔案缺損、蟲蝕等造成的缺漏。『文化大革命』前十七年，『史學革命』興起，『中國現代史』的重要性被提升到非常重要的地位，但真正學術研究的空間有限。在這種時代氛圍下，南京史料整理處搜集并整理編纂的《中國現代政治史資料彙編》，成爲『文化大革命』前十七年間推進『中國現代史』研究最主要的成果，爲後來出版的《中華民國史檔案資料彙編》提供了直接的底本。

然而，基於特定的時空因素，《彙編》在編選完成後僅以綫裝油印本的方式印製了極少的數量。以往的學術研究和資料彙編（如彭明主編的《中國現代史資料選輯》）雖然曾徵引或選編過這套叢書中的内容，但仍有相當一部分的資料乏人問津。如第一輯的『中國與帝俄的關係』、第二輯的『改組派與西山會議派等的鬥争』和『蔣介石司令部參謀處編「討閻軍事紀略」』、第三輯的『國民黨的派系傾軋』和『兵役舞弊與虐待壯丁』、第四輯的『（國民黨的）官僚貪污與政治腐敗』等等，都藴含着許多以往學術界没有注意或研究不够的歷史信息。再如國民黨在抗戰時期專門針對共産黨員和進步青年而設立的戰時青年訓導團，現有公開出版的文獻雖然對其有所論述，但却缺少國民黨官方層面的材料加以證實，《彙編》中即收録了數種這方面的檔案資料。

此外，《彙編》中還收録了一些存留在檔案中的報刊資料。在數字化開始日益盛行的當下，這部分資料似乎已不像編選者編選資料時那麽稀缺，但正如考古學研究出土文物要注重其所出土地層的年代、特徵等一樣，這部分報刊資料所處的『地層』也賦予了它們不同於所在報刊中的歷史意味。因此，國家圖書館出版社影印出版《中國現代政治史資料彙編》（考慮到該書收録資料的豐富性，影印版書名已改爲《中國現代史檔案資料彙編》），對保存史料、推動學術研究無疑具有十分有益的作用。

由於《中國現代史檔案資料彙編》體系龐大，條目繁多，目録分載各册，不利於讀者全面、系統地檢索利用，故本書專門爲影印版整理編製了總目録，以便利用者能更好地瞭解和掌握其全貌。本次目録的整理嚴格按照《中國現代政治史資料彙編》的目録體例結構，除對原資料目録中存在的錯字、漏字、衍文和一些史實性錯誤等進行校勘訂正外，還修訂了原書中目録標題與篇目標題不符等問題，其他方面則基本保持原編者所擬文件標題的本來面貌。

本書的整理工作獲得國家圖書館『革命文獻與民國時期文獻保護計劃』項目的資助，謹致謝意！尤其感謝國家圖書館民國時期文獻保護工作辦公室韓華研究員對項目的積極推進與寶貴建議！整理工作的開展得到了中國歷史研究院圖書檔案館（原中國社會科學院近代史所圖書館）段梅館長的大力支持，原資料的影印整理工作還得到『抗日戰争與近代中日關係文獻數據平臺』工作人員邢宗民、李磊、王會平和中國社會科學院近代史研究所姜濤、梁馨蕾、柴怡贇、石啓賢等諸位學者的幫助，最後由中國社會科學院近代史研究所金以林、羅敏研究員審定。因編輯水準的限制，本書的編輯整理難免存在一些問題，不足之處尚希各位讀者批評指正。

編者

二〇二二年五月

第一册 原第一輯第一册—第二册（上）

北洋軍閥的政治活動

【一】重大時政

一、南北和議

一 南北和議代表關於南北和議停戰時雙方詰問違約事件往來文電（1919）……一九七
二 北京國會議員王郅隆等關於反對南北和會討論國會問題致北方首席代表朱桂莘聲明電（1919.4.17）……二〇三
三 北洋政府大總統徐世昌對南北和議之態度令（1919.5.21）……二〇五
四 南北和會中之法律問題（1919.7）……二〇七
五 川督劉存厚報告派員會同川滇軍將領劃分川陝地盤停戰經過情形電（1919.8.11—1919.8.26）……二一一
六 莫榮新等反對安福系首領王揖唐爲南北和會北方總代表之通電（1919.9.10）……二一五
七 上海五族國民和平會關於呼籲南北政府速開和議及對日帝製造閩案提出嚴重交涉通電（1919.12.6）……二一七
八 外員烈德爾請將通告南方密約及合同逐一開列俾得參與南北和議活動自上海致總理靳雲鵬函譯件（1920.2.14）……二一九
九 浙督盧永祥爲促進南北和議主張由新舊兩國會議員各選若干人組織憲法委員會擇地開制憲會議通電（1920.4.5）……二三一
一〇 曹錕拒絕陳光遠提議以曹爲南北和議總代表通電（1920.10.19）……二三三
一一 湖南全省『公民大會』曾廣鈞等反對在滇湘人主張以譚延闓督湘加入南北議和條件快郵代電（約1921）……二三五

一二　張紹曾提議在廬山召開國是會議的通電（1921.9）……二三七

二、驅徐迎黎

一　吳佩孚逼徐世昌下野致内務部總長等電（1922. 6. 1）……二四三
二　浙督盧永祥省長沈金鑒關於徐世昌離職後反對直系軍閥擁黎元洪復任大總統職位發表通電（1922. 6. 3）……二四五
三　關於反對黎元洪復職及浙江廢督電（抄件）（1922. 6. 18）……二四七

三、廢督裁兵

一　贛督陳光遠爲誘致黎元洪復位表示服從黎之廢督裁兵宣言的通電（抄件）（1922. 6. 10）……二五一
二　陝督劉鎮華等陳述廢督裁兵意見電（1922. 6）……二五三
三　浙江督軍盧永祥宣告廢督通電（1922. 6. 15）……二五七
四　烟臺海軍練營張欽泰關於廢督裁兵整頓金融問題致陸軍總長吳佩孚條陳（1922. 6）……二五九
五　四川公民曾昭琪劉建勛張潔等三萬六千一百餘人發起全川公民實行廢督裁兵請願團通電（1922. 7. 8）……二六七

四、黎元洪出走

一　京畿衛戍司令王懷慶爲脅迫總統黎元洪去位藉口警餉竭蹶所提辭呈（印件）（1923. 4. 24）……二七一
二　王懷慶與馮玉祥爲迫黎元洪去職指責北京政府六條罪狀通電稿（1923. 4. 26）……二七三
三　擁黎元洪之府派議員提出查辦曹吳案後直系各派密商乘機要求任免三省文武官員特權有關文電（1923. 5—1923. 8）……二七五
四　國務院總理張紹曾等助曹倒黎向大總統黎元洪提出辭呈通電（1923. 6. 6）……二七七
五　北洋政府大總統黎元洪關於國務總理張紹曾等提出總辭職問題發表通電（1923. 6. 7）……二七九

六　偵察處長王光宇關於直系製造北京軍警罷崗并請願逼黎元洪去位經過及引起地方混亂的情報（1923.6.9—1923.6.23）……二八一
七　偵察處長王光宇關於直系逼黎元洪去職嗾使北京軍警索薪罷崗製造京師市民請願團的情報（1923.6.10—1923.6.13）……二八七
八　京畿衛戍總司令王懷慶陸軍檢閱使馮玉祥藉口軍警欠餉策動罷崗脅逼黎元洪去位并一面引咎辭職通電（1923.6.12）……二九一
九　曹錕賄選總統前致王懷慶密電查詢總統『印信』及『國璽』（1923.6.13）……二九三
一〇　直隸省長王承斌報告在津攔阻總統黎元洪追索印璽經過情形通電（1923.6）……二九五
一一　馮玉祥報告黎元洪出京後情形（1923.6.21）……二九七
一二　直系脅逼黎元洪離京後北京公團聯合會印發的傳單及有關函件（1923.6.28—1923.7.9）……二九九
一三　衆議院議員特派廣東慰問使唐寶鍔關於黎大總統離職後的混亂局勢的意見致國務院等快郵代電（1923.7.4）……三〇三
一四　直系爲防制黎元洪在滬另組委員制政府勾結法租界人員驅黎離滬有關函件（1923.9）……三〇五

五、曹錕賄選

一　偵察處長王光宇關於曹錕進行賄選總統情況的情報（1922.9.5）……三一一
二　察哈爾都統張錫元與綏遠都統馬福祥關於熱察綏三特區派籌曹錕賄選總統經費致王懷慶函電（1923.2.11—1923.6.2）……三一三
三　贛督蔡成勛關於建議曹錕先攻下廣東再謀竊取『總統』位置密電及曹錕批語（1923.3）……三一五
四　揭露曹錕賄選內幕警告國會議員的傳單（1923.6）……三一七
五　王永泉與陸錦關於促擁曹錕爲總統往來函電（1923.6.15—1923.6.20）……三一九
六　官僚姚錫光與曹錕關於謀劃假藉民意組織國民促進選舉大會强制兩院選舉曹錕爲總統來往函件（1923.6）……三二一

七　關於曹錕賄選總統前活動情形各文電（1923）……三二三
八　山東省議會反對變賣青島公産充作曹錕賄選經費電（1923. 8. 25）……三三三
九　天津發刊之『國會議員通訊』所載關於曹錕賄選總統情况的資料（1923. 9. 7—1923. 9. 21）……三三五
一〇　曹錕咨議崔蓋忠報告在京組織暗查處刺探反直各派活動并監視不出席議員情况函（附暗查處章程情報）（1923. 9. 29）……三七九
一一　偵察處長王光宇關於北京國會進行賄選曹錕罪惡形態的情報（1923. 10. 1—1923. 10. 3）……三八七
一二　大本營參議胡漢民等反對曹錕賄選并要求全國軍民自行奮起共濟時艱致大元帥孫中山的電文（1923. 10. 4）……三八九
一三　曹錕參謀長陸錦轉達曹錕入京就任非法總統并仍舊直接統轄直系各師旅致各省督軍密電稿（1923. 10）……三九一
一四　曹錕賄選總統後就職前夕在保定發表的通電（1923. 10. 7）……三九三
一五　偵察處長王光宇關於北大學生會反對曹錕當選『總統』進行活動的情報（1923. 10. 7—1923. 10. 9）……三九五
一六　大元帥孫中山關於討伐曹錕并望全國將士不分南北共赴國難的命令（1923. 10. 8）……三九七
一七　大元帥孫中山反對曹錕賄選并請勿承認曹錕政府致各國宣言（1923. 10. 9）……三九九
一八　偵察處長王光宇關於曹錕由保來京就賄選總統職沿途戒備情形的報告（1923. 10. 10）……四〇一
一九　大元帥孫中山通緝選曹議員的令文（1923. 10. 18）……四〇五
二〇　廣東中央直轄西路討賊軍總司令劉震寰反對曹錕賄選并要求大元帥孫中山速復總統職的電文（1923. 10. 25）……四〇七
二一　廣東省會各學校對曹錕賄選僭竊名位宣言認爲無效的通電傳單（1923. 10. 26）……四〇九
二二　上海《中國晚報》：關於反對曹錕賄選僭竊名位的資料（1923. 10. 30）……四一一
二三　《民權》期刊關於反對曹錕賄選的論文（1923. 11）……四一三

六、曹倒段繼

一　黃郛等於賄選總統曹錕被迫辭職受命組閣就國務總理後發表的通電（1924.11.3）……四二五
二　北洋政府攝政内閣公布《修正清室優待條件》（1924.11.5）……四二七
三　劉揆一主張組織臨時聯省政府電（1924.11.23）……四二九
四　臨時執政公布《中華民國臨時政府制》（1924.11.24）……四三一
五　金兆梓譯《京津泰晤士報》：中國時局之前途（1924.12.3）……四三三
六　京師警察廳報告遵令監視曹錕情形呈文（1924.12.16）……四三五

七、善後會議

一　臨時執政府公布《善後會議條例》（1924.12.24）……四三九
二　臨時執政府召集善後會議出席員的通電（1924.12.31）……四四一
三　段執政邀請孫中山黎元洪參加善後會議的電文（1925.1.1）……四四三
四　段祺瑞善後會議演説詞（1925.2.19）……四四五
五　善後會議議長趙爾巽副議長湯漪招待新聞界就善後會議各項問題發表的談話（1925.2.23）……四四七
六　臨時執政府秘書廳檢送收束軍事大綱案致善後會議秘書廳函（1925.2.26）……四四九
七　北洋政府内務部提議編制警備隊案（1925.2）……四五一
八　善後會議會員熊希齡等提議國憲起草程序案（1925）……四五三
九　善後會議會員熊希齡提議全國禁烟案（1925）……四五九
一〇　善後會議會員顧思浩等關於法定人數解釋之提案（1925）……四六一
一一　善後會議會員吴錫寶等修正國民代表會議條例關於應加入滿族回族選舉代表名額意見書（1925）……四六三
一二　江蘇省議會議員朱紹文等請奉方首先贊同盧永祥關於廢除督辦軍駐軍區餉由部給不干民政等項主張致北京執政府善後會議電（1925.3.3）……四六七

一三 善後會議會員江亢虎等請迅速審查國民代表會議條例議決自動起草憲法等四事緊急提案（1925. 3. 10）……四六九
一四 善後會議會員熊希齡等提議廢督裁兵案（1925. 3）……四七一
一五 岑春煊請通過熊希齡等提議廢督裁兵案致段祺瑞等電（1925. 3. 21）……四七七
一六 善後會議會員任可澄等對於善後會議之意見忠告段祺瑞書（1925. 3）……四七九
一七 善後會議會員趙從軺等關於修正軍事善後委員會條例案（1925. 3）……四八三
一八 善後會議會員顧詔等關於涉及改革政體暨立法範圍等案均屬題外之議在延會期間毋庸討論意見書（1925. 3）……四八五
一九 善後會議會員汪聲玲等平情商榷促成三案意見書（1925. 3）……四八七
二〇 北京臨時執政府爲各法團代表應全爲善後會議會員案以常會期滿不便修改條例致善後會議咨（1925. 4. 3）……四八九
二一 中國新社會民主黨關於國民代表會議宣言（1925. 4. 19）……四九一
二二 善後會議副議長湯漪善後會議閉幕會上演説詞摘要（1925. 4. 21）……四九三
二三 段祺瑞善後會議閉幕日北京外交大樓公宴會員會上演説詞（1925. 4. 21）……四九五
二四 善後會議秘書長許世英善後會議閉幕日北京外交大樓公宴會員會上演説詞（1925. 4. 21）……四九七
二五 北京執政府籌備國民代表會議事宜許世英爲請主持倡導國民代表會議選舉致張作霖電（1925. 7. 15）……四九九
二六 許世英請促張作霖主持倡導國民代表會議選舉致楊宇霆電（1925. 7. 15）……五〇一
二七 許世英請代探張作霖對國民代表會議選舉態度致楊宇霆電（1925. 8. 5）……五〇三
二八 許世英請支持國民代表會議選舉致楊宇霆電（1925. 8. 9）……五〇五

八、國奉之争

一 西北軍將領張之江等關於馮玉祥引退時對國人發表擁護『政府』通電（1926. 1. 6）……五〇九

二　駐京各省區各法團會長主張召集國民會議的通電（抄件）（1926.1.9）……五一一
三　張作霖脱離北京政府關係後自就東三省自治保安總司令兼軍務總統官之通令（1926.1.25）……五一三
四　蕭道存譯《大阪每日新聞》社論：論北京之政變（1926.4.13）……五一五
五　蕭寬譯《北京日報》社論：國民軍退後之政局（1926.4.17）……五一七
六　張作霖關於北洋政府主政人選問題的通電（1926.5.1）……五二一

九、張作霖主政

一　京畿衛戍總司令部轉布張作霖通電就任安國軍總司令之訓令（1926.11.4）……五二五
二　張作霖在北京進退維谷（1927.3）……五二七
三　北洋政府大元帥張作霖就職宣言（1927.6.18）……五二九
四　北洋政府大元帥張作霖公布《中華民國軍政府組織令》（1927.6.18）……五三一
五　北洋政府大元帥張作霖頒布整飭綱紀的令文（1927.6.[30]）……五三三
六　北洋政府大元帥張作霖頒布大赦的令文（1927.7.2）……五三五

【二】派系鬥争

一、派系情况綜述

一　京師警察廳駐滬偵探關於西南國民黨暨安福等派系在各地進行反直及北伐各項活動的情報（1921.4.5—1922.10.22）……五三九
二　李宗黄關於南北現勢與派系情况致顧品珍函及顧覆函（1921.4—1921.5）……五五七
三　步軍統領衙門女稽查員劉漢超關於第一次直奉戰争前夕國内各派系情勢的情報（1922.4.26）……五六三
四　步軍統領衙門女稽查員劉漢超關於北洋軍閥内部矛盾動蕩不安及各派系活動情况的情報（1922.12.1—1922.12.26）……五六七

二、直皖矛盾

一　北洋政府大總統徐世昌解散安福俱樂部令（1920. 8. 3）……五七三
二　直系通緝皖系徐樹錚等暨由日兵營掩護出走有關文件（1920. 8—1922. 11）……五七五
三　直系軍閥向日使交涉引渡皖系徐樹錚等有關文件（1920. 8—1921. 10）……五八五
四　川粵湘贛四省經略使關於皖系馬良計劃利用保定等地回民進行倒直情報（抄件）（1920. 8. 11）……五九一
五　駐日本公使關於北京日使館縱使徐樹錚逃出北京的譯報（1921. 2. 9）……五九三
六　京師憲兵司令部關於匿居日兵營之皖系首要分子活動的情報（1921. 5—1921. 6）……五九五
七　直系查封張敬堯在京財産有關文件（1922. 5）……五九七
八　京師一帶稽查處關於皖系倪道烺在京宴會殷恭先等十餘人共謀籌款運動要差以伸勢力情報（1923. 11. 15）……五九九
九　密探崔蓋忠關於安福系李思浩等在天津開會討論倒直計劃等情報（1923. 12. 30）……六〇一
一〇　京師警察廳關於安福黨人在北京設暗探機關派劉鳳閣等往來京津事覆軍事處函（1924. 1. 11）……六〇五

第二册　原第一輯第二册（下）—第四册（上）

北洋軍閥的政治活動

【二】派系鬥爭

三、聯合反直

一　皖系聯合奉張進行反直活動有關情報（1922. 1—1922. 9）……三

二　直隸憲兵營營長王國楨關於擁黎元洪派議員在天津開會活動及黎聯絡段（祺瑞）張（作霖）反直倒曹情報（1923.6.20—1923.6.22）……五
三　上海鄒寶森向直系報告奉張派姜登選到滬轉赴杭州與盧永祥面商軍事并將遣兵南下助浙等情密函（1923.8.11）……七
四　步軍統領衙門女稽查員劉漢超關於直系逼走黎元洪黎赴滬與南方及奉皖各派系聯合活動情況的情報（1923.9.6—1923.11）……九
五　駐津偵察員張華堂關於曹錕賄選上臺後與奉皖拉攏及奉皖情況的情報（1923.10.15—1923.12.15）……一三
六　密探張迺良關於盧永祥密派代表范毓靈等赴奉與張作霖會商反直方略的情報（1923.11.7）……一七
七　密探盧寶三關於臧致平赴滬與盧永祥籌商反對直系方針等情報（1923.11）……一九
八　天津《日本新聞》訪員西村報導孫段張盧聯合反對直系的活動情形（1923.12.8）……二一
九　交通部向大總統府軍事處處長陸錦抄送關於孫文派代表葉恭綽赴奉與張作霖開秘密會議等情報（1923.12）……二三
一〇　密探崔蓋忠關於吴景濂在津行動及安福系曹汝霖等在津倒直活動的情報（1924.1.8）……二五
一一　步軍統領衙門女稽查員劉漢超關於奉系整軍與皖系聯合反直活動的情報（1924.2.3—1924.2.24）……二七
一二　密探盧寶三關於孫段張盧聯合反直在滬活動的情報（1924.2.24）……二九
一三　兩湖巡閱使蕭耀南電大總統府軍事處關於孫段張盧籌得反直新策略的情報（1924.2.24）……三一
一四　關於馮玉祥與段祺瑞等聯合反對吴佩孚的情報（1924.10.11）……三三
一五　饒用澤譯上海《大陸報》：釋奸賊義（1924.11.11）……三五

四、直系内部矛盾

一　京師一帶稽查處關於曹錕成立公府密探隊同時吴佩孚組織駐京密探情形的情報（1923.10.18）……四一
二　上海《中國晚報》：關於曹錕賄選登臺後直系内部派系矛盾及政客走卒罪惡醜態的資料（1923.10.24）……四三
三　揭露曹錕僭竊名位直系内部派系矛盾及政客走卒罪惡醜態的新聞稿（1923.11.2—1924.1.10）……四七

四　上海《中外大事彙報》：關於曹錕賄選僭竊名位直系内部派系矛盾及政客走卒罪惡醜態的資料（1924. 2. 26）……五七
五　《上海晚報》：關於曹錕賄選僭竊名位直系内部派系矛盾及政客走卒罪惡醜態的情報（1924. 2. 26）……六三
六　《上海晚報》：關於曹錕賄選僭竊名位直系内部派系矛盾及政客走卒罪惡醜態的資料（1924. 2. 28）……六七
七　《上海晚報》：王叔魯并未離京王孝伯突然而來（1924. 4. 15）……七一
八　步軍統領衙門女稽查員劉漢超關於東陵墾督辦署組織密探處的情報（1924. 8. 4—1924. 8. 18）……七三

五、奉系内部矛盾

一　收支處處長李彦青向大總統曹錕報告關於奉系開會中間張學良與吴興權意見不合竟至動武等情報（1924. 9. 14）……七七
二　奉系郭松齡倒戈後發表政見通電（1925. 11. 30）……七九

六、内閣糾紛

一　蘇督齊燮元等反對梁士詒内閣及勸告閣員潔身自退電（1922. 1）……八三
二　吴佩孚等關於推倒國務總理梁士詒致大總統電（1922. 1. 19）……八五
三　北京衆議院副議長張伯烈反對汪大燮爲國務總理兼財政總長許世英爲司法總長通電（1922. 11. 30）……八七
四　王承斌反對汪大燮組閣通電（1922. 12. 4）……八九
五　北洋總統黎元洪關於汪大燮辭國務總理職務張紹曾因未得參衆兩院同意不能就職等情發表通電（1922. 12. 10）……九一
六　攻擊張紹曾組閣及閣員高凌蔚等腐化各情的傳單（1923. 1）……九三
七　大總統黎元洪發表敦促閣員視事及要求各省疆吏與總理張紹曾合作的通電（1923. 3. 9）……九五
八　王懷慶：藉北京軍警薪餉積欠無着指責張紹曾内閣電稿（1923. 3）……九七

九　我覺：評代閣（1924.7.13）……一〇一
一〇　北京中國通訊社稿：新内閣因顧維鈞破壞甚力一星期不能産生（1926.7.1）……一〇三
一一　京畿衛戍總司令王懷慶向國務總理杜錫珪索發警餉函（文件）（1926.8.14）……一〇五

七、其他派系矛盾

一　陸軍檢閲使馮玉祥函大總統府軍事處處長陸錦轉送密探扣留的新聞電稿（1923.12）……一〇九
二　中華政聞通訊社稿：浙盧（永祥）歸附北京政府之原因（1924.3.24）……一一七
三　北洋軍閥政府密探盧賓三報告上海字林大陸兩西報登載中國三K黨事（1924.5.31）……一一九
四　北京五洲通信社稿：江蘇之督長問題（1925.2.3）……一二一
五　西北邊防督辦馮玉祥響應王士珍勸告息争建議通電（1925.10.27）……一二三
六　北洋臨時執政府軍務廳派駐北京電報局檢查處一九二五年四月份扣存有關時局新聞電（選録）……一二五
七　北洋臨時執政府軍務廳派駐北京電報局檢查處一九二五年六月份扣存有關時局新聞電（選録）……一二七
八　北洋臨時執政府軍務廳派駐北京電報局檢查處一九二五年七月份扣存有關時局新聞電（選録）……一二九
九　北洋臨時執政府軍務廳派駐北京電報局檢查處一九二五年八月份扣存有關時局新聞電（選録）……一三一
一〇　北洋臨時執政府軍務廳派駐北京電報局檢查處一九二五年九月份扣存有關時局新聞電（選録）……一三三
一一　北洋臨時執政府軍務廳派駐北京電報局檢查處一九二五年十月份扣存新聞電訊及所得各項情報（選録）……一三五
一二　北洋臨時執政府軍務廳一九二五年十一月份關於各派軍閥情況的情報（選録）……一三九
一三　北洋臨時執政府軍務廳一九二五年十二月份扣存新聞電訊及所得各項情報（選録）……一四三

【三】議會與自治

一、議會

（一）國會

一　易宗夔對於國民大會的意見致總理靳雲鵬函（印件）（1920.8）……一五一

二　衆議員向乃祺縷述南北争端按舊法重新選舉之危機請發所欠議員歲費疏通議員自行廢除民六《國會組織法》《兩院議員選舉法》致徐世昌函（1920.11.8）……一五五

三　步軍統領王懷慶致電鄂督王占元請支持『三届國會』選舉電（1921.2）……一五七

四　浙江督軍盧永祥以參衆兩院選舉有礙統一主張緩辦通電（1921.3.3）……一五九

五　北洋政府第三届國會衆議員方履中等爲華盛頓會議對中國國情頗滋疑義請未舉辦選舉各省從速進行選舉剋期召集國會以定國是在此期間南北雙方均不得稱兵并舉借外債電（1922.1.16）……一六一

六　北洋政府第三届國會十一省區全體衆議員指斥梁士詒内閣罪行及其破壞選舉進行請各省趕辦選舉剋期召開國會以定國是電（1922.5.9）……一六三

七　北洋政府第三届國會十一省區全體衆議員説明舊國會不能恢復之理由舊國會議員與分裂之關係請三個月内未辦選舉各省完成選舉早日召開新國會電（1922.5.23）……一六五

八　山東省議會等團體陳述恢復舊國會困難各情請迅速召集第三届國會致北洋大總統電（1922.5.25）……一六九

九　孫傳芳劉鎮華等關於主張恢復第一届舊國會促孫文徐世昌同時下野暨舊國會議員在京津活動情况的文電與情報（1922.5—1922.6）……一七一

一〇　淞滬護軍使何豐林主張由第一届國會製定憲法後再依法召集國會選舉總統的通電（1922.6.7）……一七五

一一　北京國會議員反對在津議員電迫總統徐世昌去位另組『合法』政府快郵代電（約1922）……一七七

一二　北洋政府國務院統計局參事任勤關於赴滬發給議員旅費辦理經過情形呈報國務總理文（1922.8）……一七九

一三　步軍統領衙門女稽查員劉漢超關於北洋政府恢復第一屆舊國會議員爲替補問題争議的情報并附件（1922. 8. 20）……一八一
一四　京師警察廳關於參議院開議長決選會情形的報告（1922. 10. 25）……一九一
一五　在北京護法議員李建民吴忠仁關棣徐可亭聲明未曾要求加入政治善後討論會請發歲費旅費上黎元洪書（1922. 11. 13）……一九三
一六　步軍統領聶憲藩警察總監薛之珩關於參衆兩院開會衆議院互選審查各股委員長暨參議院争論議長選舉問題情形的報告（1922. 11. 13）……一九五
一七　國會護法議員聯歡社國會護法議員幹事處關於衆議院議長吴景濂各種違法行爲通電（1922. 11. 20）……一九七
一八　關於討論國會實現南北統一等問題的資料（1923. 3—1923. 11）……一九九
一九　北京十四省區公民聯合會反對衆議院議員在選舉前修改增加選舉法希圖永居議席剥奪十一省區新選議員之資格發表快郵代電（1923. 5. 1）……二〇五
二〇　國會護法議員第十一次宣言（印件）（1923. 5. 7）……二〇七
二一　國會護法議員聯歡社護法議員辦事處關於反對以二十元賄買議員出席制憲會議之規定（印件）（1923. 6. 4）……二〇九
二二　陸錦關於張月笙指使公民團包圍國會請查禁致王承斌密函稿（1923. 6. 19）……二一一
二三　國會議員茅祖權函述赴滬議員之遭遇（1923. 8. 13）……二一三
二四　國會議員張士才關於在北京倡議護法通電（1923. 7. 27）……二一五
二五　京津紳商學界吴匡時等反對國會延長任期案代電并附件（1923. 9. 30）……二一七
二六　北大《政治評論》關於國會問題的評論（1923. 11. 22）……二二三
二七　北京衆議院議員余紹琴等二百八十三人陳述討論孫閣同意案時涉及議長問題及以後開會發生鬥毆等情形通電（1923. 12. 5）……二三三
二八　北洋政府雇用乞丐等包圍衆議院破壞通過孫閣同意案有關文件（1923. 12—1924. 1）……二三五

二九　《新民國報》：關於北京政潮醜態之寫真（1923. 12. 15）……二三七
三〇　《浙民日報》：關於國憲救濟之方法（1924. 2. 15）……二三九
三一　《新民國報》：關於總統曹錕對副選問題不願任何人成功（1924. 2. 22）……二四一
三二　北洋政府衆議院議員張益芳等關於反對非法之代閣顧維鈞建議大總統收回成命提案（1924. 7. 8）……二四三
三三　上海《民國日報》：康有爲痛斥王克敏（1924. 7. 11）……二四五
三四　『民十』議員王文淵等否認有政治活動的自辯書（1924. 8. 21）……二四七
三五　北京法治救國會請恢復約法補足黎元洪總統任期解決時局通電（印件）（1926. 5. 2）……二四九
（二）省議會
一　贛督陳光遠報告贛省商民反對參議員加薪增加負擔罷市情形致大總統等密電（1919. 6. 1）……二五一
二　安徽公民聯合會等團體揭發皖系倪嗣冲禍皖罪狀及反對倪黨操縱皖三屆省議會情形有關函件（1920—1921）……二五三
三　雲南省公民李玉書等關於揭發雲南省第三届省議會爭奪議長演出醜劇宣言（1922. 10. 15）……二六三
四　實話通訊社：湘省議會不參加參政院（1923. 9. 16）……二六五
五　偵察處長王光宇關於順直省議會合設及分區設立問題地方派系假藉民意互圖私利的資料（1924. 5. 3—1924. 5. 30）……二六七
六　偵察處長王光宇關於順直省議會合設及分區設立問題地方派系假藉民意互爭私利的情報（1924. 8. 6—1924. 8. 27）……二八一
七　偵察處長王光宇關於順直省議會合設及分區設立問題地方派系假藉民意互圖私利情況的資料（1924. 9. 3）……三一五
八　京兆紳士假藉區省議會等地方團體爭奪京兆尹位置互相傾軋電文（印件）（1926. 5）……三一七
（三）縣議會
一　衆議院議員丁善慶張善與等咨催政府查照成案迅予恢復縣議會及其他各級自治案（1923. 1. 31）……三二一

二　北洋政府内務部關於衆議院議員丁善慶等提議恢復縣議會及其他各級自治一案請提交國務會議議決咨呈（1923.4.12）……………………三一三
三　北洋政府内務部答復恢復縣議會辦法是否有效致司法部咨文（1925.4.11）……………………三一七
四　四川省長賴心輝關於四川各縣参議兩會解散恢復經過咨北洋政府内務部文（1925.7.31）……………三一九
（四）地方選舉弊端
一　北洋政府江西省長公署以調查選民互争名額各縣名册浮冒舉動野蠻必須多派調查員抽查并協助縣知事辦事請增加經費呈北洋政府電（1920.12.9）……………………三三一
二　江蘇等省公民組織第三届國會省議會監視選舉團有關文件（1920.12.9—1921.1.30）……………三三三
三　浙江天臺縣初選調查員陳立樹爲該縣縣知事等浮報選民請電省查辦呈北洋政府文（1921.1.13）…三四三
四　廣西省議會駁斥廣西省長公署所稱全省選民七百七十萬人之説致北洋政府電（1921.2.3）…………三四五
五　福建省議員吴縝等爲雲霄劣紳把持選舉僞造選民册上北洋政府文（1921.3.4）……………………三四七
六　吉林敦化縣省議會初選當選人譚宗周爲敦化縣初選監督取消其初選資格與法律抵觸請轉令更正呈北洋政府籌備國會事務局文（附籌備國會事務局1921.7.18簽注）（1921.7.10）……………三四九
七　安徽省懷寧縣選民代表舒兆華等爲省議會初選弊端百出請將此次選舉宣布暫停并徹底清查上北洋政府國務總理文（1921.8.8）……………………三五一
八　山東省議會初選當選人田兆麒爲東阿縣知事方家永夥同劣紳張允符指名詐財懇請轉電省長派員查辦上北洋政府内務部電文（1921.9.8）……………………三五三
九　吉林雙城公民代表周静軒等爲吉林省議會選舉縣知事與劣紳勾結調查員僞造選民册呈北洋政府籌備國會事務局請飭縣究辦文（1921.9.25）……………………三五五
一〇　山東省議會爲青兖兩區省議會選舉省長兼選舉總監督田中玉兖州區復選監督王鑄蹂躪民權拘捕初選當選人等罪狀請按律懲辦秉公另選致北洋政府電（1921.10.5）……………………三五七

一一　山東省議會初選當選人王新沐等控告山東省長兼選舉總監督田中玉兗州區復選監督王鑄選舉舞弊拘捕初選當選人李慶施等請求嚴辦上北洋政府大總統文（1921. 10. 11）……三五九
一二　山東省長兼選舉總監督田中玉覆北洋政府籌備國會事務局關於兗州區選舉一案咨文（附籌備國會事務局委員常堉璋簽注）（1921. 10. 25）……三六三
一三　上海《中國晚報》：取締僞造選民之提案（1923. 10. 30）……三六五
一四　上海崇海旅滬學界聯合會顧德清等爲海門初選當選人王佛生僞填年齡以金錢賄選致北京執政府國民代表會議籌備處電（1925. 9. 13）……三六九
一五　福建邵武縣民陳壽臣等爲邵武初選監督代巨紳包辦選舉焚毁選票代寫代投致北京執政府國民代表會議籌備處電（1925. 10. 10）……三七一

二、自治

（一）省市自治

一　陳樹藩關於浙督盧永祥主張自定省憲問題的通電（1921. 6. 11）……三七三
二　廣州軍府司法部長徐季龍覆趙恒惕林支宇論湘省自治電（抄件）（約 1921）……三七五
三　京都市自治實進會宣言書（1922. 7. 25）……三七七
四　偵察處長王光宇關於北京市民『籌備京師自治』情況的情報（1922. 8. 13—1922. 8. 16）……三八一
五　衆議院議員張樹森發表對省制問題的主張并附所著《省憲自治釋論》一文的通函（1923. 3. 29）……三八七
六　魏蘭章太炎等在上海發起組織國民主政會宣言簡章等件（1923. 9）……三九五
七　王克家讀段祺瑞覆唐繼堯趙恒惕卅電書後（1925. 4）……三九九
八　湯漪爲聯治事覆趙恒惕電（1925. 4. 18）……四〇三

（二）縣自治

一　衆議院議員張善與等提出縣自治法何人何時議決公布質問書（1923. 3）……四〇五

二　北洋政府内務部關於擬具衆議院議員張善與等提出縣自治法何人何時議決質問書答復咨國務院文（1923. 4. 12）……四〇七
三　江蘇南匯縣代表盛昌和反對所謂『法統』提倡鄉村民選的宣傳品印件（1923）……四〇九

【四】有關『治安』法令

一　内務部爲聲明警察犯罪改照修正陸軍刑事條例分別適用的呈文及條文清單（1919. 1. 31）……四一七
二　南京國民會議促成會促使北洋政府廢止《治安警察法》及頒布《工會條例》的代電（1926. 2. 19）……四二一
三　桂督譚浩明等以省情特殊請暫緩施行《懲治盗匪法》有關文電（1921. 6）……四二三
四　直系各省督軍由曹錕領銜反對司法部廢止届滿之《懲治盗匪法》力争繼續展期有關電文（1922. 12）……四二五
五　中華全國報界聯合會否認『民三』以來頒行之《出版法》等條例函暨通告稿（1921. 6. 6）……四二九

軍閥混戰與封建割據的罪行

【一】歷次主要混戰

一、直皖戰争

一　督辦邊防事務處段祺瑞密令訓練處防範直系吴佩孚派員在京畿一帶活動（1920. 7. 3）……四六九
二　步軍統領衙門軍事科轉報直皖戰争前夕關於皖方徐樹錚迭召旅團長會議討論對待辦法議決各點的情報（1920. 7. 5）……四七一
三　曹錕指責邊防軍第一師直趨保定給北京大總統急電（1920. 7. 8）……四七三
四　曹錕張作霖等聲討段祺瑞出動邊防軍進攻直系通電（1920. 7. 12）……四七五
五　段祺瑞發表討伐曹錕吴佩孚曹鍈檄告（1920. 7. 13）……四七七
六　張作霖於直皖戰争前夕派兵入關通電（1920. 7. 13）……四七九
七　察哈爾都統王廷楨轉報皖系將領曲同豐在直皖戰中投降曹錕致大總統等電（1920. 7. 20）……四八一
八　張勛關於勾結曹錕重謀復辟事自辯通電（1920. 7. 20）……四八三

九　陝西省長兼『鎮嵩軍』總司令劉鎮華於直皖戰起聲明出兵潼關前後代電（印件）（1920. 7. 21—1920. 7. 28）…… 四八五
一〇　廣東省議會反對調遣邊防軍移供内争電（1920. 7. 23）…… 四八七
一一　熙鈺等自張垣報告接洽直皖戰争停戰情形密電（1920. 7. 24）…… 四八九
一二　曹錕與張作霖關於拒絶駐洛陽西北軍旅長宋邦翰張鼎新邀請撥歸奉張及由曹錕節制致大總統密電（1920. 7. 29）…… 四九一
一三　第十一師師長李奎元報告攻入信陽收繳吴光新部後移防直省情形致大總統等電（1920. 8. 7）…… 四九三
一四　關於駐華日使館密議就中國復辟及共和兩派趨勢擬乘機分五路進兵陰謀情報（抄件）（1920. 7. 21）…… 四九五
一五　曹錕張作霖等爲直皖戰争結束否認外傳爲復辟派已占優勝通電（1920. 8. 4）…… 四九七
一六　北洋政府國務院嚴禁『復辟』傳説公函（1920. 10. 17）…… 四九九

二、第一次直奉戰争

一　偵察長王光宇關於直奉戰争前夕奉軍在北京動態的情報（1922. 1. 20—1922. 2. 22）…… 五〇三
二　偵察長王光宇關於直奉戰争接觸經過的情報（1922. 4. 4—1922. 5. 20）…… 五〇七
三　京師一帶總稽查處關於直奉分向京津調動軍隊等情報告（1922. 3—1922. 4）…… 五一七
四　奉系張作霖暨各省將領等關於直奉戰争經過各項文電（1922. 3—1922. 5）…… 五一九
五　曹錕反對奉天張作霖以武力謀統一之通電（1922. 4. 22）…… 五三三
六　咨議某關於奉軍入關計劃情况及由張宗昌招編胡匪爲藏軍密報（1922. 4. 23）…… 五三五
七　吴佩孚等在第一次直奉戰時宣布奉天張作霖十大罪狀之通電（1922. 4. 25）…… 五三七
八　總統徐世昌關於奉直軍隊移調近畿雙方接近地點一律撤退令（1922. 4. 26）…… 五三九
九　奉軍張作相等揭露直系吴佩孚藉湘戰詐騙巨款破壞統一擾亂地方等罪行及奉軍討伐通電（1922. 4. 27）…… 五四一
一〇　奉系將領張景惠關於指責吴佩孚主動煽起直奉戰争通電（1922. 4. 28—1922. 4. 29）…… 五四三

一一　張作霖警告京津官商接濟直軍款項有關文電（1922. 5. 3）……………………五四七
一二　張作霖關於第一次直奉戰争爲吴佩孚先開兵釁奉軍被迫抵禦通電（1922. 5. 3）……………五四九
一三　豫督趙倜關於第一次直奉戰争時指責吴佩孚干涉豫省行政勒令出兵出餉及宣布中立通電
（1922. 5. 5）……………………………………………………………五五一
一四　馮玉祥指責豫督趙倜背約襲攻鄭州及聯合駐豫各軍將趙部擊退情形通電（1922. 5. 7）…………五五三
一五　曹錕關於直軍在長辛店等處擊潰奉軍及潰退奉軍到處騷擾情形通電（1922. 5. 8）…………五五五
一六　關於第一次直奉戰争直軍收容奉方奉察兩軍潰兵情形報告（1922. 5）……………………五五七
一七　關於豫督趙倜因其弟趙杰部襲擊直軍靳雲鶚部事件由馮玉祥繼任有關函電（1922. 5）…………五六一
一八　奉方否認北京政府所下張作霖免職令有關文電（1922. 5）……………………………五六五
一九　第一次直奉戰後潰兵滋擾京東各縣有關文件（1922. 5）………………………………五六七
二〇　步軍統領衙門關於第一次直奉戰争奉軍敗退山海關一帶的情報（1922. 5）……………………五六九
二一　直軍對敗據灤州之奉軍前綫將士宣傳單（1922. 5. 19）…………………………………五七五
二二　駐英代辦朱兆莘關於奉軍敗退關外宣布獨立後英國輿論情報電（1922. 5. 19）……………………五七七
二三　甄文齡關於奉軍汲金純及其部退出承德情形致王懷慶電（1922. 6. 2）……………………五七九
二四　曹錕吴佩孚王懷慶米振標王承斌殷貴等關於第一次直奉戰争時直軍在熱河一帶戰况往來密電
（1922. 6. 3—1922. 6. 26）……………………………………………………五八一
二五　護理察哈爾都統譚慶林報告奉系張景惠委派盧占魁爲騎兵第三旅旅長在察一帶活動致陸軍部密電
（1922. 6. 10）……………………………………………………………五八七
二六　熱察綏巡閲使王懷慶向曹錕報告毅軍擊退熱河奉軍汲金純部經過附陳攻蒙意見代電
（1922. 6. 10）……………………………………………………………五八九
二七　駐秦皇島直軍南路司令彭壽莘報告退據山海關之奉軍反攻戰况及日人暗助奉軍情形密電（1922. 6）……五九一
二八　東三省省議會聯合會建議直奉停戰辦法通電（抄件）（1922. 6. 13）……………………五九三

二九　第一次直奉戰爭訂立的《雙方罷兵之規定》（1922. 6）……五九五
三〇　直系探員李元德關於奉張與粵孫皖段浙盧聯合反直活動的情報（1922. 6. 21）……五九七
三一　曹錕檢抄熱河凌源縣各界代表楊鳳吉等關於該縣慘遭敗退奉軍蹂躪情形請予賑濟致熱察綏巡閱使王懷慶函（1922. 7. 3）……五九九
三二　河南督署探員趙春自奉天寄出關於奉張軍政治活動情形郵函抄件（約 1922. 8—1922. 10）……六〇一
三三　豫督馮玉祥報告奉張出關後購械增兵并派張宗昌組織便衣手槍隊請加强豫省軍備致陸軍總長張紹曾摺呈（1922. 8. 29）……六〇九
三四　步軍統領衙門女稽查員劉漢超關於第一次直奉戰爭奉系敗退關外積極整軍的情報（1922. 10. 13—1922. 10. 25）……六一一
三五　直系關於張作霖在第一次直奉戰敗後之軍事部署情報（1922. 10—1923. 3）……六一五
三六　曹錕關於奉天張作霖積極準備戰争情報致王懷慶等密電（1923. 2. 21—1923. 9. 1）……六一七
三七　京師憲兵司令車慶雲關於在綏遠破獲奉張所委定國軍第一師總司令盧占魁機關支部情形報告（1923. 7. 10）……六二一
三八　奉天日本總領事館船津辰一郎向北京日本特命全權公使芳澤謙吉報告奉天軍事情形（1923. 10—1923. 11）……六二三
三九　上海《中國晚報》：張作霖之時局談話（1923. 10. 30）……六二五

第三册　原第一輯第四册（下）—第六册

軍閥混戰與封建割據的罪行

【一】歷次主要混戰

三、江浙戰爭

一　關於直系發動江浙戰禍的新聞稿（1923. 11. 3—1924. 1. 10）……三
二　大總統府軍事處電齊燮元等關於浙盧反直活動的情報（1923. 11—1924. 1）……七
三　靳雲鵬向北洋政府大總統府軍事處處長陸錦陳述關於江浙問題等時局情形（1923. 11. 28）……九
四　上海《中國晚報》：關於直系發動江浙戰禍的資料（1923. 12. 24）……一一
五　咨議柳世裕關於粵湘和戰及江浙備戰情形致陸錦函（1924. 1）……一三
六　步軍統領衙門女稽查員劉漢超關於皖系爲維持浙盧地盤在滬編軍應付江浙戰爭奉張備軍遥爲聲援的情報（1924. 1. 10—1924. 9. 2）……一五
七　日本東京《國民新報》駐京訪員松村報導直系發動江浙戰禍的新聞電（1924. 1. 28）……一七
八　《上海晚報》：蘇齊圖浙之陰謀（1924. 2. 5）……一九
九　《浙江日報》：保派圖浙倒孫之計劃（1924. 2. 27）……二一
一〇　《杭州報》：勞之常行矣（1924. 2. 27）……二三
一一　《上海晚報》：關於直系發動江浙戰禍的資料（1924. 2. 28）……二五
一二　《浙民日報》：齊燮元圖浙之野心（1924. 2. 29）……二九
一三　兩湖巡閱使蕭耀南電大總統府軍事處關於浙盧與各方聯絡及積極備戰的情報（1924. 8）……三一

一四　黄琨揭露江浙戰争前夕内幕情况及請向政府消弭制止王懷慶函（1924. 8. 24）……………………三三
一五　《杭州報》：章太炎致章行嚴書（1924. 8. 26）……………………………………………三五
一六　《杭州報》：時局紛擾中之社會狀况（1924. 8. 28）……………………………………三七
一七　《杭州報》：圖浙聲中之要訊十一志（1924. 8. 28）……………………………………三九
一八　航空署督辦趙玉珂報告派員調查浙江軍事航空情形（1924. 9. 4）…………………………四三
一九　關於江浙戰事的情報（1924. 9）……………………………………………………………四五
二〇　杜經田齊燮元等關於江浙戰事情况致軍事處電（1924. 9—1924. 10）……………………四七
二一　蔡成勛關於孫傳芳電告閩贛軍隊對浙作戰計劃致陸錦等電（1924. 9）…………………四九
二二　全國各界聯合會聲討直系發動江浙戰争通電（1924. 9. 7）………………………………五一
二三　吴佩孚與齊燮元關於江浙戰争發生後攻訐盧永祥罪狀二條并請政府明令討伐通電（1924. 9. 7）……五三
二四　國聞通訊社稿：贛督蔡成勛下山與弭兵運動（1924. 9. 7）………………………………五五
二五　《東三省民報》：浙盧行動（1924. 9. 20）……………………………………………………五七
二六　蘇皖贛巡閱使齊燮元關於請任命夏超爲浙江省長周鳳岐爲浙江第二師師長事致吴佩孚等電（1924. 9. 21）………………………………………………………………………五九
二七　《東三省民報》：聯軍占領宜興之經過（1924. 9. 22）…………………………………六一
二八　《東三省民報》：弭滿全國之討賊聲（1924. 9. 22）………………………………………六三
二九　《東三省民報》：曹錕罪狀（1924. 9. 22）……………………………………………………六七
三〇　《東三省民報》：陳樂山慷慨陳詞（1924. 9. 22）…………………………………………六九
三一　《東三省民報》：所謂淞滬中立問題（1924. 9. 22）………………………………………七一
三二　《之江日報》：江浙形勢漸有緩和之希望（1924. 9. 28）…………………………………七三
三三　民生通訊社稿：龍華被齊燮元攻下後之東南（1924. 10. 14）………………………………七七
三四　大總統府軍事處關於盧何潜逃情形及嚴緝臧楊事致齊燮元電（1924. 10. 14）……………七九

三五　浙江督軍孫傳芳關於陳樂山謀浙及奉軍南下責問段執政的電文（1925.1.5）……八一
三六　浙江督軍孫傳芳要求段執政尊重民意做到淞滬兩地各不駐兵的電文（1925.1.7）……八三
三七　江蘇省長韓國鈞要求撤退蘇省浙軍統一省政電（1925.2.11）……八五

四、第二次直奉戰爭

一　熱察綏巡閱使署函大總統府軍事處關於奉系召開軍事會議的情報（1924.2.11）……八九
二　師長曹鍈關於奉系召開軍政會議聯絡浙盧反直等情報致大總統曹錕代電（1924.8.9）……九一
三　直系吴佩孚王懷慶張殿如等關於第二次直奉戰爭前後直奉雙方積極調動兵力各情往來密電（1924.9.11—1924.10.10）……九三
四　張作霖在第二次直奉戰爭前夕致曹錕電（1924.9.15）……九七
五　魯督鄭士琦關於防備浙奉聯合反直擬定直魯海疆劃分防區情形致參陸辦公處電（1924.9.22）……九九
六　直隸撫榆警備司令汪鐵松關於派人密探奉軍情形給北洋政府大總統軍事處報告（1924.9.26）……一〇一
七　京畿衛戍總司令部關於第二次直奉戰爭中熱河方面各種情報（1924.9）……一〇三
八　奉軍總司令張作霖出兵討伐曹錕吴佩孚給大元帥孫中山電（1924.10.∠）……一〇五
九　關於美國高級武官在第二次直奉戰爭時期公然認爲日本助奉爲自衛行爲的情報（1924.10.11）……一〇七
一〇　北京中華通信社快稿：第二次直奉戰爭時河南直軍增援前綫後部署情形（1924.10.14）……一〇九
一一　直軍第二軍駐京辦公處密探王光宇關於馮玉祥倒直反吴在北京等地軍事行動情報（摘録）（1924.11）……一一一
一二　趙恒惕報告吴佩孚失敗後乘艦到岳州情形電（1924.3.7）……一一五
一三　民生通訊社稿：綏遠馬福祥助直討奉軍出發之情形（1924.10.14）……一一七

【二】南北戰事及各地混戰

一、湘省之南北軍事

一 湘督張敬堯關於直軍三師撤防北返建議不發表明令以免吴佩孚從而要挾致大總統等密電（1920. 5. 11）……一二五
二 湖南督軍張敬堯報告吴佩孚撤師北返前擬定張師接防辦法偏利湘軍決不能接受請示機宜電（1920. 5. 17）……一二七
三 湖南督軍張敬堯密告南軍乘吴佩孚撤防進駐耒陽等地及其部署情形致北京楊季璠處長轉大總統電（1920. 6. 3）……一三一
四 湘督張敬堯被譚延闓逼退及所部沿途搶殺等情有關文電（1920. 6—1920. 8）……一三五
五 湘督張敬堯陳述援湘客軍不肯出力各戰綫節節失敗情形及吴佩孚率師北返原爲湘督一職未得手各情電（1920. 6. 11）……一三九

二、湘鄂及川鄂戰爭

一 漢口日本總領事向北京日公使報告鄂督王占元與湘總司令趙恒惕互相勾結情形電譯件（1921. 7. 7—1921. 7. 9）……一四三
二 鄂督王占元報告湘軍攻鄂應戰情況密電（1921. 7—1921. 8）……一四五
三 陸軍部科長李竟容與冉紹雍等報告直軍在湘和戰及西南軍事活動各情密電（1921. 8. 21—1921. 10. 31）……一四七
四 直魯豫巡閲使曹錕報告湘鄂戰爭吴佩孚於本日下總攻擊令及各軍部署情況致國務院等密電（1921. 8. 27）……一四九
五 曹錕關於吴佩孚與趙恒惕面訂休戰辦法九條電（抄件）（1921. 9. 3）……一五一
六 贛督陳光遠報告吴佩孚與趙恒惕訂定暫時休戰辦法贛軍撤回贛境致大總統等密電（1921. 9. 12）……一五三

七　直魯豫巡閱使曹錕等報告辦理岳州各軍撤防情形致大總統等密電（1922. 8. 1）……………一五五
八　直魯豫巡閱使曹錕轉報吴佩孚拒絶長江上游總司令孫傳芳要求擔負鄂西防務緣因致國務院等密電（抄件）（1921. 8. 23）……………一五七
九　鄂督蕭耀南報告川鄂戰争北軍由敗轉勝情况密電（1921. 9. 5—1921. 10. 13）……………一五九
一〇　討賊軍中央直轄鄂軍軍長孔庚關於北軍旅長趙榮華襲擊施南鄂軍藍文蔚請飭歸原防致前總統黎元洪等電（1922. 7. 28）……………一六一

三、閩省派系混戰

一　徐樹錚在延平自任總領建國軍政制置事宜通電（1922. 10. 2）……………一六五
二　閩督李厚基等關於鎮壓徐樹錚在延平發動政變情形函電（1922. 10. 8—1923. 1. 5）……………一六七
三　薩鎮冰劉冠雄關於奉令辦理福建主客各軍善後事宜發表的快郵代電（1923. 3. 15）……………一七一
四　曹錕參謀長陸錦托北京李品𤨏游説厦門臧致平勿傾向南方軍附曹錕維持北洋軍閥團體函稿（1923. 5. 9）……………一七三
五　閩督孫傳芳與幫辦王永泉等發生矛盾調兵離閩駐扎贛境贛督蔡成勛向曹錕告急有關文電（1923. 5—1923. 10）……………一七五
六　江西督理蔡成勛關於臧致平與黄大偉接洽等情報致大總統府軍事處等電（1924. 2. 5）……………一七九
七　福建督理孫傳芳關於襲擊王永泉事致大總統曹錕等電（1924. 3）……………一八一
八　閩北護軍使周蔭人關於襲擊王永泉事致大總統曹錕等電（1924. 3）……………一八三
九　直魯豫巡閱使吴佩孚關於驅逐福建幫辦王永泉事致大總統軍事處處長陸錦電（1924. 3）……………一八五
一〇　江西督理蔡成勛關於孫傳芳周蔭人襲擊王永泉臧致平等情報致大總統府軍事處等電（1924. 3）……………一八七
一一　江西督理蔡成勛關於孫傳芳周蔭人與臧致平楊化昭等作戰消極致大總統府軍事處等電（1924. 4）……………一九一
一二　閩粤邊防督辦孫傳芳關於臧致平楊化昭部經贛入浙情形致大總統曹錕電（1924. 5—1924. 6）……………一九五

一三　江西督理蔡成勛關於會擊臧致平楊化昭情形及爲此與孫傳芳互相責難致大總統府軍事處等電（1924.6）……一九七

四、直系由贛桂閩圖粵之軍事

一　晉督閻錫山關於派軍援贛聲覆無兵可抽不能赴援致國務院等密電（1922.2.23）……二〇三
二　援贛軍西路司令沈鴻英等擁護省議會票選岑春煊爲廣西省長并請北政府應明令任命的通電（1922.6.19—1922.7.6）……二〇五
三　兩湖巡閱使吳佩孚解釋沈鴻英軍隊回鄉問題致陸軍總長張紹曾函（1922.9.16）……二〇九
四　廣西遷江總司令林俊廷被公推爲兼代省長暫維治安的通電（1923.2.23）……二一一
五　贛督蔡成勛關於阻止歐陽武等赴贛調解南北戰争致大總統等密電（1922.7.16）……二一三
六　贛督蔡成勛向曹錕建議攻粵必先固贛并報告南北戰況有關來往文電（1923.5.18—1923.8.16）……二一五
七　直系於一九二三年孫中山回粵後勾結廣東各軍閥發動倒孫軍事資料（1923.5—1923.8）……二二一
八　曹錕參謀長陸錦托王懷慶在北京刊布廣東沈鴻英部會同北軍復奪韶關及交通系在香港聯合孫中山進行反直消息函稿附抄情報（1923.5.27）……二二五
九　汀洲鎮守使王獻臣關於與粵軍李協和部在上杭一帶半月來之戰況電（1923.7.13）……二二七
一〇　關於直系圖謀擴張勢力於西南及西南各省反直軍事活動的新聞稿（1923.11.18—1923.12.22）……二二九
一一　北洋軍閥吳佩孚對孫傳芳由贛南援粵之計劃有疑義未予同意……二三三
一二　方本仁關於攻粵軍事失利等情致大總統府軍事處處長陸錦等電（1923.12.8）……二三五
一三　廣東肇羅陽鎮守使兼陸軍第四師師長陸宗宇關於組織廣南八屬聯軍致大總統曹錕函（1923.12.1）……二三七
一四　廣東陸軍第四師師長兼肇羅陽鎮守使陸宗宇關於林俊廷移駐欽廉被推爲八屬聯軍軍務督辦致大總統曹錕函（1924.5.23）……二三九
一五　直魯豫巡閱使吳佩孚關於沈鴻英陸榮廷在桂林作戰的調解問題覆大總統府軍事處電（1924.3—1924.5）……二四一

五、川軍内部派系及滇黔軍在川的混戰

一 陸軍第二十二師駐京辦事員敖盛周抄呈西安高等審判廳廳長賈晋與第二十二師師長鍾體道關於南鄭事變經過情形及張瀾對此事發表效漾敬三電（印件）（1919. 11. 29）……二四五

二 退陝川督劉存厚關於偵報川中滇黔軍與熊克武劉湘等部作戰及率部回川各情密電（1920. 3. 5—1920. 8. 6）……二五一

三 四川劉湘等關於驅逐滇黔軍出境文電（1920. 10—1920. 11）……二五五

六、直系策動川軍之混戰

一 陸軍部咨議周正朝關於吴佩孚派軍援助劉湘以武力統一川省自請入川疏通致總長張紹曾函（1922. 8. 25）……二六三

二 四川鄧錫侯等聲述第二師師長楊森稱兵罪狀通電（1922. 9. 17）……二六五

三 吴佩孚關於攻川軍務事項及戰況致曹錕等電（1923. 10—1924. 2）……二六七

四 《新民國報》：唐繼堯對川之表示（1923. 12. 15）……二六九

五 大總統府軍事處關於攻川戰況及軍務事項致吴佩孚電（1923. 12）……二七一

六 大總統府軍事處以四川保寧失守令川陝軍聯絡協謀進取致四川督軍劉存厚電（1923. 12. 31）……二七三

七 援川各軍前敵副司令楊森關於四川戰況致大總統府軍事處等電（1924. 1. 17—1924. 2. 4）……二七五

八 援川各軍前敵總司令袁祖銘等關於四川戰況致大總統府軍事處處長陸錦等函電（1924. 1）……二七七

九 陸軍第七師師長幫辦陝西軍務吴新田報告該師攻川戰況致大總統府軍事處等電（1924. 1. 22—1924. 3. 26）……二七九

一〇 劉湘等關於四川戰況致大總統等電（1924. 2）……二八三

一一 兩湖巡閱使蕭耀南關於攻川戰況致公府軍事處等電（1924. 2. 18—1924. 3. 12）……二八七

一二 黔省援川總司令袁祖銘關於川軍派系情況及操縱辦法致李旅長電抄件（1924. 2）……二八九

一三 援川各軍前敵總司令袁祖銘關於四川首長問題覆大總統府軍事處處長陸錦電（1924.3.15）……二九一
一四 中華政聞通訊社稿：巴蜀近訊——楊森三路攻取瀘叙（1924.3.24）……二九三
一五 直魯豫巡閱使吴佩孚關於袁祖銘劉湘所擬對付滇黔之布防辦法及籌撥款械事致公府軍事處處長陸錦電（1924.5.2）……二九五
一六 周逸群：精神附北與實質附北（1924.7.10）……二九七
一七 上海《民國日報》：熊但返攻鄂西（1924.7.11）……三〇一
一八 民生通訊社稿：蕭耀南布防鄂西（1924.9.22）……三〇三

七、湘省境内軍事

一 上海《中國晚報》：趙恒惕敗退平江（1923.10.30）……三〇七
二 顧問楊岳函大總統府軍事處處長陸錦轉報派往湘西聯絡軍事的鄔盛喜的報告（1924.1.28）……三〇九
三 北京超然通訊社稿：湘趙與熊（克武）林（支宇）之關係（1925.2.8）……三一三
四 湖南澧州鎮守使賀龍呈報賀耀祖等進迫澧州情形代電（1925.10.12）……三一五

八、豫陝胡岳與劉憨混戰

一 河南胡景翼與劉鎮華憨玉琨混戰各項文電（1925.2—1925.3）……三一九
二 河南胡景翼憨玉琨兩軍混戰有關文件（1925.3）……三三三
三 禹縣屠城記（1925）……三三九
四 北京民族通訊社稿：進退維谷之劉鎮華（1925.3.27）……三四九
五 關於劉鎮華鎮嵩軍豫西戰敗後竄擾陝南情形文電（1925.6—1925.7）……三五一

九、孫（傳芳）吴（佩孚）馮（玉祥）各派對奉軍事

一 上海總商會請收回英法工部局所繳華軍槍械撥歸商團代電（1925.3.3）……三五七

二　江蘇陸軍第一師師長白寶山等爲響應浙軍會師浦鎮驅逐奉軍致北洋政府段執政的電文（1925.10.17）……三五九
三　湖北省督軍蕭耀南暨全省將領關於響應浙江督辦孫傳芳聲討張作霖的通電（1925.10.19）……三六一
四　討賊聯軍總司令吴佩孚發表關於外交宣言的通電（1925.10.22）……三六三
五　贛皖聯軍總指揮鄧如琢關於響應浙蘇閩贛聯軍總司令孫傳芳聲討張作霖的通電（1925.10.24）……三六五
六　討賊聯軍總司令吴佩孚關於直魯蘇滬爲奉軍屠掠情況的通電（1925.10.24）……三六七
七　北京民治通訊社稿：孫傳芳戰勝南下之奉軍後所率聯軍内訌之情勢（1925.11）……三六九
八　熱河都統闞朝璽表示國奉不可戰之理由電抄件（1925.□.12）……三七一
九　北京民治通訊社關於國民軍與正在撤退之奉軍李景林部忽起衝突情形通訊稿（1925.11.15）……三七三
一〇　中華全國鐵路總工會關於主張國民軍及革命軍領袖組織臨時國民革命政府對内肅清一切反動軍閥對外宣布解散關税會議及廢除一切不平等條約的通電（1925.12.2）……三七五
一一　鄭州各界市民舉行聲討奉張大會議決四項代電（1925.12.4）……三七七

十、直系最後之崩潰

一　北京北方通訊社稿：衆議院議長吴景濂罵軍閥横行（1926.6.30）……三八一
二　靳雲鶚關於吴佩孚罷免靳之討賊軍副司令兼前敵總指揮職務發表交卸通電抄件（1926.12.30）……三八三
三　寇英杰關於吴佩孚准予廢除河南督理職務并派寇爲討賊聯軍第三軍軍團長及該軍團編制情況通電（抄件）（1927.1.18）……三八五
四　齊燮元下野通電（1927.2.14）……三八七
五　田維勤推靳雲鶚爲河南保衛軍總司令電（1927.2.11）……三八九
六　靳雲鶚覆齊燮元等咸電（1927.2.11）……三九一

【三】軍閥官僚封建割據的罪惡活動

一、中樞各派系

（一）北京各部院

一　總統府日籍顧問青木軍事咨議盧静遠等關於第一次直奉戰爭後軍事政治的條陳（1922. 5. 9—1922. 5. 11）……三九九
二　趙玉豐關於各省貪吏賣缺建議速設高級檢察部等情致吴佩孚函稿（1922. 7）……四〇三
三　將軍府將軍林紹斐關於代各將軍共同索發欠薪致將軍府秘書劉玉堂等函附呈文稿（1922. 9. 8）……四〇五
四　陳繼鵬關於總統府顧問咨議索薪團與朱收支寶仁衝突事件請從中斡旋致王懷慶函件（1922. 10）……四〇七
五　北洋政府陸軍部職員埋怨軍閥一旦顯達不顧士兵生活的宣傳印刷品——《民國軍人之末路記》（約1922）……四〇九
六　河北竇坻人反對河道督辦吴毓麟等假借治河貪圖公款陷害人民傳單（1923. 3）……四一一
七　參議員質問京師警察欠餉及公府衛隊戕警案處理辦法有關文件（1924. 8）……四一三
八　北京海軍部全體人員因向該部總長李鼎新索薪受辱全體辭職通電（1924. 9. 25）……四一七
九　一九一二年至一九二五年北洋政府授黎元洪等四十二人陸軍上將銜年月及所任實職名單草底（約1925）……四一九

（二）皖系

一　督理參戰軍訓練事宜處督練靳雲鵬關於參戰軍第一二三各師劃區徵募新兵編練成師致參戰軍第三師師長陳文運令文（1919. 1. 6）……四二三
二　豫省督軍趙倜與皖省督軍張文生關於防範張敬堯以存日巨款托徐樹錚訂購日本槍械案致大總統等密電（1921. 7. 2）……四二五

（三）直系
一　控訴曹錕罪狀之《同志軍人勸告書》（約 1922. 6 以後） …… 四二七
二　直隸旅滬同鄉自治會揭露吴佩孚種種陰謀活動致各方的警告書（印件）（1922. 7） …… 四三三
三　新任步軍統領王懋宣（懷慶）將軍小史（抄件）（1919. 8） …… 四三九
四　京畿四郊游緝隊武庫委員甄文齡報告十三師軍紀敗壞情形函（1921. 3） …… 四四一
五　王懷慶：請辭京畿衛戍總司令步軍統領等職專任第十三師師長呈稿（1922. 5. 15） …… 四四三
六　王懷慶因未向陸部争得熱區毅軍軍餉提出辭職有關文件（1922. 2—1923. 3） …… 四四五
七　熱察綏巡閲使王懷慶爲索欠軍餉請辭本兼各職致總統黎元洪呈文（1922. 8. 24） …… 四四七
八　王懷慶萬國道德會演説詞稿 …… 四四九
九　熱察綏巡閲使王懷慶同意對禁烟問題采取消極態度覆熱河幫辦米振標函稿（1923. 2. 12） …… 四五三
一〇　王懷慶請辭京畿衛戍總司令兼職專任熱察綏巡閲使呈稿（1924. 3. 4） …… 四五五
（四）奉系
一　京師保安會宣告停辦及經過事實函啓（1926. 4. 8） …… 四五七
二　北京奉系軍警機關任意逮捕陝人有關文件（1926. 7—1926. 11） …… 四五九
三　鄭言等關於查辦拆賣京師皇城經過情形呈文附查辦經過（1927. 9. 24） …… 四六七
（五）國民軍系
一　馮玉祥取消國民軍名義并解除總司令職權致段祺瑞電（1924） …… 四七三
二　京兆涿縣議事會參事會等爲第三軍派員到縣徵兵人民離亂請飭收回成命呈（1924） …… 四七五
三　直督李景林關於國民三軍在保定大名一帶徵斂苛擾電及孫岳駁覆電（1924. 12） …… 四七七
四　天津直隸保大七十七縣公民聯合會控訴國民第二軍入直以來綁掠奸淫焚劫各情通電（1925） …… 四七九
五　河南督辦胡景翼請將國民二軍各師旅改編直轄電（1925. 2） …… 四八一

六　豫沈邱皖阜亳等七縣代表控訴國民二軍收編匪部爲害地方各項函電（1925）……………四八三
七　甘肅省議會反對臨時執政府發表孫岳等爲陝甘剿匪總副司令電（1925. 1. 31）……………四八七
八　北京民治通訊社稿：陝省國民軍確無圖晋意（1925. 11. 15）……………四八九

二、各省區

（一）直隸省

一　直皖戰後通州復遭駐軍嘩變有關文件（1920. 8—1920. 9）……………四九三
二　直隸行唐縣紳民崔果植等陳述行唐縣被灾情况并請急賑的呈文（1920. 9. 25）……………四九九
三　北洋駐直隸省第十一師師長李奎元部因欠餉嘩變高陽河間等六縣慘遭蹂躪資料（1920. 11—1921. 3）……五〇一
四　曹錕報告直隸省所轄陸軍及守備隊名稱致陸軍部電（摘由）（1921. 9. 20）……………五〇九
五　京師一帶稽查處向京畿衛戍總司令王懷慶轉報關於姜桂題死後京北一帶毅軍士兵對於繼任軍統所持態度各情呈文稿（1922. 1）……………五一一
六　直隸順義縣監獄被押民衆聲訴官吏串謀勒索施用非刑慘狀函（1922. 2）……………五一三
七　薊縣地主紳士等請『剿辦』綁匪呈文及京兆守備隊覆函（1925）……………五一五
八　奉軍護路游擊警備司令部轉達天津後防辦公處關於處理各軍隊奪取民財强占市房之訓令（1925. 12）……………五一七
九　旅京保屬同鄉會宣布保定道尹胡國賓等官吏朋比貪污罪狀傳單（1926. 5. 3）……………五一九
一〇　北京四郊難民代表華仲民控訴軍閥部隊强占民房擾民情形印件（1926. 5. 7）……………五二一
一一　直隸省議會議員關於揭露軍閥混戰擾民罪行十事通電印件（1926. 5. 9）……………五二三

（二）奉吉黑三省

一　奉天張作霖報告奉省現有陸軍名稱致陸軍部密電（1921. 9. 23）……………五二七
二　吉督鮑貴卿報告吉軍將領高士儐脅持孟恩遠拒不交代情形致陸軍部等密電（1919. 7. 18—1919. 7. 27）……五二九

三　東三省巡閲使張作霖關於吉省師長高士儐部與日軍衝突被撤職抗不交代情形電（1919.7.21）……五三一
四　駐滿洲里軍事委員張天驥報告吉林督軍鮑貴卿與滿洲里警備司令耿玉田因争護路總司令名義互相攻訐情形電（1919.10.30）……五三三
五　吉林省興盛源商號等控訴省長徐鼐霖瀆職營私要求查懲的呈文（1920.5.20）……五三五
六　黑省督軍鮑貴卿報告黑省所屬軍隊編制人數及駐地情形致陸軍部密電（1919.2.2）……五三九

（三）熱察綏三區

一　熱河旅京學友會代表熱河全境公民反對朝陽劣紳慫恿當道改辦團防藉購外械從中漁利給曹錕呈文及有關簽呈（1923.6）……五四一
二　駐張家口天主教比國總司鐸宇安庇護教民干預地方政事控告張北寶昌兩縣知事的照會（1920.5.4）……五四三
三　察哈爾都統張景惠報告察區管轄軍隊名稱數目致陸軍部密電（1921.9.21）……五四七
四　關於察哈爾都統張錫元赴京辭職時駐張家口所部嘩變糜爛地方經過文電（1924.12）……五四九
五　綏遠自治會韓秉衡等陳控綏遠都統馬福祥派私人專徵烟税敲刮民財等罪行致大總統等電（1922.10.21）……五五五

（四）山東省

一　山東東臨道屬公民代表楊伯範等控訴第四混成旅旅長張善義勾結巨匪貪暴殃民等罪證致國務院呈文（1919.7）……五五七
二　山東省公民王巖策等控訴督軍張樹元罪惡的呈文（1919.9.22）……五六一
三　山東旅京同鄉聯合會以魯省内政爲軍閥田中玉所蹂躪外交爲王正廷所賣喪泣告全國同胞書（1922.10.17）……五六五
四　山東各界聯合會等控訴在曹州自稱國民五軍的吕秀文擾民情形各文電（1924.12—1925.2）……五六七
五　烟臺商學各界控訴烟臺鎮守使張懷斌縱兵殃民斂財肥己致陸軍部呈文（1925.4）……五七一
六　山東代理濟寧縣知事王家相被逼用槍自戕呈省長及致友人遺書（1925.7.4）……五七五

七　山東督辦張宗昌企圖以『四維主義』爲宣傳維持統治局面的函（1927.6.20）……五七七

（五）河南省

一　豫督趙倜轉報關於王天縱在四川號召二三十營兵力潛入豫西等處活動豫軍準備起事及防範情形致國務院等密電（1919.11.3）……五七九

二　河南公民彭既安等陳控河南督軍兼省長趙倜私造銅元包種鴉片等劣迹給大總統電（1920.2）……五八一

三　豫督趙倜與南陽鎮守使吳慶桐關於互相交哄拒吳回任情形電（1920.3.16—1920.3.18）……五八三

四　開封自治促進會等廿六團體陳控南陽鎮守使吳慶桐縱兵殃民罪狀致大總統電（1920.3.18）……五八五

五　北京中國大學校友豫支會關於駐信陽之長江上游軍隊嘩變慘殺人民百數十人請飭該軍剋期撤出豫境致大總統等電（1920.4.7）……五八七

六　河南汝陽道道尹楊承澤報告吳光新部因欠餉八月在信陽嘩變搶劫商民經過情形致大總統函（1920.4）……五八九

七　河南公民大會代表團高鎮瀛等攻擊豫軍師長成慎稱兵與豫督趙倜争哄情形代電傳單（1921.5）……五九一

八　河南公民善後維持會要求解散省議會撤换昏瞶禍民省長張鳳臺的呈文（1922.6.5）……五九七

九　河南省民治學會等臚陳省長張鳳臺罪狀迅請撤懲的代電及呈文（1922.11—1923.4）……五九九

一〇　河南士紳張俑身等反對禍豫貪官張鳳臺繼續長豫鉛印通電（1923.1）……六〇三

一一　河南政治學會等陳訴省長張鳳臺瀆職害民請罷斥李濟臣長豫電（1923.10.30）……六〇五

一二　河南商丘縣商民代表郭樹棠等關於河南陸軍第二師留守軍隊嘩變焚燒搶掠爲此要求賠償損失致大總統呈文（1922.8）……六〇七

一三　豫督張福來靳雲鶚報告堵擊老洋人等情形電（1922.10.27—1922.12.12）……六〇九

一四　上海《中國晚報》：河南之匪（1923.10.30）……六一三

一五　陝西督軍劉鎮華等關於派軍赴豫協攻張國威張國信及范明新等致大總統曹錕等電（1923.11—1924.7）……六一五

一六　直魯豫巡閱使公署關於趙杰密派羅龐等携帶重款煽惑軍警事覆大總統軍事處函（1924.8.23）……六一九
一七　鷄公山前河南省長李濟臣關於交卸省長印信日期的通電（1924.12.17）……六二一
一八　張幹臣等控訴河南前省長李濟臣及督理張福來勒捐民款逍遥法外并請査抄家産以平民憤的呈文（1925.3.13）……六二三
一九　關於毅軍没落時期資料（1924.12—1925.9）……六二五

第四册　原第一輯第七册—第八册

軍閥混戰與封建割據的罪行

【三】軍閥官僚封建割據的罪惡活動

二、各省區（續）

（六）江蘇省

一　蘇州第二女師範學校等陳訴皖軍蹂躪蠶桑學校女教員自盡者十餘人請懲不法電（1919.12.19）……七
二　張謇等請飭督軍齊燮元迅裁江蘇軍費咨大總統呈文（1921）……九
三　江蘇省議會議員王景常等臚列省長韓國鈞劣迹并要求撤换的呈文（1923.1.10）……一一
四　上海《民國日報》：海州匪氛之西訊（1924.7.11）……一三

（七）安徽省

一　旅滬全皖公民會方燮等控訴皖督倪嗣冲治皖劣迹給國務總理代電（1920）……一五
二　皖督張文生報告皖督軍隊編制情形密電（1921.9.21）……一七
三　安徽省議會第三届議員丁葆光等臚列省長許世英劣迹要求撤换的電報及傳單（1921.12）……一九

四　皖省各界反對省長許世英舉辦徵收蕪湖出口米照捐的資料（1922. 5. 3）……二三
五　安徽省議會議員吴厚卿等控訴省長許世英及請嚴令停徵蕪湖出口米照捐的電文（1922. 5. 15）……二七
六　安徽省各公團等要求撤查省長許世英并臚陳其罪惡電（1922. 9—1923. 1）……二九
七　段祺瑞等關於聲訴督理安徽軍務善後事宜馬聯甲全無裁兵誠意及霸占全皖税差侵吞税款請主持將馬褫職法辦致大總統快郵代電（1922. 11）……三三
八　安徽省許世英與馬聯甲的矛盾（1922. 11. 29）……三七
九　安徽省臨淮鎮商會會長陳文權關於否認與安徽省政府脱離關係的電文（1922. 12. 14）……四一
一〇　皖南二十三縣公民反對馬聯甲保舉縱兵殃民之旅長李傳業爲皖南鎮守使給國務總理函（1922. 12. 16）……四三
一一　上海《民國日報》：六安匪警之官場消息（1924. 7. 11）……四五
一二　上海皖民公社控訴皖南鎮守使王普罪行代電（1925）……四七
一三　澄清皖政同志會等公舉田爲霖組織自治靖衛軍以討安武軍代電（1925）……四九
一四　政事堂存記裴景宋等控訴馬聯甲在皖督任内貪污各款摺呈（1925. 4. 8）……五一

（八）江西省

一　江西省議員陳祖怡等彈劾省長戚揚罪惡的訴願書（1919. 7. 28）……五三
二　江西省督軍陳光遠轉江西省議長龍欽海等電控訴第一師長張宗昌在贛邊糜爛地方搜括人民各情咨大總統電（1921. 1）……五七
三　張宗昌師在贛省與陳光遠部發生軍事衝突爭奪地盤情形有關函電（1921. 4）……五九
四　贛東鎮守使岳兆麟等聯名發表拒絶北洋政府任命謝遠涵爲江西省長通電（1923. 1. 8）……六三
五　督理江西軍務善後事宜兼省長蔡成勛請獎廣豐縣知事程毓璘鎮壓自稱討賊軍游擊隊總指揮徐榮忠等的咨文（1923. 7. 16）……六五
六　上海《民國日報》：旅滬贛人痛斥蔡成勛推銷鴉片（1924. 1. 28）……六七

七　關於揭發軍閥蔡成勛在贛公賣鴉片罪狀的資料（1924. 5. 17—1924. 5. 18）……六九
八　方本仁宣告與贛督蔡成勛實行開戰通電（1924. 11. 20）……九三
九　江西省星都永安四縣旅省同鄉會關於請求撤銷星子縣灾民殷昌英等被誣聚衆騷擾判處徒刑的代電（1925. 8. 13）……九五

（九）福建省

一　留日福建學生會揭露閩督李厚基禍閩罪惡主張閩人自治實行民選省長制呼籲書（1920. 8）……九七
二　福建長樂縣旅京同鄉李兆珍等爲海軍陸戰隊旅長楊砥中擅行丈田按畝勒費請即撤懲以蘇民困事致大總統等電（1924. 2. 10）……九九
三　旅京福建仙游同鄉會等臚列仙游軍民長官暴政劣迹的請願書及呈文（1924. 2）……一〇一
四　福建省民嚴秉誠等揭發省長薩鎮冰媚美禍閩的罪惡代電（1925. 4. 13）……一〇五

（十）浙江省

一　浙督楊善德報告浙軍第一二兩師師長童保暄與張載揚兩派内鬥情形致國務院等密電（1919. 6. 1）……一〇七
二　參謀本部抄送上海調查員報告呂公望在滬秘密與浙江派王伯威等活動浙人治浙情報（1919. 10. 17）……一〇九

（十一）湖北省

一　湖北省旅京同鄉會揭發鄂督王占元指使所部孫傳芳以武裝威脅鄂人夏壽康不准接印長鄂代電（印件）（1920. 12. 7）……一一一
二　關於鄂人驅王運動及武昌兵變并王占元屠殺變兵情況的文件（1921. 4. 26—1921. 8. 25）……一一三
三　湖北旅京同鄉會呈國務院爲駁斥金紹曾袒護鄂省兵變罪魁王占元之謬論（1921. 6）……一二七
四　湖北各縣市自治聯合會散發驅逐省長劉承恩的傳單（1921. 12. 18）……一三一
五　湖北松滋縣紳韓玉宸等一百零三人控告直系第八師羅鳳鈞在駐扎期間荼毒地方代電（附録事實印件）（1923. 3. 6）……一三三

六　《上海晚報》：鄂同鄉致蕭耀南電阻止進行武昌商埠借款（1924.2.26）……一三九
七　湖北各縣自治聯合會要求押解隱居京師前湖北官礦督辦何佩瑢回籍清理賬目電（1925.6.13）……一四一
（十二）湖南省
一　湖南楊德寬控訴湯薌銘禍湘情形及殘殺其兄楊德鄰鳴冤之快郵代電（1922.9.25）……一四三
二　第十六混成旅旅長馮玉祥自常德報告投附南方之湘軍將領周則範被所部團長殺害情形電（1919.11.27）……一四五
三　長沙公民代表蘇鵬等陳訴張敬堯所部在安化等縣淫搶燒殺慘無人道情形請按軍法制裁通電（1920.8）……一四七
四　上海《民國日報》：湘賑災中之軍閥（1924.7.11）……一四九
（十三）陝西省
一　奉軍許蘭洲部入關『援陝』所開潼關會議議案（抄件）（約1919.1.3）……一五一
二　陝督陳樹藩與國務院關於『議撫』陝省靖國軍來往文電（抄件）（1919.3）……一五五
三　古相山關於陝省防禦靖國軍情形致王懷慶函（1919.5.10）……一五七
四　陝西軍民請救濟陝西護法戰爭所遭兵災文電（印件）（約1920.3—1920.5）……一五九
五　陝西渭北十五縣國民代表左子縉等關於召集國民大會胡景翼取消靖國軍名義及推于右任爲陝西自治籌備會會長情形通電（1921.9）……一六三
六　陝西督軍馮玉祥報告靖國軍總司令于右任總指揮胡景翼表示服從願受編制請吴佩孚將該部改編爲師并委胡爲師長咨大總統等電（1921.10）……一六五
（十四）甘肅省
一　張兆鉀王樹枬等關於甘督張廣建去職漢人反對以回將馬福祥繼任并反對蔡成勛率兵入甘繼任各函電（1920.8）……一六七

二　甘肅漢籍軍官等反對以回將馬福祥督甘有關文電（1920. 11）……一七一
三　隴東鎮守使陸洪濤關於勿以馬福祥爲甘肅督軍加深民憤致大總統等密電（1920. 11. 30）……一七三
四　甘肅漢回公民代表岳登龍等反對任命蔡成勛帶兵督甘電（1921. 4. 25）……一七五
五　甘肅省議會陳訴隴南鎮守使孔繁錦濫招軍隊括斂民財破壞烟禁等罪狀致大總統等電（1920. 9. 16）……一七七
六　旅京甘肅同鄉會反對任命潘齡皋爲甘省長傳單（1921. 10）……一七九
七　甘肅省法團聯合總會等要求撤换省長潘齡皋的快郵代電及呈文（1922. 2—1922. 6）……一八一
八　甘肅省議會控告高等檢察廳長張藎臣等袒護省長潘齡皋蓄意謀殺議員的代電（1922. 7. 23）……一八五
九　寧海鎮守使馬麒報告派兵進攻果洛『番族』等情形致陸軍部電（1921. 7. 9）……一八七
一〇　甘肅省臨潭土司所屬居民等請懲寧海軍通事馬壽一蹂躪地方電（1925. 9）……一八九
（十五）新疆省
一　新疆回部扎薩克親王要求撤銷孫道仁赴新查烟令致大總統等電（1922. 10. 11）……一九一
二　新疆各社團王公盟長等拒絶孫道仁藉名查禁烟苗入新奪取地盤通函（1922. 9—1922. 10）……一九五
三　新疆省議會反對以新疆列入西北邊防督辦管轄區域通電（1923. 7. 26）……二〇五
四　新疆蒙哈回疆各盟長親王關於反對西北邊防督辦馮玉祥派兵入境通電（1923. 9. 11）……二〇七
五　新疆省長楊增新關於新疆南路各屬鄉約向由壞人擔任與縣知事勾結爲害擬取締不識漢字之鄉約參用學堂畢業『纏生』咨北洋政府内務部文（1926. 3）……二〇九
（十六）四川省
一　陝西省長劉鎮華報告川督劉存厚在陝南一帶違弛烟禁勒捐擾民等罪行致大總統等密電（1920. 3. 3）……二一一
二　漢南士紳黄禮賓等陳訴退駐陜境川督劉存厚禍陝殃民事實（1920）……二一三
三　川邊鎮守使陳遐齡報告英帝利用西藏『番民』進攻川邊及與川督熊克武發生牴牾情形呈文

（1919. 12）…………………………………… 二一七
四　川邊鎮守使陳遐齡報告藏民增兵分撲川邊巴理窺甘孜求援通電（印件）（1920. 2—1920. 6）……… 二一九
五　上海《中國晚報》：忠縣慘遭兵禍之呼籲（1923. 10. 30）……………… 二二一
六　川邊陸軍旅長孫涵等以藍部由内地寇邊致大總統等電（1924. 7. 7）……………… 二二三
七　越雋黄德宣等聲訴前川邊鎮守使陳遐齡罪狀電（1925. 2）……………… 二二五
八　四川萬縣旅京同鄉代表何金門等關於揭發四川軍閥巧立名目藉端苛斂并請令飭免除非法取求及湖江兩省開放關津的呈文（1925. 9. 19）……………… 二二七
九　劉成勛控告劉文輝受張作霖僞職出兵進襲彭山請免其職電（1927. 7. 19）……………… 二三一
一〇　四川善後會議唐萃芳等瀝陳川省軍閥糜爛地方情形代電（1927. 8. 30）……………… 二三三
（十七）雲南省
一　前滇西討唐軍總司令羅樹昌報告討伐唐繼堯失敗後情況呈文（1927. 6. 29）……………… 二三五
（十八）貴州省
一　袁祖銘組織定黔軍發動戰事情形有關文件（1921. 12—1922. 3）……………… 二三七
三、海軍
一　海軍總長薩鎮冰呈大總統爲海軍擬設分區防禦使一案按照院議變通實行（1920. 9. 22）……………… 二五一
二　上海總商會與縣商會反對海軍總司令杜錫珪調兵六千人編成海軍陸戰隊駐滬致國務院等電（1922. 6. 19）……………… 二五三
三　壽生：中國海軍狀況及我們運動的方針（1923. 3. 16）……………… 二五五
四　海軍總長李鼎新宣布海軍獨立附奉倒直經過有關情報（1923. 4. 25）……………… 二六一
五　大總統府軍事處關於吴佩孚運動粵海軍司令溫樹德率艦北歸希速匯餘款事致山東省長熊炳琦電（1923. 11. 2）……………… 二六三

六　上海《民國日報》：青島海軍缺餉之滬聞（1924.1.28）……二六五
七　馮玉祥派海軍保衛沿海漁業監督劉昌言拉攏溫樹德所率渤海艦隊文電（1924）……二六七
八　《浙民日報》：驟難轉圜之杜溫風潮（1924.2.27）……二七一
九　《浙民日報》：吳佩孚急謀山東（1924.2.29）……二七三

北洋軍閥時期的經濟狀況

【一】財政

一、概況

一　國務院檢送整理財政計劃説帖致參陸辦公處函（1920.9.26）……二九七
二　國民財政大會籌備會第一次宣言暨發起人名單（1922.2.25）……三〇五
三　上海《中國晚報》：國立八校勢將停閉（1923.10.30）……三一一
四　《上海晚報》：北京之一片呼窮聲（1924.2.5）……三一三
五　唐在均譯東京《日本廣告報》：中國之複雜問題（1924.11.22）……三一五
六　北京臨時執政府秘書廳檢送整理財政草案擬定軍費標準案等九件致善後會議秘書廳函（1925.2.14）……三一七
七　臨時政府整理財政案（1925.2.26）……三七五
八　臨時政府整理財政大綱案（1925.2）……三七九
九　臨時政府財政整理委員會條例草案（1925.2）……三八一
一〇　臨時政府整理財政案甲項第二款修正案（1925.2.28）……三八五
一一　尹文敬整理中央財政計劃商榷書（1925.2）……三八七
一二　善後會議會員周鍾岳等宣布歷年所欠内外債確數及其用途爲整理財政之先決問題案（1925.3）……四一五
一三　善後會議會員邢端等擬由本會電達各省區軍民長官及各軍將領限期報告最近財政軍政情形案

（1925.3）……四一九
一四　善後會議會員鍾才宏確立聯治政制爲改革軍財各政之標準以解糾紛而謀統一案（1925.3）……四二一
一五　善後會議會員熊希齡等提議修正整理財政案（1925）……四二三
一六　善後會議會員李垣等整理財政議案（1925）……四二七
一七　北京執政府財政善後委員會委員長梁士詒副委員長郭永泰就職詞（1925.8.1）……四三三
一八　北洋政府大元帥張作霖頒布統一財政的令文（1927.6.31）……四三七
一九　曹汝霖報告討論財政集議經過情形并附呈財政整理計劃大綱（1927.8）……四三九

二、軍費

（一）中央軍費

一　陸軍總長靳雲鵬對於財政總長所陳收束軍事辦法表示不同意見致大總統徐世昌呈文（1919.8）……四四七
二　兩湖巡閲使吴佩孚等關於以京漢鐵路收入抵借中國銀行團三百萬元充湘鄂戰争餉款密電（1921.8.16）……四五一
三　張群：國防與裁兵之商榷（1922.5）……四五三
四　吴佩孚報告一九二二年援湘鄂戰争致軍事用費數目請咨財政部轉賬致陸軍部密電（1922.10.19）……四六三
五　海軍總司令蔣拯等關於財政總長張弧藉口外人干涉兩淮鹽税拒絶撥給海軍經費通電（1923.1.18）……四六五
六　北京執政府陸軍部代理部務次長賈德耀呈送最近全國歲入數目與軍費支出之比較表上臨時執政文（1925.2）……四六七
七　善後會議議員康新民修正收束軍事大綱（軍費標準和兵額問題意見書）（1925）……四七三
八　奉軍發行鎮威三四聯軍兵站庫券有關令文（1927.1）……四七五

（二）地方軍費

一　曹錕開列直隸省各軍事機關年度預算爲五百三十八萬六千餘元致陸軍部電（1921.7.16）……四七七

二　皖省自治研究會主張裁兵必先廢除督軍鎮守使等軍職以絶武人擁兵吞餉根源通電（1922. 7. 4）……四七九
三　皖籍國會議員王源瀚等關於提前在皖實行廢督裁兵給大總統黎元洪的建議書（1922. 7. 12）……四八一
四　浙省人士關於浙江裁撤軍隊商榷書（1922. 8）……四八三
五　安徽省教育會等十六公團皖人主張撤懲馬聯甲實行裁兵節餉之勘日通電（1922. 11. 28）……四八七
六　安徽省教育會等主張裁兵減餉代電（1922. 12. 19）……四九一
七　江朝宗等關於皖省裁兵有名無實餉額轉增請另行派員監察實行裁新減舊致大總統呈文（1923. 1）……四九五
八　江蘇督軍齊燮元爲海軍總司令杜錫珪辭職以楊樹莊代任致鄂浙閩皖陝豫各省電（1924. 12）……四九九
九　善後會議會員吴鈁等整理江西財政案（1925）……五〇一
一〇　善後會議會員于寶軒等整理江蘇財政案（1925）……五〇七
一一　馮煦爲擬具蘇省兵灾善後事宜三端致善後會議函（1925. 3）……五一七
一二　陝西省長公署一九二一年—一九二三年度陝西實收實支數目表（送善後會議）（1925）……五一九
一三　上海高昌廟龍華兩兵工廠劃出軍事範圍蘇省長韓國鈞請由蘇省處分歸還地方墊款電（1925. 3. 15）……五二三
一四　關於馮鴻逵旅編制餉額及移駐綏西經過資料（1925. 3. 7—1925. 4. 4）……五二五

第五册　原第一輯第九册—第十一册（上）

北洋軍閥時期的經濟狀况

【一】財政

三、債

（一）中央債

公債

一　北洋政府民國八年短期公債條例（1919. 2. 22）……七
二　北洋政府内務部總務廳會計科抄録八年短期公債經募及承購人員獎勵規則并勸募民國八年短期公債文函籌備國會事務局文（1919. 3. 7）……一一
三　北洋政府署財政總長周自齊陳述整理内國公債確定本息基金緣由上大總統文（1921. 3）……一七
四　吴佩孚反對財政總長張弧發行鹽餘公債九千萬元作還日本借款等通電（1922. 1. 12）……二一
五　豫督趙倜等反對發行九千六百萬元鹽餘公債的通電（1922. 2. 22—1922. 2. 24）……二三
六　兩湖巡閲使吴佩孚攻擊財長張弧發行『九六』公債通電（1922. 4. 22）……二七
七　上海《民國日報》：北京的公債買賣（1923. 7. 11）……二九
八　上海《中國晚報》：車輛借款條例將撤廢（1923. 10. 30）……三一

庫券

一　湖北督軍王占元等關於庫券在鄂省發行既無止數又不如期兑現致商民軍心均起恐慌給北京政府電（1920. 5. 1—1921. 1. 22）……三三

二　《上海晚報》：崇關庫券確已中止耶（1924. 2. 5）……三五
三　北京政府於一九二六年舊曆年關發行八百萬庫券經過有關資料（1926. 2. 4—1926. 2. 11）……三七

借款

一　梁士詒等關於合組中華銀公司加入英美法日四國銀行團籌辦第二次善後借款文件（1919. 6. 10—1919. 6. 12）……四一
二　北洋政府財政總長張弧爲債巨期迫擔負過重急應將内外短期借款清理的呈文（1922. 1. 19）……四三

外債

一　濟順高徐二鐵路滿蒙四鐵路借款預備合同（1918. 9. 28）……四五
二　澳門華僑各社團反對帝國主義借款軍閥助長内戰代電（1920. 4. 22）……四九
三　北洋政府國務院答復參議員何焱森等質問政府美銀行團代表拉孟氏來北京曾否拒絕新銀行團壟斷鐵路實業借債辦法咨參議院文（1920. 5）……五一
四　北洋政府兼署交通總長田文烈呈大總統爲報載天津工商代表等公電誣衊兼署交通次長權量應如何維持個人名譽文（1920. 8）……五三
五　財政部會同内務部向四國銀行團商借華北五省旱灾賑款函稿（1920. 10. 14）……五五
六　《京津新報》關於農商部擬與日商順正公司進行抵押借款的新聞（1921. 5. 5）……五七
七　留法各團體聯合反對朱啓鈐吴鼎昌在法秘密借款三萬萬佛郎通告（1921. 6）……五九
八　王寵惠等關於財長羅文幹案通電（1922. 11. 19—1922. 11. 21）……六一
九　北京衆議院關於財長羅文幹喪權禍國納賄瀆職案咨請大總統查辦通電（1922. 11. 20）……六三
一〇　衆議院正副議長吴景濂張伯烈關於財政總長羅文幹與奥國訂立借款展期合同有納賄情事通電（1922. 11. 22）……六七
一一　財政部説明前奥國借款展期要點通電（1922. 11. 23）……六九
一二　羅文幹所簽整理德奥借款展期新合同揭要（1922. 11. 23）……七一

一三 直隸省長王承斌關於財長羅文幹案請公開審判通電（1922.11.24）……七五
一四 吴佩孚關於財長羅文幹案通電（1922.11）……七七
一五 吴景濂等關於財長羅文幹案通電（1922.12.1）……七九
一六 北京衆議院關於交通總長高恩洪等擅定訂購鐵路材料合同咨請政府查辦通電（1922.12.5）……八一
一七 山東省議會等反對財政部派員與日商洽議抵押青島碼頭電（1923.9.19—1923.10.23）……八五
一八 上海《中國晚報》：道濟大借款之内容暴露矣（1923.10.30）……八七
一九 京津通信社稿：關於中美無綫電借款之内容（1924.1.6）……八九
二〇 向福公司借款籌築京赤鐵路及道濟鐵路有關資料（1924）……九一
二一 上海《民國日報》：漢冶萍借日款又一説（1924.1.28）……九七
二二 益智通信社稿：關於日人又復活動吉會鐵路借款一千萬元以開放百草溝等四處商埠爲條件（1924.2.14）……九九
二三 《上海晚報》：三大鐵路借款新訊（1924.2.26）……一〇一
二四 《浙民日報》：三大鐵路借款簽字（1924.2.29）……一〇三
二五 《上海晚報》：導淮借款内幕之披露（1924.4.15）……一〇五

（二）地方債

公債

一 熱河都統署幫辦與熱察綏巡閲使王懷慶關於發行熱河地方善後公債六十萬元往來文件（1922.9.2—1922.9.10）……一〇七
二 河南省憲促進會等二十五團體爲胡景翼督豫以來殘民以逞復擅發公債二百萬請速制止致段祺瑞代電（1925.3.21）……一〇九
三 德僑克來易陳訴直隸省有損官廳威信延期償還省公債的呈文（譯件）（1927.2.16）……一一一

一　安徽寧廣八屬同鄉會等關於奸商程慶福以安正鐵路所經五縣路基作抵息借日款事要求追款廢約通電（1921. 11. 23）……一一三
二　旅湘滇人葉蓂等反對唐繼堯以個舊錫廠抵借外債通電（1923. 4. 20）……一一五
三　四川旅京各團體聯合會控告劉湘越權借債禍川請予撤銷呈文（1926. 2. 5）……一一七

四、庚款

一　國務院等關於中東路共同墊款擬挪用俄庚款問題往來文件（1919. 12. 28—1920. 1. 16）……一二一
二　民本通信社關於揭露金佛郎案之大黑幕稿（1923. 2. 24）……一二五
三　貴州督軍劉顯世反對内閣對於法國賠款議決改用金佛郎交付通電（1923. 5. 19）……一二七
四　偵察處長王光宇關於派赴日本考察教育兼接洽退還庚子賠款專員朱念祖等舉行報告會的情報（1923. 7. 17）……一二九
五　關於羅文幹金佛郎案北洋軍閥壓迫輿論的新聞稿（1923. 11）……一三一
六　衆議院討論金佛郎案發生争執被當局撤廢警衛隊有關文件（1923. 12. 18—1923. 12. 20）……一三三
七　上海《中外大事彙報》：京衆議院致法國會電（1924. 2. 26）……一三七
八　統一通訊社稿：教育部説明日本退還庚款詳情（1924. 6. 24）……一三九
九　喻公拔：全國教育界應當急起力争的重要問題——庚子賠款（1924. 7. 13）……一四一
一〇　關於各國退還庚子賠款交涉經過情形的資料（1924. 8. 15）……一四五
一一　王家襄等爲反對金佛郎案交付善後會議議決致善後會議會員函（1925. 2. 27）……一六三
一二　善後會議會員彭養光等請咨執政府明令宣示決不采取任何方式辦理全國反對之金佛郎案決議案（1925. 2）……一六五
一三　全國教育聯合會庚款事宜委員會對於各國庚子賠款宣言（1925）……一六七

五、賦稅

（一）關稅

一　北京市民聯合大會等反對財長羅文幹私訂賣國合同傳單（1922. 11）……一七一

二　京津通信社稿：崇文關稅收數銳減入不敷出情形（1923. 8. 18）……一七三

三　外交部轉送領銜義公使翟録第覆北洋政府關於要求關稅附加賑捐照會致内務部咨文（1925. 4. 20）……一七五

四　財政善後委員會第三組常任專員梁汝成關於對付關稅特別會議方略的建議（1925. 8. 31）……一七九

五　北京《大同晚報》論關稅特別會議（1925. 10. 25）……一八三

六　一九二六年關稅會議有關資料（1926. 2. 4—1926. 4. 1）……一八五

七　北洋政府召開『關稅會議』問題有關文電（1926. 7. 10—1926. 7. 29）……一八九

八　廣州國民政府反對重開關稅會議宣言（1926. 8. 3）……一九三

九　國民黨廣東遂溪縣黨部反對北洋政府關稅會議復開要求徹底關稅自主代電（1926. 8. 29）……一九五

一〇　北洋政府實施進口海關『二五』賦稅及罷免海關總稅務司英籍安格聯職務有關文電（1927. 1. 9—1927. 2. 17）……一九七

一一　譯上海《字林西報》：財政上之自殺政策（1927. 2. 2）……二〇三

一二　吉林延邊公民大會關於日商抗徵『二五』賦稅發生暴動情形電（1927. 7. 15）……二〇七

（二）鹽稅

一　黃紹亭控訴晉北稅局洋員濫用職權威逼黃承葆服毒自殺暴行的呈文及附件（1921. 9. 17）……二〇九

二　重慶護軍使劉湘反對梁士詒等以整理鹽務爲名與稽核所洋員秘密結約允廢引岸并以緝私營移歸管轄的通電（1922. 2. 3）……二一一

三　偵察長王光宇關於京師軍政教育各機關交涉鹽餘代表會議的情報（1922. 3. 17—1922. 3. 20）……二一三

四　京師軍政教育各機關交涉鹽餘代表會議簡章及開會通知（1922. 3）……二一五
五　浙江直魯紳商學工界楊鴻發等一千六百八十人關於鹽政以有人創議引票代價意在推翻引界等情對此表示反對的通電（1922. 12. 4）……二一九
六　關於改良鹽政的資料（1923. 2. 7—1923. 2. 19）……二二一
七　財政部等關於日本正金銀行擅扣鹽餘作爲善後借款利息問題提案及密函稿（1923. 4）……二二七
八　四川省督辦劉湘等請撤銷楚岸借銷濟南鹽十萬擔成案致段祺瑞電（1925）……二三一
九　吴佩孚宣布扣留各省鹽税自漢口致北京外交團電（1925. 10. 30）……二三三
（三）烟酒税
一　浙江省長張載陽咨北洋政府内務部報告續辦統捐及烟酒附收經過并聲明附收之款留作浙用文（1922. 12. 15）……二三五
二　北洋政府内務部關於東省特别區徵收酒税一案咨黑龍江省長文（1923. 2. 14）……二三七
三　北京執政府全國烟酒事務署各省區烟酒局十年至十二年三年平均收數與原定比額比較增減表（1925）……二四一
（四）印花税・牙税・厘金及其他雜税
一　湖南紙商代表劉炳忠等要求免除湘潭税外加捐摧殘實業的呈文（1919. 8. 25）……二四三
二　北洋軍人某向王懷慶建議開放北京烟禁以籌軍餉函（1923. 9. 22）……二四五
三　四川合江縣民王春藩等控告市政督辦蘇自芳清鄉籌備處會辦李子謙李竹平等勒捐擾民北洋政府内務部文（1924. 7. 17）……二四七
四　王光宇轉陳北京市民爲反對試辦警捐向衆議院請願經過致王懷慶的報告（1924. 5. 23）……二四九
五　趙恒惕爲推行整理湘省厘金政策致各軍官電（印件）（1925. 8. 13）……二五三
六　劉壽權爲舊紀王希三把持牙用請予嚴懲致王懷慶呈文（1926. 5. 26）……二五五
七　京師總商會反對警察廳加徵飯莊等四行業特捐以籌備警餉呈文（1926. 10. 3）……二六一

八　京兆商聯會等反對京兆印花稅處勒令加貼印花稅電文（1926.10.10—1926.10.14）……二六三

【二】金融

一、幣制和發行

一　幣制局關於查禁陳炯明由日本運回私印軍票密函（1919.5.27）……二七三
二　北洋保商銀行在美德各國訂印鈔票請發給護照呈文（1919.7.19—1927.12.17）……二七五
三　北京外交部關於美國干涉我改良幣制致財政總長咨文（1919.10.22）……二七七
四　外交部轉達英法公使關於南京造幣廠發行輕量銅幣的意見（1920.3.10—1920.4.3）……二七九
五　吉林陸軍步兵第二團團長王坦條陳延邊急務意見書（1921.2）……二八三
六　新疆省長兼督軍楊增新爲疏附疏勒兩縣所解老龍票均一張數剪有意蒙混請予撤懲電（1921.9.21）……二八七
七　幣制局鈔券處檢送美使署函案一九二〇年發行紙幣數目表付（1921.12.17）……二八九
八　四川旅滬各商全體請撥川鹽款收回前四川銀行所發行之紙幣六十萬元致四川各界代電（1925）……二九五
九　中國通商銀行總理傅宗耀關於將在美國訂印鈔票請准予備案并發護照呈文（1925.3.21）……二九七

二、銀行

一　上海總商會關於吴佩孚勒令查抄濟東銀行損失情形電（1925.5.5）……二九九
二　新疆省追查北京蔚豐銀行總行虧欠新疆公款咨文（1925.11.24）……三〇一

三、金融風潮

一　上海總商會呈報洋厘飛漲懇請維持市面呈文（1919.12.1）……三〇三
二　中國交通兩銀行關於緩議英使請令滬津漢三埠不准銀元出口致財政部覆函（1920.1.12）……三〇五
三　參陸處關於據報日人在濟南一帶設立錢店濫用日幣等辦法以反抵制日貨飭魯督查復電稿（1920.2.8）……三〇七

四 關於北京中國交通兩行鈔票擠兑風潮情形的文件（1921.11.18—1921.11.29）……三〇九
五 偵察長王光宇關於北京中交兩行鈔票停兑暨擠兑經過情報（1921.11.24—1921.12.31）……三一九
六 民生通信社稿：日昨之京師金融維持會（1923.8.21）……三二七
七 關於北京平市官錢局濫發紙幣銅元票價跌落市面恐慌監視市場的情報（1923.9.1—1923.12.29）……三二九
八 偵察處處長王光宇關於北京東交民巷中法振業銀行停業影響金融市面恐慌的情報（1924.9.29）……三三五

四、外國貨幣和銀行

一 張作霖請照會白俄使署維持新舊羌帖咨文（1919.3.8）……三三七
二 財政部等關於美日等國銀行團在哈埠發行紙幣有關函件（1921.5.11—1921.7.23）……三三九
三 東省鐵路督辦王景春報告外人干涉與道勝銀行訂定股票電（1922.7.19）……三四七
四 財政部等關於取締重慶美商美豐銀行私發紙幣函件（1923.6.13—1923.6.27）……三四九
五 鄧瀛普等控訴沙市英商鄧祿普橡皮分公司濫發市票請取締呈文（1925.3）……三五一
六 財政部等關於禁止蘇聯新幣在中國通用往來文件（1925.10.1—1926.2.11）……三五三
七 華俄道勝銀行清理經過有關文電（1926.9.27—1927.1.21）……三五七

【三】交通

一、概況

一 北京交通部擬具交通行政統一案保持交通四政特別會計案請交善後會議議決致段祺瑞呈（1925.3）……三六七
二 北京交通部交通財政整理案（1925.3）……三七五

二、鐵路

一 北洋政府交通部顧問王景春否認在美宣言主張中國鐵路歸各國公管致交通部電（1919.5.17）……三八五
二 都護使駐扎庫倫辦事大員陳毅報告日本企圖攫取蒙古鐵路敷設權致北京政府電

（1919. 9. 2—1919. 9. 5）……三八七
三　交通總長葉恭綽關於與道勝銀行簽訂管理東省鐵路合同情形密呈（1920. 10. 5）……三八九
四　北洋政府國務院函大總統府軍事處檢送交通部整理路電兩政辦法（1923. 11. 19）……三九三
三、航運
一　税務處督辦孫寶琦辭招商局董事會會長兼職并提意見代電稿（抄件）（1920. 4. 18）……四〇一
四、電訊
一　出席華盛頓無綫電會議代表張宣王景春關於在山海關等處設立電臺與美聯絡電（1927. 11. 11）……四〇三
五、港口
一　《上海晚報》：青島港務問題（1924. 4. 15）……四〇五
二　衆議員予均生等關於膠澳商埠督辦高恩洪拍賣市内公産質問書（1924. 8）……四〇七
三　林有壬等在北京組織『三門灣開埠促成會』有關文件（1926. 3. 27）……四〇九
六、電車
一　北京内左四區市民自治促進會等爲交財兩閥把持北京電車公司擬定期召集各界開會討論對策啓事（1923. 6. 12）……四一七
二　京師軍警督察長宋錫金檢送京師總商會以電車公司違反調解原約議決停繳鋪捐車捐所散發的傳單（1923. 12. 27）……四二一
【四】工礦農商
一、煤礦
一　孟恩遠關於聯絡奉張勾結日美開辦蛟河煤窑及紗廠致王懷慶函（1920. 3. 8）……四二七
二　實話通訊社：萍鄉煤礦之近狀（1923. 9. 16）……四二九
三　張宗昌褚玉璞急籌反革命經費徵收直魯皖三省煤類特捐有關文件（1927. 10. 28—1927. 11. 7）……四三一

二、農漁墾殖

一　援案核准江浙漁業公司添置『富海』漁輪有關文件（1921.3.16—1921.4.23）……四三五
二　段頤（北京宣内温家街甲二號）發展産業計劃之一——水利農田（1922.4）……四三七
三　《浙民日報》：張作霖開闢内蒙之計劃（1924.2.27）……四四三

三、地方實業

一　勸辦實業專使葉恭綽關於勸辦京兆地方實業情形報告書（1920.7.6）……四四五

四、對外貿易

一　中國駐日本長崎領事館關於我國抵制日貨與長崎商務關係的報告（1919）……四五一
二　中一通信社：青島最近之貿易狀況（1923.10.22）……四五五
三　駐美公使施肇基關於美國腸衣進口商請設局籌辦腸衣檢查電（1927.9.21）……四五七

五、外商外廠

一　財政部等關於日使請將安東及天寶山銅品出口覆函（1919.2.22）……四五九
二　振業火柴公司經理叢良弼報告日人在濟南設立火柴工廠侵奪營業呈文（1919.8.28）……四六一
三　新民通信社稿：關於上海旅滬商幫協會反對外人在滬所辦之取引所并又在津漢等地添設市場企圖壟斷中國經濟（1920.1.22）……四六三
四　駐津偵察員張華堂關於天津各界聯合會召開評議會的情報（1921.3.13）……四六五
五　關於國民三軍孫岳部接收井陘煤礦及德商提出交涉文電（1925.2）……四六七

【五】自然灾害

一　督辦賑務處檢送華北五省灾情調查報告書希東省鐵路公司阿秘書譯成俄文廣爲勸募函（1920.12.6）……四七一
二　吉林磐石縣署知事汪鳴鶴以直魯豫等省灾情奇重而磐石縣元豆蜀黍特賤建議購充賑糧致總統府秘書廳廳長吴笈孫函（1920.12.21）……四七三

三 貴州旅京路朝鑾等陳述貴州省被灾情况并請賑濟的呈文（1921.5.7）……四七五
四 北京貴州同鄉義賑會爲阡思等三十三縣灾情慘重請北洋政府全國防灾委員會賑濟函并附件（1921.7.16）……四七七
五 濟南日總領事向北京日公使報告一九二一年黄河决口魯直兩省受灾情况電（譯件）（1921.8.20）……四八一
六 四川省會理縣各法團報告被灾情况并請賑濟的代電（1925.8.29）……四八三
七 上海《民國日報》：贛省水灾之賑濟（1924.7.11）……四八五
八 上海《民國日報》：梧肇大水之灾狀（1924.7.11）……四八七

北洋軍閥政府的外交活動

【一】屈辱外交的一斑

一、歐戰後參加巴黎和會

（一）參加和會的代表與活動
一 陸軍部派赴巴黎和會外長陸徵祥等於一月四日出京到日轉歐致駐日公使章宗祥電（1919.1.2）……五二三
二 巴黎唐寶潮密報巴黎和會中陸徵祥無法應付遽往瑞士恐南方代表王正廷有所活動請注意電（1919.3.13）……五二五
三 參與和會全權委員長外交總長陸徵祥上大總統徐世昌關於赴歐觀戰意見書（1919.11）……五二七
四 淞滬警察廳報告中國代表之秘書朱伯籛來滬演説歐洲和會開議經過代電（1919.7.8）……五三一
（二）德奥俘虜管理的記載
一 北京政府内務部編：德奥俘虜管理紀要——收容俘虜之原委及時期（第一章）（1919）……五三三
二 德國軍官麥牙在《漢堡星期報》發表『中國待遇俘虜之情形』一文（譯件）（約1919）……五三九

（三）對德恢復和平與參戰叙勛
一　外交部關於歐戰終止對德恢復和平辦法的條議（印件）（1919）……五四五
二　陸宗輿爲段祺瑞勾結日本實行參戰經過請列入參戰獎案密函（1920.□.5）……五四九

第六册　原第一輯第十一册（下）—第十三册（上）

北洋軍閥政府的外交活動

【一】屈辱外交的一斑

二、列强對中國的壓迫

（一）利用中國内亂藉口保僑進行軍事干涉
一　國務院督辦參戰事務處外交部關於抗議英使領銜照會禁運軍火來華問題文件（1919.5）……三
二　陳顧遠：時事雜感——外人共管與私運軍械（1923.11.22）……七
三　《浙民日報》：長江將有聯軍艦隊（1924.2.29）……九
四　英法美日爲江浙戰爭照會北京政府負責保僑有關文件（1924.8）……一一
五　《東三省民報》：上海外兵最近之行動（1924.9.22）……一三
六　臨時執政府軍務廳與蕭耀南胡景翼等聯繫派隊保護鷄公山外僑居處來往電（1925.3）……一五
七　外交部抄駐京使團首席和歐使警告京畿戰事并抗議飛機來京擲彈照會（1926.4）……一七
八　駐英公使施肇基在討論戰事原因及補救方法大會演説節略電（1926.12.8）……二一
九　外交部查復京畿衛戍總司令部關於在京各國駐軍自辛丑締約後出城打靶不受盤詰公函（1927.5.7）……二三

（二）通商口岸與租界

一　外交部檢送通商口岸名稱表册（1920.2.25）……二五
二　上海閘北地方自治會關於領事團侵奪主權擴劃租界綫請駁復代電（1923.5.19）……三一
三　《上海晚報》：關於帝國主義侵略中國的資料（1924.4.15）……三三
四　江蘇寶山縣李宗道等請查封斂錢病民之英商江灣萬國體育會情形有關文件（1925.4.23—1925.6.12）……三七
五　蕭寬譯《北京政聞報》：在中國之各租界（1926.4.4）……四一
六　江蘇孫傳芳等關於收回上海公共租界會審公廨交涉情形的文電（1926.7.22）……四五

（三）臨城事件

一　魯督田中玉與鄭士琦等關於處理臨城劫車事件及誘殺孫美瑤經過情形電（1923.5—1923.12）……四七
二　關於收撫山東股匪范民新等有關文件（1923.6）……五七
三　山東於臨城劫車案後地方動蕩情形有關文件（1923）……六一
四　外交團與北京政府關於臨城劫車案來往照會（1923.8—1923.10）……六九
五　山東等省民衆請拒駁臨城劫車案通牒以重主權有關文電（1923.8—1923.10）……八一
六　北洋政府外交部關於臨城劫車案答復公使團之照會通電（1923.9.24）……八九
七　步軍統領衙門女稽查員劉漢超關於津浦路臨城劫車案孫美瑤餘黨爲孫被撫誘殺對駐華北意公使提出恫嚇函的情報（1924.1.4）……九一
八　關於臨城劫車案孫美瑤被撫誘殺後的新聞稿（1924.1.7）……九三
九　國民保路救亡會等團體抗議駐華使團藉津浦路臨城劫車案提出護路通牒代電（1924.9.13）……九五

（四）宗教侵略活動

一　英國基督教『救世軍』組織在中國内地傳教的有關資料（1920.1.11）……九七

二　順直省會議員張漢文等控訴景縣天主教堂神父畢應霖假借辦理東光縣賑務擴充教會勢力呈文（1921.1.30）……一〇三
三　中華基督教協進會舉行基督化經濟關係全國大會文件（1927.8.18—1927.8.28）……一〇五

三、國際活動

（一）在國聯的屈辱

一　日内瓦中國代表王廷璋等關於積欠國際聯合會會費問題往來文件（1927.9.3—1927.9.6）……一一一
二　日内瓦國際聯合會代表陳籙報告外國報紙宣揚不願由中國代表擔任主席電（1927.11.19）……一一三

（二）國際條約拾零

一　美英法日四國間關於各該國太平洋内各島領地及屬地條約（1921.12.13）……一二五
二　國際聯盟規約修正草案要領八條（譯件）（1924）……一三三

【二】中國與蘇聯的關係

一、中國參加帝國主義干涉蘇聯

（一）帝國主義對蘇聯的干涉

英日美法的武裝干涉

一　關於英美日法等帝國主義密議共同侵略西伯利亞鐵路與中東路權有關文件（1919.1.24—1919.10.6）……一四一
二　駐海參崴總領事邵恒濬自哈爾濱報告日本企圖獨自攫取西伯利亞權利勾結白俄反對美國并對華采取仇視態度請示應付電（1919.3.14）……一四五
三　東省鐵路督辦宋小濂報告日軍司令部召集會議決定侵略中蘇事項六條致大總統等電（1920.8.23）……一四七
四　哈爾濱督辦東省鐵路公司事宜公所宋小濂報告日軍自西伯利亞經滿洲里撤退情形代電（1920）……一四九

日本在中國設立反蘇密探機關與捕殺蘇聯軍工人員

一　黑督鮑貴卿報告蘇聯紅軍將領莫沁慘被日帝殺害情形電（1919. 3. 14）……………………………一五一
二　吉林政務廳廳長代理省長洪汝冲報告日軍在華境一面坡醫院任意槍殺俄籍進步職工病員致國務院咨呈（1920）……………………………一五三
三　黑督孫烈臣報告日軍在呼倫貝爾無辜逮捕蘇聯工黨首領和工人及强渡鐵橋侵占蘇聯鐵路工廠等情形電（1920. □. 11）……………………………一五五
四　東省鐵路督辦宋小濂報告日内田外相與小幡公使商討關於在北京設立反蘇侵華密探總機關及賄買北洋軍閥運動預算問題致大總統等密電（1920. 8. 19—1920. 8. 21）……………………………一五七

（二）中國參加干涉

武裝干涉

一　陸軍第九師師長魏宗瀚關於參加帝國主義干涉蘇聯致參陸辦公處報告（1919. 1. 7）……………………………一五九
二　北洋政府參加干涉蘇聯革命及對日美間所持態度的有關資料（約1919）……………………………一六一
三　陸軍第九師師長魏宗瀚報告派赴干涉蘇聯的義勇團在雙城子嘩變情形（1919. 5. 31）……………………………一六五
四　督辦參戰事務處與參謀本部等關於中國干涉軍在蘇城附近被蘇聯紅軍包圍全數繳械及美日等國加派援軍等情形往來文件（1919. 6. 26—1919. 7. 4）……………………………一六七
五　中國干涉軍第九師支隊長宋焕章報告蘇聯紅軍勢力充沛美日聯軍亦受打擊及華軍後勤工作太差等情形電（1919. 7. 15）……………………………一六九
六　東省鐵路護路軍總司令部咨議鄧鈞赴海參崴雙城子一帶調查蘇聯軍政各情報告書（副本）（1920. 2）……………………………一七一
七　楊典欽等呈請褒揚參加武裝干涉蘇聯的駐崴支隊長宋焕章的呈文（1923. 1. 21）……………………………一七九

庇護白俄

一 新疆督軍楊增新及外交部關於拒絕蘇聯要求引渡逃入伊犁之白俄官兵及駐伊領事吕巴問題函電（1919. 1. 31—1919. 3. 29）……………… 一八三

二 新疆督軍楊增新呈報英領事要求准許白俄潰敗軍官穆哈諾夫取道中國逃入印度呈大總統等電（1919. 3. 1）……………… 一八五

三 張斯麟報告蘇聯紅軍解放伊城白俄陸軍總長漢雲等渡江求庇經過電（1920）……………… 一八七

四 新疆省長兼督軍楊增新報告白俄巴軍等逃入新疆解卸武裝擇地安置情形電（1920. 3. 28—1920. 4. 13）… 一八九

五 新疆省派員赴額敏河『宣慰』白俄敗軍條件草案（抄件）（1920. 5）……………… 一九一

六 吉林督軍鮑貴卿請將白俄高梅果夫及必作阿力解京看管以避蘇聯引渡及防止日帝白俄受賄營救各情電（1920. 6. 19）……………… 一九五

七 新疆省長楊增新報告敗竄塔城白俄不遵公法解卸武裝引起蘇聯紅軍越界追擊事件密電（印件）（1921. 6. 17）……………… 一九七

八 新疆省長兼督軍楊增新報告由塔城道派人與蘇聯進行交涉及所擬應行交涉事項電（1920. 5. 11）… 一九九

誣衊蘇聯

一 督辦邊防事務處段祺瑞關於日本田中少將在蘇聯宣布廢除帝俄侵略密約製造謬論策動破壞的報告書及頒發反蘇訓令（1919. 9. 12）……………… 二〇一

二 吉林督軍鮑貴卿關於誣衊蘇聯對各國僑民實行『均食』『均衣』『均産』及封閉僑商等情形電（1920. 5. 22）……………… 二〇三

禁阻旅蘇華僑回國參加革命活動

一 鮑貴卿報告蘇聯紅軍解放伯力及蘇聯軍民對我國人等十分親睦致北京政府代電（1920. 2. 24）…… 二〇五

二 新疆省長楊增新關於壓制旅蘇華僑『纏民』醞釀回國進行革命活動情形的文電（1920. 3. 28—1920. 10. 13）……………… 二〇七

三 新疆督軍楊增新關於喀什英領事電請阻止由蘇回新華僑進行革命活動并在安集延等處設立議會等情形已飭屬嚴防電（1920.6.8）……二一五

二、中國人民參加蘇聯紅軍反對武裝干涉蘇聯

一 黑龍江署督軍孫烈臣查報中國人參加蘇聯紅軍等情電（1919.12—1920.4）……二一九
二 新疆督軍楊增新報告有中國人參加蘇聯紅軍任帶兵官致北洋政府電（1920.4.7）……二二一

三、外蒙問題

（一）反對蘇聯援助外蒙
一 兩湖巡閱使吴佩孚仇視蘇聯幫助外蒙發展工業并進言檢查在華蘇聯代表越飛往來函電致王懷慶函（1922.11.3）……二二五
二 皖督理馬聯甲關於蘇聯幫助外蒙獨立發表反蘇通電（1923.1.9）……二二七
（二）干涉外蒙獨立
一 曹錕等關於以武力干涉蒙古獨立的通電（1923.1）……二二九
二 照烏達盟長蘇珠克圖巴圖爾等爲反蘇反共所擬規復外蒙計劃（1923.5）……二三一
三 山海關副都統商德全關於『接收外蒙問題』給大總統曹錕條陳（1924.7.13）……二三三
四 陸軍部關於察哈爾都統張錫元所擬《接收外蒙意見書》致大總統府軍事處公函（1924.7）……二三五
（三）日本勾結白俄侵略外蒙
一 蒙藏院轉呈庫烏科唐鎮撫使公署内務司司長桑寶報告俄舊黨巴龍勾結外蒙王公攻陷庫倫情形呈文（1921.4）……二三七
二 蒙古活佛在日帝支持的白俄恩琴操縱下於庫倫宣布獨立章嘉呼圖克圖暨外蒙王公等來京情形有關資料（1921.4—1921.8）……二三九
三 北京《蒙邊日報》關於白俄恩琴侵占庫倫經過情况資料（1921.5.4）……二四九

四、中東路權問題

（一）英日美侵略中東路權

一　吉林督軍孟恩遠關於美帝國主義强借營房駐兵藉以侵奪中東路權電（1919.1.23—1919.1.30）……二五五

二　哈爾濱聯絡員張天驥關於防擊日軍勾結土匪冒充蘇聯紅軍在中東路一面坡等地侵奪護路指揮權呈參戰事務處電（1919.□.10）……二五七

三　吉林陸軍第三混成旅步兵第二團團長劉焕章關於日人垂涎中東鐵路陰行侵略政策暨地方動蕩情況函及附稟摺（1920.4.25）……二五九

四　周肇祥轉報關於哈埠日僑向日政府條陳六事實係利用軍事協定囊括東北請取消該協定之説帖（1920.4）……二六三

五　北洋政府國務院密電留歲駐日公使劉鏡人爲日帝勾結白俄藉挑剔中東護路問題陰謀攫取北滿主權請向協約代表疏通（1920.8）……二六五

六　東省鐵路督辦宋小濂抄送偵獲日方關於陰謀攫取中東路及與白俄美帝勾結對蘇聯進行顛覆活動密電（1920.9）……二六七

七　北京外交部等關於美國摩根公司貸巨款給日本侵占滿蒙鐵路往來文電（1927.11.17—1927.11.29）……二六九

（二）白俄侵略中東路權

一　東省護路軍總司令鮑貴卿關於防擊日本嗾使白俄謝米諾夫侵奪中東路權調集軍隊部署情形電（1920.1.3）……二七一

二　吉林督軍鮑貴卿檢送白俄霍爾瓦特擅用中東鐵路界内總長官名義對東省蘇聯人民布告施行統治權請即抗議電（1920.1.19）……二七三

三　東省護路軍總司令鮑貴卿自哈爾濱報告與白俄霍爾瓦特討論取消中東鐵路公司行政權及軍警等問題經過情形電（1920.2.29）……二七五

四　濱江道尹董士恩報告偵獲日本鈴木中將等唆使白俄謝米諾夫組織政府迫使中國履行與帝俄訂立之舊約以從中操縱中東路主權實行滿洲政策之往來密電（1920.6）……二七七

（三）中東路情況及路警處的設立

一　外交部主事夏維松報告視察中東路情形及意見書（1920.12）……二八一
二　訥謨圖譯：中東鐵路之現狀稿（1921）……二九一
三　督辦東省鐵路公司事宜公所關於組織路警處公函及大綱（1921.11.20）……二九三
四　東省鐵路公司董事會一九二二年第八〇三號議決案（關於請願修正東省特別區市政管理局章程）（1922.10）……二九七
五　北洋政府内務部爲東省鐵路公司董事會請願修正東省特別區市政管理局章程不能認爲正當指令東省特別區市政管理局文（1923.3.20）……三〇一
六　北京中華通信社快稿：第二次直奉戰爭前北洋政府與蘇聯商定之中東鐵路職員中蘇人員名單（1924.10.14）……三〇三

五、中國與帝俄的關係

（一）白俄騷擾搶劫與殘殺中國人民

一　駐滿聯絡員王興文報告華商七十三人在大烏利站被白俄謝米諾夫軍隊劫奪七百餘萬元請飭外部交涉電（1919.1.8）……三〇七
二　參謀部關於據報赴俄境種烟華人慘被白俄匪軍殺害一千餘人（1919.6.24）……三〇九
三　新疆督軍楊增新報告白俄駐塔城多領事縱容官兵劫殺華人請飭外部交涉電（1919.7.18）……三一一
四　黑督孫烈臣報告白俄謝米諾夫勾結日本殺害富陞阿等情形致國務院密電（1919.9）……三一三
五　關於白俄巴奇赤股竄擾阿境擄掠官民阿山道尹周務學臨難自戕請予核恤往來電（1921.7.15—1921.7.22）……三一五

六　北京日公使向日外務省報告關於蘇聯抗議北京政府縱容白俄謝米諾夫股竄擾中蘇境界情形電（譯件）（1921.8.9）……三一七
七　新疆省長楊增新關於代理阿山道尹魯效祖擅自追剿越境白俄巴奇赤股喪師失地應予懲辦電（1921.8.28）……三一九
八　新疆省長兼督軍楊增新報告白俄巴軍竄擾阿山及巴奇赤被蒙兵拘執解赴庫倫等情代電（1921.7.28—1922.2.26）……三二一
（二）白俄在華販賣軍火與非法行使權利
一　黑督鮑貴卿與丁士源報告白俄領事卜魁要求引渡德奧俘虜及白俄各派軍政人員擬利用收留德奧俘虜争奪權利電（1919.1.10—1919.1.12）……三二三
二　吉林督軍鮑貴卿報告日本慫恿白俄阻止中國江防艦隊開赴黑龍江請飭外交部交涉電（1919.8.8）……三二五
三　新疆督軍楊增新報告白俄在伊犁以武力强徵回教俄民當兵并以款收買新疆『纏民』充當白俄軍隊進攻薩瑪爾請飭外交部交涉電（1919.8.14）……三二七
四　吉林督軍鮑貴卿與督辦邊防事務處關於日軍庇護白俄私運現金在寬城子以武力强運及北洋政府采取中立政策之往來文電（1920.3.19）……三二九
五　浙督兼淞滬護軍使盧永祥報告密查意國軍艦兩艘載運大批軍火由白俄錫崑德人裴而等在滬租界内兜售交涉經過情形電（1921.7.30—1921.8.27）……三三一
六　吴銘濬關於德人馬加拉報告奉張購買白俄軍械及勾結日人在奉天設立製造廠等情譯文（1922.6.9）……三三三
七　白俄克羅闊夫向曹錕聲訴因拒絶日人收買所發明新式炸彈由東北流亡關内求售被英國掮客冒領試驗費經過呈文及有關批語（1923.8—1923.9）……三三五
（三）中國停止帝俄使領待遇
一　財政部參事室抄送外交部爲帝俄政權崩潰擬與停止外交關係密函（1920.9.22）……三三九

（四）中蘇地方政府批駁與取消帝俄時期的各項規定及章程
一　新疆省長楊增新駁前阿爾泰辦事長官張慶桐與俄領訂立之《俄民租種地畝章程》致督辦邊防處咨文（1919. 8. 4）……三四一
二　蘇聯阿穆爾省政府關於取消帝俄時代對華僑各項規定之照會（1920）……三四九

六、中蘇交涉

（一）蘇聯代表來華
一　關於優林在北京情報（1920. 11. 7）……三五七
二　國務院關於偵防蘇聯代表優林所派赴滬人員行動密電（1921. 3. 10）……三五九
三　畢壽全關於優林氏在北京活動情況的情報（1922. 4. 11）……三六一
四　偵察處長王光宇關於蘇聯代表越飛到北京的情報（1922. 8. 30）……三六三
五　偵察處長王光宇關於蘇聯全權代表越飛在北京的情報（1922. 8. 31）……三六五
六　偵察處長王光宇關於蘇聯全權代表越飛在北京的情報（1922. 11. 12—1922. 12. 5）……三六七
（二）中蘇交涉經過
一　益智通訊社稿：外交部對於中俄會議之步驟（1924. 2. 19）……三六九
二　中華政聞通訊社稿：暫停之中蘇交涉（1924. 3. 24）……三七一
三　《上海晚報》：中俄交涉停頓中所聞（1924. 4. 15）……三七三
四　北洋政府國務院外交部關於簽訂《中俄解決懸案大綱協定》等致各省區的通電（1924. 5. 31）……三七五
五　外交總長顧維鈞與蘇聯總代表加拉罕簽訂的《中俄解決懸案大綱協定》及《暫行管理中東鐵路協定》（印件）（1924. 5. 31）……三七七
（三）奉張對中蘇交涉的態度與反蘇反共
一　民生通信社稿：奉天與蘇聯局部交涉之又一形勢（1923. 8. 21）……三八七

二 益智通信社稿：關於奉天張作霖對於北京召開中俄會議擬提出反蘇建議九條（1924. 2. 18）……三八九
三 北京中華通信社快稿：奉天張作霖受日帝指使向蘇聯代表提出關於中東路問題之條件（1924. 7. 19）……三九一
四 張作霖轉報關於没收蘇聯杰連吉在哈爾濱市宣傳共産主義有關文件及拒絶喀拉漢等來華宣傳共産主義的咨文（1925. 10. 13）……三九三
五 張作霖轉報關於逮捕蘇聯共産黨伊萬蘇大的咨文（1925. 10. 15）……四〇五
六 張作霖發表反蘇反共通電（1927. 6. 16）……四〇九

（四）中蘇交涉中對蘇聯的挑釁

一 上海《中國晚報》：中俄協剿邊匪之商榷（1923. 10. 30）……四一一

七、美日法對中蘇交涉的阻撓與破壞

一 華俄通信社關於美日法等帝國主義誣陷蘇聯阻撓中蘇簽訂協定問題稿（1924. 4. 2）……四一五
二 華俄通信社關於日本操縱北京政府拒絶簽訂中蘇既成協定并勾結美法加强反蘇計劃（1924. 4. 7）……四一七

八、航空通航與新蘇商約

一 楊增新關於新疆與蘇聯土耳其斯坦簽訂臨時通商條件致北京政府電（1920. 9. 4）……四二一
二 統一通信社稿：新疆與蘇聯局部商約之簽訂（1924. 7. 19）……四二三
三 一九二五年蘇聯飛機舉行第一次莫斯科北京間長途飛行入境交涉有關資料（1925. 6）……四二五

九、北洋政府的反蘇措施

一 北洋政府請蘇聯政府召回加拉罕大使經過有關文電（1926. 7. 27）……四四三
二 駐蘇聯代辦鄭延禧等關於北京軍閥指使軍警搜查蘇聯遠東銀行并逮捕蘇方人員交涉經過文電（1927. 4. 6—1927. 4. 16）……四四九
三 外交部吴晋關於扣留蘇聯大使館收發密電事致莫斯科鄭延禧代辦電（1927. 7. 23）……四五三
四 外交部關於不准蘇聯在北京設總領事館致莫斯科代辦鄭延禧電（1927. 8. 4）……四五五

五　國務院等關於製訂與使團協助中國警察反蘇辦法往來文件（1927. 11. 2—1927. 11. 14）……………… 四五七

【三】中國與日本帝國主義的關係

一、日本對中國領土的侵略

（一）侵占東北與外蒙

一　烏里雅蘇臺都護副使恩華呈報日人潛赴外蒙活動情形函（1919. 5. 22）………………… 四六七
二　參謀本部轉報關於日本陸軍中將吉田平太郎在蒙旗調查情報（1919. 7. 24）………………… 四六九
三　駐大連聯絡員吴晋報告日人經營南滿現時進行之概况（1919. 9. 5）………………… 四七一
四　琿春縣知事熊孟鰲報告辦理日人在琿春貸款押地情形呈文（抄件）（1920. 2. 13）………………… 四七五
五　駐海參崴總領事邵恒濬報告日本炮擊中國開往伯力軍艦及勾結白俄謝米諾夫等謀刺捷將蓋德各情電（1920. □. 28）………………… 四七九
六　駐日本公使關於日本報載閣議對中日交涉案件决議情形的譯報（1921. 6. 9）………………… 四八一
七　鄭家屯日領事及吉林日總領事向北京日公使報告東三省四洮吉會兩鐵路敷設情况電（譯件）（1921. 7. 9—1921. 7. 24）………………… 四八三
八　中日神聖團結論（日本劍南小山田淑助述）（1921. 12）………………… 四八五
九　《順天時報》：日本幣原外相在下院答復政友會小川平吉關於張郭戰當時之對滿蒙問題之質問（1926. 2. 3）………………… 四八九
一〇　吉省臨江農商教育等會關於日人田中以武力在臨江强設領事分館情形電（1927. 4. 30）………………… 四九一
一一　駐日公使汪榮寶等關於日本侵占東三省威脅地方商議解决往來文電（1927. 8. 9—1927. 8. 14）…… 四九五
一二　黑龍江督辦吴俊陞關於日人在滿洲里設立國際觀光局北京等地并設有分局等情請查核密電（1927. 9. 4）………………… 四九七

（二）侵占西沙群島
一　《上海晚報》：日人强占廣東西沙群島（1924.2.28）……四九九
（三）魯案交涉
和會中關於青島膠澳問題的交涉
一　巴黎和會陸軍代表唐在禮報告和會討論青島問題日本驕横情況及建議退還膠濟鐵路合同電（1919.2.8）……五〇一
二　外交部編輯的《巴黎會議關於膠澳問題交涉紀要》（印件）（1919.7.22）……五〇三
依賴列强調停
一　吴佩孚等關於巴黎和約拒絶簽字後主張聯絡美國解決青島問題及以武力對付日本之通電（1919.7.13）……五一三
二　甘肅督軍張廣建對於魯案交涉問題意見通電（1919.7.21）……五一五
三　外交部與督辦邊防事務處關於美國上議院討論山東保留案删去『中日兩國間』五字問題往來文件（1920.3.4—1920.3.17）……五一七
日人來華活動
一　偵察長王光宇關於日本外務省參事官芳澤謙吉爲魯案交涉來華活動情報及揭發陰謀之傳單（1919.8）……五一九
二　北京日公使與外務省互通關於山東問題談判情况電（譯件）（1921.8.8—1921.10.21）……五二三
日本侵略山東的加激
一　參陸部關於據報日本在青島布置軍事警察五千六百餘人并分遣膠州等地飭魯督查復電稿（1921.1.29）……五二七

二　陸軍第五師駐膠州團長楊長義關於日帝勾結土匪數千餘名在青島一帶擾亂治安情形及建議先接收薛劉顧三島以資兜剿致王懷慶函（1922. 10. 20）……五二九
三　膠澳商埠警察廳關於日本在青島亂設警所及其暴行通電（1923. 2.［28］）……五三一

膠濟路的解決

一　吴佩孚反對梁士詒内閣允許日使要求借日款贖回膠濟路與中日共管的賣國行爲通電（1922. 1. 5—1922. 1. 10）……五三三
二　北洋政府國務總理梁士詒否認借日款贖膠濟鐵路并主籌現贖路通電（1922. 1. 13）……五三五
三　總統徐世昌關於膠濟鐵路決由人民籌款贖回定爲民有鐵路永屬民業的命令（1922. 2. 23）……五三七
四　北洋政府交通部爲籌贖膠濟鐵路擬請接收後規定籌款辦法的呈文（1922. 2. 27）……五三九
五　督辦魯案善後事宜公署公布關於魯案與日本簽訂第二部鐵路細目協定内容概要代電（1922. 12. 6）……五四一

魯案善後

一　山西催徵大渾天欠賦委員楊定華致陸軍總長張紹曾函内所附的魯案善後敬告國人電稿（1922. 11. 25）……五四三
二　山東督軍田中玉抄送與日本少將伊丹會商撤銷青島在魯案告竣後增設之警察所九處及濟南駐武官問題記録（1923. 1. 29）……五四五

二、日本對中國政治的侵略

（一）殘殺中國人民與勾結回人組織特務組織

一　甘督張廣建等查禁日人鼓動西北回族組織『狼頭會』及所編《我爲我》一書有關文件（1919. 10. 27—1919. 11. 19）……五五一
二　外交部編送《福州日人毆傷學生案交涉經過情形》節略（1919. 12. 10）……五五三
三　盧永祥等呈報日本社會黨人高橋雄三等在滬聯絡回民組織『狼頭會』情形代電（抄件）（1920. 4. 7）……五五九

四　駐海參崴總領事邵恒濬報告日軍在雙城子一帶無辜殺害華僑五十餘人請迅籌保僑實力電（1920. 7. 12）……五六一
五　步軍統領衙門女稽查員劉漢超關於日人在京津一帶對中國幼女幼童施行『拍花』拐騙罪惡活動的情報（1923. 5）……五六三
六　上海《中國晚報》：請協争慘殺華僑事（1923. 10. 30）……五六五
七　關於日人慘殺華僑王希天等有關文件（1924. 1）……五六七
附一：直魯豫巡閱使吴佩孚呼籲全國各地救濟日本震灾的通電（1923. 9）……五七三
附二：江蘇省督理齊燮元等爲籌款救濟日本震灾并成立各種急賑會的通電（1923. 9）……五七五
八　《上海晚報》：宜昌日水兵凶殺華人案（1924. 2. 28）……五七七
（二）軍事協定與不平等條約的交涉
一　北京外交部編印的《中日軍事協定始末》（1921. 3. 5）……五七九
二　總統府關於日本協定改訂中日條約的説帖（1921. 6. 21）……五九五
三　外交部關於照會日本廢止一九一五年締結的中日條約及换文并交涉旅大接收辦法的通電（1923. 3. 10）……五九七
（三）領事裁判權的交涉
一　《上海晚報》：奉省要日本移交裁判權交涉（1924. 2. 26）……五九九
二　北京民治通訊社關於日本討論對華法權撤廢問題新聞稿（1925. 11. 15）……六〇一
（四）移民
一　上海《民國日報》：日人欲將游民移殖中國（1924. 7. 11）……六〇三

三、日本對中國經濟的侵略

（一）郵電局的侵略

一 北京日公使向日外務省報告關於中國内地客郵撤廢問題交發情形電（譯件）（1921. 7. 28）……六〇七

二 北京超然通訊社稿：日本提議由中美日共管無綫電案之别記（1925. 2. 8）……六〇九

三 出席華盛頓無綫電會議代表王景春等報告日本將旅大提出設臺增加票權反對情形電（1927. 11. 24）……六一一

（二）在中國販賣毒品與軍火

一 劉連魁對禁除日本輸入年約七千二百餘萬元嗎啡毒品辦法的條陳（1920. 10）……六一三

二 日人在京津私賣軍火金丹嗎啡等毒品情報（抄件）（1921）……六一五

三 步軍統領衙門女稽查員劉漢超關於日人在華北販賣軍火情況的情報（1923. 7. 21）……六一七

第七册　原第一輯第十三册（下）—第十四册

北洋軍閥政府的外交活動

【三】中國與日本帝國主義的關係

四、日本對中國文化的侵略

（一）收買與設立報社

一 阻禁日人香月梅外在長沙創設《華瀛覺報》經過情形有關文件（1919. 5. 10—1919. 9. 8）……三

二 偵察長王光宇關於日本帝國主義以金錢收買北京中國報館及天津日商組織中國出産及一切事業調查的情報（1921. 5. 3—1921. 5. 20）……一五

（二）盗竊古物

一 周肇祥呈請嚴禁日人勾結中國奸商盗運大同雲岡洛陽龍門石像呈文（1926. 8. 21）……一七

二 內務部拒准日本居留民會盗取漢磚裝運出口函（1927. 7. 22）……一九

五、日本及其卵翼下的中國軍閥鎮壓朝鮮人民的抗日活動

一 吉林省長郭宗熙關於朝鮮僑民代表申檉等抗議吉林延吉警兵槍殺反日義士事件覆電（1920. 3. 26）……二三

二 吉林督軍鮑貴卿報告組織延琿和汪警備司令部以鎮壓朝鮮人民抗日活動致國務院咨呈（1920. 9. 3）……二五

三 駐津偵察員張華堂關於駐津日本憲警開會研究鎮壓朝鮮人抗日活動情報（1921. 3. 11）……二七

四 偵察處長王光宇關於朝鮮人上組織抗日革命活動的情報（1923. 4. 4）……二九

五 《爲日本政府慘殺大杉榮氏與無辜韓人敬告全國熱心日賑諸君》傳單（1923. 9. 26）……三一

六 步軍統領衙門密探員劉漢超關於駐京日公使芳澤密派警憲於夜間搜捕朝鮮人報復國仇所組之敢死團情報（1924. 9. 20）……三五

七 朝鮮愛國烈士乘故主隆熙開吊之際行刺總督齋藤及日本鎮壓經過有關資料（1926. 4）……三七

八 吉林軍署關於在哈埠逮捕朝鮮共産黨人情形電（1927. 3. 31）……四一

九 取得中國國籍的韓僑代表裴達武等請准設立『東三省韓僑保安會』有關文件（1928. 2. 18—1928. 3. 30）……四三

【四】中國與英帝國主義的關係

一、英國對中國的侵略政策

一 上海《中國晚報》：日報謂英國對華外交成功（1923. 10. 30）……四九

二 駐英陳代辦關於英國對華外交問題的情報及有關文電（1926. 7. 8—1926. 7. 30）……五一

三 駐英陳代辦維城關於新任駐華英使在倫敦發表對中國政局態度的情報（1926. 10. 15）……五七

四 北洋政府外交部致駐英代辦探詢英帝國會議情形電（1926. 10. 31）……五九

二、英國對中國領土的侵略

（一）侵略西藏

一　甘肅督軍張廣建轉報馬麒反對與英使會商議定西藏劃界電（1919.10.28）……六一
二　侍從武官白鶴鳴關於英帝圖謀西藏挑撥達賴逼走班禪事件上大總統條陳（1924）……六五

（二）覬覦四川

一　一九二〇年外交部與英艾使交涉藏人侵入川邊問題資料（1920.4）……六七
二　川邊鎮守使陳遐齡報告滇軍劉贊廷勾結英人進襲川邊情形致大總統等電（1920.12.24）……七三
三　西康屯墾使劉成勛報告英人播弄藏民進襲川邊求援通電（印件）（1926.1.21）……七五

（三）侵略雲南

一　雲南省長唐繼堯報告英人侵占片馬交涉經過情形代電（1921.1.24）……七七
二　雲南省公署電送滇緬尖高山以北未定界務摘要彙編（1923.1.24）……七九
三　長江上游總司令王汝勤關於英帝强占雲南片馬地方請據理力争通電（1923.4.21）……九五

（四）覬覦新疆

一　江西督軍陳光遠等關於英領事在新疆誘我人民冒入英籍請嚴重交涉電（1922.3）……九七
二　新疆楊增新報告禁止南疆『纏民』以地産質押外人英人抗議請飭駁覆電（1922.11.7）……九九

三、英國對中國政治的侵略

（一）租借地

一　吉林省議會要求收回威海衛快郵代電（1923.8.5）……一〇一

（二）萬縣慘案

一　錫齡：帝國主義節節逼人（1924.7.13）……一〇三
二　英國商輪在長江上游肇事及英艦炮擊萬縣造成慘案有關文電（1926.9.1—1926.9.27）……一〇五

三　四川萬縣各團體關於英艦肇禍造成萬縣慘案要求嚴重交涉電（1926. 9）……………………一三七

【五】中國與美法德意比葡等帝國主義的關係

一、美國

（一）美國對中國的侵略政策

一　北京日公使與日外務省互通關於日美對中國問題矛盾情況電（譯件）（1921. 8. 25—1921. 11. 28）…………一四三

（二）美國領事在中國越權行凶

一　察哈爾都統張錫元關於駐張美領事蘇克賓等乘元和洋行汽車包運華商現洋出口不服檢查開槍逞凶情形電（1922. 12. 18）……………………一四七

二　偵察處長王光宇關於十二月十一日美國領事司克朋庇護美商偷運現洋赴庫倫在張家口附近恃横不服税警檢查肇事情形的調查報告（1922. 12. 21）……………………一四九

（三）收買報社與開發新疆資源

一　《益世報》爲青島問題載有『國民自決會』論調及禁阻美商收買《益世報》經過情形有關文件（1919. 5. 10—1919. 12. 22）……………………一五一

二　《上海晚報》：日美注意新疆財産（1924. 2. 28）……………………一七一

三　北京國光通訊社稿：天津《益世報》停刊與收歸華人自辦詳情（1925. 9. 16）……………………一七三

（四）其他權利的要求

一　外交部關於美國博物院派畢士博來華要求任意在各地進行開挖古墓函（1923. 5. 16）……………………一七五

二　美使於一九二四年要求特准其陸軍部飛艇航行及降落中國領土有關公函及辦法（1924. 1）…………一七七

二、法國

（一）法國對中國的侵略政策

一　譯法文《北京日報》：巴黎輿論法國在華所處之地位（1927. 2. 22）……………………一八一

（二）勾結軍閥訂購軍火
一　東三省巡閱使張作霖關於向外商利達公司訂購紫銅二千擔由大連進口請飭關驗放行致陸軍部密電（1921.12.17）……一八五
二　陸軍部關於四川熊但及滇唐訂購法國軍械請外交部再與法使交涉的覆函（抄件）（1924.6）……一八七
三　陸軍部關於張作霖向法國訂購飛機四十架應如何扣留事致大總統府軍事處函（1924.9）……一八九
（三）法教士在中國違約購地
一　上海《中國晚報》：乍浦闢港問題（1923.12.24）……一九一

三、德國

（一）勾結軍閥訂購軍火
一　大總統府軍事處電吳佩孚關於浙盧向德商訂購軍械等情報（1924.3）……一九五
（二）中德協定
一　北洋政府外交總長顔惠慶呈大總統報告中德協約換文情形并該約自七月一日起生效文（1921.7.1）……一九七

四、意比葡等國

（一）意商勾結軍閥購買軍火
一　曹錕與奉系競購天津意商軍火準備内戰并飭甘肅等省分購有關函件（1922.7—1923.4）……二〇七
（二）中葡澳門劃界的交涉
一　北京日公使向日外務省報告中葡澳門劃界懸案交涉情形電（譯件）（1921.8.28）……二一三
（三）中比廢約的交涉
一　北洋政府辦理廢止中比不平等條約有關文電（1926.7.22）……二一五

【一】工人運動

一、北洋政府鎮壓工人運動反動措施

（一）攏絡工人辦法

一 北洋政府交通部一等電報綫路工人雇用規則（1920. 2. 14）……三二一
二 北洋政府交通部滬漢滬福電綫工程處招收學習工匠簡章（1920. 3. 17）……三二七

（二）黃色工會與反動團體

一 張知競等組織川省重慶『工會』有關文件（1924. 7—1924. 8）……三二九
二 廣州工人代表會執行委員會反對廣東總工會把持廣州市長選舉呈大元帥孫中山文（1924. 11. 16）……三三七
三 張知競等發起組織『各省區工會聯合會』的呈文暨簡章（1925. 4. 22）……三三九
四 上海男女勞工反共産同盟會代表孫宗昉條陳反共産辦法及毒化工人的呈文（1925. 9. 5）……三四三

（三）阻撓工人參加國際工人組織活動

一 衆議院議員何海鳴對在美舉行之國際勞動大會不通知人民選派代表提出的質問書（抄件）（1919. 8. 12）……三四五
二 勞工同盟會鄭浩然抗議北洋政府不派代表參加萬國保工會電（1919. 11. 25）……三四七
三 職工國際東方部號召中國工人參加太平洋運輸工人聯合會議密函（譯件）（1924. 2. 5—1924. 3. 10）……三四九

（四）干涉蘇聯工人在中國的愛國活動

一 東省護路軍總司令部關於壓制哈埠蘇聯工人紀念五一情形電（1920. 5. 10）……三五三
二 何豐林報告蘇聯派員援助上海工商等界進行革命活動及英帝建議檢查情形代電（抄件）（1921. 4. 16）……三五五

二、中國第一次罷工高潮前後

（一）中蘇工人聯合的反帝鬥爭

一　劉鏡人報告中東鐵路工人反對以西伯利亞紙幣給薪發生罷工情形（1919.7.29）……三五九

二　哈爾濱賈增洽報告哈埠中蘇鐵路和工廠工人反對美日等帝國主義干涉蘇聯舉行同盟罷工電（1919.8.6）……三六一

（二）中國工人在蘇聯的愛國活動

一　第三次全俄華工大會致全國同胞的通電（譯件）（1920.7.5）……三六三

二　關於在蘇聯境內的華工協會組織活動情形的資料（1921.6.22）……三六五

（三）手工業罷工潮

一　南京緞業工人爲爭取機織原料擊毁省議會情形有關文件（1920.12）……三六七

（四）鐵路罷工潮

一　偵察處長王光宇關於京綏鐵路員工反對交通部長高恩洪向美商抵押外債改訂合同組織救國護路團情況的情報及傳單（1922.8.21—1922.8.24）……三七七

二　偵察處長王光宇關於正太鐵路石家莊各工廠工人要求加薪及索薪已於十五日罷工的情報（1922.12.22）……三八一

（五）廠礦罷工潮

一　直隸全省警察處長楊以德關於鎮壓開灤四礦工人罷工及唐山交大學生響應罷課情形致王懷慶代電（1922.11.22）……三八三

三、京漢鐵路『二七』大罷工

（一）工人俱樂部的成立及軍閥陰謀破壞

一　偵察處長王光宇轉報京漢鐵路局工人俱樂部成立情形（1923.2.1）……三八七

二　河南督軍署參謀處李炳之向曹錕參謀長陸錦報告京漢路工人開會及河南地方動蕩情況函（1923. 2. 5）……三八九
（二）『二七』慘案
一　京師憲兵司令部關於在鄭州長辛店鎮壓京漢鐵路工人罷工情形的報告（1923. 2）……三九一
二　曹錕由保定調軍鎮壓京漢路北段工人響應『二七』運動資料（1923. 2—1923. 10）……三九三
三　蕭耀南關於在漢口鎮壓鐵路工人情形的通電（1923. 2. 8）……三九九
四　偵察處長王光宇關於北洋國會討論鎮壓京漢鐵路工人運動的情報（1923. 2. 12）……四〇一
四、工人運動的復興
（一）沙面大罷工
一　廣東省長廖仲愷關於沙面華工罷工非政府所能制止覆法領事函（1924. 7. 19）……四〇五
二　廣州市工人代表會反對英國限制華人進入沙面的新禁律代電（1924. 7. 20）……四〇七
（二）粵漢路大罷工
一　廣州管理粵漢鐵路局事務林直勉呈大本營關於工人罷工經過情形文（1925. 4. 25）……四〇九
五、五卅運動
（一）五卅慘案
一　廣州大本營代行大元帥職權兼廣東省長胡漢民革命政府對上海租界暴行宣言（1925. 6. 7）……四一五
二　中國國民黨中央執行委員會對五卅事件宣言（1925. 6. 28）……四一七
三　北洋臨時執政府收京師警察廳等一九二五年六月份關於上海五川慘案各項密報及與有關方面來往文電（1925. 6）……四一九
四　廣州國民政府關於上海大學被英軍占據飭財政部撥款補助的令文（1925. 9. 7）……四三一

（二）全國人民的反帝國主義鬥爭

漢口慘案

一 鄂省蕭耀南爲漢口慘案對英交涉表示所持態度的通電（1925. 7. 3）……四三三

二 湖北省各法團外交後援會爲漢慘案漢口英領態度蠻横請一致抗争通電（1925. 7. 21）……四三五

三 蔡公時等發起組織中華國民對英備戰大會有關文件（1925. 9. 6—1925. 9. 23）……四三七

上海日本紗廠大罷工及工人『九七』的示威游行

一 外交總長沈瑞麟轉報鎮壓上海日本紗廠工人罷工經過呈臨時執政府文（1925. 7. 27）……四四一

二 京師警察廳報告一九二五年『九七』上海工人舉行紀念游行被西捕屠殺發生慘案致臨時執政府軍務廳密報（1925. 9）……四四三

焦作福公司大罷工

一 北洋政府外交部與執政府軍事處遵照帝國主義分子意旨設法破壞河南焦作福公司工人聲援五卅事件的罷工運動有關文電（1925）……四四五

全國各地的援助

一 北洋臨時執政府收京師警察廳等一九二五年七月份關於上海五卅運動與南京漢口焦作各地繼起運動各項密報及有關方面電訊（1925. 7）……四四九

二 北京學生聯合會爲反對上海戒嚴司令邢士廉鎮壓愛國運動并提出七項要求致段執政函（1925. 7. 27）……四五三

三 上海學生聯合會駐京代表臘彭壽要求嚴辦鎮壓愛國運動的邢士廉并釋放被捕人員取消一切戒嚴令保護人民自由致段執政請願書（1925. 7. 27）……四五五

四 河南全省學生聯合會責問段執政關於『五卅慘案』後禁止示威游行以免引起糾紛的電文（1925. 8. 28）……四五七

五 北京公民通訊社：關於各地聲援五卅及漢口慘案新聞稿（1926. 6. 13）……四五九

六、省港大罷工

（一）沙基慘案

一　國民黨中央執行委員會就沙基慘案發表的重要通告（1925.6.23）……四六五

二　廣東省政府爲沙基慘案提出抗議的有關文件（1925.6.23）……四六七

三　廣東交涉署爲沙基慘案覆英法領事的照會（1925.6.26）……四六九

四　北洋臨時執政府軍務廳派駐北京電報局檢查處檢扣關於沙基慘案新聞電（1925.6.26）……四七一

五　北洋臨時執政府收粵贛浙各省關於沙基慘案來往文電（1925.7）……四七三

（二）争取廣州國民政府的支持和封鎖香港

一　省港罷工委員會領導罷工運動争取國民政府支持的來往函件（1925.7—1925.11）……四七七

二　省港罷工委員會對港九加强封鎖及英帝反抵制活動有關函件（1925.8—1925.12）……四八五

（三）罷工工人積極援助北伐

一　國民政府據省港罷工委員會轉呈在樂昌北伐運輸工人的苦况致蔣介石令文（1926.8.26）……四九七

（四）帝國主義勾結奸商土匪破壞罷工

一　廣州國民政府關於香港桅船及聯沙自衛隊勇槍擊我國糾察隊員飭廣東省政府究辦的令文（1925.9.26）……四九九

二　省港罷工委員會破壞罷工案件審理情形有關函件（1925.7—1925.10）……五〇一

三　美帝國主義分子來粵不服罷工委員會檢查案的有關函件（1925.9—1925.10）……五〇七

四　廣州國民政府關於淡水奸商勾結地方軍警私運洋貨及接濟香港英帝糧食飭東征軍總指揮部嚴行截緝的令文（1925.11.25）……五〇九

五　省港罷工委員會關於懲處混入罷工陣營之破壞分子的呈文（1925.8—1925.11）……五一一

六　省港罷工委員會請設特別法庭處理奸細偷運案犯有關函件（1925.8—1925.11）……五一五

七　廣州國民政府關於查辦淡水奸商勾結逆黨攻占淡水致蔣介石的令文（1926. 8. 26）……五一九

七、工人運動概況

（一）廣州國民政府的勞資仲裁

一　國民政府勞工仲裁會條例（1926. 8. 16）……五二五

二　國民政府組織解決雇主雇工争執仲裁會條例（1926. 8. 16）……五二七

（二）工人運動狀況

一　陸克華：廣州工會狀況（1927. 9）……五二九

二　邢德：上海工會狀況（1927. 9）……五三三

三　朱鈺寶：常州和無錫工會狀況（1927. 9）……五三七

四　談伯質：武漢工人運動狀況（1927. 9）……五四一

五　北洋政府内務部關於破壞中國共産黨在北京領導工人進行革命鬥争情形致交通部等密咨（1927. 11. 28）……五四七

【二】農民運動

一、農民生活狀況

一　天培：四川合川縣農民狀況（1923. 3. 16）……五五三

二　劉卓三：山東廣饒縣地方農民被地主愚弄的情形（1924. 7. 11）……五五七

三　廣州龍州金龍全屬暨芝芙洞潮新村全體公民揭發土劣劉忠興罪狀及陳述剷除經過情形代電（1926. 7. 16）……五五九

二、反對逼租奪佃

一　直隸省易縣西陵緑營兵地佃户向曹錕控告官紳重租威逼日不聊生有關文件（1919. 11. 17—1920. 4. 15）……五六一

二　京師一帶稽查處關於熱河灤平縣屬農民爲地主抬價轉售土地强命留買以奪佃權至京請願情形探報（1922. 12. 26）……五七三
三　京畿衛戍總司令王懷慶布告保護清室佃租反對改旗産爲民地有關函件（1926. 5—1926. 6）……五七五

三、反對插標占地

一　贛督陳光遠等報告鄱陽湖縣屬洪河口鄉民反對鄱樂公司開測煤礦擊斃礦警情形電（1920. 11. 1）…五八一

四、抗號糧草及交農器運動

一　吉林督軍孟恩遠報告派兵防止吉省農安長嶺民衆反抗軍隊號糧號草情形致大總統等密電（1919. 1. 27）……五八三
二　北京《共進》半月刊有關陝西軍閥土劣暴行的資料（1923. 12. 25）……五八五

五、少數民族農民反抗藉烟壓迫

一　甘督張廣建報告鎮壓賽勒黑寺民衆反抗『查禁烟苗』情形電（1920. 8. 31—1920. 9. 11）……五九三
二　甘督張廣建密報屠殺保安人民『抗禁烟苗』經過致大總統等電（1920. 9. 17）……五九七

六、封建形式的反抗組織

一　鄂督王占元報告恩施等地鄉民組織幫會反對官府及防擊情形電（1921. 2. 26—1921. 3. 8）……五九九
二　陝西寧羌縣紳民李炳榮等請獎縣知事俞鈞鎮壓紅燈教蕭發奎等的呈文（1921. 8. 15）……六〇一
三　河南省長張濟新陳報鎮壓沁陽縣紅槍會情形并請獎出力人員咨文（1927. 5. 23）……六〇三

七、革命領導的農民運動

（一）廣州國民政府對農民運動的政策
一　廣州大本營政府對於農民運動第二次宣言（1925. 3）……六〇五
二　國民政府對農民運動第三次宣言（1926. 9. 7）……六〇九
（二）廣州國民政府領導的農民運動
一　中國國民黨中央執行委員會擬訂農民協會章程的呈文及章程附件（1924. 6. 24）……六一三

二 廣西恩隆縣農民協會辦事處陸子明等關於該縣農民運動組織情況的報告（1926. 10. 29）……六二五
三 張自强：廣東農民運動（1927. 9）……六二七

八、摧殘農民運動的反動勢力

一 廣東省農民協會揭發三水縣民團摧殘南區杭崗鄉農民協會情形代電并附件（1926. 6. 17）……六三一
二 廣東省農民協會揭發鬱南縣土劣嗾使民團摧殘農民協會情形的代電（1926. 6. 29）……六三三
三 廣西省農民部長陳協五調查蘭（東蘭）農慘案之報告書（1926. 8）……六三五
四 廣東省農民協會抗議農工廳廳長劉紀文包庇田主阻止曲江農民減租情形代電（1926. 9. 13）……六四三
五 廣東省農民協會請剿辦摧殘農民協會之花縣反動民團并提出七項要求的呈文（1926. 9. 14）……六四五
六 國民黨廣西農民講習所學生會等揭發東蘭縣知事黃祖瑜勾結土劣摧殘東蘭農民武裝情形代電（1926. 9. 16—1926. 9. 26）……六四九
七 廣東省農民協會西江辦事處等揭發高要縣第六區土霸梁印渠嗾使民團摧殘農會殺戮農民情形代電（1926. 8—1926. 10）……六五一

第八册 原第一輯第十五册—第十七册（上）

工農學生運動

【三】學生運動

一、五四運動

（一）五四運動的情況

一 差弁龐占魁關於五四運動北京學生在賣國賊曹汝霖宅示威的情報（1919. 5. 5）……七

二　北洋政府國務總理呈大總統核議獎勵外交部特派江蘇交涉員公署鎮壓一九一九年六月間上海罷工罷市罷課事件人員文（1920.5.7）……九
三　江蘇交涉員楊晟報告鎮壓滬市學運經過情形電（1920.6.16）……一一

（二）北洋政府的反動鎮壓措施

反動法令

一　北洋政府大總統徐世昌飭京師警察總監鎮壓北京各校學生文（1919.5.6）……一五
二　北洋政府大總統徐世昌處理五四北京學生示威游行被捕之北京大學等校學生令（1919.5.8）……一七
三　北洋政府大總統徐世昌慰留曹汝霖指令附曹汝霖原呈（1919.5.8）……一九
四　北洋政府大總統徐世昌慰留幣製局總裁陸宗輿指令（1919.5.14）……二一
五　北洋政府大總統徐世昌飭北京軍警等機關各省督軍省長鎮壓學生運動令（1919.5.14）……二三
六　北洋政府大總統徐世昌鎮壓各地愛國運動令（1919.5.25）……二五
七　內務部鎮壓北京等地反日運動有關令文（1919.5—1919.6）……二七
八　內務部嚴禁警高學生參加愛國運動有關訓令（1919.5）……二九

欺騙和破壞

一　安徽省長呂調元建議籠絡青年抑制學運電（1919.5.26）……三三
二　第三師長吳佩孚等表示對待學生運動主張通電（1919.6.9）……三五
三　天津警察廳長楊以德關於基督教徒宋則久等在津組織『救國十人團』的情報（1920.9）……三七
四　內務部關於偵察北大進步教員宋春舫往來密電（1921.5.17）……三九
五　北洋政府國務院爲據報桐城過激黨光昇等嗾使史推恩組織澄清團利誘學生監視團阻撓投票請安徽省長聶憲藩查辦密電（1921.7.28）……四一

暴力迫害
一 內務部通行各省區鎮壓學生運動密電（1919.5）…………四三
二 內務部通行各省區鎮壓各界救國團體密電稿（1919.7.12）…………四五
三 內務部通行各省區警察官吏防制學生運動咨文（1919.8.9）…………四七
四 浙江樂清縣高等小學救國團被迫解散經過有關文件（1919.8—1919.9）…………四九
五 京師警察廳向內務部請示對付學生運動辦法有關文件（1920.2）…………五三
六 內務部通行各省區解散學生聯合會咨文稿（1920.3.24）…………五五
七 淞滬護軍使盧永祥建議鎮壓學生運動辦法有關文電（1920.5）…………五七
八 京師警察總監薛之珩建議飭訂反共專條法律扼殺革命呈稿（1922）…………五九
勾結帝國主義干涉
一 江蘇特派員楊晟報告滬租界特許中國武裝通過鎮壓『五一』勞動大會函（1920.5.1）…………六三
二 北洋政府勾結上海法領解散學生聯合總會經過有關文件（1920.3—1920.5）…………六五
三 內務部等關於密電各省查禁學聯進行革命活動及上海美英法領事團檢查進步刊物往來文件（1921.4.25—1921.6.13）…………七三
（三） 全國各地的憤怒抗議
上海
一 上海學工商各界爲青島問題罷課罷工罷市情形有關文件（1919.5—1919.6）…………七七
二 淞滬警察廳報告上海學聯開會追悼北大被難學生郭欽光情形代電（1919.6.1）…………八五
三 參謀部關於上海鐵血團及學聯總會活動情報（1919.9.17）…………八七
四 京師警察廳駐滬探員關於上海學聯因閩案開會游行情形報告（1919.12.3）…………八九

武漢

一　鄂督王占元等報告派軍警彈壓武漢學生反日愛國運動情形致國務院等電（1919.6.2）……九一
二　漢口警察廳長透露上海方面革命活動增長及鎮壓武漢反日運動情況致警政司長函（1919.6.11）……九三
三　武漢軍警横殺罷課演説學生有關文件（1919.6—1919.7）……九五

天津

一　直隸省長鎮壓天津童子軍阻止日領事竊探學生運動咨文（1919.9.5）……九九
二　天津學生赴警廳要求取消《治安警察法》情形有關文件（1919.8—1919.9）……一〇一
三　天津公教救國團爲青島問題請願被阻有關文件（1919.8—1919.10）……一〇九
四　天津學生爲山東交涉反日運動被鎮壓情形有關文件（1920.1）……一一一
五　天津十人團反日運動被鎮壓情形有關文件（1919.9—1920.3）……一二三
六　駐津偵察員張華堂關於天津學生運動的情報（1919.9—1921.1）……一二九

北京

一　憲兵排長白岐昌關於北京商學兩界在天安門開國民大會議決對日辦法八條等情給陸軍總長靳雲鵬的報告（1919.12.7）……一三三

南京

一　天津警察廳關於南京學生爲青島問題罷課游行情報（1920.4）……一三五

山東省

一　山東各界鄭欽等爲青島問題致陸軍總長靳雲鵬電（1919.5）……一三九
二　山東督軍張樹元省長沈銘昌關於山東各界人民爲青島問題公舉代表赴京請願致參陸部等電（1919.6）……一四一
三　濟南學工各界爲青島問題罷課罷市情形有關文件（1919.5—1919.6）……一四三

四　山東省長沈銘昌關於青島問題日人捕我學生學商界數千人入省署要求釋放及農民數千人包圍省署請願等情致北京政府電（1919. 7. 2）……………… 一四七
五　魯督張樹元爲壓制人民愛國運動無故請求戒嚴致大總統等電（1919. 7. 22）……………… 一四九
六　偵察長王光宇關於山東各界反對濟南鎮守使馬良無理壓迫魯案愛國運動來京請願北京學生響應被北京軍警摧殘經過情報（1919. 8）……………… 一五一
七　魯督張樹元對其無故請求戒嚴及馬良一日殺害三位愛國志士事件信口狡辯的通電（1919. 9. 7）……………… 一五九
八　山東省會警察廳長金榮桂報告解散學生聯合會經過箋函（1919. 12. 27）……………… 一六一
九　魯省督軍田中玉報告鎮壓濟南學生演劇宣傳抗日與警察發生衝突情形電（1920. 1. 3）……………… 一六三
一〇　濟南學生爲青島問題扮演新戲被軍警迫害經過有關文件（1920. 1—1920. 2）……………… 一六五

山西省

一　山西省議會轉達各校學生要求公布青島問題交涉經過代電（1919. 5. 8）……………… 一七七

浙江省

一　内務部查辦浙江海寧縣人民所竪『賣國賊陸宗輿』石碑咨文附摺呈（1919. 7. 23）……………… 一七九

江蘇省

一　江蘇省寧蘇等地學商各界先後罷課罷市情形有關文件（1919. 5—1919. 6）……………… 一八一
二　江蘇督軍李純等關於蘇省工學商各界響應五四愛國運動舉行罷工罷課罷市情形致北京政府電（1919. 6）……………… 一八五
三　江蘇督軍李純省長齊耀琳報告滬寧等地學生關於山東問題反對與日直接交涉罷課游行等情致北京政府電（1920. 4—1920. 5）……………… 一八七

湖南省

一　湖南省城各校學生控訴湘督張敬堯迫害愛國運動代電（1920. 1. 12）……………… 一八九

福建省
一 閩督李厚基報告鎮壓學生運動情形電（1920. 5. 10）……一九一
各地各界
一 偵察長王光宇關於京津各地學生爲魯案交涉進行抵制日貨運動情報（1919. 6. 25—1919. 7. 19）……一九三
二 唐山天津各界聯合會要求青島不由德人直接交回拒簽德約呈文（1919. 7. 23）……一九七
三 各省學商各界代表團因青島問題赴京請願情形有關文件（1919. 6—1919. 11）……二〇一
四 北洋政府鎮壓各地各界聯合會活動有關文件（1919. 7—1919. 12）……二一五
（四）日本帝國主義的無耻干涉
一 日使照會取締北京散布爲青島問題之反日宣傳品有關文件（1919. 5—1919. 6）……二二九
二 內務部對日人認爲侮辱日皇影像舉動通飭查禁有關文電（1919. 5）……二三三
三 駐京日使照會北洋政府鎮壓各地反日運動有關文件（1920. 1—1920. 2）……二三五
（五）五四掀起的新文化運動
北洋政府對進步刊物的摧殘
一 衆議院議員王文璞等對封禁北京《益世報》等報刊提出質問書有關文件（1919. 5—1919. 6）……二四五
二 盧永祥等關於查禁《浙江新潮》宣傳革命有關文件（1919. 11—1919. 12）……二四九
馬克思列寧主義在中國傳播
一 陸軍部關於查禁上海『中國工黨』聯絡美國來滬『過激派』所組中華農工聯合會致將軍府咨文附抄該會草章（1920. 1. 22）……二五一
二 國務院等關於查禁蘇聯在中國宣傳革命之刊物與人員及駐滬美領函索此項刊物文件（1920. 2. 2—1920. 7. 30）……二五三

三　美國《芝加哥憲報》訪員亨德對遏止馬列主義在中國傳播的説帖致各省督軍等嚴防密電（1920. 4. 10）……二五九
四　國務院關於擬訂懲治『過激黨人』專條案致内務部公函（1920. 12. 29）……二六一
五　傅柏山向申振林報告關於蘇聯對中國青年傳播馬列主義思想及白俄謝米諾夫在中蘇邊境活動情況的函（1921. 4. 6—1921. 4. 13）……二六三
六　直隸全省警務處長楊以德關於檢扣寄遞唐山傳播馬列主義函件及印刷品情況的呈文（1924. 5. 31）……二六七

李大釗領導共産主義組織進行革命活動

一　密探關謙關於李大釗同志領導北京共産主義青年團在北大開第四次大會暨籌集赴俄同志川資會議情報（1921. 2—1921. 4）……二六九
二　偵察處長王光宇關於北京慶祝蘇聯十月革命紀念日的情報（1922. 11. 7）……二七五
三　王懷慶等呈請訂立『取締過激黨人專條』及報告李大釗等領導社會主義青年團革命活動情形呈文（抄件）（1921. 11）……二七七
四　特務載德關於朝鮮社會黨人王東明在北大與李大釗等聚談及朝鮮黨人李金山被捕情形情報（1922—1923）……二八一
五　曹錕關於偵查李大釗在北大組織革命機關宣傳共産主義致王懷慶密電（1923. 2. 9）……二八三
六　國務院據報關於李大釗等在北大秘密開會情形請飭取締函附密報一件（1923. 5. 16）……二八五
七　北洋政府内務部密咨各省區『通緝』李大釗等文稿（1924. 6. 11）……二八七

二、華盛頓會議及人民革命要求的增長

（一）反對侵略中國的國際聯合組織

一　偵察長王光宇關於北京學生聯合會等團體反對梁士詒内閣擬借日款贖回山東膠濟路情報（1921. 1. 10—1921. 1. 11）……二九五

二　特務關謙等關於北京各學校教職員及學生活動情報（1921. 6. 12—1923. 3. 4）……二九七
三　密探負責人申振林關於北京在野政客孫寶琦等召開華盛頓太平洋會議後援會情報（1921. 9）……三〇三
四　密探載德等關於北京各團體國民外交聯合會集會活動情報及資料（1921. 10）……三〇五
五　駐津偵察員張華堂等關於天津各團體反日抵貨暨集金贖回膠濟鐵路運動情報及傳單（1922. 1. 26）……三一九
六　廣東國會非常會議關於指責北京政府違背約法出賣山東利權通電（1922. 3. 21）……三三三
七　偵察長王光宇關於魯案善後交涉情形暨北京各界舉行贖回膠濟鐵路活動的情報（1922. 3. 19—1922. 3. 25）……三三五
八　北京各團體國民外交聯合會關於魯案應在太平洋會議公決反對中日在會外交涉宣言（油印件）（1922. 10）……三三七
九　偵察處長王光宇關於北京國立大學同學會反對國會反對軍閥組織活動的情報及傳單原件（1923. 2. 2—1923. 2. 27）……三三九
一〇　北京是廬等九團體暨國會議員關於抗議日政府以二十一條爲藉口拒不交還旅大通電（1923. 3. 26）……三四五
一一　武漢國民大會等爲日本抗不交還旅大的通電（1923. 3—1923. 4）……三四七
一二　偵察處長王光宇關於北京各界團體組織對日經濟絶交示威運動的情報（1923. 4. 17—1923. 4. 28）……三四九
一三　中華國民收回旅大協進會等團體關於廢除廿一條收回旅大通電（1923. 4—1923. 6）……三五一
一四　步軍統領衙門探員劉漢超報告天津學生爲旅大交涉案舉行游行抵制日貨及日使芳澤密派訪員調查京津抵制日貨情形致王懷慶密呈（1923. 8）……三五五
（二）人民革命要求的增長
反對北洋政府摧殘教育
一　駐京偵察員張華堂關於北京國立八校向北洋政府交涉教育經費被壓迫經過情報（1921. 6. 9）……三五七
二　偵察長王光宇關於林長民羅敦偉等在北京發起全國教育獨立運動會的情報（1922. 3. 17）……三五九

三　北京國立專門以上八校全體教職員關於向交通總長高恩洪交涉教育經費被拒經過情形代電（1922. 8. 20）…………三六三
四　華俄通信社關於蘇聯大使加拉罕在北京八大學校歡迎會上之演説詞（1924. 8. 2）…………三六五
五　步軍統領衙門密探員劉漢超關於北京各大學團體代表秘議反對交通當局擬將各國退還之庚款作爲築路之用的情報（1924. 8. 25）…………三六七

反對封建勢力把持教育

一　北京女子高等師範學生自治會全體謝絶許（壽裳）校長宣言（1922. 8. 2）…………三六九
二　偵察處長王光宇關於天津北洋大學學生爲組織該校董事會事被校長馮熙運壓制來京請願的情報（1924. 3）…………三七一
三　偵察處長王光宇關於天津北洋大學學生反對校長馮熙運來京請願被軍警壓制經過的情報（1924. 3. 21—1924. 3. 27）…………三七五
四　偵察處長王光宇關於天津北洋大學學生反對校長馮熙運來京請願被軍警壓制經過的情報（1924. 5. 2）…………三七七
五　偵察處長王光宇關於天津北洋大學學生反對校長馮熙運二次來京請願的情報（1924. 5. 3—1924. 5. 12）…………三七九

反對鎮壓紀念國恥活動

一　淞滬護軍使盧永祥鎮壓上海各界醞釀『五一』罷工罷市情形有關文件（1920. 4）…………三八一
二　北京學生聯合會於五四三周年紀念提出打倒軍閥的宣言及討吳佩孚小册（原件）（1922）…………三八五
三　京師警察廳總監薛之珩報告鎮壓北京學生舉行五一勞動節情形呈文（1923. 5. 24）…………三九一
四　偵察處長王光宇關於熱河學生聯合會紀念『五七』國耻的情報并傳單（1924. 5. 10）…………三九三
五　偵察處長王光宇關於北京學生舉行『五七』國耻紀念日活動被北洋軍閥壓制的情報（1924. 5. 3—1924. 5. 11）…………三九五

六　上海市民對外協會等三十三團體關於廢除列强强迫我所訂之不平等條約宣言（1925.7.26）……三九七
迫害學生運動的反動勢力
一　步軍統領衙門偵察長王光宇查報北京大學關於開始實行男女同校情形（1920.4.17）……三九九
二　密探關謙關於北京各界聯合會評議部在北大二院舉行會議情形報告（1921.1）……四〇一
三　北京民國大學住校董事兼理文牘劉立夫陳述代理校長徐寶璜（兼校長蔡元培委托）在校傳播過激主義情形函（1921.1）……四〇三
四　一個可憐的勤儉學生所言湖南的社會現狀（1923.10.19）……四〇五
抗議帝國主義的文化侵略
一　劍平：讀書運動下的教會學校（1923.6.15）……四一一
二　廣州學生聯合會收回教育權運動委員會宣言（1924.7.11）……四一七
三　香港奴隸教育的真相（1924.7.11）……四二一
四　郭壽華：收回教育權運動委員會産生的動機和進行經過紀略（1924.7.11）……四二三

三、軍閥及日本帝國主義的暴行

（一）軍閥暴行

安慶姜高琦事件
一　安慶各學校全體教職員阮强等報告軍閥馬聯甲倪道烺等慘殺學生姜高琦事件情形致大總統等電（1921.6.3）……四三一
福建仙游一·二九慘案
一　《浙民日報》：福建學生忽被軍閥慘殺（1924.2.15）……四三三
北京三一八慘案
一　北京『三一八慘案』有關資料（1926.3—1926.4）……四三五

二　廣州梧州工會聯合會抗議段祺瑞槍殺愛國學生并邀請出師北伐推翻北京賣國政府的電文（1926.4.1）…… 四四三

（二）日本帝國主義暴行

無理尋釁

一　日人在蕪湖無理尋釁事件經過有關文件（1919.5—1919.7）…… 四四七

干涉中國内政

一　田中玉關於青島日署强收中國商人欠付德人債款情形及附件（1922.5.30）…… 四五三

二　漢口日本總領事館林久治郎向北京日本特命全權公使芳澤謙吉報告湖北全省外交協會成立大會的情形（1923.10）…… 四六三

三　漢口日總領事向北京日公使報告關於交涉壓制漢口各界反日運動情況電（譯件）（1923.6.26—1923.11.1）…… 四六五

四　北洋政府陝西關中道兼辦全省交涉事宜公署轉達外交部不得進行排日運動通電令各縣知縣文（1924.5.21）…… 四六七

琿春事件

一　左翼游緝隊統帶富連瑞等關於北京學生聯合會對日本侵占琿春事件舉行愛國示威運動情報（1920.11.18）…… 四六九

長沙六一慘案

一　湖南省長趙恒惕等關於長沙六一慘案的通電（1923.6）…… 四七一

【一】大本營及以前各時期

一、孫中山與北洋直系軍閥的鬥争

一 曹錕等反對廣州舊國會之另擬政府組織大綱選舉孫中山爲總統通電（1921.4.27）……四九三
二 步軍統領衙門女稽查員劉漢超關於南方孫中山預備北伐張子久姚以價在華北一帶進行活動的情報（1922.2.22）……四九五
三 贛督陳光遠向總統府等報告孫中山組織北伐軍由粤湘攻贛情況文電（1922.4.14—1922.5.27）……四九七
四 贛督陳光遠轉報關於孫中山在桂林組織大本營率領粤桂各軍北伐向湖南一帶進軍情形致大總統等密電（1922.10.28）……五〇三
五 大元帥孫中山重蒞廣州實踐裁兵宣言的通電（1923.2.24）……五〇五
六 奉天張作霖要求大元帥孫中山飭各報更正復辟謡詠的電文（1923.4.10）……五〇七
七 大元帥孫中山爲張作霖復辟謡詠剖白的覆電（1923.4.12）……五〇九
八 國會議員童杭時等要求孫中山覆總統職的電文（1923.6.15）……五一一
九 上海京漢鐵路工會等要求孫中山恢復政府行使總統職權的電文（1923.6.27）……五一三
一〇 大元帥孫中山發表反對北方軍閥禍國殃民并要求列强不干涉中國内政的對外宣言（1923.6.29）……五一五
一一 四川省議會擁護孫中山和平統一及反對吴佩孚武力統一致大元帥孫中山的電文（1923.6.29）……五一七
一二 長沙湖南善後協會等阻止譚延闓以勞軍使名義自粤率滇軍返湘通電（1923.8.2）……五一九
一三 四川省議會要求聲討曹錕吴佩孚并望從速組織政府致大元帥孫中山的電文（1923.8.3）……五二一
一四 中華民國學生聯合總會主張召集國民會議并要求孫中山重組政府的電文（1923.9）……五二三
一五 廣東工商學各團體要求大元帥孫中山早定北伐大計及組織革命政府的請願文（1923.10）……五二五

一六　范石生以上海《時報》所載四師軍官要求通電請孫中山下野等消息純屬誤會致天津各報館電（1924. 1. 19）……五三一
一七　廣州大本營準將陸軍教導團改爲陸軍講武學校訓令（1924. 4. 24）……五三三
一八　關於北京謠傳孫中山在粵逝世消息的資料（1924. 5. 16）……五三五
一九　楊鴻烈：中山先生逝世謠傳證明後的所感（1924. 5. 29）……五三七
二〇　步軍統領衙門密探員劉漢超關於國民黨聯共改組後在滬秘密執行總部及各省分部組織名單暨活動的情報（1924. 6）……五四一
二一　孫中山移師北伐宣言（1924. 9. 5）……五四三
二二　國聞通訊社：旅滬贛民自治促進會促請孫中山北伐開會紀（1924. 9. 7）……五四五
二三　廣州大本營製定江西地方暫行官吏任用條例訓令（1924. 10. 12）……五四七
二四　建國軍第二軍長柏文蔚已將所部遵編爲建國軍的呈文（1924. 10. 20）……五四九

第九册　原第一輯第十七册（下）—第十九册（上）

廣東革命勢力的發展

【一】大本營及以前各時期

二、孫中山北上及逝世

一　大元帥孫中山北上命令（1924. 11. 4）……三
二　江浙旅川同鄉會呈請孫中山成立委員制政府并擁孫爲委員長電（1924. 12）……五
三　北京憲治通訊社關於孫中山在京逝世新聞稿（1925. 3. 12）……七

四　廣州大本營留守胡漢民暨各總司令各部長繼承孫中山遺志完成國民革命宣言（1925.3.21）……一一一
五　唐繼堯趁孫中山先生逝世後就副元帥之通電（1925.3.19）……一一三
六　北京五族新聞社關於孫中山逝世後國民黨對唐繼堯之態度新聞稿（1925.3.27）……一一五
七　唐繼堯關於開拔黔滇軍北伐進趨武漢電（1925.4.7）……一一七
八　廣西省長張一氣報告唐繼堯侵占南寧各情電（1925.7.16）……一一九
九　中國國民黨中央執行委員對時局宣言（1925.5.22）……一二一
一〇　廣州大本營代行大元帥職權兼廣東省長胡漢民實行國民黨三民主義宣言（1925.6）……一二三
一一　廣州大本營代行大元帥職權兼廣東省長胡漢民闢共産謠諑宣言（1925.6.4）……一二五
一二　廣州大本營代行大元帥職權兼廣東省長胡漢民反對改高雷陽羅欽廉瓊崖八屬爲特别區宣言（1925.6）……一二七

三、財政措施及關餘自主

一　大本營財政部長葉恭綽請施行整理紙幣救濟財政辦法致大元帥孫中山的呈文（1923.8.5）……一三一
二　廣州大本營財政部擬定財政委員會章程的呈文及章程（1924.1.6）……一三五
三　廣州大本營批准財政部發行有利支付券的指令及原呈附件（1924.1.12）……一三九
四　廣州大本營批准財政部呈廣州地方善後委員會等聯合發行善後短期手票令（1924.2.3）……一四三
五　廣州大本營財政部發行短期軍需庫券擬定條例的呈文（1924.5.26）……一四五
六　廣東省財政廳發行地方短期抵納券的呈文及章程附件（1924.6.27）……一四九
七　中央銀行行長宋子文擬定中央銀行基金公債條例的呈文及條例附件（1924.8.6）……一五一
八　大本營外交部長伍朝樞反對北方政府以西南關餘償還整理公債基金及轉移交通鹽税等收入充賄選總統用兵西南的經費并望詳查真相勿爲宣傳利用致上海天津銀錢業公會電（1923.12.11）……一五三
九　衆議院議員謝英伯抗議美使派艦干涉廣州政府接收關餘致美參衆兩院電（1923.12.15）……一五五

一〇 《新民國報》關於美國使領受北方軍閥曹錕運動阻撓廣東政府接收南方關餘的報導（1923. 12. 15）……五七
一一 湖南旅粵學生會反對美國駐艦示威干涉中國關餘并誓死力爭關稅自主致大元帥孫中山電文（1923. 12. 18）……五九
一二 上海《中國晚報》：廣州政府交涉關餘的有關資料（1923. 12. 24）……六一
一三 廣東公民大會要求大元帥孫中山收回關餘的請願文（1923. 12. 26）……六五
一四 廣州大本營財政部長葉恭綽外交部長伍朝樞反對外人干涉關餘致總稅務司安格聯函（1923. 12）……六七

四、統一兩廣的軍事

（一）討伐桂系陸榮廷

一 李綺庵著：一九二〇年廣東江大等艦起義討伐桂系陸榮廷事略（1920 以後）……七一
二 廣東軍政府總裁岑春煊等宣布關於解除軍政府職務通電（1920. 10. 24）……八一
三 莫榮新關於取消自主粵事及率將士退出廣州通電（1920. 10. 26）……八三
四 周鼎關於陳炯明攻回廣州就任省長及粵軍總司令西征桂省致羅仲芳函（1920. 11. 3）……八五
五 廣東軍政府驅除岑春煊後致各省宣言通電（1920. 12. 6）……八七
六 贛督陳光遠報告粵省陳炯明與桂滇客軍矛盾情形有關文件（1921. 6）……八九

（二）陳炯明叛變及東江楊劉諸役

一 江西督軍陳光遠函參陸辦公處檢送駐粵調查員關於孫中山積極部署北伐軍隊及陳炯明伺機反孫情報（1922. 5）……九一
二 桂林自治軍總司令梁華堂請令沈鴻英返桂主持軍事阻止盧燾張開儒部進入柳州假道北伐致北京政府電（1922. 7. 5）……九三
三 江蘇公團聯合會聲討陳炯明背叛孫中山毀法弄兵罪狀通電（印件）（1922. 7. 20）……九五

四 北京衆議員關於在粤被陳炯明圍攻案如何處置質問書（1922. 11）……九七
五 廣西陸軍第一軍中路指揮官李易標關於會同滇軍討伐陳炯明占領三洲戰況通電（1923. 1. 7）……九九
六 贛督理蔡成勛轉報岑春煊以駐粤之滇桂軍圖粤情形致曹錕等密電（1923. 1. 26）……一〇一
七 北京國會護法議員聯歡社擬集合來粤籌商大計致孫中山函（1923. 1. 28）……一〇三
八 贛督理蔡成勛轉報洪兆麟在汕獨立及閩境粤軍投順孫中山討伐陳炯明情形致參陸部密電（1923. 1. 29）……一〇五
九 大元帥孫中山關於節省民夫及要求變通募夫辦法飭各軍長官遵照辦理的訓令（1923. 9. 1）……一〇七
一〇 廣東中央直轄西路討賊軍總司令劉震寰轉報逆軍鄧本殷率部慘殺澄臨儋三縣鄉民并任意焚掠的呈文（1923. 10. 15）……一〇九
一一 上海《中國晚報》：危在旦夕之惠州城（1923. 10. 20）……一一一
一二 沈子良：關於粤省軍事等情報致大總統府軍事處處長陸錦電（1923. 11—1924. 1）……一一三
一三 大總統府軍事處關於粤桂滇軍政情報致直魯豫巡閱使吴佩孚電（1923. 11）……一一五
一四 步軍統領衙門女稽查員劉漢超關於西南國民黨内部軍政矛盾情況的情報（1924. 1. 16—1924. 2. 23）……一一七
一五 上海《中外大事彙報》：粤局要人之最近談話（1924. 2. 26）……一一九
一六 沈子良（任誠代）：關於粤桂閩軍事等情報自香港致大總統府軍事處處長陸錦密電（1924. 3）……一二一
一七 大總統府軍事處關於粤桂軍事等情報致吴佩孚等電（1924. 3—1924. 6）……一二五
一八 方本仁關於粤閩軍事情報致大總統府軍事處長陸錦等電（1924. 4）……一二九
一九 沈子良（任誠代）：關於粤桂閩軍事等情報自香港致大總統府軍事處處長陸錦密電（1924. 4）……一三一
二〇 兩湖巡閱使蕭耀南關於粤閩軍事情報致大總統府軍事處等電（1924. 4）……一三五
二一 廣州大本營批准軍政部施行軍人宣誓詞及軍人宣誓條例的指令及原呈條例（1924. 6. 28）……一三七
二二 香港新聞社陳秋霖等脱離陳炯明發表的宣言（1924. 7. 19）……一三九

二三　廣東慰問使唐寶鍔報告粵省軍政現況并陳解決時局意見代電及抄件（1924.7.28）……一四三
二四　《東三省民報》：國民黨駐法總支部勖革命將士書（1924.9.22）……一四七
二五　方本仁與大總統府軍事處關於粵省軍事等情報來往電（1924.9）……一四九
二六　大總統府軍事處關於孫中山向韶州調集等情報致吴佩孚電（1924.9.28）……一五一
二七　大總統府軍事處關於在粵湘軍赴韶準備北伐等情報致討逆軍總司令吴佩孚電稿（1924.10.2）……一五三
二八　沈鴻英報告李宗仁等截擊出巡軍隊情形電（1925.2.1—1925.2.17）……一五五
二九　贛督理方本仁轉報林虎助陳炯明反攻潮汕失敗請籌濟林軍餉械致執政府等密電（1925.3.28）……一五七
三〇　廣州大本營留守胡漢民告東江陳軍將士書（1925.3）……一五九
三一　廣州大本營代行大元帥職權兼廣東省長胡漢民統一軍民財政宣言（1925.6.2）……一六一
三二　廣州大本營代行大元帥職權胡漢民政府嚴重處分叛軍（楊希閔劉震寰部）通電（1925.6.7）……一六三
三三　中國國民黨中央黨部告滇桂軍士兵書（1925.6）……一六五

（三）商團事變

一　滇軍總司令楊希閔報告廣州商團拒用手票槍殺所部排長蔡海清等的呈文（1924.2.5）……一六七
二　關於孫中山扣留廣州商團軍械情報（1924.8）……一七一
三　蕭耀南電大總統軍事處關於粵省商團軍械被孫扣留後事態發展等情報（1924.8—1924.9）……一七五
四　《東三省民報》：中山抗議外人干涉内政（1924.9.22）……一七七
五　中國國民黨越南海防支部望速削平慘殺工人學生之廣州商團呈孫中山電（1924.10.10）……一八一

【二】廣東國民政府時期

一、國民政府成立及其政治

一　廣州大本營代行大元帥職權胡漢民宣布施行政府改組決議案通電（1925.6.24）……一八九
二　廣州國民政府發表關於掃除革命障礙及要求國民督責維護國民政府的宣言（1925.7.1）……一九一

三　廣州商人李朗如等爲商人懷懼通緝請宣示釋疑的呈文及批示（1925. 9. 10）……一九三
四　廣州國民政府委員會關於段祺瑞張作霖媚外賣國望勿爲段張效力致天津楊鄰葛姜超六及李芬辰等電文（1925. 11. 5）……一九五
五　廣州國民政府委員關於支持吴孫蕭聲討段祺瑞張作霖并望實現國民革命之必要條件致吴佩孚等電文（1925. 11. 5）……一九七
六　湖北督軍蕭耀南關於反對張作霖賣國媚外并願努力實現國民革命之必要條件致廣州國民政府委員會的覆電（1925. 11. 16）……一九九
七　孫傳芳關於反對張作霖賣國媚外并願努力實現國民革命之必要條件致廣州國民政府委員會的覆電（1925. 11. 21）……二〇一
八　廣州國民政府飭禁烟督辦及籌餉局嚴禁惠城烟賭的令文（1925. 11. 23）……二〇三
九　廣州國民政府關於鄒魯抨擊政府破壞教育經費獨立及勾結政客失意軍人阻撓國民黨中央執行委員會政治委員會及政府政策之施行革除國立廣東大學校長本職的令文（1925. 12. 1）……二〇五
一〇　廣州國民政府發表反對軍閥禍國殃民主張從速召開國民會議并要求人民自動起來奪取政權的宣言（1926. 2. 25）……二〇七
一一　廣州國民政府籌議兩廣政治軍事財政統一委員會議決事項印件（1926. 3. 19）……二〇九
一二　廣州國民政府關於驅除段祺瑞及一切賣國軍閥并主張召開國民會議解決國是的宣言（1926. 3. 27）……二一一
一三　廣州國民政府制止西山會議派在上海北京等處召集代表會議的令文（1926. 3. 18）……二一三
一四　廣州國民政府發表關於北方政局陷入無政府狀態要求國民自動召集國民會議取得政權的對内宣言（1926. 4. 20）……二一五
一五　廣州國民政府發表關於主張召開國民會議解決中國糾紛及請各國政府勿承認北京政府的對外宣言（1926. 4. 22）……二一七
一六　國民政府黨員背誓罪條例（1926. 9. 22）……二一九

二、有關東征事件

一 廣州國民政府關於扣留川軍總司令熊克武并派員安撫川軍的布告（1925.10.4）……二二一

二 廣州國民政府關於熊克武勾結陳炯明叛亂告川軍將士書（1925.10.9）……二二三

三 廣東國民政府扣押以交通陳炯明嫌疑之熊克武電稿（1925.11）……二二五

四 旅汕福建汀州國民黨黨員張錫圭等請討伐福建軍閥并在汕組設汀州全屬區黨部隨軍出發工作的文電（1925.11.16）……二二七

三、北伐軍的組織及出征

一 國民革命軍總司令部組織大綱（1926.7.7）……二二九

二 國民政府出師北伐告全國人民書（1926.9.7）……二三一

四、外交宣言及抗議

一 中國國民黨中央執行委員會主張廢除不平等條約第一次宣言（1925.6.23）……二三五

二 中國國民黨中央執行委員會主張廢除不平等條約第二次宣言（1925.6.28）……二三七

三 國民政府爲英『西江艦隊』在梧州挑釁事件令外交部提嚴重抗議文（1926.7.3）……二三九

四 廣州國民政府外交部長胡漢民發表要求各國人民主持正義贊助我國廢除不平等條約告世界各國人民書（1925.7.11）……二四一

【三】國民政府遷鄂時期

一、國民政府遷鄂後的政治

一 徐謙關於武漢成立國民黨中央執行委員國民政府委員臨時聯席會議經過報告（1927.3.10）……二四七

二 熊亨瀚關於湖南克復後軍政等情報告（1927.5.12）……二五一

三 陳其瑗奉命至江西宣布中央政策經過情形的報告（1927.5.12）……二五五

四 惲代英關於中央軍政分校情形報告（1927.5.12）……二五九

五　湖南省官民商定全省行政大綱（1927. 2. 21）…………二六一
六　李大釗主持之北京政治分會報告書附致徐季龍等函（印件）（1927. 1. 25）…………二六五

二、中央及地方財政

一　湖南財政局長張開理關於湖南財政情形報告（1926. 12. 29）…………三〇一
二　武漢政府集中現金經過概況（抄件）（1927. 3—1928. 12）…………三〇三

三、北伐軍事

一　《申報》：南昌會議將先決對東南作戰文稿（1927. 1. 1）…………三〇九
二　《申報》：北伐時南昌會議後之軍事消息稿（1927. 1. 4）…………三一一
三　北軍孟昭月等關於與北伐軍何應欽部在浙戰況通電（1927. 1. 11—1927. 1. 12）…………三一三
四　孟昭月李文炳張宗昌等報告在蘇浙皖一帶與北伐軍作戰情形通電（抄件）（1927. 1—1927. 3）…………三一五
五　譯上海《中法新彙報》：中國之腐敗（1927. 2. 1）…………三一九
六　關於靳雲鵬魏益三向北伐軍接洽投降的報導（1927. 2. 16）…………三二一
七　河南全省武裝代表大會宣言（1927. 3. 20）…………三二三
八　中國國民黨與國民政府爲克復滬寧宣言（1927. 4）…………三二七

四、國際活動及外交

（一）國際會議與支援

一　中國代表出席比京世界反帝國主義及殖民地侵略大會報告書（印件）（1927. 3. 20）…………三三一
二　一九二七年中印共同合作反英帝國宣言（1927）…………三五一
三　中國國民黨中央黨部國民政府歡讌國際工人代表團中華總工會蘇委員長廣東農民協會彭委員譚楊兩同志記録（1927. 4. 3）…………三五三
四　中國國民黨中央執行委員會歡讌第三國際代表魯依先生記録（1927. 4. 8）…………三六五

五　駐美公使施肇基報告美政府没有承認南方政府之態度電（1927. 10. 28）……三七一

（二）漢潯慘案

一　國民黨中央執行委員會國民政府委員臨時聯席會議爲英水兵殘殺同胞通告（1927. 1. 7）……三七三

二　譯《巴黎時報》社論：中國政潮（1927. 1. 19）……三七五

三　外交部長陳友仁給革命各省軍民長官報告辦理漢潯事件文（十二）電（1927. 1）……三七九

四　英帝國主義因滬漢啓釁事件派遣軍艦來華示威情形有關文電（1927. 1. 18）……三八一

五　賀耀祖呈總司令報告接收九江租界情形文（1927. 2）……三九五

（三）南京事件

一　中國國民黨中央執行委員會政治委員會第八次會議關於南京事件速記録（節録）（1927. 4. 1）……三九九

二　奉軍張學良韓麟春關於帝國主義軍艦炮擊南京殘殺同胞事件發表指責北伐軍失紀通電（1927. 4. 5）……四〇五

三　中國國民黨中央執行委員會爲英美兵艦轟擊南京事件告美國民衆書（1927. 4. 8）……四〇七

四　國民革命軍寧垣特派員章杰關於在南京浦口一帶秘密工作情況敬告民衆書（1927. 6）……四一一

【四】蔣介石背叛革命

一　蔣介石宣布國民政府暫移南昌的通電（1927. 1. 5）……四一七

二　中國共産黨中央委員會關於肅清軍閥團結革命勢力致中國國民黨中央執行委員會函（1927. 3. 13）……四一九

三　蔣介石與北方軍閥妥協反共的新聞電（南北妥協消息一束）（1927）……四二三

四　贛州全體工人爲總工會委員長陳贊賢無故槍殺請願條件（1927）……四二七

五　梧州市黨部關於反動派摧殘黨部殘殺工人案情形報告（1927. 3. 19）……四二九

六　江西民衆各代表關於蔣介石摧殘南昌九江黨部經過報告（1927. 3. 19）……四三一

七　廣州市黨部代表關於黨部被反動派摧殘情形報告（1927. 3. 26）……四三五

八　吴稚暉提出反動的破壞國共合作的呈文（1927. 4. 1）……四三九

九　鄧澤如等對武漢聯席會議成立以來種種革命措施進行誣衊電（1927.4.9）……四四五
一〇　張學良報告國民黨寧漢各派分裂及蔣介石反共反蘇陰謀各情電（1927.4.11）……四四九
一一　鄭振鐸等爲『四一二』慘案致上海臨時政治分會書（1927.4.13）……四五一
一二　關於廣州蔣介石分子捕殺粵漢路工人及農團軍的報導（1927.4.15）……四五三
一三　南京國民黨中央執行委員會政治會議發表的反共宣言（1927.4.18）……四五五
一四　南京國民黨政府海陸軍事會議關於反共等六項決議的通電（1927.4.20）……四五九
一五　南京國民黨政府接受國民黨中央執行委員會政治會議議決關於反共否認武漢政府所發一切命令的通電及原咨（附件）（1927.4.26）……四六三
一六　國民黨軍第十四獨立師師長夏斗寅發表反共進攻武漢政府的通電（1927.5.13）……四六五

附録：報刊資料（上）——北洋軍閥没落時期資料

【一】政治

一、鎮壓革命

一　殺氣盈盈之津門（1927.4.19）……四七九
二　革命領袖李大釗等二十人被殺害情形（原題：京黨案華人部分已結束）（1927.4）……四八一
三　北京黨案發覺之原因（1927.7.20）……四八五

二、奉系的末路

一　北方近況（1928.2.10）……四八七
二　最近北京政治之觀察（歸客）（1928.3.7）……四八九
三　静庵：張作霖一生歷史（1928.5.22）……四九三
四　張作霖回奉遇炸彈受傷（1928.6.4）……四九七
五　慈：張作霖出關之真因（1928.6.5）……四九九

六　昂昂：軍閥殘夢（1928.6.5）……五〇一
七　静庵：奉系要人倉皇逃難（1928.6.7）……五〇三
八　文英：張作霖被炸與東三省近況（1928.6.10）……五〇五
九　張作霖出關遇炸記（1928.6）……五一三
一〇　元霜：東三省現狀鳥瞰（1928.7.6）……五二一
一一　元霜：奉軍最近分布情形（1928.7.25）……五三五
一二　元霜：瀋陽社會寫真（1928.8.5）……五三七
一三　元霜：張學良畏首畏尾（1928.8.12）……五四一
一四　小張中止下野後之東省（1928.8.24）……五四五
一五　奉代表談三省問題（1928.8.27）……五四九
一六　熱公民訴湯玉麟罪狀（1928.8）……五五一

【二】軍事

一、北伐時期豫境軍閥之混亂軍事

一　靳吴内訌情形（1927.1.6）……五五七
二　河南省長張英華籌款之新計劃（1927.1.10）……五五九
三　河南實行廢除督軍制（1927.1.17）……五六一
四　南下奉軍遲遲渡河之原因（1927.2.27）……五六三
五　奉軍入豫與時局問題（1927.2.27）……五六五
六　奉軍占領鄭汴之經過（1927.4.10）……五六九
七　鄭州被奉軍占領經過（1927.4.13）……五七三
八　奉軍三四方面軍内容（1927.4.15）……五七七

九　滿目瘡痍之河南（1927.4.25）……五八一
一〇　豫難未已（1927.5.8）……五八三
一一　了然：豫西軍民大激戰（1927.5.8）……五八七
一二　西安通訊：西北軍之實力調查（1927.5.27）……五八九
一三　鄭州通訊：國民軍占領鄭州之經過（1927.6.1）……五九一
一四　國民軍開到後之豫局（1927.6.17）……五九三
一五　路透北京電：辛博森談魯軍敗象（1927.6.22）……五九五
一六　吴佩孚脱逃情形（1927.7.12）……五九七
一七　國聞通訊社洛陽通信：張治公時代之豫民浩劫（1927.7.22）……五九九
一八　河南紅黄槍會之民團化（1927.8.3）……六〇九

二、北軍自滬寧敗退津浦路之軍事

一　畢庶澄廿四來滬（1927.2.25）……六一三
二　窮凶極惡之孫傳芳（1927.4.18）……六一七
三　怨聲載道之江北（1927.5.13）……六一九
四　浦口戰後視察記（1927.5.20）……六二一
五　合肥解圍之經過（1927.5.27）……六二三
六　王天培電告克徐經過（1927.6.3）……六二五
七　魯軍退出徐州之經過（1927.6.9）……六二七
八　孫軍退出清江之經過（1927.6.10）……六二九
九　孫軍敗退入魯直詳報（1927.6.21）……六三一
一〇　上海民心社：奉魯軍内部之分裂（1928.2.15）……六三三

第十册　原第一輯第十九册（下）—第二十册

附録：報刊資料（上）——北洋軍閥没落時期資料

【三】經濟

一　折衡：二五税及總税務司問題之真相（1927.2.10）……三
二　平：財湯辭留與顧閣（1927.2.27）……七
三　北京財政部對安格聯擅挪關款宣言（1927.3.17）……九
四　戈公振：駐歐使領之告窮（1927.4.6）……一一
五　匯豐德華兩銀行與北京財部之交涉（1927.4.26）……一三
六　天津通訊：擾商病民之直隸省票（1927.6.9）……一五
七　樂民：山東銀行擠兑慘劇（1927.6.16—1927.6.17）……一七
八　北方之增税會議（1928.3.27）……一九
九　天津通信：北方軍事政治困於財政（1928.3.28）……二一
一〇　奉方向日借款之鐵證（1928.3.30）……二五
一一　廖炎：民國十五年對外貿易之提要與批評（1928.5.6）……二七
一二　世界新聞社：日本對滿蒙之投資（1928.6.27）……三九
一三　中東鐵路大事記（1896.5—1929.7）……四一

【四】外交

一、奉系軍閥的反蘇

一　鮑羅廷夫人乘蘇輪過南京被張宗昌扣留之詳情（1927.3.10）……五五

二　蘇聯俄代使對直魯軍在浦口扣留俄國商船聲明書（1927.3.12）……五七
三　北京軍警搜查蘇聯大使館等經過情形（1927.4.6）……五九
四　蘇聯俄使署搜查後之情勢（1927.4.6）……六一
五　蘇聯俄使署搜查後之各方情形（1927.4.9）……六五
六　蘇聯抗議搜檢駐北京使館照會譯文（1927.4）……六九
七　《東報》論：北京蘇聯使館事件（1927.4.14）……七三
八　北京軍警搜查蘇聯大使館界詳記（1927.4.16）……七五

二、日本帝國主義的侵略

一　日外務省交涉局長佐芬利考察中國的演説詞（1927.4）……七九
二　《東報》揭破山梨來華之作用（1927.6.17）……八一
三　李景鉌關於日本侵占膠濟路事發表告國人書（1927.6.22）……八三
四　日兵悄然開濟南（1927.6.23）……八七
五　謝樂山請國人注意山梨（1927.6.28）……八九
六　日兵到濟後之情況（1927.7.7）……九一
七　關於青島日本海軍毆傷中國巡警車夫及劫奪槍械事的交涉經過（1927.7.25）……九三
八　《時事新報》北京通訊：滿鐵問題在談判中（1928.1）……九七
九　張作霖與日訂賣國秘約訊（1928.5）……九九
一〇　辛博森談日陰謀（1928.8.13）……一〇一

三、北洋政府與英比德等國帝國主義的交涉與勾結

一　駐比公使王景岐發表關於反對英比合謀分裂中國及比人援約干涉中國的宣言（1927.1.25）……一〇三
二　國聞社青島通信：北軍閥又進大批軍火（1928.1.1）……一〇七

附録：報刊資料（下）——第一次國内革命戰爭結束時期資料

【一】政治

一　國民黨與共産黨關係記略（1927.4）……一一三
二　國民黨打倒張天師（1927.1.1）……一四九
三　廣州民共兩黨之裂痕（1927.1.10）……一五一
四　世界新聞社：吴鐵城東渡之使命（1927.1.20）……一五三
五　政變後之雲南現狀（1927.2.20）……一五五
六　雲南政變中之兩電文（1927.3.5）……一五九
七　國際代表團抵粤（1927.3.6）……一六三
八　記國民黨中央執行委員會議（1927.3）……一六五
九　農民問題案評論（1927.4）……一八一
一〇　福州反革命分子的『擁蔣護黨』大運動（1927.4.3）……一九五
一一　汪精衛與陳獨秀在上海發表的聯合宣言（1927.4.5）……一九七
一二　國民黨連日會議之要點（1927.4.8）……一九九
一三　寧波黨潮之大風波（1927.4.9）……二〇一
一四　東報評論中國近事（1927.4.15）……二〇三
一五　汪精衛斥蔣介石違背中央命令反抗中央銑電（1927.4.16）……二〇五
一六　武漢國民黨中央免蔣介石本兼各職令（1927.4.17）……二〇七
一七　廣州大捕共産黨員（1927.4.15）……二〇九
一八　廣州當局摧殘革命情形（1927.4.15）……二一一
一九　小鳴：廣東搜捕共産黨員經過（1927.4.18）……二一三

二〇　湖南舉行全省僧伽代表大會（1927.4.25）……二一七
二一　滇省政局之糾紛（1927.5.7）……二一九
二二　共産嫌疑者由漢到滬被捕兩批（1927.5.21）……二二一
二三　長沙通訊：長沙各軍官宣布反共（1927.6.3）……二二三
二四　長沙通訊：長沙軍官宣布反共續訊（1927.6.4）……二二七
二五　長沙通訊：清黨運動急進中之長沙（1927.6.5）……二三一
二六　湘人述何鍵反共經過（1927.6.5）……二三五
二七　長沙通訊：武漢大局將變中之湘局（1927.6.8）……二三七
二八　臧卓留別唐總指揮孟瀟書（1927.6.17）……二三九
二九　漢口通訊：陷入坐困中之唐生智（1927.6.19）……二四三
三〇　長沙通訊：湘省各地鎮壓農軍情形（1927.6.19）……二四五
三一　長沙通訊：湘局勢之近聞（1927.6.19）……二四九
三二　徐州會議之追紀（1927.6.21）……二五一
三三　二十六軍政治訓練處報告逮捕共産黨員經過通電（1927.6.25）……二五三
三四　長沙通訊：湘省共産黨又遭迫害（1927.6.27）……二五五
三五　國聞社：汴省克服後政聞（1927.6.27）……二五七
三六　廣州市清黨（1927.6.29）……二五九
三七　山西逮捕胡遽然審判記（1927.6.30）……二六一
三八　國聞通訊社：河南反共經過（1927.7.1）……二六三
三九　安慶破獲共産黨機關詳情（1927.7.3）……二六五
四〇　湘省共産黨之活動（1927.7.16）……二六七
四一　武漢汪精衛等反共之内幕（1927.7.27）……二六九

四二　宋慶齡女士脱離武漢宣言（1927.7.14）……二七三
四三　第三國際與中國（1928.1.1）……二七七
四四　迷離惝恍之贛局（1927.8.7）……三〇五
四五　混亂中之武漢現狀（1927.8.8）……三〇七

【二】軍事

一　黨軍最近入贛之經過（1927.2.8）……三一一
二　袁祖銘被部下變兵戕殺（1927.2.12）……三一三
三　袁祖銘被殺經過又一説（1927.2.15）……三一五
四　滬海軍獨立經過（1927.3.12）……三一七
五　南京克復後之新氣象（1927.4.2）……三一九
六　章杰在滬報告赴寧工作經過（1927.4.19）……三二三
七　雲南通信：滇省發生大戰争（1927.6.14）……三二五

【三】財政

一　籌措二次北伐軍費之進行（1927.3.3）……三二九
二　宋子文電蔣報告粤省財政之收支（1927.4.23）……三三一

【四】外交

一　神電輪被沉後之民衆（1927.1.7）……三三九
二　中國濟難會對英船肇禍宣言（1927.1.7）……三四一
三　漢口英水兵凶殺華人詳志（1927.1.9）……三四三
四　九江工人與英兵衝突記（1927.1.11）……三四七
五　漢口事件之原原本本（1927.1.11）……三四九

六　黨政府接管英界經過（1927.1.11）……三五三
七　陳友仁對日記者之談話（1927.1.16）……三五七
八　陳友仁氏之對外宣言全文（1927.1.22）……三五九
九　武漢國民政府外交部長陳友仁對漢口事件宣言（1927.1.23）……三六三
一〇　上海學術團體爲漢案宣言（1927.1.25）……三六七
一一　英工黨團體對陳友仁宣言覆電（1927.1.26）……三六九
一二　江蘇省教育會等舉國一致宣言反對英兵來華（1927.1.27）……三七一
一三　英工黨對華之表示（1927.2.6）……三七七
一四　解決漢潯案之重要文件（1927.1—1927.2）……三七九
一五　『九江慘案』之追述及現狀（1927.2.14）……三八三
一六　長沙英水兵登陸致釀事端（1927.2.15）……三八五
一七　漢案談判接近之原因（1927.2.15）……三八七
一八　漢案協定內容（據路透社稿修改）（1927.2.19）……三八九
一九　北京公使團宣言（1927.2.26）……三九一
二〇　陳友仁覆英國工黨電（1927.3.3）……三九三
二一　使團議決發表對滬宣言經過（1927.3.4）……三九五
二二　上海市民反對英軍來滬之兩電（1927.3.9）……三九七
二三　羅素反對英國出兵上海之痛言（1927.3.12）……三九九
二四　新加坡慘案詳志（1927.3.12）……四〇三
二五　新加坡案犧牲者（1927.3.12）……四〇七
二六　漢口外交部對南京事件之宣言（1927.3.31）……四〇九
二七　全球被壓迫者援助中國（1927.4.8）……四一一

二八　『四三慘案』交涉之棘手（1927.4）……四一三
二九　美艦炮轟我防地（1927.4.25）……四一五
三〇　寧案死難之同胞（1927.4.9）……四一九
三一　寧案交涉與紅萬字會報告（1927.4.13）……四二一
三二　五國寧案通牒譯文（1927.4）……四二三
三三　漢口外部答復五國通電原文（1927.4.16）……四二五
三四　董福開：對上海工部局不許穿中山裝通過租界請提出抗議函（1927.4）……四二七
三五　美人關於寧案之報告（1927.4.29）……四二九
三六　外交與寧案（1927.4）……四三三
三七　寧案反響（1927.4）……四三五
三八　美記者斯丹來哈哀：外人之『上海病』（1927.5.4）……四三九
三九　世界新聞社譯印人對華表示熱烈同情（1927.5.5）……四四三
四〇　印人不願以武力與華人相見（1927.5.12）……四四五
四一　外艦炮擊江陰慘案之調查（1927.5.22）……四四七
四二　江陰慘案死傷者（1927.5.23）……四四九

【五】工人運動

一　先施職工提出要求條件（1927.1.12）……四五三
二　永安職工會成立（1927.1.13）……四五五
三　長沙市商民罷市未成之經過（1927.2.9）……四五七
四　横跨兩年之廣州罷工運動（1927.2.11）……四六一
五　贛垣工運起伏之寫真（1927.2.12）……四六三

六　上海十九日起大罷工（1927. 2. 19）……四六五
七　上海罷工之第三日（1927. 2. 22）……四六九
八　罷工聲中之上海（1927. 2. 22）……四七三
九　粵政府實行干涉工人封鋪（1927. 2. 28）……四七五
一〇　中國濟難會上海總罷工中之犧牲者（1927. 3. 2）……四七七
一一　杭州之大工潮（1927. 3. 30）……四八一
一二　上海別動隊繳械記詳（1927. 4. 1）……四八五
一三　杭州昨日已復業（1927. 4. 2）……四八七
一四　三路工人向粵政府請願詳情（1927. 4. 9）……四九三
一五　英兵搜查大夏大學反響（1927. 4）……四九五
一六　淞滬工人糾察隊昨均被繳械（1927. 4. 12）……四九九
一七　各届市民爲解除工人武裝大請願（1927. 4. 12）……五一三
一八　四月十三日閘北兵工激鬥之別報（1927. 4. 13）……五一五
一九　上海總工會糾察隊繳械後之慘劇（1927. 4. 13）……五一七
二〇　糾察隊繳械之死傷者（1927. 4. 13）……五二三
二一　海員工會罷工命令（1927. 4）……五二九
二二　上海中國共産黨工作計劃（1927. 4）……五三一
二三　國民黨宣傳部駐滬辦事處：沙基慘案史略（1927. 6）……五三三

第十一册 原第二輯第一册—第三册（上）

國民黨政府的反動法令

【一】『約法』『憲草』

一 『中華民國』『訓政』時期約法（1931.6.1）……一八五
二 『中華民國』憲法草案（1937.5）……一九五

【二】違反民意的會議法規

一、『國民會議』

一 『國民會議』組織法（1931.4.24）……二二一
二 修正『國民會議』組織法第四條條文（1931.5.4）……二二七
三 『國民會議』代表選舉法（1930.12.31）……二二九

二、『國民大會』

一 『國民大會』組織法（1936.5.14）……二三五
二 『國民大會』組織法（1937.5.21）……二三九
三 『國民大會』代表選舉法（1936.5.14）……二四三
四 『國民大會』代表選舉法（1937.5.21）……二五七

【三】國民黨政府組織法

一 修正『中華民國國民政府』組織法（1928.2.13）……二七三

二 『中華民國國民政府』組織法（1928.10.8）……二七五
三 『中華民國國民政府』組織法（1930.11）……二八一
四 『中華民國國民政府』組織法（1931.6）……二八九
五 修正『中華民國國民政府』組織法（1931.12）……二九七
六 修正『中華民國國民政府』組織法第三十七條條文（1932.3）……三〇五
七 修正『中華民國國民政府』組織法第三十條及四十八條條文（1932.12）……三〇七
八 修正『中華民國國民政府』組織法第二十四條第五款及第三十五條第三十六條條文（1934.10）……三〇九

【四】各種團體組織法

一、總的方案

一 社會團體組織程序（1930.2）……三一三
二 修正『人民』團體組織方案（1930.7）……三一七
三 修正民衆團體組織方案（1932.8）……三二一
四 修正『人民』團體組織方案（1933.6）……三二五

二、工會

一 工會組織暫行條例（1928.7.9）……三三一
二 特種工會組織條例（1928.7）……三四一
三 工會法（1929.11）……三四三
四 修正工會法第十六條條文（1931.12.12）……三五九
五 修正工會法第二十三條條文（1932.9.27）……三六一
六 修正工會法第三條條文（1933.7.20）……三六三
七 工會法施行法（1930.6.6）……三六五

八 修正工會法施行法第十三條及第十六條條文（1931.12.19）……三六九
九 修正工會法施行法第四條第五條條文（1933.7.20）……三七一

三、農會

一 農民協會組織條例（1928.7）……三七三
二 農會法（1930.12.30）……三七九
三 農會法（1937.5）……三八七
四 農會法施行法（1937.5）……三九五

四、商會

一 商民協會組織條例（1928.7）……三九七
二 商會法（1929.8.15）……四〇五
三 關於商會組織之原則及新商會法運用之方法要點（1929.9）……四一五
四 修正商會法第四十二條條文（1930.3.3）……四一九

五、工商同業公會

一 工商同業公會法（1929.8.17）……四二一
二 修正工商同業公會法第十四條第十五條第十六條條文（1930.8.9）……四二五
三 修正工商同業公會法第七條條文（1932.9.15）……四二七

六、婦女會

一 婦女團體組織原則（1930.1.23）……四二九
二 婦女團體組織大綱（1930.1.23）……四三一
三 婦女會組織大綱（1932.9.28）……四三三
四 婦女會組織大綱施行細則（1932.12.9）……四三九

七、教育會
一　教育會法（1931. 1）……四四三
八、學生會
一　學生團體組織原則（1930. 1. 23）……四四九
二　學生自治會組織大綱（1930. 1. 23）……四五一
九、文化團體
一　文化團體組織原則（1930. 1. 23）……四五七
二　文化團體組織大綱（1930. 1. 23）……四五九
【五】内政法規
一、户籍
一　户籍法（1931. 12. 12）……四六七
二　修正户籍法第十七條及第二十三條第二十四條第二十五條條文（1934. 4）……五〇一
二、勞資關係
一　勞資争議處理法（1930. 3. 17）……五〇七
二　修正勞資争議處理法（1932. 9. 27）……五一七
三　團體協約法（1930. 10. 28）……五二七
四　勞動契約法（1936. 12. 25）……五三七
三、工廠
一　工廠法（1929. 12. 30）……五五一
二　修正工廠法（1932. 12. 30）……五六七
三　工廠法施行條例（1930. 12. 16）……五八三

四　修正工廠法施行條例（1932.12.30）…………五八九
五　修正工廠法施行條例第九條條文（1935.4.11）…………五九七
六　修正工廠法施行條例第九條條文（1936.12.10）…………五九九

第十二册　原第二輯第三册（下）—第六册（上）

國民政府的反動法令

【五】内政法規

四、土地

一　土地法（1930.6）…………三
二　『剿匪』區内各省農村土地處理條例（1932.10）…………五九
三　土地法施行法（1935.4）…………七九

【六】財政經濟法規

一、財政

一　預算法（1932.9.24）…………一〇三
二　預算法（1937.4.27）…………一二七
三　銀行法（1931.3.30）…………一五三
四　鹽法（1931.5.30）…………一六七
五　國民黨政府財政部關於實行『法幣』政策的布告（1935.11.3）…………一七五

二、經濟

（一）礦業

一 礦業法（1930.5.26）……一八一

二 修正礦業法第二條第九十二條第一百一十六條條文（1932.1.23）……二〇九

（二）商業

一 公司法（1929.12.26）……二一一

二 公司法施行法（1931.2.21）……二五七

三 交易所法（1929.10.3）……二六三

（三）漁業

一 漁業法（1929.11.11）……二七五

二 修正漁業法第二條第三條第十八條第十九條第三十四條第三十八條第三十九條及第四十七條條文（1932.8.5）……二八五

（四）『合作社』

一 『合作社』法（1934.3.1）……二八七

【七】軍事法規

一 『國軍編遣委員會』進行程序大綱（1929.1.25）……三一一

二 『裁兵』協會章程（1929.9.2）……三一七

三 縣保衛團法（1929.7.13）……三二一

四 修正縣保衛團法第四條第六條第九條條文（1931.4.11）……三二七

五 兵役法（1933.6.17）……三二九

六 修正兵役法第七條條文（1935.3.2）……三三三

七　戒嚴法（1934.11.29）……三三五

【八】文教法規

一、『民衆訓練』

一　國民黨中執會『民衆訓練』計劃大綱（1928.7.9）……三四一

二　『訓政』時期『民衆訓練』方案（1930.3）……三六七

三　江西省『匪災』各縣『民衆訓練』方案（1932.3.24）……三七三

二、電影檢查

一　電影檢查法（1930.11）……三七七

二　修正電影檢查法第三條條文（1934.5.15）……三八三

三　修正電影檢查法第十二條條文（1935.4.4）……三八七

四　電影檢查法施行規則（1931.1.29）……三九一

五　各地教育行政機關會同警察機關檢查電影辦法（1932.3）……三九七

六　電影劇本審查登記辦法（1932.12.1）……四〇一

三、出版

一　出版法（1930.12.16）……四〇五

四、郵電檢查

一　全國重要都市郵件檢查辦法（1929.8.29）……四一五

【九】迫害人民的特種刑律

一　『危害民國』緊急治罪法（1931.2.4）……四一九

二　『危害民國』緊急治罪法施行條例（1931.3.13）……四二三

三　修正『危害民國』緊急治罪法施行條例第五條條文（1931.4）……四二五

四 維持『治安』緊急辦法（1936. 2. 20）……四二七

【十】反共罪惡的特種辦法

一 國民黨漢口特別市黨務指導委員會民衆訓練委員會『消弭』共産黨方法（1928）……四三一
二 處理留俄歸國學生暫行辦法（1928. 12）……四三九
三 國民黨浙江省中等以上學校内黨部或黨員偵查校内『共産分子』辦法（1930. 11. 14）……四四一
四 國民黨政府爲破壞中國共産黨召開工農兵代表大會抄發『防範共黨』辦法（1930. 12. 17）……四四五
五 國民黨浙江省政府呈送目前各縣『清除赤匪』工作大綱（1931. 7. 6）……四四九
六 國民黨浙江省各縣（或直屬區）黨部暨黨員偵查中等以上學校『反動分子』辦法（1932. 6. 22）……四六七

國民黨的派系鬥爭

【一】蔣介石與汪精衛——改組派的鬥爭

一、蔣胡與汪精衛之間的鬥爭

一 蔣介石向南京政府聲明辭去『總司令』職權有關電文（1927. 8）……四九一
二 南京國民黨市黨部爲反汪（精衛）促胡（漢民）回寧主政代電（1927. 12）……四九三
三 國民黨中央對南京黨委處置之矛盾（1928. 11. 11）……四九五
四 飛劍：爲胡漢民先生痛哭！（1928. 11. 11）……四九七
五 胡黨之訓政觀（1929. 1. 10）……五〇一
六 中國國民黨改組同志會第一次全國代表大會宣言（1929. 2）……五〇七
七 第三次代表大會之前（1929. 3. 10）……五一五
八 汪精衛等關於最近『黨』務政治宣言（1929. 3. 11）……五二三
九 蔣介石分子在所操縱的南京全市代表會上與改組派的衝突（1929. 3. 31）……五二七
一〇 商人口中的南京政府（1929. 3. 31）……五四九

一一 不可厚非的政治哲學與經濟哲學（1929.3.31）……五五七
一二 中國國民黨護黨革命大同盟成立宣言（1929.5）……五七三
一三 中國國民黨護黨革命大同盟緣啓（1929.5）……五八一
一四 關懷國：蔣中正『叛黨』竊國證（1929.6.8）……五八七
一五 國民黨福建四十八縣國民黨各級黨部代表聯席會議否認非法三全會通電（1929）……六〇九
一六 蔣介石與汪精衛矛盾的急進化（1929.8.1）……六一三
一七 討蔣運動與去年度的中國貿易（1929.10）……六二五
一八 蔣介石的末路（1929.10）……六三五
一九 國民黨南京政府關於查禁上海改組派總機關密令（1929.11.19）……六四三

第十三册　原第二輯第六册（下）——第八册

國民黨的派系鬥爭

【一】蔣介石與汪精衛——改組派的鬥争

二、改組派與西山會議派等的鬥争

一 政治分會存廢問題的分析（1928.11.5）……三
二 北平政治分會主席辭職問題（1929.1.15）……九
三 介紹西山會議派及無政府主義者（1929.1.15）……一一
四 從《青年呼聲》的停刊説到小組織的把戲（1929.1）……二一
五 保定國民黨改組派利用六中等校反對西山會議派有關文件（1929.1）……二七

六　熱河國民黨黨務指導委員會與舊派黨員發生衝突的函電（1929.1—1929.2）……四三
七　國民黨北平政治分會與河北省各級黨部互争權限的文件（1929.1—1929.2）……四九
八　國民黨河北清黨同志會等控告改組派新中學會組織把持黨務有關文件（1929.1—1929.3）……五九
九　國民黨河北省指委會全體辭職抗議指派三全會代表電（1929.□.8）……七九
一〇　李石曾張繼屠殺北平學生之後（1929.3.10）……八一
一一　北方之黨與政（1929.4.25）……八九
一二　大陸大學被封的前後（1929.6.17）……九三
三、改組派内部的分裂
一　外人所見之陳公博（1927.6.17）……九九
二　改組派四分五裂（1929.7.3）……一〇一
三　論改組派之領袖（1929）……一〇三
【二】蔣介石與桂系及北方軍閥的鬥争
一、蔣介石與桂系的鬥争
一　國民黨廣州政治分會關於贊同李宗仁政見的通電（1928.7.21）……一一三
二　白崇禧辭職之内幕（1929.1）……一一七
三　編遣會議聲中之大批外械進口（1929.1.31）……一一九
四　蔣介石是湘案的首犯（1929.3）……一二一
五　誰是此次湘亂的禍首（1929.3.10）……一二五
六　國民黨鄂桂漢及各特別黨部代表團不出席三全大會宣言（1929.3）……一二七
七　《北方評論》論『湘亂』（1929.4.15）……一三一
八　李宗仁就國民黨護黨救國軍南路總司令討蔣通電（1929.5.5）……一三三

九　關於廣西軍事形勢談（1929.6.17）……一三五
一〇　陳慶云任□海軍副司令原因（1929.6.10）……一三七
一一　廖轟與俞作柏交惡（1929.6）……一三九
一二　蔣中正與奉安（1929.6）……一四一
一三　胡章民：反動的蔣介石（『五三』慘案演説詞）（1929）〔存目〕
一四　黄劍鳴：打倒總理的叛徒蔣介石（『五五』紀念大會演説詞）（1929）〔存目〕
一五　黄劍鳴：打倒野心辱國之蔣介石（『五九』紀念會演説詞）（1929）〔存目〕
一六　李宗仁周西成等討蔣通電（1929）〔存目〕
一七　國民黨各省區倒蔣委員聯合會數蔣介石十大罪狀通電（1929）〔存目〕

二、蔣介石與馮閻的鬥爭

一　蔣介石的反馮與反閻馮（1929.5—1930.10）……一四七
二　馮玉祥就國民黨護黨救國軍西北總司令攻擊蔣介石電（1929.5.15）……一五五
三　蔣閻馮等新離合記（1929.6）……一五九
四　南京國民政府爲閻錫山倒蔣否認其在華北所發紙幣債款有關令文（1930.5）……一六三

三、蔣介石對東北軍的陰謀

一　湯玉麟投國民黨之目的（1928.9）……一六九
二　熱河各民衆團體反對以湯玉麟主熱有關文件（1928.8—1929.9）……一七一
三　楊宇霆被殺的原因（1929.2.1）……一八五
四　東北民衆自衛委員會爲蔣介石利用張學良槍殺楊宇霆常蔭槐敬告國人書（1929.4）……一八九
五　蔣介石與中東路（1929.8.1）……一九七
六　覺非：祇拿兩條關於中俄的新聞來請教蔣介石先生（1930.1.20）……二〇五

【三】蔣介石與胡漢民及西南軍閥的鬥争

一、蔣介石與胡漢民的鬥争

一　從蔣胡對三全代會的分贜鬥争説到蔣桂的火拼（1929.3.20）……二一三
二　蔣胡鬥争（1931.2—1931.10）……二二三

二、蔣介石與西南軍閥及西南内部的鬥争

一　吴鐵城報告粵方政客倒陳濟棠等情密電（1932.10.3）……二四五
二　吴鐵城報告粵方對迎胡漢民意見紛歧密電（1932.10.13）……二四七
三　吴鐵城報告胡漢民主張反蔣拒汪與粵陳暗鬥經過密電（1932.10.25）……二四九
四　吴鐵城報告西南對於南京政權改組主張突變密電（1932.10.27）……二五一
五　吴鐵城報告西南决議擁胡并對三中全會之提案等情密電（1932.11.3）……二五三
六　吴鐵城報告西南反對借美麥案不出席三全會密電（1932.11.22）……二五五
七　吴鐵城報告粵陳拒絶胡鄒（魯）擬召開時局會議密電（1932.12.6）……二五七
八　吴鐵城報告西南各省代表對胡漢民所提改設軍政兩會意見密電（1933.1.14）……二五九
九　吴鐵城報告桂系李白調解粵方胡陳隔閡密電（1933.2.10）……二六一
一〇　吴鐵城報告胡漢民與粵陳貌合神離情形密電（1933.2.14）……二六三
一一　吴鐵城報告胡系拉攏閩桂逼陳（濟棠）出兵倒蔣密電（1933.2.15）……二六五
一二　吴鐵城報告西南政局忽告沉寂原因密電（1933.2.20）……二六七
一三　吴鐵城報告西南對出師問題糾紛情形密電（1933.3.31）……二六九
一四　唐紹儀等反對蔣介石召開所謂臨時全國代表大會電（1933.4.4）……二七一
一五　吴鐵城報告粵陳利用胡系反蔣以固粵局情形密電（1933.4.5）……二七三
一六　吴鐵城報告西南對出兵倒蔣反共主張不定密電（1933.4.11）……二七五

一七　吴鐵城報告粵方政客反對實力派先行反共等情密電（1933.4.26）……二七七
一八　吴鐵城報告西南聯絡馮玉祥進行倒蔣密電（1933.5.1）……二七九
一九　吴鐵城報告胡漢民力阻粵陳桂白就蔣介石所任新職密電（1933.5.4）……二八一
二〇　吴鐵城報告粵陳反對陳友仁外交政策密電（1933.5.20）……二八三
二一　吴鐵城報告西南對於倒蔣具體辦法等情密電（1933.5.25）……二八五
二二　吴鐵城報告運動西南陳蔡白改就南京政府新職情形密電（1933.5.28）……二八七
二三　吴鐵城報告西南仍决定用反蔣不反『中央』政策密電（1933.5.31）……二八九
二四　吴鐵城報告西南醖釀反蔣近情密電（1933.6.10）……二九一
二五　吴鐵城報告粵陳力謀緩和胡系决定先行倒蔣密電（1933.6.14）……二九三
二六　吴鐵城報告廣東政客擬擁李濟琛以脅粵陳等情密電（1933.6.18）……二九五
二七　吴鐵城報告粵陳嚴制胡系拒黄（紹竑）反蔣等情密電（1933.6.19）……二九七
二八　吴鐵城報告粵陳向政客疏通無反蔣可能等情密電（1933.6.22）……二九九
二九　吴鐵城報告粵陳近倡以粵閩桂實力聯合反共密電（1933.6.28）……三〇一
三〇　吴鐵城報告西南政客聚議倒陳以除反蔣障礙密電（1933.7.1）……三〇三
三一　吴鐵城報告西南對於直接收編渤海艦意見相左密電（1933.7.12）……三〇五
三二　吴鐵城報告胡漢民表示容納放弃反蔣意見等情密電（1933.12.14）……三〇七
三三　吴鐵城報告西南將組織政府情形密電（1933.12.19）……三〇九
三四　吴鐵城轉録西南對時局通電原文密電（1933.12.25）……三一一
三五　吴鐵城報告桂李對粵陳意見甚深決計擁蔣密電（1934.1.24）……三一三
三六　吴鐵城報告蔣光鼐在香港進行活動情形密電（1934.2.23）……三一五
三七　吴鐵城報告胡漢民决重組中華革命黨密電（1934.2.25）……三一七
三八　吴鐵城報告西南醖釀軍政兩機關存廢問題情形密電（1934.3.8）……三一九

三九　吴鐵城報告胡漢民等在香港進行五省聯盟情形密電（1934.5.9）……三二一
四〇　吴鐵城報告桂李粵陳反對擴組政會及迎胡等提案情形密電（1934.5.15）……三二三
四一　吴鐵城報告西南政客懷恨實力派阻止所定計劃等情密電（1934.5.27）……三二五
四二　吴鐵城報告胡漢民表示不堅持反對五全會等情密電（1934.8.28）……三二七
四三　胡漢民等爲補充五全大會議題致南京國民黨執監委員會齊電（1934.9.8）……三二九
四四　胡漢民等質詢南京政府對齊電意見的有電（1934.9.25）……三三五
四五　關於胡漢民等齊有兩電之前因與今後大局之預斷（1934.10.15）……三三九
四六　胡漢民關於寧粵合作之談話（1934.10.21）……三五七
四七　吴鐵城報告胡漢民認爲西南已無可爲擬自動出洋密電（1934.11.29）……三六一
四八　胡漢民談與王亮儔孫哲生晤談經過（1934.12.15）……三六三
四九　蕭佛成之時事談片（1934.12.15）……三六七
五〇　和平協作的真僞（1935.1.15）……三七一
五一　國民黨中央軍與粵軍余漢謀部因爭鎢砂税收及外銷問題發生摩擦有關文件（1935.6）……三八三
五二　西南向南京國民黨中央重提四案作爲五全大會新議題往來電（1935.10）……三九一

【四】南京政權内部派系及其暗鬥

一　勵志社開幕記（1929.1）……四〇三
二　丁惟汾三民主義大同盟與CC之暗鬥（1929.1.31）……四〇五
三　自殺的國民黨（1929.3.8）……四〇七
四　中華民國發刊辭（1929.3.8）……四四一
五　中華民國之全國代表會議（1929.3.8）……四五五
六　白逾桓四造共和論——如何而鏟除共和之障礙（1929.6）……四六一

七　南京政府之内容（1929. 6. 19）……四六五
八　七千萬元編遣公債買來的報酬——徵兵局十三個（1930. 1）……四六九
九　蔣介石之法西斯化與南京政權之前途（譯文）（1932. 12. 10）……四七一
一〇　所謂中國法西斯蒂的批判（1934. 11. 15）……四八三
一一　日本《世界知識》雜志論中國的親日家與排日家（譯文）（1935. 4. 15）……四九九
一二　汪精衛之辭職與復職（1935. 8. 31）……五一一
一三　南京政權的破裂（1935. 8. 15）……五三三
一四　汪精衛之歷史的行動的檢討（1935. 12. 15）……五四三

【五】國家主義派反對國民黨

一　李璜：再論一黨專政之弊兼測國民黨與中國之前途（1928. 12. 14）……五六七
二　左派而外的反蔣者（1929. 6. 17）……五七五
三　國民黨統質疑（1929. 12. 13）……五七七
四　國民黨黨員賈毅請制止青年黨國家主義派在華北公開活動的呈文（附國家主義派的總檢討）（1930. 12. 31）……五八五
五　國民黨河北省黨務整委會爲制止國家主義派演講引起衝突等情電（1931. 10. 6）……六一三
六　國民黨中央執委會關於取締國家主義派在平津假名募捐公函（附情報）（1933. 2. 9）……六一五
七　王捷俠向國民黨自首宣言解散國社黨組織的文件（1934. 12—1935. 1）……六一七

第十四冊　原第二輯第九冊—第十冊

國民黨各派軍閥間的混戰

【一】蔣介石叛變革命後擴充地盤所進行的軍閥混戰

一　蔣介石西攻退入湘省之唐生智餘部作戰經過的報告書稿（1928.3）……九

【二】蔣介石實行獨裁編遣异己部隊與各派系軍閥間的混戰

一、蔣桂混戰

一　蔣介石總司令部參謀處關於背叛革命西侵武漢及鄂西諸戰役陣中日記（摘録）（1929.2—1929.4）……三五

二　蔣介石對桂系作戰的命令（1929.4）……一九九

三　蔣介石第四路軍何鍵部對桂系戰役經過戰鬥詳報（1929.11）……二〇五

二、蔣馮混戰

一　蔣介石對馮玉祥軍警備計劃（1929.4）……二四七

二　蔣介石對馮玉祥西北軍作戰命令暨計劃（1929.6.17）……二六一

三　蔣介石對馮玉祥軍作戰指導計劃（1929.10）……二七三

四　蔣介石開封行營參謀處對馮玉祥西北軍作戰陣中日記（1929.10—1929.11）……二八三

五　蔣介石第二路軍劉峙部對馮玉祥西北軍在豫西鄂西一帶戰鬥詳報（1930.3）……四九七

第十五册　原第二輯第十一册—第十三册

國民黨各派軍閥間的混戰

【二】蔣介石實行獨裁編遣異己部隊與各派系軍閥間的混戰

三、蔣唐混戰（附蔣石混戰）

一　蔣介石武漢行營主任何應欽關於對唐戰鬥要報并附件（1930.1）……七
二　蔣介石第二路軍劉峙部對唐生智作戰戰鬥詳報（1930.3）……七一
三　蔣介石第一師劉峙部對唐生智作戰戰鬥詳報（1930.5）……八五
四　蔣唐混戰：蔣介石總司令部參謀處編《討唐紀略》（摘録）（1930.1）……一一三
五　蔣介石軍在津浦鐵路對石友三部作戰計劃（1930.1）……一八一

四、蔣對閻馮各派系混戰

一　蔣介石關於對閻馮及其他派系作戰經過報告書（1930.11）……一九一
二　蔣介石總司令部參謀處對閻馮戰役陣中日記（1930.8—1930.10）……二一一
三　蔣（介石）閻（錫山）混戰軍事紀略（上）（1931.4）……三八九

第十六册　原第二輯第十四册—第十五册

國民黨各派軍閥間的混戰

【二】蔣介石實行獨裁編遣异己部隊與各派系軍閥間的混戰

四、蔣對閻馮各派系混戰（續）

四　蔣（介石）閻（錫山）混戰軍事紀略（下）（1931.4）……七
五　蔣介石第一軍劉峙部對閻馮各戰役戰鬥詳報（1930.5—1930.10）
六　蔣介石隴海路左翼軍朱紹良部對閻馮各戰役戰鬥詳報（1930.7—1930.10）……四二九
七　蔣介石第三軍團何成濬部對閻馮各戰役戰鬥詳報（1930.5—1930.10）……四九一
八　蔣介石第十七路軍楊虎城部參加對閻馮各戰役戰鬥詳報（1930.5—1930.11）……五二九

第十七册　原第二輯第十六册—第十七册

國民黨各派軍閥間的混戰

【二】蔣介石實行獨裁編遣异己部隊與各派系軍閥間的混戰

四、蔣對閻馮各派系混戰（續）

九　蔣介石第十一路軍劉茂恩部對閻馮各戰役戰鬥詳報（1930.5—1930.10）……七

一〇　蔣介石第十軍徐源泉部對閻馮各戰役戰鬥詳報（1930.5—1930.10）……一六九
一一　蔣介石第二炮兵集團在津浦路山東曲阜泰安一帶對閻錫山軍作戰詳報（1930.8）……一六九
一二　蔣介石第九軍王金鈺部參加對閻馮各戰役經過概略（1930.5—1930.9）……二〇九
一三　張鈁參與蔣閻馮混戰的資料（1930.5—1931.6）……二一三
一四　蔣介石軍劉峙部對石友三戰役戰鬥詳報（1930.7）……二五五

國民黨統治下的財政經濟

【一】總類

一、概況

一　行政院財政部自一九二九年三月至一九三〇年二月工作概況及最近行政計劃概要（1930.3.3）……三三一
二　行政院工商部自一九二九年三月至一九三〇年二月工作概況及最近行政計劃概要（1930.3.3）……三三七
三　行政院交通部自一九二九年三月至一九三〇年二月工作概況及最近行政計劃概要（1930.3.3）……三四三
四　行政院鐵道部自一九二九年三月至一九三〇年二月工作概況及最近行政計劃概要（1930.3.3）……三五三
五　行政院農礦部自一九二九年三月至一九三〇年二月工作概況及最近行政計劃概要（1930.3.3）……三五七
六　行政院建設委員會自一九二九年三月至一九三〇年二月工作概況及最近行政計劃概要（1930.3.3）……三六五
七　實業部國際貿易局一九三三年全年及一九三四年第一季第二季國內經濟概況（1933—1934）……三七一
八　財政部秘書處抄送『全國財政會議』開會時期各省市代表及財政廳局長有關各省市財政狀況及請求補助各案請彙案核辦致錢幣司函（1934.6.16）……三九七
九　財政部對美國華盛頓證券交易委員會第十八號格式所問各點之答復（1937）……四二一
一〇　實業部一九三六年度内新辦事業狀況表（1937.5）……四三七

二、重要措施和提案
一 宋子文請派孔祥熙爲考察各國實業特使致汪精衛密電（1932.4.7）……四五三
二 蔣介石等關於綏遠省政府建議『撫綏』蒙古經濟連鎖辦法有關文件（1933.9—1934.3）……四五五
三 財政部『全國財政會議』規程（1934.4.20）……四六一
四 行政院抄發牯嶺會議議決『鞏固對外信用利用外資』等案的密令（1934.11.2）……四六三
五 行政院等辦理國民黨四届五中全會吴敬恒等提『請由政府勵行保護政策扶植國内産業之發展并於對外貿易施行管理以期減少入超案』有關文件（1935.1—1935.12）……四七三
六 財政部賦税司錢幣司關於國民黨第五次全國代表大會蕭錚等『積極推行本黨土地政策案』等五案規劃研究的往來函件（1936.3—1936.4）……四八七
七 行政院轉發國民黨四届六中全會孔祥熙等『努力生産建設以圖自救』案飭就主管範圍分别辦理給實業部的訓令（1936.2.18）……五〇三

第十八册　原第二輯第十八册—第十九册（上）

國民黨統治下的財政經濟

【一】財政

一、『國庫』
一 財政部一九三二年國庫收支計算書（1933）……七
二 蔣介石孔祥熙爲航空委員會續向中央銀行透支款項充作内戰經費的往來密電（1935.5—1935.7）……四七
三 孔祥熙抄送航委會購買飛機價款及中央銀行墊付各款經過摺呈致宋美齡函（1936.2.10）……四九

四　孔祥熙徐堪關於查詢一九三七年度航空預算及軍需預算來往電文（1937.8）…………五三
五　航空署向中央銀行透支款項充作内戰經費的有關文件（1934.2—1934.9）…………五五
六　國民政府檢發一九三七年度國家建設事業專款歲出總概算書密令（1937.5.24）…………五九

二、帝國主義直接控制下的海關和鹽政

（一）海關

關卡設置

一　國民政府轉發國民黨三屆四中全會陳銘樞等請杜絶九龍設關并撥款勘測中山港提案的訓令
（1930.11.29）…………六五

税則税率

一　宋子文等關於增加進口糖税的密電（1932.3）…………六九
二　汕頭中華國貨維持會等反對增加進口糖税的電文（1932.4）…………七一
三　國民黨中央執行委員會政治會議爲加徵海關附加税事貨物進口税案致行政院密函（1932.8.3）…………七五
四　財政部爲海關附加税免徵各款於五月十六日起照徵的呈文（1933.5.9）…………七九
五　國民黨中央執行委員會政治會議爲加徵海關貨物進口税案致行政院密函（1933.5.18）…………八一
六　國民政府等處理修改海關進口税則案有關文件（1933.5—1933.6）…………八七
七　財政部陳報增加海關貨物進口税税率情形的密呈（1933.6.29）…………九三
八　孔祥熙繕送修改出口税則提案請列入議事日程致褚民誼密函（1934.5.17）…………九五
九　湖北全省商會聯合會爲滬報有改訂關税説請勿輕加變動的呈文（1934.6.22）…………九七
一〇　湖北全省商會聯合會請將修正税則中減輕各税立即廢止另訂新税則以維工商業的代電（1934.7.11）……一〇一
一一　財政部修訂海關出口税則密提案（1935.5.14）…………一〇三
一二　上海市商會請維持原訂進口税則并加緊緝私的呈文（1937.6.22）…………一〇五

進出口管理
一　財政部請取消米麥出口禁令并免出口税的提案（1933.11）……………………一〇七
二　行政院等關於統制棉花糧食出口的有關文件（1936.2—1936.3）……………一〇九
三　實業部陳送限制鐵砂出口辦法的密呈（1936.4.10）……………………………一一三
傾銷税
一　實業部調查日貨傾銷情形報告書（1932）………………………………………一一九
二　傾銷貨物審查委員會審查外鐵傾銷案的呈文（1933.12.5）……………………一三五
三　實業部等爲實行傾銷税案的密呈（1934.5.21）…………………………………一三九
法日英對進口税率的干涉
一　關於法國要求降低越南白煤進口税的有關文件（1933.9）……………………一四五
二　外交部等關於英使要求退换滙豐銀行運銀税款的往來文件（1934.5）………一四九
三　外交部爲英日要求享受越約減税待遇呈行政院文（1936.10.21）……………一五一
（二）鹽務
總項
一　山東省政府爲改組東綱公所的呈文（1929.11.14）……………………………一五五
二　財政部鄂岸榷運緝私局報告鄂案鹽政積弊及陋規情况的呈文（1930.10.24）……一六一
三　財政部鄂岸榷運緝私局賫送整理鄂案鹽政計劃書的呈文（1930.10.24）……一六七
四　蘆綱公所等爲反對新鹽法的呈文（1935.1—1935.2）……………………………一七五
五　朱偕之鹽務稽核所統計報告撮要之商榷（1935.10）……………………………一八九
鹽墾
一　財政部請核準淮南通泰兩屬鹽墾地畝升課辦法的呈文（1929.7.12）…………一九九

二　柏肇善請查勘泰和公司竊據國産私變墾煎的呈文（1933.6.6）……二一一
三　國民黨日照縣黨務整理委員會等請收回廢灘禁曬成命的代電（1935.6.30）……二一七
濟運
一　國民黨第二次全國代表大會唐重民等維持川鹽濟楚提案（1929）……二一九
二　永裕鹽業公司爲輸出爲日本所厄請予救濟的呈文（1932.6）……二二三
三　崔葆生等請救濟東岸鹽産過剩的呈文（1934.10.26）……二二七
鹽税
一　譚正國等請取消鄂西鹽斤附税歸并正税嚴令緝私的呈文（1929.6）……二三一
二　行政院秘書處等處理安徽省鹽税附加案有關文件（1930.12—1931.2）……二三五
三　梅百宜爲鹽商抑價殃民請予嚴辦的呈文（1932.3.21）……二四七
四　淮潞東蘆四綱聯合會控告開封運商公所勾結省政府抽税自肥的有關文件（1932.9—1932.10）……二五一
五　潘樹烜等請撤銷鄂西各地擅加鹽税有關文件（1933.12）……二五三
緝私
一　財政部緝私處賫送緝私總隊編制綱要的呈文（1930.2.7）……二六三
附：財政部緝私處特務旅賫送編製表的呈文（1930.11.19）……二七一
二　財政部部長宋子文請將鹽警及緝私隊伍改歸鹽務稽核所管理給行政院的呈文（1931.2）……二七三
三　軍事委員會關於廣東三種緝私部隊改編案致廣東省財政廳代電（抄件）（1936.9.27）……二七五
三、裁厘後的新税
（一）裁厘
一　五省裁厘委員會裁厘要點（附特種消費税條例）（1928.12）……二八七

（二）統税
一　河南全省國貨工廠聯合會爲麵粉統税過重請核減的呈文（1931.4.16）……二九五
二　財政部關於陳報烟酒等税劃歸中央後撥發各省協款的呈文（1931.4—1931.11）……二九七
三　財政部公布棉紗統税稽徵章程令（1933.6.10）……三〇一
四　財政部公布棉紗統税處罰章程令（1933.6.10）……三〇五
五　大中華火柴公司請制止粤省國貨火柴統税的呈文（1933.6）……三〇九
（三）貨物税
一　浙江省政府轉報餘姚鄉民請減輕酒捐被捕被擊斃案經過的呈文（1933.5.3）……三一五
二　凌振卿請減輕浙江省酒税的呈文（1933.5.14）……三一九
三　宿松烟葉同業公會爲新訂土烟葉特税税率過重請求救濟的代電（1933.7.8）……三二一
四　奉新土烟葉土酒業代表反對土烟葉特税徵收章程及土酒定額税稽徵章程的呈文（1933.8.4）……三二五

四、充作戰費的特税

一　宋子文爲辦理特税發生困難請令飭各方協助以維持駐鄂部隊軍餉致蔣介石的密電（1930.4.22）……三二九
二　宋子文何成濬關於派輪護送鴉片東下的往來密電（1931.1）……三三一

五、新軍閥割據下的横徵暴斂

（一）田賦
總項
一　實業部中央農業實驗所各省歷年田賦之變遷（1933）……三三五
二　實業部中央農業實驗所田賦占地價之百分率（1933）……三三七
三　財政部製定田賦廢兩改元徵收辦法的呈文（1933.6.6）……三三九

江蘇
一 國民政府文官處爲田賦附税須經財政部核準江蘇省政府提出异議致行政院函（1929.3.8）……三四一
二 吴縣錢介一請緩徵清丈畝捐的呈文（1932.1.16）……三四五
三 江蘇省政府爲漕米改定折價呈行政院文（1936.8.6）……三四七
四 熊翥高等請轉令江蘇省政府取消清理田賦附税提獎辦法的呈文（1933.10.13）……三四九
五 張一麟請糾正財政部核定蘇省續展漕折特徵的呈文（1933.1）……三五三
浙江
一 盛沅等請限制浙江省田賦附加的呈文（1930.12.4）……三五七
二 韓君蔚等請令浙江省政府回復分忙徵收舊制并核減附捐的呈文（1931.8.31）……三六五
三 勞勤餘等爲新舊田賦附加過重請減免的呈文（1933.3）……三六九
四 嚴薌麟等請糾正杭州市地税案有關文件（1933.7—1933.8）……三七一
五 金德謨等請飭永嘉縣政府停徵田賦團捐附加的呈文（1934.8.17）……三八一
安徽
一 趙華三等請令飭安徽省政府停徵田賦附加的呈文抄件（1931.10）……三八三
二 安徽省政府爲擬具契税實施辦法的呈文（1934.9.22）……三八五
河北河南陝西甘肅
一 河北省政府爲請將錢糧按忙徵收的呈文（1929.8.17）……三八九
二 河南省政府陳報免除苛税及減賦裁厘經過的呈文（1931.1.12）……三九一
三 羅山縣第四區下石約居民等爲徵收員重徵田賦請究辦的呈文（1936.1.2）……三九五
四 財政部轉報陝西省財政廳處理該省南區田賦加徵情形的呈文（1931.2.12）……三九七
五 譙蔭民等爲西鄉捐税繁重田地荒蕪請將全縣民田悉歸公有招佃收租的代電（1932.12.11）……三九九
六 周天祥等請減輕正賦軍糧的代電（1932.9.9）……四〇一

（二）營業稅
一　全國商會聯合會請糾正江浙兩省營業稅稅率超過大綱規定的代電（1931.1.31）……四〇五
二　國民政府文官處爲鎮江等商會請重行修正營業稅法致行政院函（1931.6.18）……四〇七
三　蘭溪縣商會請減低營業稅稅率的呈文（1932.5）……四一三
四　察哈爾省商民請願代表請飭察省財政廳停徵苛雜的呈文（1933.1）……四一五
（三）苛捐雜稅
一　國民黨第三次全國代表大會陳祖烈等停止各路協餉取消軍事附捐俾蘇民困而維路政提案（1929）……四二七
二　鐵道部請停徵膠濟路貨捐的呈文（1929.6.10）……四三一
三　陳調元請維持貨物稅給行政院的密電（1929.6.22）……四三三
四　國民黨河北省新城縣執行委員會等爲牙稅稅率苛重請救濟的代電（1929.9.14）……四三五
五　陝西省政府陳報裁撤馮玉祥在陝苛徵食鹽煤油等稅捐的呈文（1930.11.15）……四三九
六　國民政府文官處爲甘肅省籌辦軍政臨時補助費較馮軍時代負擔增加十倍案致行政院密函（1931.6.17）……四四一
七　安陽縣商會等請制止教育局強徵教育經費的呈文（1933.5.16）……四四三
八　青海省政府請轉令甘寧兩省取消羊毛通過半稅的呈文（1933.6.26）……四四五
九　葉高新等請飭龍泉縣政府撤銷田畝山產兩捐的代電（1933.6.27）……四四九
一〇　黃智請撤銷黔陽苛捐雜稅的呈文（1933.12）……四五一
一一　張會友等爲案河縣商民反對新設牙稅遭受鎮壓請核辦的呈文（1935.9）……四五五
一二　四川省政府陳報廢除各市縣苛捐雜稅的呈文（1935.10.5）……四五九

六、維持反動統治的内外債

（一）内債

中央部分

一 安徽涇縣旅滬同鄉會請免認短期公債的代電（1928.11.19）……四六三
二 財政部請核準以一九二八年長期金融公債掉換前在漢提借中交兩行鈔票的呈文（1929.1.31）……四六五
三 宋子文請准將各種公債按照時價折變以應軍事需要致譚延闓密函（1929.3.29）……四六七
四 國民政府文官處爲廣東省政府請求撥還墊付軍需庫券本息致行政院函（1930.10.18）……四六九
五 國民政府文官處爲梁國祥等請整理前漢口中央銀行發行之國庫券致行政院函（1930.11.15）……四七一
六 廣東省政府爲粵省限期禁賭請將中央在粵發行之公債由中央負擔或由整理内外債委員會舉辦給行政院的呈文（1930.12.11）……四七三
七 孔祥熙報告滬市金融風潮及應付情形致汪精衛函（1935.6.2）……四七五
八 財政部陳報撥給公債救濟上海錢業的呈文（1935.6.11）……四七七
九 行政院秘書處抄送『訂正整理電政内外債款概況』致實業部函（1935.12.28）……四七九
一〇 財政部關於發行統一公債及復興公債的提案（稿）（1936.2.4）……四九三
一一 財政部錢幣司統一公債充作準備按票面七折計算的規定（1936.3.20）……五〇三

地方部分

一 國民黨浙江省執行委員會請核減該省建設公債發行額的呈文（1929.9.21）……五〇五
二 國民政府文官處爲霞浦縣市鄉公會等請減派關税公債致行政院函（1930.12.9）……五〇九
三 國民政府文官處等關於山西省發行整理金融公債案有關文件（1929.11—1930.12）……五一一
四 上海市政府等關於籌募一九三〇年關税庫券超徵房租部分換給市政公債案有關文件（1930.10—1930.12）……五一七

五 國民黨中央執行委員會政治會議等關於湖南省勸募救國借款有關文件（1933.4—1933.8）…………五二三
六 四川財政特派員謝霖爲整理二十一軍債務并平衡川省收支給孔祥熙楊永泰的報告（1935.4.26）……五三三
七 財政部擬具整理四川金融庫券條例草案請公決的呈文（1935.7.9）…………五三七
八 軍事委員會委員長行營爲安徽省政府呈請發行一九三五年公路公債致行政院函（1935.6.20）……五四一
九 廣東財政特派員公署爲前任區芳浦發行庫券抵押借款案致財政部的密呈（1936.7.31）…………五四五
一〇 廣東省銀行監理官周叔亮關於區芳浦發行庫券抵押借款案致財政部的密呈（1936.8.4）…………五四九
一一 財政部關於區芳浦發行庫券抵押借款案致宋子良的密電（稿）（1936.8.9）…………五五三
一二 財政部關於區芳浦發行庫券抵押借款案給蔣介石的代電（稿）（1936.8.10）…………五五五
一三 蔣介石關於區芳浦發行庫券抵押借款案應嚴查給孔祥熙的密電（1936.8.27）…………五五七
一四 孔祥熙關於區芳浦發行庫券抵押借款案已電黃慕松宋子良嚴查覆蔣介石的密電（稿）（1936.9.2）……五五九

第十九册 原第二輯第十九册（下）—第二十一册

國民黨統治下的財政經濟

【二】財政

六、維持反動統治的内外債

（二）外債

總項

一 孔祥熙爲確定整理外債範圍呈行政院文（1934.5.18）…………三
二 鐵道部對日美兩國債務之統計（1934.5.11）…………四五

三 汪精衛草擬整理外債方針（1934. 4. 17）……五三
四 行政院通過整理外債四項辦法致外交部等的訓令（1935. 5. 25）……五五
美債
一 鐵道部整理平漢鐵路欠付美國車輛公司慎昌洋行及鮑爾温機車公司等料款合同節略（1933. 10. 31）……五七
二 全國經濟委員會第二次委員會議關於棉麥借款經過辦理購銷情形（1934. 3. 26）……六一
三 汪精衛草擬整理美債方針（1934. 4. 17）……七三
四 教育部對高等各院校積欠美商及個人債務之統計（1934. 5. 19）……七五
五 財政部長孔祥熙爲湖廣借款事致美大使備忘録（譯件）（1937）……八三
日債
一 汪精衛爲日本『對華債權者組合』要求整理日本各銀行會社的債務呈行政院文（1934. 3. 5）……八九
二 日本駐華特命全權大使有吉明請迅整理對日債務致外交部照會（1934. 4. 17）……九五
三 熊式輝報告整理臺灣銀行借款經過情形呈行政院文（1935. 12. 2）……九九
英債
一 鐵道部整理津浦鐵路欠付英商料款合同節略（1933. 2. 15）……一〇五
二 實業部國際貿易局中英信用借款成立（1936. 11）……一〇九
【三】金融
一、掠奪的工具——貨幣
一 財政部請通飭各省取締地方銀行錢莊商號私發紙幣給行政院的呈文（1929. 1. 3）……一一七
二 工商部擬具整理幣制方案請核定的呈文（1930. 3. 3）……一一九
三 中交銀行未收回漢票持券人聯合會請中交兩行整理尚未收回之殘餘漢鈔的呈文（1930. 12. 29）……一二五

四　國民政府文官處轉發國民黨四屆一中全會楊虎等『維持金融以安人心』提案致行政院函（1932.1.12）……一二七
五　財政部規定上海市通用銀兩折合銀幣之换算率并自三月十日起施行令（1933.3.1）……一三一
六　國民政府自一九三三年四月六日起廢兩改元令（1933.4.5）……一三三
七　財政部錢幣司提送國民黨五全大會財政部政治總報告錢幣部分稿（1934.9.29）……一三五
八　財政部等關於設立省銀行或地方銀行及領用或發行兑换券暫行辦法有關文件（1934.12—1935.3）……一三九
九　財政部錢幣司提送國民黨四屆六中全會財政部報告錢幣部分稿（1935.8.31）……一四五
一〇　財政部自十一月四日起施行法幣政策的通電（1935.11.3）……一五三
一一　財政部關於一時無法兑换『法幣』各地方暫准維持市面原有習慣由各公會妥籌各項辦法的通電（1935.11.4）……一五七
一二　財政部爲規定以現金六成加配政府債券領用法幣辦法致中央銀行函（1935.11.17）……一六一
一三　日人對於中國改革幣制之態度（1935.12.9）……一六三
一四　財政部錢幣司中國農民銀行發行辦法的規定（1936.2.20）……一六九
一五　財政部錢幣司生金銀折合『國幣』作爲領券現金準備辦法的規定（1936.2.20）……一七一
一六　財政部錢幣司中國農民銀行接收各省省銀行發行部分辦法的規定（1936.3.20）……一七三
一七　財政部錢幣司中國農民銀行發行及準備金保管辦法的規定（1936.3.20）……一七五

二、金銀問題

一　國民政府文官處録國民政府着財政工商兩部迅籌近日金價暴漲救濟辦法令致行政院函（1930.1.11）……一七九
二　行政院抄送孔祥熙提請討論金價飛漲銀市低落原由影響及救濟辦法案致國民黨中政會密函稿（1930.1.14）……一八一

三　財政部工商部爲會商救濟金融辦法致行政院呈（1930. 2. 1）……一八五
四　國民政府關於孔祥熙請救濟金貴銀賤案經國民黨中央執行委員會政治會議依據審查意見通過并經國務會議通過轉飭遵照辦理令（1930. 3. 3）……一八七
五　國民黨上海市執行委員會等關於取締上海標金市場有關文件（1930. 6—1930. 7）……一九一
六　財政部等關於辦理特准英商泰茂洋行運現二十萬元出口案有關文件（1931. 8—1931. 11）……一九五
七　財政部爲規定可供鑄幣之銀類除廠條外自四月六日起徵收出口税給關務署的令文（1933. 4. 5）……一九九
八　李調生等關於外傳禁止現銀出口消息的往來電文（1933. 4）……二〇一
九　行政院秘書處爲定期審查顧翊群關於防止銀價提高之説帖案致實業部的密函（1934. 1. 23）……二〇三
一〇　財政部籌議防止白銀流出及製定銀出口税情形的報告（1934. 10. 15）……二一三
一一　財政部爲製定銀出口税請將每日匯價行市通知江海關致中央銀行函（1934. 10. 17）……二一五
一二　行政院秘書處抄送農村復興委員會所擬具之『爲應付白銀問題及入超問題擬請統制貿易力謀初步自給自足説帖』給孔祥熙的密呈稿（1935. 2. 27）……二一七
一三　農業復興委員會一般經濟組爲應付白銀及入超問題擬請統制貿易力謀初步自給自足説帖（1936. 2）……二一九

三、官僚資本控制下的銀行

一　國民政府文官處爲各省不得向中央銀行借款或攤派并將國税收入交所在地中央銀行存解致行政院函（1930. 10. 24）……二三七
二　財政部錢幣司提送國民黨五全大會一九三二年度財政報告錢幣部分稿（1934. 10. 20）……二三九
三　財政部關於增撥中央中國交通三銀行資本修正中國交通兩銀行條例并選派官股董事監察人有關文件（1934. 4—1935. 5）……二四一
四　財政部錢幣司『全國財政會議』議決各案中有關主管事項的處理辦法（1934. 6）……二五五
五　劉守中爲銀行資本侵入西北農村破産致汪精衛函（1935. 4. 11）……二五九

六　財政部抄送經核準注册各銀行名稱致軍事委員會侍從室第二處第五組函（稿）（1935.5.2）……二六三
七　虞和德等請撥款救助實業并減低利率設法收回高利債券以獎勵投資的呈文（1935.11）……二七七
八　財政部錢幣司中央銀行法第七條的修正（1936.2.20）……二八一
九　財政部錢幣司中國農民銀行經營土地抵押放款及農村放款辦法的規定（1936.3.20）……二八三
一〇　蔣介石關於注意内地銀行業務并調整中央農民兩行開支致鄒琳密電（1937.6.5）……二八五
一一　財政部聲覆設置内地銀行并中央農民兩行開支情况給蔣介石的呈文（1937.6）……二八七
四、畸形發展的特種金融
一　上海交易所監理員工作情形及各交易所營業狀况報告書（1931.6—1932.2）……二九九
二　財政部錢幣司關於上海債券市場交易情形并有無官吏投機操縱的調查（1936.2.20）……三一五
三　實業部等關於糾正上海華商紗布交易所放任投機辦法案有關文件（1936.7—1937.7）……三一七
五、新軍閥割據下的地方金融
一　財政部等關於收回川省地鈔的文件（1935.9）……三四一
二　蔣介石孔祥熙關於處理劉湘所陳川省實施法幣政策發生困難案的來往電文（1935.11）……三四五
三　孔祥熙爲整理川省地鈔借款案致劉湘的密電（1935.7.5）……三四七
四　財政部關吉玉關於川省施行法幣政策情况的往來文件（1936.3—1936.4）……三四九
五　唐海安報告有關廣東整理金融事項的函電（1936.5—1936.7）……三五三
六　廣東省銀行爲陳報發行總額給財政部的呈文（1937.10.25）……三五七
【四】工礦
一、總項
（一）重要措施和提案
一　工商部國民黨三届三中全會提案（1930.2）……三六五

二　國民政府等關於處理國民黨四屆三中全會伍朝樞等發展工業提案有關文件（1932.12—1933.4）……三七一

（二）工業概况

一　建設委員會：各省民營電氣公司清册（1929.6.22）……三九一
二　工商部工廠概况統計表（1930）……四一一
三　工商部成立工廠年份統計表（1930）……四一三
四　工商部分類工廠比較表（1930）……四一五
五　實業部全國化學機械冶煉製造廠之現象表（1934）……四一七
六　山東省各業工廠統計表（1935.10—1936.12）……四四一
七　實業部中央工廠檢查處檢查科科長王瑩視察青島市山東省工廠報告（1936）……四四五

（三）工人人數工資工作時間統計

一　工商部工資統計表（1930）……四九七
二　工商部國内主要城市工業工人人數工資及工時統計表（1930）……四九九
三　山東各業工人統計表（1935.10—1936.12）……五〇一
四　工商部工人工作時間比較表（1930）……五〇五
五　工商部工業工人人數統計表（1936）……五〇七
六　工商部國内各主要城市歷年工資指數與物價指數比較表（1930）……五〇九
七　工商部工人家計每月收支統計表（1930）……五一一
八　實業部礦務公司工資表（1932.5）……五一三

（四）工廠災變

一　山東省實業廳陳報魯大公司坊子西炭礦淹斃工人經過及處理情形的呈文（1931.8.14）……五一九
二　上海市政府等關於正泰橡膠廠災變案的有關文件（1933.3）……五二三

三 陳郁陳報中福第二礦廠灾變的呈文（1934. 6. 20）……五二九
四 實業部科長梁津魯大公司第二坑淹斃工人案調查報告（1935. 6. 15）……五三三
五 實業部中央工業檢查處一九三六年全國工業灾變統計（1937）……五四五
六 實業部中央工廠檢查處一九三七年一月份—三月份上海市工業灾變分類統計（1937）……五五三

第二十册 原第二輯第二十二册—第二十三册

國民黨統治下的財政經濟

【四】工礦

二、官營工業

一 鐵道部籌辦龍烟鐵礦廠的有關文件（1929. 10—1929. 11）……七
二 鐵道部請將龍烟鐵礦廠移交實業部辦理呈行政院文（1931. 4. 20）……一一
三 實業部與古巴夏灣拿國際糖公司簽訂借款建廠合同草約（1931. 5. 1）……一三
四 實業部開發國防主要礦產及籌設冶煉工廠項（1934）……二九
五 實業部各部會國營生產建設事業一覽表（1936. 7）……三一
六 實業部等處理廣東鋼鐵廠案的有關文件（1936. 11—1936. 12）……三五
七 實業部籌辦國營工業（1936）……四三
八 實業部財政部關於黃旭初等請補助機製糖業案有關文件（1937. 5）……四九

三、遭受毁滅性打擊的民族工業

（一）化學工業

一　實業部等關於處理永利化學工業公司請保息免税案的密呈（1936. 8. 20）……………………六一

（二）棉紡織業（附土布）

一　國民黨中央執行委員會秘書處爲國民黨上海市執行委員會轉請救濟中國紗廠業案致行政院函（1931. 4. 10）……………………六九
二　河南全省國貨工廠聯合會爲棉紗統税過重税捐重叠請求救濟的呈文（1931. 4. 20）……………………七一
三　國民黨中央執行委員會秘書處爲武昌各紗廠生産過剩日貨傾銷請擬具救濟辦法致實業部函（1933. 1. 25）……………………七五
四　榮宗敬縷述上海華商紗廠危機并轉報各廠減工減産辦法及所擬具救濟方案的呈文（1933. 4. 21）……………………八三
五　行政院秘書處爲審查上海華商紗廠聯合會請救濟華商紗廠案致外交部等密函稿（1933. 4. 26）……………………八九
六　行政院駐平政務整理委員會關於天津市政府擬以紗廠統税擔保發行公債救濟紗業的有關文件（1933. 5—1933. 9）……………………九三
七　華商紗廠聯合會請政府購買存紗三萬包解除紗廠危機的代電（1933. 6. 16）……………………九九
八　全國經濟委員會棉業統制委員會請拒絶收受新紗致實業部函（1933. 10. 31）……………………一〇一
九　全國經濟委員會棉業統制委員會上海永安紡織第一廠第二廠第三廠調查報告書（1934）……………………一〇五
一〇　豫鄂皖三省『剿匪』總司令部抄送華商紗廠聯合會湖北分會維持華商紗廠意見致行政院函（1934. 3. 17）……………………一二九
一一　中華紡織學會反對新税則減低棉布進口税率增加原棉進口税率的代電（1934. 7. 10）……………………一三一
一二　華商紗廠聯合會爲紗業艱危擬定標本兼治辦法的呈文（1935. 3）……………………一三三
一三　實業部國際貿易局報告與上海出口漂白布廠商協商漂白布成本問題情況的呈文（1935. 3. 11）……………………一三七

一四 全國經濟委員會棉業統制委員會關於外棉加税問題致實業部函（1935. 3. 30）……一四一
一五 實業部工業司救濟全國紗廠案會議程序暨各機關所擬意見節略與各地廠商對於救濟紡織業意見稿（1935. 6. 3）……一四七
一六 實業部等救濟全國棉紡織業會議記録（1935. 6. 14）……一五五
一七 唐炳源一九三四年度與一九二三年度國内棉紗生産及應徵統税額按華日英各商比較（1936）……一五九
一八 華商紗廠聯合會全國華商紗廠停工減工（將停將減者包括在内）之紡錠及布機數統計（1935. 6）……一六一
一九 唐炳源全國棉紡織廠停工廠數一覽表（一九三五年八月底）（1936）……一六七
二〇 唐炳源全國棉紡織廠減工廠數一覽表（一九三五年八月底）（1936）……一六九
二一 行政院轉發國民黨四届六中全會吴敬恒等請迅免棉花進口税提案飭妥籌辦理給實業部的訓令（1935. 11. 26）……一七一
二二 全國經濟委員會棉業統制委員會對國民黨四届五中全會吴敬恒等提請政府切實設法救濟全國紡織廠案所擬具的辦法（抄件）（1935）……一七五
二三 大華棉業信托股份有限公司創設緣起和營業計劃書草案（1935）……一八七
二四 行政院籌議國民黨第五次全國代表大會戴傳賢等提請由政府切實維護棉紡織業案給財政部的訓令（1936. 1. 11）……一九七
二五 實業部工業司司長劉蔭茀關於國民黨第五次全國代表大會戴傳賢等提請由政府切實維護辦理棉紡織業案簽呈（1936. 2. 6）……二〇一
二六 唐炳源棉紡織廠停工減工後關係國家經濟之影響（1936）……二〇五
二七 唐炳源全國華商棉紡織廠停工各廠概況表（一九三六年四月底）（1936）……二〇七
二八 實業部救濟華北棉紡織業會議記録（1936. 9. 28）……二一一
二九 實業部財政部爲奉令籌辦國民黨四届六中全會吴敬恒等請速免棉花進口税提案縷陳外棉進口税不能減免原因給行政院的密呈（1936. 2. 19）……二一七

三〇　全國經濟委員會棉業統制委員會棉産及棉紡織業改進三年計劃綱要（節録）（1937.1）……二二一
三一　江蘇南通縣商會請免徵南通改良土布統税的呈文（1932.5.25）……二二五
三二　南通棉業視察團童潤夫報告南通土布業概況及其改革方案（1936.6）……二二九
（三）絲紡織業（附灰綢）
一　上海市絲廠同業公會等爲絲業艱危請發行蘇浙滬廠絲業公債一千萬元的呈文（1930.10.28）……二四五
二　王柳樵等爲救濟綢業請減免各項捐税的呈文（1930.10.30）……二四九
三　陳翰臣等請減低税率以維絲業的呈文（1931.1.18）……二五三
四　實業部財政部關於發行救濟絲業公債捌佰萬元并擬具條例及本息表的呈文（1931.1.21）……二五五
五　文官處抄送江浙皖絲繭總公所委員會請制止外商在華設廠代電致行政院函（1931.4.17）……二六三
六　修正一九三一年江浙絲業公債條例（1931.4.25）……二六五
七　行政院抄發修正一九三一年江浙絲業公債條例第九條條文令（1931.7.10）……二六九
八　行政院抄發實業部救濟江浙蠶絲業辦法提案的令文（1932.4.4）……二七一
九　全浙公會提供救濟江浙絲繭辦法給行政院的代電（1932.4.20）……二七七
一〇　上海市絲廠同業公會委員會爲國際絲價跌落滬市華絲山積新蠶無法消納請求救濟的代電（1932.4.27）……二七九
一一　浙江絲廠業同業公會籌備會爲絲業危機重重請徹底救濟的呈文（1932.5.4）……二八一
一二　實業部財政部關於救濟絲業一案會呈行政院文（1932.5.9）……二八五
一三　崇裕絲廠等爲絲價暴落請徹底維持給行政院的呈文（1932.5.16）……二八七
一四　吴縣鐵機絲織業同業公會等提供救濟吴縣絲織業辦法給行政院的呈文（1932.5.21）……二九一
一五　江浙絲綢機織聯合會請求救濟國産絲綢給行政院的呈文（1932.6）……二九三
一六　實業部財政部爲擬具江浙絲業庫券條例草案給行政院的呈文（1932.8.10）……二九七
一七　吴縣鐵機絲織業同業公會等請減低人造絲進口税的呈文（1932.8.13）……三〇五

一八　無錫絲廠同業公會請飭實業部迅將救濟江浙絲業治本辦法公布施行給行政院的呈文（1933.8.3）……三〇七
一九　高沛郇等四川蠶絲業改良初步經過報告（1934）……三〇九
二〇　上海市商會爲金融緊迫工商業危急請救濟電（1935.2.19）……三一三
二一　行政院秘書處等處理吴縣縣商會請設人造絲製造廠并在未能製造前減低進口税率案的有關文件（1937.3）……三一五
二二　全國經濟委員會秘書處蠶絲改良計劃綱要（節録）（1937）……三三一
二三　國民黨中央執行委員會秘書處爲山東省黨務整理委員會請免徵灰絲繭綢營業税致行政院函（1931.10.1）……三三三
（四）麵粉捲烟火柴水泥造紙糖業蛋業
一　天津總商會爲受麵粉特税影響天津麵粉業無法維持請求救濟的代電（1929.8.13）……三四三
二　上海市麵粉廠業同業公會等請減徵麵粉税以維麵粉業的呈文（1931.7.25）……三四五
三　上海市麵粉廠業同業公會請調查審議洋粉進口情况將洋粉列入傾銷税則以維麵粉業呈實業部文（1932.12.31）……三四七
四　蘇浙皖内地機製麵粉廠公會請救濟内地麵粉廠的呈文（1936.2.5）……三四九
五　蘇浙皖内地機製麵粉廠公會請免徵洋麥進口税的呈文（附實業部工業司等簽呈）（1936.2.2）……三五五
六　上海市商會爲華商捲烟廠連受外壓迫請在統税中酌提獎金以資救濟的代電（1931.1.23）……三五九
七　國民黨中央執行委員會秘書處等關於請財政部收回新訂捲烟税率限地設廠成案有關文件（1934.4）……三六一
八　財政部檢送一九三二年度—一九三四年度上半年度國内華商及外商各火柴廠産銷數量及外國火柴輸入數量表致實業部咨（1935.4.26）……三六九
九　實業部等關於火柴業同業組織産銷聯營社試辦五年案的有關文件（1936.3—1936.6）……三七七
一〇　啓新洋灰有限公司爲駁斥陶桂林呈訴水泥公司投機漲價縷述水泥價格漲落産銷實况的呈文（1937.1.5）……四一一

一一　華商造紙廠聯合會請維持現行紙類進口税率的呈文（1934.6）……四一五
一二　行政院秘書處爲廣州市糖商祥安德號等請維持廣東省糖業統制致實業部函（1936.8.15）……四一九
一三　實業部等關於審查廣東省糖業統制的有關文件（1937.2—1937.5）……四二三
一四　行政院秘書處爲廣州市糖麵業同業公會請撤銷廣東省糖業統制案致實業部函（1936.8.22）……四三七
一五　上海市蛋業公會請發公債救濟蛋業的呈文（1935.6.24）……四四一

四、外煤傾銷下的煤業

一　萍鄉安源全體煤商否認湘鄂路局特別加重株萍段短途運費宣布停運宣言（1931.7.10）……四四五
二　河北省實業廳陳報召集救濟煤業會議并轉報各煤礦産銷情况的呈文（1932.3.2）……四四九
三　國煤救濟委員會等請拒絶撫順煤鞍山鐵進口的呈文（1932.10.6）……四五九
四　實業部等關於處理拒絶撫順煤鞍山鐵進口案的密呈（1932.12.10）……四六一
五　實業部等關於日煤傾銷救濟國煤案有關文件（1932.7—1933.3）……四六三
六　全國經濟委員會第二次委員會議整頓河北省礦業計劃提案（1934.3.16）……四八一
七　河北省實業廳陳報召集救濟煤業會議情形的呈文（1934.8.8）……四八七
八　漢口市煤業公會等反對減低越南煤入口税率的呈文（1935.5.3）……五二五

五、國際市場操縱和軍事統制下的有色金屬

一　劉子貞等請取消贛南鎢礦委商包辦辦法改歸地方公辦的呈文（1929.5）……五三一
二　廣東省政府爲修正廣東官商專營鎢礦對外貿易合辦規約致行政院秘書處函（1930.12.29）……五三五
三　實業部整理江西廣東兩省鎢礦提案（1931.2.23）……五四三
四　黄萃三等請組設統一銻鎢運銷機構以免受外商操縱的呈文（1932.11）……五四五
五　實業部等關於湖南省政府成立銻礦貿易處的有關文件（1933.10）……五五七
六　實業部金屬礦産經營情狀煤及石油各礦情狀表（1934）……五六九

七 實業部一九二九—一九三一年鎢銻鋅錳等礦概況表（1934）……五七五
八 群益礦務公司等爲鎢業管理局低價迫售請令飭照滬港洋市酌提收購價格的呈文（1936.9.9）……五七七
九 國民黨中央軍與粤軍余漢謀部因争鎢砂税收及外銷問題發生摩擦有關文件（1935.6）……五七九

第二十一册　原第二輯第二十四册—第二十五册

國民黨統治下的財政經濟

【五】農業

一、糧食

一 一八六七年至一九三三年米穀輸入净數及價值……七
二 一八八七年至一九三三年小麥麵粉輸入净數及價值……一一
三 一九〇三年至一九三三年米穀輸入主要國别表……一七
四 一八九八年至一九二八年上海小麥麵粉之價格……一九
五 一九〇八年至一九三三年小麥麵粉輸出净數及價值……二一
六 一九〇九年至一九三一年上海每月之粳米價格……二三
七 全國經濟委員會農業處有關小麥的生産貿易市價等項統計（1934.7）……二七
八 實業部中央農業實驗所一九二一—一九三三年各省主要作物之種植面積（1933）……三一
九 實業部中央農業實驗所一九二一—一九三三年各省主要作物之每畝産量（1933）……三九
一〇 實業部中央農業實驗所各省歷年地價之變遷（1933）……四七
一一 實業部中央農業實驗所佃農自耕農及半自耕農占總農户之百分率（1933）……四九

一二　實業部中央農業實驗所各種役畜所占之百分率每一中等農家所有之肉畜頭數（1933）……五一
一三　全國經濟委員會農業處有關米穀的生産消息貿易市價等項統計（1934.7）……五三
一四　實業部各地糧食批發價格表（1934）……五七
一五　實業部國内糧食存貯及盈虧情形（1934）……六九
一六　浙江省各縣稻之供需比較……八一
一七　全國土地委員會有關農業生産各項統計（1935.1）……八九
一八　文官處檢送邵元冲提議運購東北小麥雜糧以救濟災區災黎案致行政院函（1931.9.12）……九五
一九　天津市商會爲對美進行棉麥借款小麥價格降落請求救濟代電（1933.9.24）……一〇一
二〇　上海市商會請將進口洋米麥粉課以重税以挽救農村破産的呈文（1933.4.19）……一〇三
二一　安徽全省商會聯合會等請采納湘鄂皖贛豫五省主張徵收洋米進口税的代電（1933.9.1）……一〇七
二二　軍事委員會委員長南昌行營爲江西糧食管理局請各省禁絶各種米穀捐税致行政院函（1933.9）……一〇九
二三　宦治平縷述湖北售運糧食積弊及米麥銷情况給行政院的呈文（1933.11.25）……一一三
二四　梁上棟國内産麥滯銷調查報告（1934.3.1）……一一七
二五　長沙市商會爲日米將在華傾銷請各省加徵洋米進口税呈實業部代電（1934.2.14）……一二九
二六　全國經濟委員會第二次委員會議建議請提高糧米價格救濟農村破産提案（1934.3.26）……一三一

二、經濟作物

（一）棉花

一　國民政府文官處爲河南財政廳長萬舞設立安陽棉業交易經理處抽收類似厘金之手續費監察院提出彈劾一案致行政院密函（1931.6.23）……一三七
二　江蘇嘉定縣農村研究社爲對美進行棉麥借款影響棉花生産請求救濟給實業部的呈文（1933.6.13）……一四三

三 行政院秘書處抄送上海市棉花號業同業公會等關於對美進行棉麥借款影響棉花生産要求救濟函電致實業部函（1933.6.26）……………………………………一四七
四 唐得道等爲放青苗花錢摧殘棉農請飭平陸縣長設法救濟的呈文（1934.11）……………一五一
（二）茶葉
一 國民黨第三次全國代表大會余篤輝等救濟華茶提案（1929）……………………………一五三
二 實業部轉送上海市洋莊茶葉同業公會請指定銀團借款救濟輸蘇華茶案致財政部咨（1933.4.22）……一五七
三 實業部爲救濟輸蘇華茶經國際貿易局提出意見請核辦致財政部咨（1933.5.20）……………一五九
四 上海市洋莊茶葉同業公會爲華盛頓會議高抬銀價請指定銀行借款救濟輸蘇華茶給財政部的呈文（1933.5）……………………………………………………一六一
五 鄭宗霖着請免徵閩茶出口税轉口税的代電（1935.3.2）……………………………………一六三
六 茂盛興等爲閩茶凋弊請免徵茶葉特税改行營業税的呈文（1936.2.27）……………………一六五
七 湖北省政府爲統制華茶對外銷售案致實業部函（1936.4.30）………………………………一六九
八 孫静山請發展華茶對外直接貿易的呈文（1936.8.17）………………………………………一七三
九 實業部等關於處理倫敦英商P. E. William改良華茶計劃案有關文件（1936.4—1937.5）…………一七七
一〇 實業部國際貿易局報告一九二六年度經收并推銷茶葉數字的呈文（1937.2.16）……………一九一
（三）烟葉
一 行政院爲英美烟公司在河南種植美種烟葉致劉峙的密電（1931.4.24）……………………一九三
二 屠亨震爲查禁買辦鄔挺生勾結英美洋商設立許昌公司致國民政府呈文（1935.10.9）…………一九五
三 寧波旅滬同鄉會請采納上海市烟葉公會所擬具之發展國産烟葉辦法的呈文（1936.8）…………一九七
三、蠶絲
一 上海市絲廠業同業公會請免生絲出口税的代電（1930.12.29）…………………………………二〇三

【六】漁業與航運

一、漁業

一　行政院關於江浙區漁業管理局等機構停辦及漁業建設費停徵的呈文（1933.11.21）……二〇七

二　實業部擬具整理及發展漁業計劃請核轉給行政院的呈文（1932.11.28）……二一一

二、航運

一　國民黨第五次全國代表大會楊虎等政府應根據約法規定獎勵與維護民營航業提案（1935.11）……二二五

二　國民黨第五次全國代表大會楊虎等政府應確定國營航業與民營航業分工合作方針以期收回航權提案（1935.11）……二三一

三　蔡增基國營招商局簡略報告（1937.2.6）……二三五

【七】所謂『利用』外資與『應用』外國技術

一　行政院等關於利用外資的有關文件（1932.1.16）……二三九

二　陳公博關於應用外國技術資本辦法興辦實業的密呈（1934）……二五三

【八】對外貿易

一　國民政府文官處關於向美國訂購白麥賑濟各省災民事致行政院公函（1931.9.7）……二六三

二　何炳賢爲編製一九三三年第一季第二季第三季第四季及一九三四年第一季第二季貿易報告的呈文（1933—1934）……二六七

三　劉祖英調查香港商業金融等情形的報告（1934.1—1934.2）……二七一

四　實業部造送運往美德年在廿五萬元以上商品名目清單的呈文（1935.5.16）……二八七

五　上海市商會爲請統制進口貿易管理國匯兌的呈文（1935.6.25）……二九三

六　藍鷹運動下之美國對外貿易及中美貿易概況（1935.11.30）……二九九

七　對外貿易設計委員會第四次會議記録（討論國民黨四屆六中全會孔祥熙等努力生産以圖自救提案第九項籌議國際貿易平衡部分具體辦法）（1936.3.25）……三〇七
八　財政部等擬具關於國民黨四屆六中全會孔祥熙等《努力生産以圖自救》提案第九項籌議國際貿易平衡部分各項辦法的密呈稿（1936.5.4）……三三一
九　郭秉文報告赴美磋商白銀問題及考察國際貿易狀况致實業部密呈（1936.10.31）……三三五
一〇　實業部國際貿易局食糧漲價與出口問題（1936.11）……三六三
一一　實業部國際貿易局華茶推銷蘇聯與今後桐油出口問題（1936.12）……三六五

【九】天災與人禍

一、水利失修軍閥割據和反共戰争所造成的自然災害匪患和兵災

一　安徽省政府陳報災情請將皖北各縣列入北方各省賑務案内一并辦理以資救濟的呈文（1928.12.13）……三七三
二　國民政府文官處爲豫陝甘賑災委員會請撥給賑災公債六百萬元救濟三省旱災致行政院函（1929.1.11）……三七五
三　文官處爲晋冀察綏賑災委員會請撥款舉辦急賑致行政院函（1929.1.14）……三七七
四　薛篤弼視察陝甘豫三省災情的呈文（1929.3.18）……三七九
五　湖南省政府報告去歲兵旱災情嚴重請列爲甲等賑災地區的呈文（1929.4.3）……三八五
六　王瑚報告晋綏兩省災情給行政院的呈文（1929.4）……三八七
七　王瑚報告豫省災情給行政院的呈文（1929.5.12）……三九一
八　陝西省賑務會等爲運陝賑糧被何成濬扣留請飭各軍事長官將所扣賑糧放行電（1929.5.15）……三九五
九　賑災委員會陳報一九二九年賑災公債一千萬元分配情形的呈文（1929.5.25）……三九七
一〇　國民政府文官處爲山東省主席陳調元以災患頻仍請派大員來魯視察妥籌施賑辦法案致行政院函（1929.6.22）……四〇一
一一　湖南省賑務委員會報告災情請急賑電（1929.6—1929.8）……四〇三

一二　張鈁爲奉令禁止豫省灾民赴南京就食而赴遼就食亦經中止賑糧商糧無車輪運請撥款救濟電（1929.9.13）……四〇五

一三　河北省政府一九二八—一九二九年河北省灾情概况（1929.12）……四〇七

一四　山西省賑務會陳報灾情請撥款救濟電（1930.2.7）……四〇九

一五　張鈁：關於河南省灾情慘重請息兵并撥發賑灾公債救灾民的電文（1930.2）……四一一

一六　行政院賑務委員會自一九二九年三月至一九三〇年二月工作概况及最近行政計劃概要賑務委員會自十八年三月十五日至十九年二月工作概况（1930.3.3）……四一三

一七　張鈁陳報豫省戰禍天灾情况請求賑濟電（1930.8.17）……四一九

一八　張鈁陳報豫省兵灾慘重請賑濟上國民政府等機關電（1930.10.20）……四二一

一九　劉峙爲豫省財政枯竭請撥款協濟電（1930.11.4）……四二三

二〇　楊虎城陳報陝省灾情及辦賑經過請撥款賑濟電（1930.11.14）……四二五

二一　國民政府文官處爲河南省賑務會陳述豫省灾情并擬具救急辦法案致行政院函（1930.11.18）……四二七

二二　山東省黨務整理委員會爲魯省兵禍天灾交集請援濟電（1930.12.2）……四三三

二三　賑務委員會陳報以庫券一百萬元抵借現款五十萬元之作賑款及各省分配情况的呈文（1931.2.24）……四三五

二四　國民政府文官處爲李環瀛等陳述豫甘兩省灾情請求拯救致行政院函（1931.3.26）……四三七

二五　張我華等爲皖省水灾奇重請賑濟的呈文（1931.8.18）……四三九

二六　江蘇省政府爲水灾慘重請賑濟電（1931.8.29）……四四一

二七　王震等轉陳江蘇各縣灾請賑濟電（1931.8.30）……四四三

二八　楊樹莊陳報閩省各縣灾情電（1931.8—1931.10）……四四五

二九　楊虎城陳報各縣風旱水等灾情况請撥款急賑電（1931.9.3）……四四九

三〇　國民政府文官處轉送江西省民政廳勘查各縣水灾概况表致行政院函（1931.10.14）……四五一

三一　賑務委員會内政部轉陳江蘇等四省水灾情况給行政院的呈文（1931.12.26）……四五九
三二　甘肅省政府轉呈灾情請撥款賑濟的呈文（1932.1.6）……四六五
三三　張鈁等陳報豫灾情况并提出賑濟辦法給國難會議的呈文（1932.4.8）……四六七
三四　河南省政府爲省振務會函陳春荒糧盡請求特賑的呈文（1932.4.9）……四六九
三五　賑務委員會一九三一年八月起至一九三二年四月止撥發賑款一覽表（1932.5.26）……四七一
三六　河南省政府爲泌陽等數十縣水灾請振濟電（1932.10.5）……四七五
三七　湖南省政府報告水灾情况請求救濟的呈文（1932.10.27）……四七七
三八　陝西省政府陳報各縣水灾情况的呈文（1933.8.18）……四七九
三九　朱紹良陳報灾情撥款賑濟上行政院電（1933.8.19）……四八七
四〇　黄河中下游區域被灾縣分表（1933.8.24）……四八九
四一　魯西黄河水灾救濟會陳報灾情請求救濟電（1933.8.28）……四九五
四二　山東賑務會爲魯省歷年灾情嚴重未得實際振濟軍隊徵用各款均未償還而税捐負擔日增請准在國税項下撥款振濟魯西水灾代電（1933.8.29）……四九七
四三　山東省政府等有關魯蘇陝豫等省水灾灾情的資料（1933.8）……四九九
四四　安徽省各項灾情（1933.8）……五〇五
四五　文官處轉告黄河漫決情况致行政院函（1933.9.1）……五一九
四六　于學忠報告河北省水灾情况電（1933.9.9）……五二三
四七　湖南省政府報告灾情請求救濟的呈文（1933.9.11）……五二五
四八　國民政府文官處轉送河南省政府沿河各縣被灾清册致行政院函（1933.9.12）……五二七
四九　劉峙報告河南省水灾情况請興工堵塞電（1933.10）……五三三
五〇　黄河水灾救濟委員會黄河水灾調查一覽表（1933.10）……五三五
五一　黄河水灾救濟委員會山東等省灾情調查一覽表（1933.11）……五四一

五二　財政部爲淞滬戰區善後委員會向中央中國交通三行借款一百萬元的呈文（1934.1.10）……五四五

五三　馬鴻逵等報告孫殿英部西進地方遭受蹂躪同时又罹天灾請求救濟的電文（1934.3）……五四七

五四　湖南省政府一九三四年湖南省各縣灾情報告書（1934.6）……五四九

五五　湖南省政府報告灾情并請救濟的呈文（1934.8.10）……五五五

五六　劉湘陳報水旱灾情請撥款振濟電（1934.8.21）……五五七

五七　江西省政府陳報旱灾嚴重請賑濟的呈文（1934.9.18）……五五九

五八　劉文輝陳報戍區水灾情况請救濟的呈文（1934.9）……五六一

五九　國民黨中央執行委員會政治會議等救濟一九三四年湘灾有關文件（1935.1—1935.2）……五六三

六〇　四川善後督辦公署爲列表具報水旱灾情請救濟的呈文（1935.2）……五七一

六一　江西省政府陳報水旱灾情嚴重請賑濟的代電（1935.5.15）……五八三

六二　梓潼縣旅省同鄉會爲梓潼慘遭田頌堯軍蹂躪農村破産請救濟的呈文（1935.6.29）……五八五

六三　河南省振務會陳報各縣灾况的代電（1935.7.4）……五八七

六四　何鍵爲湘省水灾慘重請振濟電（1935.8.4）……五九五

六五　湖南省水灾救濟委員會陳報水灾慘重請列爲甲等灾區代電（1935.8.9）……五九七

六六　李文齋等請救濟山東水灾的呈文（1935.8—1935.10）……五九九

六七　江蘇省建設廳關於蘇北灾區狀况的報告（1935.10）……六〇三

六八　湖南水灾救濟總會報告濱湖十一縣被灾情况并反對廢田還湖的呈文（1935.12）……六〇九

二、在日軍進攻和國民黨軍隊强徵暴斂下人民的灾難

一　江蘇省政府爲太倉嘉定寶山三縣遭受日軍破壞請撥款救濟的呈文（1932.5.6）……六一五

二　于學忠爲榆關失守大軍雲集河北請續加徵鹽附税以資救濟密電（1933.5.7）……六一七

三　行政院秘書處等處理梁秉文等爲華北戰區被灾奇重請豁免税捐發還墊款并撥款救濟案有關文件（1933.11—1933.12）……六一九

四　行政院等處理蘇人鏡等爲華北戰區各縣灾實奇重請豁免田賦等以資救濟案有關文件（1934. 5—1934. 8）……六二七

第二十二册　原第二輯第二十六册—第二十八册

國民黨政府的對外關係

【一】帝國主義操縱下的國民黨政府外交

一、國民黨政府賣國媚外的外交活動

（一）對外政策
一　童德乾：中國外交政策芻議（原名中國國民黨第三次全國代表大會對外宣言芻議）（1927. 10）……三五
二　國民黨政府關於曲解孫中山『聯俄』主張所擬訂的國防計劃與外交政策（1929. 4）……五七
三　國民會議廢除不平等條約宣言草案（1931. 5. 9）……六一
（二）聘用外籍顧問洋員
一　京内外各機關聘用洋員人數及薪給調查表（1928. 1—1929. 6）……六七
二　財政部鹽務稽核總所聘用洋員一覽表（1935. 10. 14）……七三
三　一九三三年十一月後海關任用洋員一覽表（1935. 10. 29）……七七
四　一九三三年十一月後退職洋員一覽表（1935. 10. 29）……八七
五　在華外籍顧問洋員之調查統計（1936. 6. 13）……一〇一
（三）購買軍火
一　宋子文向美英意借款及日本内田外相訓令駐各國大使采取措施（1933. 7. 18）……一〇七

二　蔣介石派宋子文向英美借款擴張軍備（1933.7.22）……一〇九
三　蔣介石令向捷克洽購槍械致孔祥熙電（1934.1.11）……一一一
四　李耀煌關於洽購各種軍械數量及辦理情形的報告（1934.3.12）……一一三
五　李儻爲歷次訂購軍火開單送蔣介石審閲事致張納川等電（1934.12.12）……一一七
六　孔祥熙報告定購軍火情形致蔣介石電（1934）……一二三
七　軍事委員會辦公廳爲購買外國軍火擬定防止失密辦法致財政部公函（1935.9.13）……一二五
八　國民黨政府歷年經購美意德等國軍火器材數量統計表（1936.6.3）……一二七
九　國民黨政府中央信托局經辦各項軍械軍火及航空器材數額統計圖（1936）……一五九
一〇　孔祥熙報告參加英王加冕典禮并轉赴歐美洽購軍火出售白銀等事項經過以及支用各項請轉最高國防委員會核銷致行政院函稿（1939.2.20）……一六一

（四）上海租界工廠檢查案與其他有關權利的交涉

一　孔祥熙關於上海租界工廠檢查協定草議的提案（1931.10.27）……一六五
二　吴鐵城轉報工部局工廠檢查要點致實業部公函（1933.6.21）……一六七
三　工部局費信惇爲租界工廠檢查事致吴鐵城覆函（1933.7.6）……一七一
四　吴鐵城轉報工部局總裁費信惇檢查租界工廠意見致實業部電（1933.8.29）……一七五
五　徐謨與英使藍譜森關於租界工廠檢查案的談話記録（1933.10.12）……一七七
六　實業部轉報租界工廠檢查協定大綱草案并請鑒核備案致行政院呈文（1936.5.22）……一七九
七　實業部請鑒核租界工廠檢查修正協定大綱草案致行政院呈文（1936.7.4）……一八一
八　吴鐵城轉報駐滬領事團對修正協定大綱草案意見并請示辦法致實業部咨文（1936.7.24）……一八三
九　吴鐵城轉報工部局重訂租界工廠檢查草案并請示辦法致實業部咨文（1936.9.22）……一八五
一〇　實業部爲租界工廠檢查案請本已往原則繼續交涉并與關係國領事個别接洽致上海市政府咨文（1936.11.20）……一八七

一一　上海市政府爲租界施行勞工法及實施勞工行政發生阻礙致工商部函（1929.4.15）……………一八九
一二　徐謨請轉飭各海關禁止外洋跑馬狗入口致外交部函（1929.8.8）……………一九一
一三　王正廷等關於上海公共租界法院交涉情形報告（1930.2.12）……………一九三
一四　關於上海租界納税華人會增加華董經過情形有關文件（1930.5）……………一九九
一五　中華國産聯合大商場報告上海工部局捕房强迫該場停業侮辱職員并請嚴重交涉致行政院代電（1931.6.15）……………二〇一
一六　吴鐵城報告租界納租西人特别大會通過地産章程附則并提三項應付辦法致實業部代電（1933.4.24）……………二〇三

（五）保護外僑

一　國民政府關於保護外僑生命財産的通令（1928.3.16）……………二〇九
二　綏遠都統署請轉飭所屬切實保護外人生命財産的訓令（1928.6.7）……………二一一
三　綏遠都統署關於飭屬保護京津等地外僑的訓令（1928.6.9）……………二一三
四　國民政府爲轉飭所屬切實保護外人生命財産致行政院等密令（1929.5.13）……………二一五

二、帝國主義對中國的經濟侵略

（一）設廠

一　中華國貨維持會請限制外商在華設廠的呈文（1931.5.11）……………二二三
二　文官處抄送國民會議議決制止外人在華設立工廠等兩案致行政院函（1931.6.24）……………二二五

（二）操縱航運與侵略内河航行權

一　王洸：外人在華經營之航業（1933.6）……………二三三
二　王洸：國外航業公司之概況（1933.6）……………二三九
三　在中國境内航行之外籍一百噸以上輪船艘數噸數統計表（1936.12）……………二六九

三、帝國主義對中國的宗教侵略

一　蒙藏委員會專門委員包悅卿等爲西北綏遠寧夏等地教會擴張勢力侵占土地請交涉收回函（1929. 9）……二七七

二　行政院爲綏遠托和兩縣教會侵占土地壓迫人民會擬取締辦法致蒙藏委員會訓令（1930. 8. 5）……二八一

三　楊芬報告綏蒙外教傳教情況及租用土地情形致蒙藏委員會呈文（1937. 5. 19）……二八三

【二】中國與蘇聯的關係

一、國民黨政府的反蘇活動

（一）成立反蘇機構與查緝蘇聯在華人員

一　國民黨中央訓練部爲組織『國民對俄交涉後援會』及草擬組織通則草案并請密令施行致中執會的提案（1929. 8. 8）……二九九

二　關於通令嚴緝蘇聯在華人員有關文件（1929. 8—1929. 9）……三〇三

三　關於查緝蘇聯駐滬人員有關文件（1929. 9）……三一九

（二）禁演蘇聯電影查封蘇聯通訊社

一　關於查封各地蘇聯通訊社有關文件（1929. 9—1929. 10）……三二九

二　關於禁演蘇聯革命影片有關文件（1932. 10）……三三一

三　國民黨政府禁演蘇聯革命影片的密令（1932. 10. 28）……三三三

（三）限制中蘇兩國人民交往

一　外交部關於飭令各官廳停發赴俄護照致國民政府秘書處公函（1928. 2. 3）……三三五

二　外交部爲限制蘇聯人民出入國境擬定簽發護照辦法呈行政院文（1929. 12. 9）……三三七

三　關於不准任用留蘇歸國學生有關文件（1932. 9）……三三九

（四）對蘇商業統制
一 關於擬訂監視蘇聯在滬商業委員會組織章程及取消原訂監視遠東銀行暫行章程有關文件（1931.2—1931.3）……三四一
二 『國民政府』爲中蘇貿易采取國家統制政策致行政院的訓令（1933.2.24）……三四七
二、中蘇會議與復交
一 關於中蘇會議有關文件（1930.2—1930.12）……三五一
二 外交部關於駐蘇大使顔惠慶呈遞國書及訪晤蘇聯外部人員情形致行政院呈文（1933.5.18）……三五七
三、蘇聯對中國的友好
（一）新蘇商約與新蘇互維駐領關係
一 新疆喀什行政長馬紹武轉報新蘇互維駐領關係不受中蘇斷交影響致國民黨政府電（1929.8.14）……三六一
二 新疆喀什行政長馬紹武轉報新蘇西土耳其斯坦局部協定情形并請互維駐領關係致國民黨政府電（1929.8.24）……三六三
三 新疆喀什行政長馬紹武轉報新蘇友誼并請互維駐領關係致國民黨政府電（1929.8.26）……三六五
四 外交部爲批復新蘇互維駐領關係致馬紹武電（1929.8.29）……三六七
五 新疆與蘇聯簽訂臨時通商協定（1931.10.1）……三六九
六 羅文幹轉報統一新疆對外交涉三項辦法致黄慕松電（1933.6.29）……三七七
（二）援助中國紅軍與抗日義勇軍
一 關於審訊賀龍部蘇籍軍事顧問顧孟尼等五人經過情形有關文件（1928.2—1928.3）……三七九
二 軍政部爲轉飭各部隊密防蘇聯援助湘鄂等五省紅軍槍彈致行政院呈文（1932.1）……三八七
三 關於蘇聯協助東北抗日義勇軍馬占山蘇炳文等部歸國及償還經費等問題有關文件（1933.3—1933.6）……三八九
四 關於樸炳珊準備在抗日戰敗後繞道蘇聯回國請援例頒發出國護照有關文件（1933.5）……三九七

（三）捐款救灾協助防疫

一　一九三一年八月蘇聯《真理報》評中國水灾（1931. 8）…… 三九九

二　汪精衛報告蘇聯援助中國水灾賑款致行政院呈文（1935. 7. 7）〔存目〕

三　外交部爲同意蘇聯派遣防疫隊赴新疆和闐撲滅鼠疫并請衛生署速組防疫隊前往救治致行政院呈文（1935. 10. 19）…… 四〇一

【三】日寇對中國的侵略

一、國民黨政府對日屈辱

一　外交部抄送日公使芳澤申謝招待并告安返滬濱等情電致國民政府秘書處函（1927. 8. 31）…… 四〇九

二　陳友仁草擬對日政策大綱致顔惠慶的訓令（1932. 1. 23）…… 四一一

三　日本電通社：中國何故轉向親日？（1935）…… 四一三

二、日寇對中國的政治侵略

（一）『濟南』慘案

一　國民黨中常會議定對於日本出兵山東事件之應付方案（1928. 4. 21）…… 四二七

二　金問泗關於譯報日本侵略山東聲明呈文（1928. 4. 23）…… 四二九

三　國民黨中常會議訂反對日本出兵宣傳大綱（1928. 4. 23）…… 四三一

四　國民黨中常會議訂對日經濟絶交辦法大要（1928. 5. 6）…… 四三五

五　國民黨中常會議訂『五三』慘案應付方案（1928. 5. 6）…… 四三九

六　外交部關於濟南慘案對日不得有所表示密電（1928. 5. 8）…… 四四三

七　國民黨中常會議訂『五三』慘案宣傳大綱（1928. 5. 10）…… 四四五

八　國民黨中常會議訂『五三』慘案宣傳方略（1928. 5. 10）…… 四四九

九　國民黨中常會議訂之『五三』慘案標語（1928. 5. 10）…… 四五五

一〇 國民黨中執會關於目前唯一敵人不是日本的密令（1928. 5. 26）……四五七
一一 國民革命軍總司令部参謀處『濟南慘案』記録（1928. 6）……四五九
一二 蔣介石與日本帝國主義解決『濟案』的秘密協定（1929. 7. 4）……四九三
（二）擴大侵略陰謀
一 日本捏造我國違約五十三條（1931）……四九九
二 關於駁斥日本宣傳我國違約有關文件（1931. 11）……五一三
三 日本駐津軍司令官多田駿：日本對華之基礎觀念（1935. 9. 25）……五一五
四 日本愛國聯盟代表柴山松太郎函蔣介石陳述『東亞和平中日親善』意見（1936. 10. 4）……五二九
（三）製造僞滿洲國與侵略東北
一 日本帝國主義製造僞滿洲國始末記（1932. 3）……五三三
二 實業部關於日本侵略東省森林概況的報告（1932. 6. 11）……五三九
三 北平政務委員會轉報日僞在山海關設卡徵税致行政院電（1932. 9. 20）……五四三
四 張新生報告日本侵略東北之實況（1933. 8. 1）……五四五
五 日本荒木陸相：由日本見地論及滿洲事變之政治經濟的效果（1933. 8）……五五九
六 日本劫奪東三省各種重要事業（1934. 1. 6）……五七七
七 一九三三年日本在東北航空之發展（1934. 8. 25）……五八一
八 僞滿洲國與日本簽訂關税協定（1935. 2. 26）……五八三
九 僞滿洲國與日本簽訂郵政協定（1935. 12. 26）……五八五
一〇 僞滿洲國與日本簽訂關於僞國課税及日人居住僞國條約（1936. 6. 10）……五八九
一一 僞滿洲國與朝鮮簽訂鴨緑江協定覺書（1937. 1. 12）……六〇一

第二十三册　原第二輯第二十九册—第三十册

國民黨政府的對外關係

【三】日寇對中國的侵略

二、日寇對中國的政治侵略

（四）『一·二八』事件

一　上海日本總領事村井爲日僧被毆向上海市政府提四項要求（1932.1.20）……七
二　日本第一遣外艦隊司令鹽澤藉口日僧被毆對上海市政府提出的警告書（1932.1.20）……九
三　上海市政府爲日人焚毀三友工廠向日領提出的抗議書（1932.1.20）……一一
四　上海市政府爲日僑搗毀中國商店向日領提出的抗議書（1932.1.21）……一三
五　上海日陸戰隊向《民國日報》提四項條件（1932.1.22）……一五
六　十九路軍淞滬抗日緊急會議記録（1932.1.23）……一七
七　蔡廷鍇等告淞滬民衆書（1932.1）……二三
八　蔡廷鍇等飭屬抗日致區壽年等密令（1932.1.23）……二七
九　日本海軍省的聲明書（1932.1.27）……二九
一〇　上海市政府令公安局解散救國會文（1932.1.27）……三一
一一　上海市政府接受日領要求的覆牒（1932.1.28）……三三
一二　上海市政府爲日海軍突然進攻閘北對日領事提出的抗議書（1932.1.29）……三五
一三　上海市政府爲日軍侵略閘北通告各國總領事文（1932.1.29）……三七

一四　蔡廷鍇等發表抗日通電（1932. 1. 29）……三九
一五　何應欽請接受各國領事調停并嚴禁愛國活動致蔣光鼐等電（1932. 1. 31）……四一
一六　美國對滬事向中日兩國提出五項勸告（1932. 2. 1）……四三
一七　上海日公使館要求撤退浦口駐軍及拆除防禦工事致國民黨政府照會（1932. 2. 2）……四五
一八　上海市政府向日領抗議書（1932. 2. 3）……四七
一九　上海市政府致各國領事通告書（1932. 2. 3）……四九
二〇　何應欽對時局發表談話（1932. 2. 4）……五一
二一　何應欽令空軍不得轟炸日本海軍致蔡廷鍇等電（1932. 2. 5）……五三
二二　國聯理事會致日本申請書（1932. 2. 6）……五五
二三　何應欽請『適可而止』從速設法停止戰争致吴鐵城等電（1932. 2. 8）……五七
二四　何應欽請力排衆議設法轉圜停止滬戰致吴鐵城電（1932. 2. 9）……六一
二五　何應欽爲嚴飭上海南市守軍不得對日挑戰致蔡廷鍇等電（1932. 2. 12）……六三
二六　何應欽爲解釋『適可而止』致吴敬恒代電（1932. 2. 12）……六五
二七　何應欽等轉報蔣介石對滬事意見致蔡廷鍇等電（1932. 2. 13）……六七
二八　蔡廷鍇等爲決與日軍一戰致何應欽電（1932. 2. 14）……六九
二九　吴鐵城轉報日田代向我談判代表提無理要求致何應欽等電（1932. 2. 18）……七一
三〇　上海日本總領事村井致上海市政府通牒（1932. 2. 18）……七三
三一　上海日司令植田謙吉致蔡廷鍇通牒（1932. 2. 18）……七五
三二　國民黨中央委員駐滬辦事處指責蔣介石對日不抵抗致汪精衛等電（1932. 2. 22）……七七
三三　國聯行政院主席白里安在行政院會議上的聲明（1932. 2. 29）……七九
三四　日代表芳澤在國聯行政院會議上的聲明（1932. 2. 29）……八一
三五　國聯大會歷次所通過之決議案（1932. 3—1932. 4）……八三

三六　日本駐上海派遣軍司令官白川義則發表歪曲淞滬抗日戰爭談話（1932. 5. 15）……八九
三七　實業部轉報上海建華慎記紡織廠在淞滬戰爭中受損情形致行政院呈文（1932. 3. 15）……九一
三八　上海市商會報告日軍攻擊上海平民及建築物受損情形并請交涉賠償致行政院呈文（1932. 6. 20）……九三
三九　商務印書館陳報『一·二八』淞滬抗戰中損失數字的呈文（1932. 3. 9）……九五
四〇　京滬滬杭甬兩鐵路『一·二八』事變後之損失（1943. 11. 24）……一〇一
四一　東北各鐵路『九一八』事變後之損失（1943. 11. 24）……一〇三

（五）組織僞團體與陰謀活動

一　『青島民衆平和大會』委員致日本官民的陳訴文（1927. 6）……一〇七
二　外交部請通令各省市政府防範日人荒木三郎組織東亞民族同盟會陰謀活動致行政院呈文（1932. 12. 12）……一〇九
三　西南『大亞細亞』協會告僞滿洲國民衆書（1933. 5. 15）……一一三
四　關於『大亞細亞』協會在華活動的有關資料（1933. 7. 7）……一一五
五　黄郛轉報戚文平組織東亞同盟軍陰謀擾亂灤東呈行政院文（1934. 10. 30）……一二七
六　黄郛轉報戚文平等勾結日僞擴軍内竄呈行政院文（1934. 11. 27）……一二九
七　鮑文樾轉報白堅武勾結地方駐軍嘩變致蔣介石電（1935. 6. 28）……一三一
八　軍事委員會北平分會轉報石友三等在華北活動情形呈行政院文（1935. 7. 9）……一三三
九　姚斌密報日本間諜川島芳子在天津勾結漢奸成立華北僞組織呈蔣介石文（1935. 12. 19）……一三七
一〇　國民黨民衆訓練部轉報厦門日僑勾結臺灣流氓組織『華南青龍會』致參謀本部函（1936. 6. 2）……一四三
一一　方永昌等勾結日本帝國主義陰謀成立『山東自治政府』的計劃（1937. 11. 16）……一四七

（六）侵略華北

一　蔣介石與黄郛等會商華北問題（1933. 5. 5）……一五一
二　日本帝國主義侵略華北之計劃（1935. 9. 30）……一五三

三　參謀本部關於日本興中公司侵略華北電氣事業計劃的通報（1936.6.11）……………………一六三
四　參謀本部檢送關於『日本對華北最近之企圖』致實業部公函（1936.5.2）……………………一六五
五　參謀本部關於日本軍部開發華北之通報（1937.3.4）……………………一六七
六　華北冀察政務委員會與日本合組惠通航空公司的有關文件（1937.4—1937.5）……………………一六九
（七）覬覦華南
一　中國駐日商務參事事務所關於日本南進政策致實業部的報告（1936.7.15）……………………一八九
二　日本帝國主義侵略閩省的陰謀（1936.7）……………………一九七
（八）『塘沽』『何梅』『中日經濟提攜』諸協定
一　何應欽與日寇岡村寧次簽訂《塘沽協定》（1933）〔存目〕
二　蔣介石汪精衛爲忠實執行《塘沽協定》由何應欽與日寇合作擊敗在察省領導抗日同盟軍的馮玉祥吉鴻昌等文件（1933）〔存目〕
三　吴鐵城報告日使有吉等來京并對華北停戰協定表示歡欣密電（1933.6.6）……………………二〇七
四　關於《何梅協定》的有關文件（1935.6—1935.7）……………………二〇九
五　宋哲元報告與田代商談中日經濟提攜八項原則致蔣介石電（1936.10.27）……………………二一三
（九）『成都事件』『北海事件』
一　關於『成都事件』的有關文件（1936.9）……………………二一九
二　關於『成都事件』的有關文件（1936.12）……………………二二三
三　關於『北海事件』的有關文件（1936.12.30）……………………二二九
（十）設領交涉
一　施文杞爲臺灣人民受日本壓迫請速向日政府交涉設置臺灣總領事的條陳（1929.1.15）……………………二三三
二　周炳章爲臺灣人民受日本壓迫請設領組黨廢約倡學致國民政府呈文（1929.6）……………………二三九

三　外交部關於日本在鄭州設領磋商經過情形致行政院呈文（1931.1）……二四一

（十一）虐待華僑

一　林康侯等轉報日人苛待華僑及日海關苛徵華僑進口税致行政院代電（1930.3.7）……二四五

二　譚紹華等爲日本驅逐華僑事致外交部意見書（1934.9.12）……二五三

三、日寇對中國的經濟侵略

（一）干涉關政擾亂金融操縱走私

一　國民黨安徽省指委會民訓會轉報奸商陶惜分勾結日本私運菜籽致中央民訓會呈文（1928.9.1）……二六五

二　行政院秘書處抄送河北省查禁私運現銀出口暫行辦法請核覆致財政部函（1935.5.13）……二六七

三　于學忠轉報日韓僑民偷運現洋出口情形呈行政院文（1935.5.22）……二七一

四　財政部爲日人吸收現金擾亂金融請嚴密注意的密咨（稿）（1935.5.28）……二七三

五　曾仲鳴轉報北寧路軍糧城站查獲韓人偷運白銀情形呈行政院文（1935.5.29）……二七五

六　行政院轉知河北省查禁私運現洋出口情形給財政部的密令（1935.5.29）……二七九

七　王鳴鏘請禁止銀元出口重懲私運呈汪精衛文（1935.5）……二八一

八　關於日本帝國主義干涉津海秦皇島關政的有關文件（1936.3）……二八三

九　孔祥熙爲日鮮浪人向北平市各銀行兑取現幣請在銀行區密布警探日警并在各車站城門嚴查致袁良密電（1935.6.22）……二九三

一〇　袁良報告北平市金融危機及處理情形致孔祥熙密電（1935.6.23）……二九五

一一　孔祥熙爲北平市各銀行有朝鮮浪人兑現請查截致袁良密電（1935.7.4）……二九七

一二　軍事委員會調查統計局關於北平市日鮮浪人擾亂金融之方法的通報（1935.7.4）……二九九

一三　中央銀行總行等爲平津當局組織平津金融維持會與準備分會致財政部函（1935.12.21）……三〇一

一四　日人操縱下的華北走私問題（1936.4）……三〇三

（二）獨霸航業與侵略内河航行權
一　日本侵略中國遣外艦隊實力表（1933）……三一一
二　日航商在華積極擴充航路獨霸航業的情形（1936.7.18）……三一三
（三）投資設廠開礦
一　實業部日本在華經營各礦業概况（1932.6.11）……三一七
二　日本在華投資事業摘要（1934.3）……三二五
三　高宗武調查贛湘豫冀魯等省日本在華投資事業及其他勢力之報告大綱（1934.4.3）……三七五
四　上海日本興中公司ST氏對中國經濟侵略之意見（1937.1.23）……三七九
（四）火柴統制協議收買火油公司
一　日人植田賢次郎關於日華火柴同業統制協議經過情形的報告（1935.7.18）……三八三
二　日人植田賢次郎關於火柴統制案致東京日華實業協會油本恭一的報告（1935.10）……三九五
三　日本收買天津大華火油公司之經過（1935.12.30）……四〇五
（五）壟斷紡織業
一　日本在華紡績同業會上海總會一九三五年度事務成績報告（1936.4.27）……四一一
二　日本在華紡績同業會青島分會一九三五年度事務成績報告（1936.4.27）……四二九
三　日人壟斷紡織業之情况（1936.10.31）……四三九
四　天津市政府報告日人兼并津市紗廠情形致實業部咨文（1936.11.17）……四四三
五　日本在華北紡織之發展情况（1937.4.30）……四四五
六　日本在華紗織業一九三七年六月份總生産數量報告表（1937.7）……四四九
（六）收購銻砂與木材
一　軍事委員會調查統計局關於日商三井三菱兩洋行在漢口收購銻砂的通報（1936.10.8）……四五三

二　福建省建設廳與日本興中公司簽訂木材買賣契約（1937.2.9）……四五五

（七）販賣毒品

一　北平市政府草擬制止販毒辦法三項及與日代辦若杉談話記録致行政院呈文（1934.10.12）……四六一

二　參謀本部關於熱河烟土官收私運情形的情報（1935.3.19）……四六五

三　禁烟委員會抄報關於國聯中央鴉片常設委員會日本委員調查滿洲國鴉片政策報告致行政院公函（1935.5.15）……四六七

第二十四册　原第二輯第三十一册—第三十二册

國民黨政府的對外關係

【四】蔣介石與法西斯德意兩國的勾結

一、有關中德勾結的言論

一　蔣作賓報告德政府機關報及一般輿論發表對華親善言論等情致蔣介石電（1929.1.24）……七

二　徐道鄰：促進中德邦交的辦法（1933.10.16）……九

三　徐道鄰：德意志與中日兩國之外交關係（1932.12）……一一

二、蔣介石勾結希特勒建立獨裁政權

（一）勾結法西斯分子建立『實力中心點』

一　蔣介石給希特勒函稿（1935）〔存目〕

二　蔣介石與德國國防部部長柏龍白來往函件稿（1935）〔存目〕

三　蔣介石覆德國經濟部長沙赫特函稿（1935）〔存目〕

四 蔣介石給德國賽克脱函稿（1935）〔存目〕
五 德國軍事代表克蘭向蔣介石建議組織『實力中心點』的計劃書（1935）〔存目〕
六 德國軍事代表克蘭爲蔣介石擬訂中國派往德國學習法西斯統治代表團組織計劃書（1935）〔存目〕
七 軍事參議院咨議王受齡建議蔣介石仿效希特勒作爲函（1936.4.10）……二七
（二）聘軍事顧問加强對中國人民的統治
一 蔣作賓關於中國聘用德國軍官德外部因恐違背和約照會反對請示辦法電（1929.5.20）……二九
二 『國民政府』顧問林百克條陳對日意見（1932.3.13）……三一
三 軍事委員會德籍總顧問佛采而關於整理中國陸軍的建議書（1933.2.14）……三三
四 軍事委員會德籍總顧問佛采而關於整理中國軍隊的意見書（1933.5.23）……四五
五 國民黨政府執行德國顧問賽克特進犯蘇區碉堡政策在贛東建立碉堡的照相集（存目）
六 蔣介石依靠德國顧問建立中國法西斯化的特務情報網文件（1933）〔存目〕
七 蔣介石聘請德國顧問賽克特不惜出賣各項軍事情報的文件（1933）〔存目〕
八 軍事委員會德籍總顧問法肯豪森草擬應付時局對策給蔣介石呈（1935.8.20）……五三
九 關於德籍顧問泄漏我國軍事秘密的有關文件（1937.8）……六一
三、喪失主權與掠奪資源的『中德經濟合作』
（一）搶奪軍火原料與農礦資源
一 上海嚴琴舫請發給護照赴德國克虜伯廠考查鎢砂事業致國民黨政府呈文附嚴琴舫與德總領事署及禮和洋行聯繫函（1927.6.25）……六七
二 實業部檢送與德商喜望公司擬定試探富家溝煤礦墊款合同提案致行政院秘書處的密函（1933.3.4）……七三
三 德國向蔣介石索取大量物資數字的文件（1935）〔存目〕
四 德國向蔣介石索取軍火原料鎢砂的文件（1935）〔存目〕

五　郭秉文報告德國經濟考察團來華任務致孔祥熙函（1936.2.6）……七七
六　孔祥熙檢附克蘭關於『中德經濟合作』進行情形電節録致蔣介石函稿（1936.3.10）……七九
七　翁文灝等轉報德國哈卜公司關於中德貨物互換中之農礦原料輸出手續辦法并請從緩置答致葉琢堂函（1936.7.8）……八一
（二）供售軍火
一　蔣介石令與卜福斯炮廠經理洽購重炮辦法致孔祥熙電（1934.1.16）……八五
二　孔祥熙報告向國外商洽訂購大批軍械情形致蔣介石函（1934.4.26）……八七
三　李耀煌關於辦理定購軍械情形的報告（1934.4.26）……九一
四　李耀煌報告關於已接洽而尚未訂購之軍械情形（1934）……九三
五　譚伯羽報告在德國萊因廠射擊場中國人員爲日人所見請交涉致孔祥熙電（1936.1.4）……九五
六　鄺悌齊焌報告德國將供給新式軍用品及飛機今後洽購軍火將由中德兩國政府籌設經營機關進行等情況致孔祥熙密電（1936.3.18）……九七
（三）中德歐亞航空郵運合同
一　交通部與德國漢沙航空公司簽訂歐亞航空郵運合同（1930.2.21）……九九
四、德人盜竊中國文物
一　古物保管委員會爲德人克林克勤私掘新疆古物請飭外交部力争交還并於今後領發外人游歷護照中聲明不得發掘或采集古物代電（1929.2.16）……一一一
二　關於德國李克米多斯等擬組織游歷團赴新疆考查地理及動植物有關資料（1931.1.2）……一一三
五、蔣介石向意大利購買軍械與聘軍事顧問
一　孔祥熙關於代向意商伯賫達公司訂購軍械付款辦法條諭（1934.9.13）……一一七
二　關於國民黨政府聘史丹法尼（Stanfani）爲高等顧問的有關文件（1937.3—1937.9）……一一九

三 關於國民黨政府高等顧問史丹法尼宅内裝設無綫電話的有關文件（1937.4—1937.8）……一一三
四 國民黨政府高等顧問史丹法尼對中國經濟社會問題的第一次報告（1937.4.21）……一二七
五 國民黨政府高等顧問史丹法尼關於由滬至魯冀晋鄂湘粵桂等地旅行報告（1937.5）……一三三
六 國民黨政府高等顧問史丹法尼對中國經濟社會問題的第二次報告（1937.6.7）……一四五
七 關於國民黨政府高等顧問史丹法尼研究國防財政問題徵集參考資料有關文件（1937.6—1937.7）……一五一

【五】美帝國主義對中國的侵略

一、美帝國主義對中國的政治侵略與仇華活動

（一）干涉中國内政
一 國民黨政府文官處請制止美國《紐約時報》駐華通訊員亞本在滬聯合外報記者散布干涉中國言論致行政院密函（1930.6.25）……一七三
二 美國律師奥伯雷爲國民黨政府草擬十年反共計劃預算（1931.9.16）……一七五
（二）侵略内河航行權
一 外交部爲核辦美國蓬萊兵艦在重慶下游大佛寺撞沉江合煤礦公司煤船案覆行政院的呈文（1930.3.15）……一七九
（三）虐待華僑
一 關於抗議美國藉口防疫禁止華人赴美菲有關文件（1929.9—1931.1）……一八一
二 中央僑務委員會爲美國新頒移民律限制華僑入境致國民政府文官處公函（1930.9.27）……一八五
三 國民政府文官處抄送關於美國衛生當局藉口防疫在香港苛索赴美華僑請飭外交部交涉案致行政院公函（1931.1.19）……一九三

二、美帝國主義對中國的經濟侵略

（一）經濟調查
一　譚紹華：美國經濟調查團組織之經過與我國應付之對策（1935.1）……一九七
二　蔣作賓報告與美國經濟調查團接洽情形致外交部電（1935.4.5）……二〇一
三　美國經濟考察團招待處執行委員會詢問對中美間關於關稅白銀中國建設美方投資及中美貿易等事項之意見致實業部函（1935.4.11）……二〇三
四　外交部轉報駐美公使電陳有關美國經濟調查團情報致實業部公函（1935.4.13）……二〇五
五　外交部轉報駐神户總領事館電陳有關美國經濟調查團來華事致實業部公函（1935.4.23）……二〇七
（二）供售軍火
一　蔣介石令從速詳告飛機水雷等軍械價格致孔祥熙電（1934.1.15）……二〇九
二　航空委員會爲加强反共向美訂購達格拉斯與弗力提式飛機五十二架致財政部部長孔祥熙電（1934.11.7）……二一一
三　王守競報告與美商接洽訂購飛機及魚雷快艇情形致翁文灝錢昌照密呈（1936）……二一三
（三）中美航空合同與銀問題之協商
一　交通部與美國飛運公司簽訂中美航空合同（1930.7.8）……二一五
二　銀問題與中美銀協定之締訂（1936.5）……二二五

三、中國撥款救濟美國灾民

一　行政院關於撥款救濟美國羅安琪一帶地震灾民致國民政府呈文（1933.4.6）……二三七

四、美人盜竊中國古物標本與密探民族情况

一　關於美國羅斯福蘇杜等赴雲南四川兩省游獵采集標本核發護照有關文件（1928.9—1928.10）……二四一
二　關於美人安得思在蒙古采集古物標本的有關文件（1929.4）……二四三

三　馬衡等爲美國藍佐晉等携槍潛入包頭五原等地密探民族情况請飭綏甘青三省政府勒令出境電（1932. 6. 21）……二四九

【六】法帝國主義對中國的侵略

一、法帝國主義對中國的政治侵略與仇華活動

（一）上海法租界的罪惡活動
一　上海法租界全體市民大會報告上海法租界會審公堂黑暗情形并請撤懲會審公堂官員致國民政府函（1929. 12. 25）……二五七
二　邱高岡等爲法租界公董局違反契約任意開除員工呈國民政府文（1932. 1. 10）……二五九
（二）中法合組考察團調查新甘兩省
一　外交部請准中法學術考查團赴新甘兩省考查有關文件（1929. 10—1929. 11）……二六一
二　關於中法學術考查團法籍隊長違約毆辱華方團員交涉經過有關文件（1931. 6—1931. 7）……二六九
（三）虐待華僑侮辱中國宣傳
一　莫子材爲僑胞受越南政府虐待縷陳辦法四項致國民黨中執會函（1928. 6. 26）……二七五
二　國民黨駐海防支部黨務指導委員會爲完納身税稍遲輒被無理拘罰請向法使抗議致國民政府呈文（1929. 5. 13）……二七九
三　陳耀垣請轉飭外交部與法使交涉取締廣州灣西營埠販賣『猪仔』機關呈國民政府文官處文（1930. 10. 31）……二八一
四　巫笑竹爲越南大溪地政府苛待華僑并請派領事保護呈國民政府文（1931. 6. 11）……二八三
五　劉振武等爲巴黎放映侮辱我國電影請飭外交部抗議銷毁并撤職懲辦媚外辱國之褚民誼致國民政府呈文（1934. 4. 17）……二八五
六　國民政府爲轉飭外交部切實交涉海防慘案致行政院的訓令（1935. 11. 19）……二八九

二、法帝國主義對中國的經濟侵略

（一）增加華綢新税
一 上海電機絲織廠同業公會等爲我國華綢出口請與法政府交涉撤銷新税致國民政府代電（1927.7.20）……二九三
二 上海電機絲織廠同業公會等爲抗議越南政府違背中法商約增加華綢進口税致國民政府代電（1929.7.31）……二九五
（二）供售軍火
一 蔣介石令向法商買飛機致孔祥熙電（1934.1.11）……二九七
二 蔣介石令向法國訂購飛機等并催辦向美國定購之飛機致孔祥熙電（1934.10.14）……二九九
三 蔣介石關於向法國定購十五公分大炮十二門及十公分五炮三十六門致孔祥熙電（1934）……三〇一
四 蔣介石爲加强反共軍事力量請密約法國航空製造五大廠代表華來得商洽訂購飛機致財政部部長孔祥熙電（1934.11.29）……三〇三
（三）中法各項協約
一 關於簽訂天津海軍醫院醫校校産協定的有關文件（1933.2—1933.12）……三〇五
二 鐵道部與巴黎工業電機廠法商營業總行議定購辦鐵路材料條款（1933.3.6）……三一三
三 中法滇越鐵路續約草案（1936）……三二五
（四）法帝國主義在中國的宗教侵略活動
一 李仲公爲上海法教會三德堂背弃外交信義擅毁金利源碼頭租約請飭外交部交涉的呈文（1930.12.10）……三三九
二 國民黨九江市黨部爲法國天主教堂侵占九江市能仁等基地請飭外交部交涉歸還致國民政府代電（1931.3.28）……三四三
三 關於收回法國天主教堂强占湖南安鄉縣民田萬畝有關文件（1931.5—1931.6）……三四五

四　陝西定邊縣農會代表韓信丞等爲法教徒强占民地請交涉歸還致國民政府代電（1931.8.9）……三四九

【七】英帝國主義對中國的侵略

一、英帝國主義對中國的政治侵略

（一）收回租界與租借地

一　關於收回鎮江英租界及賠償鎮江英人損失有關文件（1929—1930）……三五三
二　中英交收威海衛專約（1930.4.18）……三六五
三　外交部關於辦理取消厦門英租界經過情形并請轉呈備案致行政院呈文（1930.9.22）……三七五
四　外交部關於收回厦門英租界後換給中外人民契據事致行政院呈文（1930.11.22）……三七七
五　外交部報告九江前英租界換契辦法并請轉呈備案致行政院呈文（1930.12.11）……三七九
六　外交部報告漢口第三特別區（前英租界）換契辦法并請轉呈備案致行政院呈文（1930.12.11）……三八一
七　外交部關於漢口九江前英租界換契事與英使換文并請轉呈備案致行政院呈文（1934.10.31）……三八三

（二）英兵在華暴行

一　上海婦女對英兵强奸華婦案後援會爲抗議英按使宣判英兵在滬强奸華婦無罪請一致奮起力争代電（1927.6.6）……三八七
二　上海總工會等報告英兵暴行并請廢除領事裁判權致國民政府呈文（1927.7.18）……三八九
三　外交部報告英艦扣押中國檢查員并請嚴飭長江各省及軍政海軍兩部飭屬不得單獨檢查英輪致行政院電（1931.12.29）……三九三

（三）封閉香港海員工會

一　國民黨廣東省執行委員會爲香港英政府無理封禁中華海員工會請促外交部交涉電（1927.6.10）……三九五

二、英帝國主義掠奪中國礦産資源文件

一　中原公司與英福公司簽訂合資經營煤礦業合同（1933.6.1）……三九九

二　關於英人李特建議開發川康滇三省礦產的有關文件（1936. 9. 22）……四〇三
三　資源委員會與英商華銀公司簽訂抵押借款合同（1937. 11. 1）……四一一

三、英人盜竊中國古物與偵探邊疆情報

一　行政院轉報英人斯代諾盜竊新疆古物并請飭屬取消游歷護照勒令停止工作致國民政府文官處密函（1930. 12. 30）……四一五
二　馬麒爲英人賀渥德藉游歷名義偵探中國邊疆情形致行政院呈文（1931. 8. 4）……四一九

【八】荷蘭加拿大虐待華僑

一　國民黨中央僑務委員會請令飭外交部抗議荷政府虐待華僑及取消『豬仔制度』致國民政府文官處公函（1930. 4. 12）……四二九
二　伍若泉等爲加拿大政府苛待華僑并請交涉取消對華僑限制致外交部駐滬辦事處代電（1930. 11. 15）……四三一

第二十五册

原第二輯第三十三册—第三十五册

國民黨的反共軍事

【一】在南昌起義和廣州起義威懾下的反共軍事

一　國民黨政府戰史會編：關於『八一』起義之經過情形（1927. 8. 1）……二一
二　國民黨政府戰史會編：關於廣州起義之經過情形（1927. 12）……二五

【二】在中央紅軍擴大革命根據地勝利形勢下的反共軍事

一、阻擊紅軍在湖南的發展

一 國民黨軍長王均報告關於毛澤東等率領紅軍攻克湖南酃縣情形密電（1928.5.29）……三一
二 國民黨第十六軍范石生報告關於毛澤東率紅軍分四路圍攻湖南郴州情形電（1928.7.25）……三三
三 平江『清鄉委員會』魏潔岑等報告關於彭德懷在平江起義情形代電（1928.8.2）……三五
四 湖南長沙總商會左學謙等報告關於紅軍攻克平江及請援軍電（1930.5）……三七
五 國民黨政府戰史會編：關於平江起義之經過情形（1928.7）……三九
六 國民黨軍第二十三師朱耀華部與紅軍第五軍彭德懷部在湖南平江瀏陽戰鬥詳報（1928.7—1929.1）……四一
七 國民黨政府戰史會編：關於紅軍攻克長沙之經過情形（1930.7）……五一
八 國民黨軍第十五師四十五旅王東原部與紅軍在長沙戰鬥詳報（1930.8.5）……五三
九 蔣介石等關於發表何應欽爲『鄂湘贛三省剿匪總指揮』往來密電（1930.8.5）……五七
一〇 何應欽呈送湘鄂贛『綏靖』會議議決案（1930.9.5）……五九

二、阻擊中央革命根據地紅軍東征

一 『湘贛剿匪總指揮』何鍵等報告與紅軍作戰情形密電（1929.1.16—1929.12.6）〔存目〕
二 福建省防軍第二混成旅盧新銘等與紅軍在閩境戰鬥情形（1929.7—1929.12）……七三
三 福建省防軍第二混成旅盧新銘報告紅軍攻克上杭情形（1929.11.22）……八九

【三】對中央革命根據地的第一次圍攻

一 國民黨政府戰史會編：關於第一次贛南『圍剿』之經過情形（1930.12—1931.1）……九三
二 國民黨第九路軍總指揮魯滌平報告與紅軍在江西龍岡作戰經過（1930.1—1931.1）〔存目〕
三 國民黨軍第五十師譚道源部與中央蘇區紅軍在東韶街戰鬥詳報（1931.1.3）……一〇三

【四】對中央革命根據地的第二次圍攻
一　國民黨政府戰史會編：關於第二次贛南『圍剿』之經過情形（1931.3）……一一一
二　國民黨軍第四十三師郭華宗部與中央蘇區紅軍在白沙東固戰鬥詳報（1931.5）……一二五
三　國民黨軍第二十七師孫連仲部與紅軍在江西中村等地戰鬥詳報（1931.5）〔存目〕

【五】對中央革命根據地的第三次圍攻及被粉碎後紅軍的發展
一　國民黨政府戰史會編：關於第三次贛南『圍剿』之經過情形（1931.7—1931.9）……一二九
二　中央蘇區紅軍粉碎蔣介石第三次圍攻國民黨第五十三師李韞珩部竄踞東固一帶配備情形的報告（1931.8.17）……一三五
三　江西會昌歐陽莘報告關於紅軍攻克會昌情形及請派兵『進剿』呈文（1931.12）……一三七
四　江西瑞金楊家澤等報告瑞金地方反共武裝被紅軍摧毀情形（1932.1.7）……一三九
五　國民黨第三十四旅馬昆等報告紅軍圍攻贛州情形電（1932.2.24）……一四一
六　江西弋陽縣長張掄元等報告關於國民黨第六師兩團兵被紅十軍殲滅代電（1932.4.7）……一四三

【六】對中央革命根據地的第四次圍攻
一　國民黨第一軍余漢謀部與中央蘇區紅軍在大庾等地作戰詳報（1932.6—1932.8）……一四七
二　國民黨軍第九十師吳奇偉部與中央蘇區紅軍在宜黃南豐等地戰鬥詳報（1932.8—1932.9）……一七五
三　熊式輝報告關於紅軍攻克贛省樂安等縣情形密電（1932.8.29）……一八九
四　國民黨軍第二十七師孫連仲部與紅軍在江西滸灣楓山鋪戰鬥詳報（1932.11—1933.1）〔存目〕
五　國民黨政府戰史會編：關於與紅軍在贛西南作戰經過之情形（1932.11—1932.12）……一九一
六　國民黨政府戰史會編：關於與紅軍在贛東作戰之經過情形（1932.11—1932.12）……一九七
七　國民黨政府戰史會編：關於與紅軍在閩省作戰之經過情形（1932.8—1932.12）……二〇三
八　國民黨第七十九師王錦文部與紅軍第十軍在江西鉛山一帶作戰詳報（1932.9）……二二七

九　熊式輝報告贛省反共失敗情形及請速調部隊赴援致蔣介石等密電（1933.4.1）……二三三

【七】對豫鄂皖邊區紅軍的進犯

一、邊區革命根據地的擴大

一　安徽霍山何治明報告關於劉仁輔等在霍西組織蘇維埃政府情形代電（1930.1.30）……二四一
二　安徽霍山縣長甘達用報告紅軍攻克霍山縣城情形（1930.4.14）……二四三
三　國民黨軍第三十三師馮興賢部與紅軍鄺繼勛部在湖北作戰詳報（1931.2—1931.11）……二四五
四　國民黨第五十八師陳耀漢等報告與紅軍在豫南作戰及紅軍攻克商城情形密電（1932.1.2—1932.2.23）……二五一
五　安徽霍邱西二區保衛團李淞泉報告關於紅軍攻克正陽關情形電（1932.5.18）……二五五

二、對邊區的第四次圍攻及後期的騷擾

一　國民黨『豫鄂皖三省剿赤中路軍第二縱隊』陳繼承部與紅軍作戰詳報（1932.6—1932.8）……二五九
二　國民黨軍第二師黃杰部與紅軍在豫鄂邊境戰鬥詳報（1932.6—1932.10）……二八七
三　國民黨軍第一軍陳繼承部與紅軍在豫南鄂東商羅區作戰詳報（1932.12—1933.5）……三一三
四　國民黨軍第十一路軍劉茂恩部與紅軍第二十八軍在豫鄂皖邊區戰鬥詳報（1934.12—1935.6）……三三九
五　國民黨第二十五路軍梁冠英部與紅軍第二十八軍在豫鄂皖邊境作戰詳報（1934.12—1935.12）……三六五

【八】對中央革命根據地的第五次圍攻

一、北路

一　國民黨軍第六師周岩部與紅軍在江西黎川洵口戰鬥詳報（1933.10）……四七九
二　國民黨軍第二十四師黃子咸部與紅軍在江西南城硝石戰鬥詳報（1933.10.9—1933.10.13）……四八五
三　國民黨軍第八師與中央蘇區紅軍在大雄關神岡一帶戰鬥詳報（1933.11）……四九一
四　國民黨北路軍第三路陳誠部與紅軍在贛南作戰報告書（1933.9—1934.11）〔存目〕
五　國民黨北路軍顧祝同部與中央蘇區紅軍作戰情形報告書（1933.11—1933.12）……四九三

六　國民黨北路軍顧祝同部與中央蘇區紅軍作戰情形報告書（1934. 1—1934. 11）……五〇一

第二十六册　原第二輯第三十六册—第三十八册

國民黨的反共軍事

【八】對中央革命根據地的第五次圍攻

二、東路

一　國民黨東路軍蔣鼎文部與紅軍在閩贛境内戰鬥詳報（1934. 2—1934. 11）……七
二　國民黨東路軍第十縱隊湯恩伯部與中央蘇區紅軍在閩北一帶戰鬥詳報（1934. 2—1934. 5）……一五五
三　國民黨東路軍第十縱隊湯恩伯部與中央蘇區紅軍在贛南一帶戰鬥詳報（1934. 7—1934. 9）……二〇三
四　國民黨軍第三師李玉堂部與中央蘇區紅軍在閩西贛南一帶戰鬥詳報（1934. 4—1934. 11）……二四三

三、西路

一　國民黨西路軍何鍵部與紅軍在湘鄂贛邊區戰鬥詳報（1933. 6—1934. 10）〔存目〕
二　國民黨西路軍第一縱隊劉建緒部與紅軍蕭克等在湘贛邊區作戰報告書（1934. 1—1934. 7）……二七三
三　國民黨西路軍第二縱隊劉膺古部與紅軍蕭克等部在贛西一帶戰鬥詳報（1934. 1—1934. 4）……三二三
四　國民黨軍第十五師王東原部與紅軍蕭克部在江西寧岡下水灣戰鬥詳報（1933. 9. 1—1933. 9. 2）……四四一
五　國民黨軍第十五師王東原部與紅軍蕭克部在江西大龍新城戰鬥詳報（1933. 9. 11—1933. 9. 13）……四四七
六　國民黨軍第十五師王東原部與紅軍蕭克部在江西永新毛坪白石戰鬥詳報（1933. 9. 16—1933. 9. 28）……四五一
七　國民黨軍第七十七師羅霖部與紅軍蕭克部在江西遂川潞田戰鬥詳報（1933. 12. 15—1933. 12. 16）……四五七

四、南路

一　國民黨南路軍陳濟棠部與中央蘇區紅軍戰鬥報告書（1933.5—1934.3）……四六三

【九】對中國工農紅軍長征的追堵

一、阻擊紅軍北上抗日先遣隊

一　國民黨軍第八十七師王敬久部與紅軍北上抗日先遣隊在福州附近戰鬥詳報（1934.8）……四八七

二　國民黨軍第四十九師伍誠仁部與紅軍抗日先遣隊在福建夢龍戰鬥詳報（1934.8.17）……四九九

三　國民黨軍第四十九師伍誠仁部與紅軍抗日先遣隊在福建穆洋戰鬥詳報（1934.8.23）……五〇五

四　國民黨浙江保安縱隊等部與紅軍北上抗日先遣隊在浙贛皖邊境作戰詳報（1934.12—1935.1）……五〇九

五　國民黨新編第七旅李宗鑒部與紅軍北上抗日先遣隊在江西浮梁一帶作戰詳報（1934.10）……五五五

二、對紅軍第六軍團西征的追堵

一　國民黨西路軍何鍵部關於追堵紅軍第六軍團戰鬥詳報（1934.8—1934.10）〔存目〕

二　國民黨西路軍第一縱隊劉建緒部關於追堵紅軍第六軍團軍事報告書（1934.8）……五六一

三　國民黨獨立第三十二旅胡達部關於追堵紅軍第六軍團戰鬥詳報（1934.8—1934.11）……五八五

三、對紅軍第二十五軍北進的追堵

一　國民黨第四十軍龐炳勳部在河南追堵紅軍第二十五軍北上戰鬥詳報（1934.11）……六〇三

二　國民黨軍第六十師陳沛部在豫陝境内追堵紅軍第二十五師北上作戰詳報（1934.11—1934.12）……六一五

三　國民黨軍第四十四師蕭之楚部在陝鄂邊境追堵紅軍第廿五軍戰鬥詳報（1934.12—1935.3）〔存目〕

四　國民黨軍第四十二師馮欽哉部與紅軍第二十五軍在陝西境内戰鬥軍事報告書（1935.1—1935.3）……六二七

五　國民黨軍新編第十一旅劉寶堂部與紅軍徐海東部在甘肅静寧縣附近戰鬥詳報（1935.8.15—1935.8.18）……六四五

六　國民黨第十五路軍馬鴻逵部與紅軍十五軍團在甘肅鹽池預旺堡一帶戰鬥詳報（1936. 6. 14—1936. 7. 5）……………………………………六四七

第二十七册　原第二輯第三十九册—第四十册

國民黨的反共軍事

【九】對中國工農紅軍長征的追堵

四、對紅軍第一方面軍長征的追堵

一　國民黨西路軍何鍵部在湘桂邊境追堵長征紅軍戰鬥詳報（1934. 11—1934. 12）〔存目〕
二　國民黨軍第十三師萬耀煌部關於追堵中央長征紅軍軍事報告書（1934. 10—1935. 5）……………………七
三　國民黨軍第六十二師陶廣部與中央長征紅軍在湘省桂東汝城戰鬥報告書（1934. 10—1934. 11）…………三五
四　國民黨軍第十五師王東原部關於追堵中央長征紅軍戰鬥詳報（1934. 11—1934. 12）…………三九
五　國民黨軍第九十三師甘麗初部在湘黔邊境追堵長征紅軍軍事報告書（1934. 12—1935. 3）……………五三
六　國民黨川軍『南岸剿匪軍總指揮』潘文華部與中央長征紅軍在川黔邊境戰鬥詳報（1935. 1—1935. 3）……五七
七　國民黨重慶行營參謀團關於追堵長征紅軍情形報告書（1935. 1—1935. 9）……………………一一五
八　國民黨軍第九十三師唐云山部與中央長征紅軍在遵義忠莊鋪戰鬥詳報（1935. 2. 28）……………一二一
九　國民黨第二路軍薛岳部在黔西滇北川南地區追堵長征紅軍部署經過詳報（1935. 4—1935. 7）…………一二五
一〇　國民黨軍第一一四師弁中珩部與長征紅軍在甘肅武山隴西戰鬥詳報（1935. 9）……………………一六七
一一　國民黨第三十七軍毛炳文部與長征紅軍在甘肅會寧等地作戰詳報（1935. 10）……………………一七三

【十】對川陝邊區革命根據地的進犯

一、對紅軍第四方面軍根據地的進犯

一 國民黨川軍第三路軍李家鈺部與紅軍第四方面軍作戰報告書（1934.12—1935.3）……一九三
二 國民黨軍第一師胡宗南部與紅軍第四方面軍在四川廣元昭化戰鬥詳報（1935.1）……一九九
三 國民黨第三十八軍孫蔚如部與紅軍第四方面軍在陝南戰鬥詳報（1935.2）……二〇七
四 國民黨川軍第六路軍王纘緒部與紅軍第四方面軍在四川彰明一帶戰鬥詳報（1935.4.28—1935.5.9）……二二一
五 國民黨川軍第六路軍王纘緒部與紅軍第四方面軍在四川大椏口一帶戰鬥詳報（1935.5.16—1935.5.20）……二三一

二、對紅軍第二、四方面軍會師後的騷擾

一 國民黨川軍第六路軍王纘緒部與紅軍第四方面軍在四川墩上土門茂縣一帶戰鬥詳報（1935.5.23—1935.7.18）……二四三
二 國民黨第四十一軍孫震部與紅軍在川北川西川南等地戰鬥詳報（1935.4—1936.7）……二五一
三 國民黨軍第四十九師伍誠仁部與紅軍第四方面軍在四川包座戰鬥詳報（1935.8—1935.9）……二五九
四 國民黨『剿匪第三路軍第二縱隊』胡宗南部與長征紅軍在四川上包座附近戰鬥詳報（1935.8—1935.9）……二六七
五 國民黨第二路軍薛岳部與紅軍第四方面軍在四川滎經附近戰鬥詳報（1935.11—1935.12）……二七三
六 國民黨重慶行營關於反共軍事報告書（1935.11—1936.7）……二八五
七 國民黨第二路軍薛岳部與紅軍第四方面軍在四川天蘆附近戰鬥詳報（1936.2）……三〇一
八 國民黨『剿匪第二路軍第一縱隊』吴奇偉部與紅軍在四川天全附近戰鬥詳報（1936.2）……三一七
九 國民黨政府蒙藏會等關於拒絶藏軍過金沙江反共往來文件（1936.6.6—1936.6.10）……三二五

【十一】對紅軍第二方面軍湘鄂川黔邊區革命根據地的進犯

一、紅軍第二軍團活動時期

一　『桑鶴剿匪指揮』陳策勛等報告與紅軍賀龍部在湘鄂邊境作戰情形（1929. 4. 7—1929. 10. 11）……三二九
二　湖北五峰縣長朱文梁報告關於紅軍賀龍部攻克五峰情形電（1930. 3. 12）……三四五
三　湖南津市商會報告關於紅軍賀龍部攻克津市情形電（1930. 11. 14）……三四七

二、紅軍第二方面軍活動時期

一　國民黨第一路軍何鍵部與紅軍第二方面軍在湘西一帶戰鬥詳報（1935. 4—1935. 6）……三五一
二　國民黨軍第五十八師陳耀漢部與紅軍賀龍部在湖南桑植一帶戰鬥詳報（1935. 4）……三六九
三　國民黨軍第八十五師謝彬部與紅軍第二方面軍在湖北來鳳板栗園作戰詳報（1935. 8）……三七三
四　國民黨軍徐源泉部與紅軍第二方面在湘鄂川黔邊區戰鬥詳報（1935. 4—1935. 11）〔存目〕

【十二】對紅軍第二、四方面軍聯合北上抗日的追堵

一、紅軍第二方面軍長征時期

一　國民黨軍第十九師李覺部與北上抗日紅軍第二方面軍在湖南瀘溪縣浦市附近戰鬥詳報（1935. 11. 29）……三八一
二　國民黨軍第六十三師陳光中部與北上抗日紅軍第二方面軍在湖南溆浦戰鬥詳報（1935. 12. 7）……三八三
三　國民黨軍第六十二師鍾光仁部與北上抗日紅軍第二方面軍在湖南綏寧瓦屋塘戰鬥詳報（1935. 12. 22）……三八七
四　國民黨軍第十九師李覺部與北上抗日紅軍第二方面軍在湖南溆浦燕子岩附近戰鬥詳報（1935. 12. 16—1935. 12. 17）……三九五
五　國民黨軍第十五師王東原部與北上抗日紅軍第二方面軍在湖北龍溪口戰鬥詳報（1936. 1. 7—1936. 1. 8）……三九七
六　國民黨貴州省保安二團與北上抗日紅軍第二方面軍戰鬥詳報（1936. 1）……四〇一

七　國民黨軍第十六師章亮基部與北上抗日紅軍第二方面軍在湖南芷江上坪戰鬥詳報（1936.1.18）……四〇五
八　國民黨軍第六縱隊（五四、四七師）與紅二方面軍在黔西黃家壩戰鬥詳報（1936.2）……四〇七

二、對紅軍第一、四方面軍會師後的騷擾

一　國民黨重慶行營關於與紅軍在川康方面作戰情形報告書（1936.8）……四一五
二　紅軍圍攻甘肅岷縣國民黨新編第十四師的作戰詳報（1936.8—1936.10）……四一九
三　國民黨軍第三十七軍毛秉文部在川甘等地追堵北上抗日紅軍戰鬥詳報（1936.8—1936.10）……四五九
四　青海馬步芳報告與北上抗日紅軍作戰情形函（1936.8.7—1936.11.9）……四八一
五　中國工農紅軍圍攻甘肅臨洮國民黨一一八師的戰鬥詳報（1936.9）……四八五
六　國民黨軍第二十五師關麟征部與紅軍在甘肅張城堡一帶作戰詳報（1936.10）……四八九
七　國民黨軍新編第十一旅劉寶堂部與北上抗日紅軍在甘肅會寧附近戰鬥詳報（1936.10）……四九七
八　國民黨軍新編第十一旅劉寶堂部與北上抗日紅軍在甘肅定西附近戰鬥詳報（1936.10—1936.11）……五〇一
九　國民黨軍第一師胡宗南部與北上抗日紅軍在甘肅境內戰鬥詳報（1936.10—1936.11）……五〇三
一〇　國民黨軍第七十八師丁德隆部在甘寧等地堵截北上抗日紅軍戰鬥詳報（1936.10—1936.11）……五一五

【十三】在中央紅軍長征後對江南革命根據地的進犯

一　國民黨第二『綏靖區』劉興部與紅軍游擊部隊在贛南作戰詳報（1934.12—1935.9）〔存目〕
二　國民黨駐閩『綏靖』主任蔣鼎文部與紅軍游擊部戰鬥詳報（1934.12—1935.3）〔存目〕
三　國民黨第十八軍羅卓英部與紅軍粟裕部在浙南戰鬥詳報（1934.12—1935.5）〔存目〕
四　國民黨軍第七十六師張鈁與紅軍在閩贛邊境戰鬥詳報（1934.12—1935.5）……五三九
五　國民黨軍『浙南剿匪指揮部』與紅軍粟裕部戰鬥詳報（1935.7—1935.10）……五五五
六　國民黨軍第十八師朱耀華部與紅軍在湘鄂贛邊區戰鬥詳報（1936.12—1937.4）……五六一

第二十八册　原第二輯第四十一册—第四十二册

國民黨的反動教育和文化圍攻

【一】反動教育

一、『黨義』『訓育』『公民』教育

一　檢定各級學校『黨義』教師條例（1928.6）……一九
二　各級學校『黨義』教師檢定委員會組織通則（1928.6）……二一
三　檢定各級學校『黨義』教師條例（訂正者）（1929.7）……二三
四　檢定『黨義』教師委員會組織通則（1929.7）……二五
五　國民黨全國大學及專門學校『黨義』教師檢定委員會第三次會議記録（摘要）（1928.12）……二七
六　國民黨訓練部函教育部檢送各級學校聘用『黨義』教師訓育主任規則（1930.1.8）……二九
七　國民黨訓練部製定『黨義』教師與訓育主任工作大綱及考核辦法（1931.8）……三一
八　國民黨將中小學『黨義』課程歸并各科并改設『公民』課有關文件（1932.3—1933.4）……三七
九　國民黨民運指委會在該黨中常會上請審查公民教師的提案（1933.2.20）……四五
一〇　國民黨製訂審查公民教員訓育主任條例及組織通則（1933.9.12）……四七
一一　國民黨修訂訓育主任公民教員各項條例（1936.3）……五三

二、『公民訓練』

一　國民黨訓練部在所召開的『全國訓練會議』上的報告（1930.3）……六一
二　國民黨在甘肅省推行反動的『民衆訓練』有關文件（1936.8）……六三
三　國民黨陸軍第八十三師黨部辦理江西寧都縣『公民訓練』有關文件（1935.10—1936.1）……六七
四　國民黨在四川辦理『公民訓練』與地方軍閥發生矛盾有關文件（1936.11）……七五

五 國民黨民衆訓練部在該黨臨時全國代表大會上的工作報告（1938.3）……八一

三、特種教育

一 『國民黨中央民運會』爲編反共特種國語讀本擬訂的編輯要點（1932.6.30）……一〇七
二 蔣介石『南昌行營』製訂的《剿匪區内實施教育方案》（1933.7）……一一一
三 『蔣介石南昌行營剿匪區教育設計委員會』編擬反共特種教育計劃與編訂教材辦法（1933.8）……一一三
四 蔣介石與汪精衛關於指撥中英庚款爲特教經費來往電（1934.2—1934.6）……一二一
五 蔣介石加强推行反共的特種教育的計劃文件（1934.9）……一二三
六 英帝國主義分子戴樂仁對江西反共特種教育的調查報告（1934.9）……一三七
七 『管理中英庚款董事會』董事長朱家驊致蔣介石報告庚款支絀力籌特種教育經費情形文電（1935.3）……一四五
八 國民黨政府《軍事委員會行營令發贛閩皖鄂豫五省特種教育委員會組織規程》（1935.5）……一四七
九 『湖北省特種教育處』視察員林牖明黄安麻城等縣中山民衆學校視察報告（1935.6）……一四九
一〇 蔣介石行營令發贛閩皖鄂豫五省特種教育委員會議議案（選録）（1935.7）……一五七
附：蔣介石的反共特種教育大事記（1933.6—1936.5）……一六三

四、『黨義』書籍和教科書的『審查』

一 國民黨規定各書店須將『黨義』書籍送審有關文件（1928.4—1928.10）……一六九
二 國民黨取締世界書局刊行小學國語讀本有關文件（1929.9—1929.11）……一七三
三 國民黨政府教育部遵令審查各校教員編選講義擬定考查辦法的呈文（1929.3.11）……一七五
四 國民黨遵美帝意旨查禁商務出版《新時代三民主義教科書》有關文件（1930.9—1931.8）……一七七
五 上海市書業同業公會請放寬教科參考圖書審查處分呈（1931.4）……一八三
六 國民黨南京市黨部檢查市區各學校及書店有關三民主義教科用書經過文件（1931.11）……一八五

七　國民黨爲商務印書館《簡明世界史》停售删改後請求備案處理文件（1936.1）……一九九

五、教育紀事

一　國民黨政府國立編譯館出版：中國近七十年教育紀事（選録）……二〇三

【二】對革命和進步文化的圍攻

一、郵電檢查

一　國民黨爲破壞中共革命宣傳開始郵電檢查有關文件（1927.6—1927.8）……二一三

二　國民黨郵電檢查工作歸特務機關軍統局辦理有關文件（1935.10—1937.6）……二二七

三　國民黨郵件檢查員違反國際郵政公約在滬查扣自海參崴寄港郵件有關函令（1936.3）……二四三

二、電影戲劇民衆讀物『審查』

一　國民黨政府行政院爲在南京辦理電影審查致文官處函件（1930.7.19）……二四七

二　國民黨擬訂統制民衆讀物辦法經過文件（1937.1—1937.6）……二五一

三、對報刊圖書的『查禁』迫害

（一）總項

一　國民黨政治會議囑國民黨政府『取締』各種小報小册子函（1928.11.28）……二七一

二　國民黨令湖南省加强迫害革命刊物文件（1929.2）……二七三

三　國民黨加强查禁迫害革命刊物的令文（1929.4—1929.6）……二七五

四　國民黨秘書處編製《查禁刊物表》及《共産黨刊物化名表》囑國民黨政府通飭查禁函件（1929.7.11）……二七七

五　國民黨處分福建南安漳碼公安局長彙刊中共文獻有關函件（1930.2）……二九一

六　國民黨新疆省政府呈送檢扣書刊清單（1930.9.5）……二九五

七　國民黨一九三〇年七八九月份『審查』報紙雜志刊物總報告（1930.12）……二九七

八　國民黨通令所轄文武機關查獲革命刊物應送該黨中央審查有關函令（1932.9）……三四九
九　國民黨一九三七年一至四月查禁社會科學書刊一覽（1937.6）……三五一

（二）查禁報紙

一　國民黨查封四川報紙有關文件（1928.12—1930.2）……三六三
二　國民黨秘書處開具平津主要報紙清單囑國民黨政府分别封禁取締函件（1929.11.6）……三七一
三　國民黨秘書處囑國民黨政府查究北平《民言報》函件（1929.2.20）……三七五
四　國民黨宣傳部爲美國人所辦天津《華北明星報》應予解禁致國民黨政府文官處函（1929.3.18）……三七七
五　國民黨秘書處囑國民黨政府查禁香港《工商日報》函（1929.4.20）……三七九
六　國民黨秘書處囑國民黨政府查禁中國憲政黨及致公堂在美國發行之《世界日報》《公論》《晨報》等報紙函（1929.5.18）……三八一
七　國民黨查封濟南《民權導報》有關文件（1929.5—1929.6）……三八三
八　國民黨查封上海《東方晚報》有關文件（1929.5—1929.8）……三八七
九　國民黨秘書處囑國民黨政府查封天津《益民報》函件（1929.6.19）……三八九
一〇　國民黨宣傳部不許江蘇省南通縣《通海新報》啓封函（1929.7.17）……三九三
一一　《民主周刊》發表『祝蘇州報界的勝利并告全國輿論界』等文國民黨進行查禁文件（1929.7—1929.8）……三九五
一二　國民黨秘書處囑國民黨政府查禁在英國利物浦出版之英文《遠東月報》及《進步之中國》兩種革命刊物函（1929.7.20）……三九九
一三　國民黨秘書處囑國民黨政府查禁香港《小日報》函（1929.7.24）……四〇一
一四　國民黨秘書處囑國民黨政府查禁香港《探海燈小報》函（1929.7.24）……四〇三
一五　國民黨秘書處囑國民黨政府查禁南昌《電報》三日刊函（1929.7.26）……四〇五
一六　國民黨迫害《上海報》與日人報紙一并查禁有關函件（1930.3—1930.4）……四〇七

一七　國民黨上海市政府報告密查《紅旗報》經過情形的呈文（1930. 9. 19）……四〇九
一八　國民黨查禁《群衆日報》及《群衆畫報》有關文件（1931. 4—1931. 5）……四一一
一九　上海江西兩郵局查復由滬寄贛英文泰晤士報内夾有《群衆日報》情形呈文（1931. 4—1931. 5）……四一三
二〇　國民黨陸海空軍總司令部請查禁迫害《東方日報》《評論周報》呈文（1931. 1. 19）……四一七
二一　國民黨郵局查扣中共在莫斯科所辦的《中國報》（原名《十月報》）有關文件（1934. 12）……四一九
（三）迫害記者
一　無錫各報館請將《新民報》記者朱冰蝶恢復自由電（1928. 8. 23）……四二五
二　國民黨秘書處囑查封上海國民通訊社并拘拿其負責人致文官處函（1929. 6. 12）……四二七
三　寧波旅滬同鄉會爲《時事公報》記者被縣黨部交法院判處徒刑請平反代電（1930. 2. 12）……四二九
四　國民黨政府行政院爲通緝上海《江南晚報》主筆覆文官處函（1930. 12. 19）……四三一
五　國民黨『通緝』加拿大《洪鐘時報》總編輯致公堂洪少植等各次函件（1930. 5—1931. 4）……四三三
六　國民黨軍閥顧祝同槍殺鎮江《江聲日報》編輯劉煜生案經過文件（1933. 1—1933. 2）……四三七
（四）查禁革命書刊
一　國民黨秘書處囑國民黨政府查禁迫害中共《戰迹旬刊》函（1928. 11. 14）……四五一
二　國民黨秘書處囑國民黨政府查禁革命刊物《IIDEC》函（1928. 12. 11）……四五三
三　國民黨秘書處關於令全國郵局扣毀中共所發類似賀年信片之標語函（1928. 12. 20）……四五五
四　國民黨查禁《血潮》刊物經過文件（1928. 12—1929. 3）……四五七
五　國民黨查禁上海第一綫書店印行的《無軌列車》經過文件（1928. 12—1929. 2）……四五九
六　國民黨查禁《喇叭》《未明》等十種革命進步刊物及命令查封上海『創造社』經過文件（1929. 1—1929. 2）……四六一
七　國民黨查禁上海曉山書店發行之《我們》月刊經過文件（1929. 2）……四六五
八　國民黨查禁《赤色職工國際第四次代表大會決議案》《布爾塞維克》《紅旗》《列寧青年》等革命刊

物十餘種經過文件（1929.3）……四六七
九　國民黨劫獲《布爾什維克》（封面化名《中央半月刊》）進行查禁有關文件（1929.3）……四七一
一〇　國民黨查禁革命刊物《摩洛》有關文件（1929.3）……四七三
一一　國民黨查禁革命書刊《城市農村工作指南》有關文件（1929.4）……四七七
一二　國民黨秘書處通知國民黨政府查禁《共産黨宣言》函（1929.4.29）……四七九
一三　國民黨劫獲《工人寶鑒》（封面化名《卓別麟故事》）通行查禁有關文件（1929.5）……四八一
一四　國民黨查禁錢杏村著《歡樂的舞蹈》書有關文件（1929.5）……四八三
一五　國民黨秘書處囑查禁《暴風雨的前夜》（錢杏村著）致國民黨政府文官處函（1929.5.16）……四八五
一六　國民黨秘書處關於查禁《太平洋勞動會議秘書處的起源組織綱領及其工作》和《反對軍閥戰争宣言》函（1929.5.24）……四八七
一七　國民黨政府行政院爲辦理查禁《革命半月刊》覆文官處函（1929.5.27）……四八九
一八　國民黨秘書處囑查禁《混戰》兩日刊致國民黨政府文官處函（1929.6.4）……四九一
一九　國民黨秘書處囑查禁《引擎》月刊致國民黨政府文官處函（1929.6.17）……四九三
二〇　國民黨秘書處囑國民黨政府查禁《哀江南》小書函（1929.6.19）……四九五
二一　何應欽請查禁革命書刊《溺情記》有關文件（1929.6）……四九七
二二　國民黨秘書處囑查禁蔣光慈著《短褲黨》一書致國民黨政府文官處函（1929.6.29）……四九九
二三　國民黨查禁《中國革命的根本問題》等十一種革命進步刊物有關文件（1929.6—1930.8）……五〇一
二四　國民黨秘書處囑國民黨政府查禁《政治評論周刊》及中共刊物《出版界》《青年雜志》等數種刊物函（1929.7.5）……五〇五
二五　國民黨秘書處囑查禁《烈火》周刊致國民黨政府文官處函（1929.7.5）……五〇九
二六　國民黨秘書處爲劫獲革命刊物《政治材料第一期》（封面化名《腦膜炎預防法》）囑國民黨政府密飭查禁函（1929.7.11）……五一一

二七　國民黨秘書處囑查禁《瓊崖青年》致國民政府文官處函（1929. 7. 19）……五一三
二八　國民黨爲在南昌發現革命傳單標語加緊偵查中共組織并殺害革命烈士劉珍經過文件（1929. 7—1929. 8）……五一五
二九　國民黨劫扣《中共中央通告》及有關中東路事件所發之宣傳品并迫害中共杭州市委經過文件（1929. 7—1929. 9）……五一九
三〇　國民黨秘書處爲在上海劫獲革命刊物多種其中《犧牲》一書請通令查禁致國民政府文官處函（1929. 8. 1）……五二三
三一　國民黨秘書處爲查禁《武裝暴動》一書（封面題《時代叢書藝術論》）致國民政府文官處函（1929. 8. 6）……五二五
三二　國民黨秘書處通知國民黨政府查禁《帝國主義與戰爭》函（1929. 8. 7）……五二七
三三　國民黨湖北省政府在郵局劫獲《八一示威歌》《赤色紀念口號》等革命宣言傳單二十七種請通令查禁呈文（1929. 8. 9）……五二九
三四　國民黨查禁列寧著《國家與革命》等書有關文件（1929. 8）……五三一
三五　國民黨湖北省政府劫獲《中國共産黨共産青年團武漢特支委員會爲九七紀念宣言》請通行查禁迫害呈文（1929. 10. 1）……五三三
三六　國民黨北平市政府請查禁《中共在平工作報告及計劃》《譚海》等四種刊物呈文（1929. 10. 7）……五三五
三七　中華海員工業聯合總會請查禁《海燈》刊物呈文（1929. 10. 29）……五三七
三八　國民黨中執會關於通令查禁《星期畫報》《中國蘇維埃周報》函（1930. 10. 29）……五三九
三九　國民黨政府查禁《星期畫報》及《蘇維埃周報》的訓令（1930. 11. 1）……五四一
四〇　國民黨秘書處關於查禁《赤色南方海員》函件（1930. 12. 17）……五四三
四一　國民黨浙江省政府報告劫獲紅軍軍事書刊二種的呈文（1932. 2. 17）……五四五
四二　國民黨查封革命文藝刊物《北斗》進行迫害有關文件（1932. 6—1932. 7）……五四七

四三　國民黨民衆運動指導委員會請查禁北平革命進步刊物《認識》《火星》《大衆文藝》《紅旗》《北方青年》等十餘種公函（1932. 8. 22）……五五一

（五）查禁進步或其他反國民黨書刊

一　國民黨秘書處囑國民黨政府查禁《燈塔》周刊函（1928. 7. 5）……五五五
二　國民黨秘書處囑國民黨政府查禁《暖流》半月刊函（1928. 11. 10）……五五七
三　國民黨秘書處囑國民黨政府查禁《疾風》周刊《雙十》月刊函（1928. 11. 13）……五五九
四　國民黨秘書處囑國民黨政府查禁《革命中國》旬刊函（1928. 12. 13）……五六一
五　國民黨北平市政府報告查禁没收《檢閲》周刊經過呈文（1929. 1. 15）……五六三
六　國民黨雲南省主席龍雲報告查禁没收《檢閲》周刊經過呈文（1929. 2. 9）……五六五
七　國民黨秘書處囑國民黨政府查禁《革命青年》刊物函（1929. 6. 4）……五六七
八　國民黨秘書處囑國民黨政府查禁河北省立第十七中學學生刊行之《毁滅》半月刊函（1929. 7. 4）……五六九
九　國民黨秘書處囑國民黨政府查禁《我們的出路》刊物函（1929. 7. 10）……五七一
一〇　國民黨秘書處囑國民黨政府查禁香港《攔搥車》周刊函（1929. 7. 12）……五七三
一一　國民黨秘書處關於查禁《革命周報》《遠東公報》《中國海員》等刊物函（1929. 7. 12）……五七五
一二　國民黨秘書處關於禁售曹亞伯所著《武昌革命真史》的函件（1930. 6）……五七七
一三　國民黨查禁《中國革命問題》《極左派與馬克思主義》二書有關文件（1931. 6—1931. 7）……五七九
一四　國民黨上海市政府報告迫害進步刊物《一九三一》主編復旦學生朱其亮及鄧鋆的呈文（1931. 7. 21）……五八一
一五　國民黨查禁《驅日前綫敢死隊告民衆書》有關文件（1932. 2）……五八三

（六）迫害書店

一　國民黨擬具《關於取締銷售共産書籍各書店之辦法》交由國民黨政府執行經上海市府按周調查有關文件（1929. 6—1929. 9）……五八七
二　國民黨湖南清鄉司令何鍵迫害長沙泰東書局的代電（1929. 7. 3）……五九五

三 國民黨查禁《世界周刊》并令查封『春野書店』經過文件（1929.9—1929.12）……五九七
四 上海市商會爲書肆代售書籍如有違礙請寬予處分呈文（1931.4）……六〇一
五 國民黨搜索迫害中共上海『華興書局』經過文件（1931.1—1931.3）……六〇三

四、對革命進步組織和進步人士的迫害

一 郭沫若發表《請看今日之蔣中正》一文國民黨進行『通緝』有關文件（1927.5）……六一五
二 國民黨查封迫害上海『中國社會科學家聯盟』『左翼作家聯盟』等八團體有關文件（1930.9—1930.11）……六一七
三 何鍵關於破壞長沙共產黨地下組織領導革命及擴大宣傳普羅文藝活動代電（1932.6.18）……六二三
四 查封上海『創造社』（見前『查封革命書刊』項之六）

第二十九册 原第二輯第四十三册—第四十四册

國民黨統治下的工農學生運動

【一】工人運動

一、中國共產黨領導的工人運動與國民黨的反動措施

（一）中國共産黨領導工人進行革命活動

一 國民黨中央民衆訓練委員會爲會同研究破壞共產黨領導河南工人運動辦法密函（1928.11.19）……三五
二 國民黨政府行政院爲嚴防共產黨在紅五月發動全國鐵路礦工廠工人舉行罷工示威愛國活動密令（1930.5.3）……四九

三　國民黨政府行政院爲請報告嚴防共産黨領導海員工會等在全市工界代表大會期舉行罷工請願密函稿（1932. 1. 21）…………五五
四　國民黨政府行政院爲嚴防共産黨在平漢鐵路石家莊各工廠進行革命組織活動案密致實業部訓令（1932. 10. 5）…………五七
五　張霖等抄送中共直南特委爲『九一八』事變三周年紀念告磁縣工友書呈國民黨中央民衆運動指委會文（1934. 9. 10）…………六一
（二）國民黨鎮壓工人運動的反動措施
反動條例
一　國民政府文官處爲請頒布商店店員解雇標準案致國民黨政府行政院公函（1931. 9. 25）…………六九
二　陳公博爲修改推定仲裁委員暫行辦法草案呈國民黨政府行政院文（1933. 9. 27）…………七三
三　張群爲修正上海勞資争議重要事項處理標準呈國民黨政府行政院文（1929. 12. 25）…………七七
四　孔祥熙爲核議漢口勞資争議處理法施行細則覆國民黨政府行政院呈文（1930. 10. 25）…………八三
黄色工會
一　東川郵務總工會爲東川郵務長師密司壓迫工人陰謀解散工會請予撤换致國民黨政府呈文（1928. 10）…………八九
二　國民黨第三次全國代表大會江蘇全省工會整理委員會工運議案（1929）…………九七
三　工商部工會統計表（1930）…………九九
四　工商部各類工會會員人數統計表（1930）…………一〇一
五　國民黨中央訓練部爲修正青島市工會暫停活動辦法案呈國民黨中執會文（1930. 5. 20）…………一〇三
矇騙與欺壓
一　國民黨福建省黨部籌備處爲福建郵務長英人科登破壞工會壓迫工人封閉延平建甌郵局請予撤職查辦致國民黨政府等電（1927. 6. 6）…………一〇五

二　國民政府文官處爲北平市中小學學生聯合抗日救國會請籌巨款組織罷工日工廠華工收容所案公函（1931.10.9）……一〇七
三　青島大康紗廠失業工人楊秉寰被逼願立字據永與資方脱離關係呈國民黨中央訓練部文（1931.11.6）……一〇九
四　國民黨政府實業部勞工司司長嚴莊陳報會商上海日商紗廠停閉失業工人安插資遣辦法的呈文（1931.11.21）……一一一
五　上海工界紀念五一代表大會主席團請救濟『一・二八』事變後上海失業工人致國民黨政府實業部代電（1932.5.2）……一一三
六　褚民誼爲請收回强迫介雇商務印書館工人命令案致國民黨上海市政府箋承底稿（1932.5.18）……一一五
七　國民黨政府實業部爲天津北洋華紗廠火柴廠藉故停業迫使工人失業案致天津市政府訓令（1934.2.23）……一一九
八　蔡鈞棠等爲上海國貨公司停業請責令資方償還拖欠工資等事呈實業部文（1935.6.9）……一二一
九　國民黨第五次全國代表大會楊虎等取締各外輪公司華工經紀人以減除海員剥削提案（1935.11）……一二三
一〇　吕浩如等爲上海經緯紗廠倒閉積欠工資不能在拍賣紗廠價金内優先支付請求救濟的呈文（1936.4.9）……一二七
一一　陳萬運爲請轉飭阻撓三友實業社工人成立杭州廠工會代電（1936.5.13）……一三一
一二　楊虎爲阜生輪理貨中後艙三部工人拒運敵資離輪請予救濟案呈文（1937.9.13）……一三五
一三　國民黨政府實業部等關於旅暹華工抗繳助政費被捕絶食情形往來文件（1936.2）……一三七

防制與破壞

一　國民黨政府行政院檢發上海市勞資糾紛關於歇業等案一覽表給工商部的訓令（1930.2.12）……一四一
二　實業部爲嚴防各地工人罷工運動致各省市政府等代電（1931.10.27）……一五三

三　國民黨政府行政院爲國民黨山東省黨部建議嚴防淄博兩縣煤礦工人罷工運動案密致國民黨政府實業部訓令（1933. 4. 25）……………… 一五五

二、國民黨白色恐怖下的工人運動

（一）上海工人運動

南洋兄弟烟草公司工人的大罷工

一　國民政府文官處爲上海南洋兄弟烟草公司停辦浦東分廠請飭軍警强迫工人離廠案公函（1929. 1. 17）……… 一六一

華商公共汽車公司工人的大罷工

一　朱震生關於共産黨領導滬華商公共汽車公司等工人罷工鬥争的報告（1930. 5. 26）……… 一六七

電力公司及絲廠工人的大罷工

一　朱震生關於共産黨領導滬電力公司及各絲廠工人罷工鬥争的報告（1930. 7）……… 一七九

汽車電車公司的大罷工

一　國民黨中央組織部轉報上海汽車電車工人罷工經過情形公函（1930. 5. 29）……… 一八九

光華染織廠工人的大罷工

一　國民黨政府實業部關於鎮壓滬光華染織廠工人罷工案致國民黨上海社會局代電（1931. 6. 20）……… 一九三

（二）青島工人運動

人力車工人的大罷工

一　吴任滄關於鎮壓青島市人力車工人罷工要求減租經過呈國民黨中央訓練部文（1929. 12. 28）……… 一九七

日紗廠工人的大罷工

一　葛敬恩關於鎮壓青島市鍾淵紗廠工人反對逮捕被裁工友情形電（1930. 6. 12）……… 二〇一

二　方治報告青島日大康紗廠工人罷工經過覆國民黨中央訓練部呈文（1930. 10. 22）……… 二〇三

三　吴思豫爲鎮壓工人罷工議定五項辦法致國民黨政府行政院密電（1929. 8. 7）……… 二〇九

四　吴思豫等關於工人罷工被鎮壓後再促日廠復工往來密電（1929.8）……………………二一一
五　國民黨政府行政院嘉獎吴思豫鎮壓罷工工人覆電稿（1929.8.15）……………………二一三
六　吴思豫爲密派軍警化裝破壞工人罷工情形致國民黨政府行政院密電（1929.8.17）……………二一五
七　吴思豫等關於强迫遣散工人與日方協議開工辦法往來密電（1929.9）……………………二一七
八　吴思豫爲日廠捕毆工人另招新工破壞復工協商上國民黨政府行政院電（1929.11.8）…………二一九
九　國民黨中央訓練部關於鎮壓青島日廠工人罷工經過的文件（1929.11—1930.1）………………二二一
一〇　國民黨中執會爲媚日外交暫時停止青島工整會及所屬工會活動致國民黨政府密函（1930.4.25）…二二九
一一　吴思豫報告槍殺青島工人及鎮壓日紗廠工人運動情形致陳立夫函（1930.10.9）……………二三一

大英烟公司南北二廠工人的大罷工

一　吴任滄報告青島大英烟公司南北二廠工人罷工要求改善待遇經過呈國民黨中央訓練部文
（1930.4.21）……………………………………………………………………二三三
（三）北京電車工人的大罷工
一　何其鞏等關於鎮壓北京電車工人停售車票抗議國民黨軍毆傷司機案往來密電（1928.11）………二四一
（四）天津電車電燈公司工人的大罷工
一　崔廷獻關於鎮壓天津比商電車電燈公司工人罷工要求改善待遇經過致行政院密電（1929.6）……二四三
（五）南京和記洋行工人的大罷工
一　劉紀文關於鎮壓南京英商和記洋行工人罷工要求改善待遇經過呈國民黨政府行政院文（1930.4.7）……二四七
（六）廣東新寧鐵路工人的大罷工
一　廣東省政府關於鎮壓新寧鐵路工人罷工要求取消鐵路員工服務條例經過電（1929.6.28）…………二六一
（七）山東桓臺張店日鈴木絲廠工人的大罷工
一　張金鑒轉報山東桓臺縣張店日鈴木絲廠工人罷工情形呈國民黨中央訓練部文（1930.1.9）………二六三

三、工人運動的發展

（一）上海工人運動

人力車工人的大罷工

一　國民黨中央訓練部爲鎮壓上海人力車工人聯合組織反日會密電（1931.12.4）……二七五

二　國民黨政府行政院秘書處爲上海人力車工人要求減租反對剥削壓迫案箋函（1932.10.11）……二七七

英美烟廠工人的大罷工

一　朱震生關於逮捕共產黨員强雷等領導上海英美烟廠工人罷工鬥争的報告（1932.5.18）……二八五

二　關於上海英美烟公司工人罷工經過有關文電（1934.5—1934.7）……二八九

申新四廠工人的大罷工

一　彭昭賢關於漢口申新四廠被焚停工爲防止工人運動請飭滬總廠力謀恢復及維持工人伙食案呈文（1933.4.20）……三〇一

上海大衆橡膠廠工人的大罷工

一　行政院秘書處爲上海大衆橡膠廠工人抗議廠方無故停工及非法逮捕工人案箋函（1933.6.9）……三〇七

上海絲廠工人的大罷工

一　吴鐵城爲上海絲廠女工罷工反對延長工作時間經過情形呈國民黨政府行政院文（1933.10.1）……三一一

（二）天津漢口工人運動

天津漢口郵務員工的大罷工

一　國民黨湖北省政府關於鎮壓漢口郵務員工組織工會往來密電（1933.9）……三一五

二　天津郵務工會全體工人罷工抗議漢口英籍郵務長師密司迫害工人組織漢口郵務工會代電（1933.9.17）……三一七

天津小孫莊内外化學公司工人的大罷工
一　關於天津小孫莊日商内外化學肥料公司工人罷工要求改善待遇及日方要求賠償營業損失案往來文件（1935.11）……三一九
（三）河北省工人運動
開灤六礦工人的大罷工
一　關於河北開灤六礦工人罷工經過有關文件（1931.6—1933.1）……三二五
開灤馬家溝工人的大罷工
一　關於鎮壓河北開灤馬家溝煤礦工人罷工反對包工制及無故開除工人經過有關文電（1934.1—1934.4）……三三五
石門大興紗廠工人的大罷工
一　關於河北石門大興紗廠工人罷工經過有關文件（1933.2—1933.4）……三四五
唐山華新紗廠工人的大罷工
一　何玉芳關於鎮壓唐山華新紗廠工人罷工要求增加工資經過情形呈實業部文（1933.7.18）……三八一
（四）河南省工人運動
福公司工人的大罷工
一　國民黨河南省黨務指導委員會爲英商福公司槍殺罷工工人案經過情形公函（1932.6.17）……三八七
六河溝煤礦工人的大罷工　一
一　關於鎮壓六河溝煤礦工人罷工經過有關文電（1932.7—1932.8）……三九五
六河溝煤礦工人的大罷工　二
一　關於鎮壓河南六河溝煤礦工人反對裁工減資經過情形有關資料（1935.10—1936.1）……四〇三

豫豐紗廠工人的大罷工
一　河南省政府爲豫豐紗廠工人罷工反對停工裁減工人經過案咨實業部文（1933.12.31）……四二九
（五）江蘇省工人運動
無錫絲廠工人的大罷工
一　何玉書關於鎮壓無錫絲廠工人罷工要求恢復勞資協約等經過情形呈國民黨政府實業部文
（1932.10.22）……四五一
無錫慶豐紗廠工人的大罷工
一　關於江蘇無錫慶豐紗廠工人罷工經過有關電文（1934.4.7）……四五五
無錫振新紡織廠工人的大罷工
一　國民黨政府實業部爲無錫振新紡織公司電請鎮壓工人罷工要求改善待遇案致江蘇省建設廳訓令
（1935.9.19）……四五七
南通大生第一紗廠工人的大罷工
一　國民黨政府文官處關於屠殺江蘇南通大生第一紡織廠工人反對開除及强迫製服剪發案公函
（1933.5.22）……四七五
二　實業部爲屠殺南通大生第一紗廠工人罷工反對解雇及强迫工人製服剪發案咨江蘇省政府文
（1933.6.29）……四七九
（六）山東省魯大公司淄川炭礦工人的大罷工
一　國民黨山東省黨部爲魯大公司淄川炭礦崩潰淹斃工人慘案經過情形公函（1935.5.31）……四九三
四、全國抗日民主新高潮的工人運動
（一）上海日紗廠工人的大罷工
一　國民黨浙江省執委會關於浙江大學學生募捐援助滬太康日紗廠工人罷工情形密呈（1936.2.15）……五〇五

二 關於上海日紗廠工人聯合罷工要求增加工資情形的資料（1936.11）……五〇七

（二）上海絲織業工人的大罷工

一 關於上海絲織業工人罷工經過情形有關資料（1937.3—1937.4）……五一三

二 關於滬第四區絲織業工人罷工反對公共租界捕房非法搜查工會逮捕工友有關文件（1937.6）……五三五

三 關於鎮壓上海美亞織綢廠工人罷工反對開除工人情形致實業部的有關文件（1937.6）……五四五

（三）江蘇無錫絲廠工人的大罷工

一 陳果夫等關於鎮壓無錫絲廠工人罷工要求改善待遇經過情形往來文件（1936.7—1936.8）……五五九

（四）旅外華籍工人的大罷工

馬來亞華籍工人的大罷工

一 關於馬來亞橡皮園華工要求增加工資改善待遇有關文件（1937.3—1937.5）……五六七

新嘉坡華籍工人的大罷工

一 國民黨政府外交部爲新嘉坡和和謙益兩餅乾廠工人罷工反對開除工人及搗毀國民黨駐新總領事館情形致實業部公函（1937.5.4）……五七九

第三十册　原第二輯第四十五册—第四十六册

國民黨統治下的工農學生運動

【二】農民運動

一、農民生活概況

一 國民黨中央訓練部解釋包農包佃界説覆實業部公函稿（1931.4.20）……九

二　國民黨北平市黨務整理委員會調查西郊農民所負苛捐雜税實况覆函（1934. 4. 7）…………… 一一

二、農民各種反抗

一　黄君禹調查皖北宿縣靈壁縣農民抗逼烟捐經過的報告書（1932. 11）…………… 一七
二　周紹成等關於鎮壓江蘇南通平湖鎮農民抗交田畝捐經過覆呈（1933. 3. 24）…………… 七九
三　關於江蘇揚中縣農民抗税經過有關資料（1933. 10—1933. 12）…………… 八五
四　方青儒等關於鎮壓浙江餘姚縣農民反對測丈田畝逼收地價經過情形覆呈（1935. 8. 14）…………… 九五

三、抗租抗糧

一　國民政府文官處等爲地主范壽豐等要求鎮壓吴縣吴江常熟昆山四縣農民聯合抗租等往來公函（1930. 1）…………… 一〇一
二　國民黨中央秘書處爲請轉飭嚴辦已捕共産黨員領導江蘇武進天寧寺農民抗租運動案公函（1929. 11. 7）…………… 一〇七
三　關於江蘇蘇州農民抗租運動有關資料（1936. 6—1936. 7）…………… 一〇九

四、抗清查田賦

一　顧祝同關於鎮壓江蘇江都縣農民抗清查田賦經過呈文（1932. 10. 30）…………… 一一五
二　黄君禹等調查江都縣農民抗清查田賦運動的報告書（1932. 10. 30）…………… 一二一

五、抗藉改良蠶種鎮壓

一　許紹棣等關於屠殺浙江省蕭山余杭臨安三縣農民抗藉改良蠶種壓迫經過情形覆呈（1933. 8. 31）…… 一三三

六、抗藉防止花會入境鎮壓

一　許紹棣等關於鎮壓浙江慈溪縣三北農民反對防止花會入境經過覆呈（1933. 4. 8）…………… 一四九

七、鎮壓農民運動的反動措施

一　國民政府文官處爲修正安徽省佃業糾紛仲裁暫行辦法案轉致國民黨中央秘書處公函（1931. 4. 24）……… 一五三

二　孔祥熙審核浙江省一九三三年份追繳民欠舊賦辦法及應注意事項經過呈文（1933.12.9）…………一六一
三　蔣介石爲解散浙江平陽縣農民會并指名拿辦農會爲首農民致浙江省政府密令（1934.3.17）…………一六九

【附】鹽漁民及商民的反抗

一　關於鎮壓浙江定海岱山鹽漁民反對强制食鹽歸堆漁鹽變色有關資料（1936.8）…………一七五
二　王劍鳴等爲成都商店罷市抗議駐軍濫設關卡强徵捐稅情形的文電（1933.4）…………一八七
三　范熙績轉報武穴商人罷市抗繳商鋪捐情形呈國民黨豫鄂皖三省『剿匪』總司令部文（1933.7—1933.8）…………一九三

【三】學生運動愛國運動

一、一九二七年革命失敗後國民黨的鎮壓措施

（一）鎮壓反對日本出兵山東的反動法令

一　蔣介石對日出兵山東不得有罷工排貨等愛國活動的密令（1927.8.1）…………二〇三
二　國民黨中執監委員等聯席會議命令學生不得罷課游行及檢查商貨議決案（1928.5.9）…………二〇七
三　國民黨中執會關於取締南京張貼對日宣戰等標語的訓令（1928.5.9）…………二〇九
四　國民黨中執會關於禁止學生沿江演講及舉行抗日示威運動訓令（1928.5.19）…………二一一
五　國民黨中執會關於禁止檢查商店碼頭棧房日貨密令（1928.5.26）…………二一三
六　國民黨中央訓練部頒發學生自治會會員總投票規則訓令（1930.4.5）…………二一五
七　國民黨雲南省政府關於嚴禁罷工罷課等愛國活動訓令（1928.5.22）…………二一七
八　國民黨雲南省政府關於禁止人民集會游行及反日宣傳密令（1928.6.19）…………二一九
九　國民黨雲南省政府准日領署函請取締反日會活動以免防害日商營業訓令（1929.7.1）…………二二一

（二）諂媚日帝聽任進行干涉

一　蔣介石飭查辦反日運動與搗毀外交部長住宅事件的令文（1928.12.14）…………二二五

二　商震請緩和北平反日運動致蔣介石等電（1929. 1. 23）……………………二三七
三　國民政府文官處爲日使芳澤在京談判時可轉令北平反日會和緩反日活動公函（1929. 1. 29）………二二九
四　國民黨中央訓練部爲應付外交停止反日活動密覆函稿（1929. 5. 6）……………………二三一
五　關於解散重慶反日團體的有關資料（1929. 7—1929. 8）……………………二三三
六　國民黨中執會密令各級黨部轉飭當地國民救國會等取消檢查日貨與嚴課商人團體致國民政府函
（1929. 7. 23）……………………二三九
七　蔣介石爲轉飭各地黨政機關注意反日運動及放鬆對日貨檢查致葉楚傖等電（1931. 7. 31）……二四一
八　國民黨政府行政院爲取締各地檢查日貨及反日援僑活動有關電文（1931. 8）……………………二四三
九　國民黨政府行政院等爲禁止檢查日貨往來電文（1931. 8）……………………二四七
一〇　楊樹莊爲福州日商店夥命案密函改組反日會并偵查正凶究辦電（1928. 12. 14）……………二四九
一一　張景惠關於轉報東省特區無檢查日貨行動暨密飭所屬避免日人尋釁經過情形呈文（1931. 8. 29）…二五一
一二　國民黨河北省主席王樹常與行政院爲鎮壓天津北洋工學院學生檢查日貨往來密電（1931. 11）……二五五

（三）暴力迫害

一　國民黨中央秘書處爲破壞共産黨領導厦門大學學生運動案致國民黨中央訓練部公函
（1930. 4. 11）……………………二五七
二　國民黨河北省政府關於武力解散河北省第二師範學校及屠殺愛國學生經過情形通電
（1932. 7. 10）……………………二六一
三　國民黨中央秘書處爲加以『反動』罪名取消留德學生朱江户等官費資格案公函
（1937. 3. 15）……………………二六五
四　全國學生救國聯合會陳述上海大同大學學生程淡志被特務迫害經過呈行政院文（1937. 6. 20）……二六七
五　關於沈鈞儒等控上海市長吴鐵城蹂躪人權迫害吴邁經過有關文電（1932. 5. 7）……………二七三

（四）摧殘教育

一　國民政府文官處關於鎮壓北平學聯會等爲援助第一師範學校要求增加預算及華捕罷崗案公函（1929.3.2）……二九三

二　孫科轉報南京曉莊學校學生要求鐵路收歸人民所有并隨車散發傳單情形呈文（1930.4.11）……二九五

三　國民黨政府文官處等爲上海泉漳中學學生反對强迫解散學校進行愛國活動被捕經過案有關文件（1933.6）……二九九

四　秦德純關於鎮壓遷駐北京東北大學學生及學生家屬爲經費問題赴南京請願情形致行政院等電文（1937.5）……三〇三

五　雲南留日同鄉會爲濟南慘案反日歸國宣言（1928.5.26）……三〇五

六　國立北平大學爲第一師範學院學生封閉學校各辦公室要求撥發及增加教育經費情形通電（1929.2.19）……三〇九

七　關於抗議解散國立勞動大學致行政院的有關文件（1932.6）……三一一

（五）對愛國團體的壓迫

一　關於上海文化界救國會組織及進行愛國活動情形有關文件（1931.2）……三一九

二　國民黨中央民衆訓練部爲嚴防上海文化界救國會愛國活動及查禁大衆生活等進步刊物密函稿（1936.2.22）……三二七

二、蔣介石的賣國和全國人民的反蔣抗日

（一）國民黨政府鎮壓學生運動的策略

一　孫科關於禁止各地抗日運動致各省市政府密電稿（1932.1.7）……三三一

二　國民黨中央訓練部等關於鎮壓各地學生來京組織全國學生抗日救國總會往來文件（1931.10）……三三三

三　國民黨中央訓練部關於頒發反日密件應設法保守秘密不得對外發表致各省市黨部密函稿（1931. 10. 31）……三三五
四　國民黨政府決定領導民衆團體以沉着態度應付日本侵略政策致各省政府等密電（1932. 1. 29）……三三七
五　國民黨政府爲各省自籌保衛方法并設法互通消息密電（1932. 1. 29）……三三九
六　國民政府文官處審查修正人民自衛辦法方案致國民黨政府行政院公函（附審查意見書及修正方案）（1932. 4. 13）……三四一
七　國民黨中央宣傳委員會指示各級黨部關於抗日宣傳活動應暗中進行公函（1932. 8. 8）……三四九
八　周大文爲阻撓民國大學學生來南京請願無效請示以後鎮壓學生辦法往來電文（1932. 11—1932. 12）……三五三
九　汪精衛爲各省檢查日貨設法勿令事態擴大給國民黨福建省政府電稿（1933. 5. 2）……三五五
一〇　宋志先等關於破壞陝西學生愛國運動擬定陝西學生運動具體方案往來公函（1934. 5—1934. 6）……三五七
一一　洪陸東等關於停止河南鄭縣抗日會活動來往文件（1935. 1—1935. 2）……三六三
一二　國民黨政府爲密飭各省市停止檢查日貨及抗日組織活動給國民黨政府行政院訓令（1935. 2. 19）……三六七
一三　馬超俊關於南京各界提倡國貨委員會并報抗日組織覆國民黨政府行政院密呈（1935. 4. 23）……三六九
一四　國民黨中央民衆運動指導委員會爲嚴飭所屬及民衆團體切勿輕發救國言論密電稿（1935. 7. 5）……三七一
一五　馬超俊爲破壞學生運動召集南京各中學校校長協議寒假應否提前案經過摺呈（1935. 12. 31）……三七三
（二）『九一八』事變後全國抗日運動的高漲
反對依靠國聯出賣東北
一　國民政府文官處爲上海各大學學生抗日救國聯合會電請三日内退出國聯收復失地否則自認爲賣國政府案公函（1932. 1. 13）……三七九
二　國民政府文官處爲衡陽學生抗日救國會要求調集全國部隊驅逐倭寇收復失地案公函（1932. 2. 5）……三八三

三　國民黨中央民衆運動指導委員會爲轉飭各地民衆團體電國聯及國聯調查團一致反對東北僞政府密電（1932. 3. 22）……三八五
四　國民黨中央宣傳委員會爲請定各地民衆團體反對東北僞政府運動辦法密函（1932. 3. 23）……三八七

全國各地各界的游行請願示威

一　國立北平大學俄文法政學院學生自治會對日寇侵占東北要求一致抗日代電（1931. 9. 20）……三八九
二　北平私立燕京大學全體學生對日寇侵占東北要求積極備戰代電（1931. 9. 22）……三九三
三　燕京大學抗日委員會爲組織全國抗日團體大聯盟等呈文（1931. 10. 3）……三九七
四　周大文報告無法阻撓朝陽等各學院暨北京大學示威團等聯合來南京請願電（1931. 12. 2）……三九九
五　國民黨政府行政院爲制止北平大學抗日救國會宣傳隊向長辛店平漢鐵路工人進行抗日宣傳案密給教育部訓令（1931. 12. 3）……四〇一
六　周大文報告北京輔大等九校學生赴南京請願被阻撓在北寧車站電（1931. 12. 5）……四〇五
七　周大文關於急電濟南車站轉達蔣介石令阻撓北大師大等二十餘校來南京請願電（1931. 12. 7）……四〇七
八　北平學生抗日救國運動聯合會要求釋放被捕及撫恤愛國受傷學生呈文（1932. 1. 5）……四〇九
九　上海市政府轉報滬中等學校學聯會開會議決來南京請願要求出兵抗日及釋放北大被捕代表等電（1932. 1. 8）……四一一
一〇　上海市長張群等關於鎮壓滬各學校學生組織抗日救國委員會議決罷課及推派代表赴南京請願往來密電（1931. 9）……四一三
一一　上海市長張群等關於鎮壓滬罷工罷課等愛國運動往來電文（1931. 9）……四一五
一二　上海市長張群關於鎮壓人民張貼反日標語呈文（1931. 10. 4）……四一七
一三　上海市長張群爲日本浪人聚衆撕毀反日標語毆傷市民及日陸戰隊尋釁情形的呈文（1931. 10. 17）……四二三
一四　張群報告日陸戰隊武力干涉滬學生進行反日游行演講情形密電（1931. 10. 19）……四二五
一五　國民黨政府行政院秘書處爲嚴防滬各大學抗日會派來南京參加籌備會代表案箋函（1931. 11. 5）……四二七

一六　張群報告滬光華大學學生大會議決繼續罷課及無法破壞抗日救國各團體反對天津國際共管情形密電（1931. 12. 3）……四二九
一七　張群報告復旦等四大學學生包圍『市府』請願要求釋放被捕學生等情形密電（1931. 12. 9）……四三一
一八　熊式輝報告滬工人學生爲紀念共産黨廣州起義舉行擁護蘇維埃示威游行情形密電（1931. 12. 11）……四三三
一九　吴鐵城報告上海民衆反日救國聯合會等開會追悼南京被難學生楊同恒并抬柩游行示威情形呈文（1932. 1. 18）……四三五
二〇　戴戟關於鎮壓滬市民大會開會并舉行抗日游行示威情形呈文（1932. 1. 20）……四三九
二一　劉文輝報告成都各界於艷日罷工罷耕罷課罷操并舉行反日示威游行電（1931. 10. 1）……四四一
二二　國民政府文官處爲江蘇南通紡織科學生救國反日會要求停止内戰運用革命外交恢復失地案公函（1931. 9. 29）……四四三
二三　魯滌平爲南昌市立小學校全體教職員要求對日宣戰勵行革命外交案呈文（1931. 10. 12）……四四五
二四　關於破壞杭州市各中等以上學校學生組織抗日救國聯合會進行愛國活動有關文電（1931. 12）……四四七
二五　浙江省政府報告學生游行示威搗毁教育廳長張道藩住所經過情形密電（1931. 12. 10）……四五一
二六　國民黨上海市政府呈報抵滬杭州學聯會赴京請願學生經阻撓無效致國民黨黨部電（1932. 1. 8）……四五三
二七　關於屠殺山西太原抗日游行請願學生及商店罷市援助情形有關電文（1931. 12）……四五五
二八　國民政府文官處爲廣州全市學生赴京請願代表團要求准予兩廣軍隊開赴東北收復失地案公函（1932. 1. 26）……四五九
二九　國民政府文官處爲湖南衡陽學生抗日救國會第二次代表大會電請剋日出師收復失地案公函（1932. 6. 30）……四六三
三〇　國民黨福建省政府爲各學校學生宣傳抗日日領等易服尋釁激起憤責經過電（1932. 1. 2）……四六五
三一　國民黨福建省指委會爲日人被暗殺接受日本要求制止所有反日活動究應如何處理電（1932. 1. 4）……四六七

三二　國民政府文官處爲福建各團體代表團請恢復全省抗日運動及撤辦辱國媚日的閩省府等六項要求案公函（1932.1.20）……四六九

三三　國民政府文官處爲馬飛龍等要求收復東北失地嚴懲鎮壓河南愛國運動禍首案公函（1932.3.11）……四七三

三四　甘肅省立第二中學校爲打倒不抵抗主義要求對日宣戰通電（1931.10.9）……四七五

三五　康藏旅京同鄉抗日救國會要求對日宣戰代電（1931.9.30）……四七七

三六　朱青選關於解散中華留日學生會爲東北事件發散告全體留日同學書及另組華僑聯合會呈文（1931.10.22）……四七九

（三）『一·二八』上海抗戰全國人民熱烈要求抗日

組織抗日義勇軍參加抗戰

一　國民黨上海市政府報告無法阻撓滬市成立各種抗日義勇軍組織情形密電（1932.1.28）……四八九

全國各地紛起要求抗日

一　吳鐵城報告滬各大學抗日救國會發起市民大會舉行示威游行及促請市商會議決罷市情形有關文件（1932.1）……四九一

二　國民黨上海市政府報告在市民大會逮捕愛國者一人激起群衆包圍『市府』要求釋放情形密電（1932.1.17）……四九三

三　國民黨政府鐵道部爲阻撓上海各學校學生來南京請願無效致國民黨中央訓練部函（1932.12）……四九五

四　國民政府文官處爲北平市各界抗日救國會電請制止干涉人民愛國運動案公函（1932.5.6）……四九九

五　國民政府文官處爲廣州市學生抗日運動聯合會要求對日宣戰收復失地案公函（1932.2.5）……五〇三

六　首都各校抗日救國會要求答復爲何制止學生愛國運動等四點呈行政院文（1932.5.19）……五〇五

七　何鍵關於鎮壓湖南學生抗日救國會發動全市學生組織八百隊進行愛國活動電（1932.5.25）……五〇七

反對賣國的《淞滬協定》浪潮

一　國民政府文官處爲杭州中等以上學生抗日救國聯合會要求拒絕英使所提滬案折衷辦法案公函（1932.5.2）……五〇九
二　開封各業工會救國聯合會責問簽訂淞滬協約意旨代電（1932.5.19）……五一一
三　杭州市教育會否認與日簽訂辱國條約代電（1932.3.22）……五一三
四　現代政法研究社要求立毀亡國協約再起抗日代電（1932.5.18）……五一五

（四）亡國的《塘沽協定》掀起全國人民的怒潮

一　行政院關於嚴防滬學聯會爲錦州問題決議赴南京請願致國民黨上海市政府密電稿（1932.1.7）……五一九
二　國民政府文官處關於滬大夏大學學生會清華大學抗日令爲平津危急要求對日宣戰及調十九路軍北上助防案公函（1933.1.11）……五二一
三　國民政府文官處爲滬復旦大學學生抗日救國會電陳救亡五原則及貴州安順各界抗日救國大會要求正式對日宣戰案公函（1933.3.31）……五二三
四　國民政府文官處關於上海各大學學生聯合會要求抗日嚴懲漢奸公函（1933.6.7）……五二五
五　國民政府文官處爲北平市工會救國聯合會電請拒絕日人芳澤來華進行勾結活動案公函（1933.4.7）……五二七
六　國民政府文官處關於無錫縣學生抗日救國會爲錦州失守天津危急限四十八小時覆知抗日辦法否則作最後行動案公函（1932.1.7）……五二九
七　福建長樂縣民衆大會爲打消對日妥協速籌抵抗通電（1933.6.7）……五三一
八　福建晋江各界反對對日妥協示威大會要求撤銷停戰協定整師抗敵代電（1933.6.15）……五三三
九　南洋八打威華僑同人否認亡國協定電（1933.5.29）……五三五
一〇　關於海外華僑爲挽救危亡要求抗日有關文電（1935.6—1935.12）……五三七
一一　關於禁止發表蔣光鼐等反對華北軍事與日妥協有關電文（1933.5）……五三九

三、『一二·九』運動

（一）北京『一二·九』學生的愛國運動

一　國民政府監察院關於『一二·九』學生運動的調查報告〔存目〕

（二）全國救亡運動的新高漲

一　國民黨中央民衆訓練部嚴防全國學生第二次大罷課運動密函（1936.3.6）……五四五
二　國民黨政府行政院等關於禁止平津學聯會領導學生愛國運動往來文件（1936.2）……五四七
三　國民黨參謀本部爲日領事館探告工人學生在國民黨二中全會期内將發動示威要求確定抗日政策的通報（1936.7.9）……五五一
四　陳承栻等關於鎮壓滬各校學生來京請願及舉行市民救國大會經過情形呈文（1935.12.27）……五五三
五　國民黨中央民衆訓練部與國民黨江蘇省黨部爲防範各縣學生藉口來南京聽訓參加請願往來密電（1936.1）……五六九
六　秦德純關於鎮壓北平中國學院學生在校開慰勞大會情形致行政院密電（1936.2.22）……五七一
七　國立清華大學學生會要求收回解散北平學聯會成命努力抗敵共赴國難致行政院函（1936.3.1）……五七三
八　秦德純報告逮捕清華大學學生發動罷課組織糾察隊情形致行政院電（1936.3.10）……五七五
九　北京燕京大學全體學生請收回取締平津學聯會的命令呈國民黨政府行政院文（1936.3.12）……五七七
一〇　國民政府文官處爲清華大學全體學生要求維持主權領土完整公布中日外交談判真象案公函（1936.10.14）……五七九
一一　郭鴻群關於天津學生運動的報告（1936.8.19）……五八三
一二　國民政府文官處爲南開大學學生會要求停止對日經濟提攜談判及武力制止日走私案公函（1937.4.7）……五八五
一三　秦德純關於鎮壓平津學生聯合會宣傳停止内戰等六項要求往來電文（1936.1）……五八七

一四　宋哲元等關於限期解散平津學聯會及嚴禁學生示威游行等辦法往來密電（1936.1）……五八九
一五　劉種元等關於鎮壓河南開封學生運動經過有關電文（1936.4—1936.5）……五九三
一六　翁文灝爲廣西大學教授李進隆等反對華北特殊化及取消抗日運動等案箋函（1936.11.11）……五九五
一七　國民政府文官處爲廣西省學生抗日救國聯合會要求公開外交抵抗日寇迫害滬工友案公函（1936.12.3）……五九七
一八　國民政府文官處爲紐約全僑抗日救國會要求組織國防政府積極抗日案密函（1936.1.9）……五九九

第三十一册　原第三輯第一册—第三册

中共領導抗日的八路軍新四軍戰績有關資料

【一】堅持抗日反對投降的宣言文電

一　葉劍英轉報第十八集團軍總副司令朱德彭德懷抗議國民黨安邊政府保安隊破壞團結襲擊邊區電（1938.7.24）……三〇三
二　葉劍英轉呈中共冀熱邊區委員會關於八路軍在冀熱區打擊日寇掀動民衆抗日熱潮等情況電（1938.8.29）……三〇五
三　中國共産黨閩西南潮梅委員會對時局宣言（1938.11）……三〇九
四　朱德彭德懷關於八路軍殲滅侵犯抗日根據地日寇之對策的請示電（1939.2.24）……三一九
五　第八路軍後方留守主任蕭勁光抗議國民黨軍第一六五師等部襲擊鎮寧兩縣電（1939.5.3）……三二一
六　周恩來葉劍英駁斥薛岳捏曲事實製造『平江慘案』呈文（1939.7.23）……三二三
七　朱德彭德懷關於國民黨軍張蔭梧部誣衊扣留殺害八路軍等反共情形電（1939.8）……三二七

八　彭德懷抗議國民黨特務分子破壞團結非法阻難電（1939.12.10）……三三三
九　朱德彭德懷揭發國民黨軍朱懷冰部勾結日寇圍擊八路軍電（1940.3.5）……三三五
一〇　朱德彭德懷揭露蔣軍朱懷冰石友三部製造摩擦襲擊八路軍電（1940.4.14）……三三七
一一　新四軍第五支隊司令羅炳輝等揭露蔣軍翁達反共部隊慘殺抗日人民的暴行代電（1940.4.25）……三三九
一二　葉劍英蕭正岡轉呈葉挺項英張雲逸關於國民黨軍無理扣留張雲逸家屬截奪軍餉情形電（1940.4）……三四三
一三　周恩來葉劍英轉報新四軍總部抗議國民黨韓德勤等部襲擊情形致何應欽函（1940.7.7）……三四七
一四　朱德彭德懷揭露國民黨皖北太和縣秘密殺害八路軍部明征等罪行電（1940.8.5）……三四九
一五　新四軍軍長葉挺揭露蔣軍第五十二師在皖南製造摩擦電（1940.9.25）……三五一
一六　新四軍將領聲討親日派通電（1941.1.24）……三五三
一七　中共中央關於新四軍被國民黨軍進攻的通電（1941.1）……三五七
一八　朱彭葉項抗議國民黨軍進攻新四軍的通電（1941.1.13）……三五九
一九　新四軍將領就職通電（1941.1.23）……三六三
二〇　新四軍豫鄂挺進縱隊司令部政治部爲反對內戰告安隨民衆書（1941.2）……三六五
二一　胡宗南轉報關於朱德抗議陳長捷指揮國民黨軍分三步進犯陝北電（1941.4.14）……三六七
二二　新四軍第五師關於李先念師長兼政委就職與第五師整編爲三個正規旅兩個縱隊之通電（1941.4）……三六九
二三　廣西新四軍第二師關於停止反共內戰準備反攻日寇的傳單（1942）……三七三
二四　新四軍第五師對反共派禍國殃民罪行的嚴重抗議（1942.7）……三七五
二五　新四軍第五師抗議親日反共派勾結日寇迫害抗戰的罪惡行爲的傳單（1942.7）……三八一
二六　新四軍第五師告全邊區國民黨軍將士書（1942.7）……三八五
二七　新四軍第五師爲呼籲停止禍國殃民內戰敬告全邊區同胞書（1942.7）……三八九
二八　中國共産黨中央委員會告抗日根據地全體黨員和八路軍新四軍將士書（1942.7.7）……三九一
二九　新四軍第五師抗議國民黨軍殘殺抗日傷病員之罪行（1943.6.1）……三九七

三〇　新四軍第五師争取國民黨共同抗日之傳單（1943. 6. 1）……………… 三九九
三一　朱德發表反對内戰團結抗日文電（1943. 7）……………………… 四〇一
三二　新四軍第五師揭露鄂東國民黨勾敵反共告各界同胞書（1943. 12）…………… 四〇九
三三　任副政委關於打退第三次反共高潮簡單總結（1943）……………… 四一三
三四　廣東中山人民抗日義勇大隊成立宣言（1944. 1）………………… 四二一
三五　新四軍第五師爲加强團結搶救中原致國民黨各軍將士電（1944. 5. 1）…………… 四二七
三六　新四軍第五師爲抗戰七周年紀念告國民黨軍將士書（1944. 7. 7）……… 四三一
三七　國民革命軍湖南人民抗日救國軍司令部布告及其紀念孫中山批判蔣介石之《解放日報》社論（1945. 3）…… 四三五
三八　第二戰區副司令長官駐渝辦事處長錢之光轉報朱德等抗議淳化保安隊遭國民黨軍暫五十九師等部襲擊電（1945. 8. 10）………………………………… 四四九
附録：
三九　國民黨軍派駐十八集團軍總部聯絡參謀陳榮楫承認八路軍積極抗日設施的英明及揭發反共分子對八路軍造謡情形的報告（1940. 1. 25）……………………… 四五一
四〇　國民黨軍朱紹良關於我中共於慶陽召開臨時政府委員會議決議案六項及致各解放區同胞之電文（1940. 6. 26）…………………………………… 四六九
四一　中共南漢宸至榆林積極争取國民黨軍鄧寶珊等部共同抗日電（1941. 6. 18）…………… 四七九

【二】實力分布

一　關於第十八集團軍新四軍各種組織系統簡表（1940. 6）…………………… 四八五
二　中共分布各戰區抗日軍實力位置一覽表（1941. 3）……………………… 五〇九
三　中共分布在華北華中地區抗日軍實力統計表（1943. 3）………………… 五二九

第三十二册　原第三輯第四册—第五册

中共領導抗日的八路軍新四軍戰績有關資料

【三】八路軍在華北敵後抗日根據地的戰鬥

一、平型關大捷

一　八路軍參謀處關於我八路軍在晋北平型關與敵激戰獲勝告捷電（1937.9.26）……七

二　周恩來關於平型關附近激戰及其爲支持華北抗戰争得最後勝利之四項建議密電（1937.9.27）……九

三　八路軍朱彭總副司令報告在平型關一帶對敵激戰迭獲勝利等情電（1937.9—1937.10）……一一

四　朱德彭德懷報告八路軍痛擊日寇之平型關戰役大捷電（1937.9—1937.11）……一三

五　第十八集團軍抗戰兩年來戰鬥戰果統計表（1937.9—1939.6）……三一

六　八路軍朱彭總副司令報告收復懷淶縣城意教士庇護漢奸請派隊接防以便向平漢路挺進等情電（1937.10.12）……三三

七　八路軍朱彭總副司令報告收復榆林寧武一帶經過戰况易縣意教士庇護漢奸和敵在平魯一帶奸掠慘殺等暴行的通電（1937.10.15）……三五

八　何應欽關於朱德抗議意天主教堂教士破壞平型關戰鬥轉呈外交部代電（1937.10.15）……三七

附録：

九　介景和自安陽報告我八路軍周恩來等先頭部隊過太原馳赴前綫等情電（1937.9.9）……三九

一〇　林蔚報告我第八路軍規復蔚縣部隊抵達淶源蔚縣附近地區電（1937.9.13）……四一

一一　介景和報告我八路軍在平型關附近與敵激戰情况電（1937.9.23—1937.9.26）……四三

一二　徐永昌林蔚自石家莊報告平型關渾源一帶頗爲得手殲敵甚衆電（1937.9.26）……………四五
一三　徐永昌林蔚報告我八路軍迂回敵側背在靈丘附近戰績及即取淶源等情電（1937.9.28）……………四七
一四　介景和自臺縣報告平型關一帶作戰國民黨軍遇敵即退任敵長驅已準備退却告急電（1937.9.29）……四九
一五　關於晋北大同失守及平型關戰役經過的要報（1937.9—1937.10）……………五一
一六　國民黨政府對八路軍勇戰平型關痛殲日寇的嘉慰電（1937.9—1937.11）……………八七
一七　蔣介石關於八路軍勇戰平型關的戰績致程潛電（1937.10.17）……………九一

二、晋冀察綏魯豫等地的抗日游擊戰

一　朱德彭德懷關於八路軍側擊忻口南下日寇之戰鬥要報（1937.10）……………九五
二　八路軍於晋北游擊戰之戰鬥彙報（1937.12.5—1937.12.20）……………九九
三　八路軍關於河北戰鬥之戰績彙報（1937.12—1938.1）……………一〇九
四　葉劍英呈朱德彭德懷關於八路軍攻打阿拉廟機場電（1938.1.16）……………一三一
五　朱德彭德懷報告八路軍在北戰場之戰況與戰績電（1938.1.3—1938.1.26）……………一三三
六　第八路軍駐漢辦事處關於八路軍在華北作戰戰績的通報（1938.1—1938.2）……………一三九
七　葉劍英報告晋東南八路軍殲敵戰况與戰績電（1938.2）……………一四三
八　葉劍英轉呈朱彭關於八路軍在晋東響堂鋪附近戰鬥要報電（1938.4.3）……………一五五
九　朱德彭德懷關於八路軍粉碎敵九路圍攻及其部署電（1938.4.20）……………一五七
一〇　葉劍英轉呈朱彭關於八路軍在晋冀察邊區殲敵戰績電（1938.5.1）……………一五九
一一　葉劍英轉呈朱彭關於八路軍粉碎日寇九路圍攻後之戰况電（1938.5.3）……………一六一
一二　葉劍英呈聶榮臻關於八路軍在晋冀察邊區痛殲敵僞及其深受群衆歡迎情况電（1938.5.11）……………一六三
一三　葉劍英轉報朱德彭德懷部堅决打擊侵犯晋冀察邊區日寇戰績電（1938.9.30）……………一六七
一四　朱德彭德懷報告八路軍在淶源歸綏一帶痛殲日寇戰績電（1938.10.10）……………一六九
一五　八路軍於晋察冀邊區抗敵之戰鬥彙報（1938.10—1938.11）……………一七一

一六　葉劍英呈報朱德彭德懷軍殲滅進攻晉冀察邊區日寇電（1938.11.3）……一八七
一七　八路軍辦事處關於八路軍在晉察冀抗日之捷報（1938.11.24）……一八九
一八　葉劍英轉報八路軍於晉冀察邊區殲敵戰績電（1938.11.25）……一九一
一九　朱德彭德懷報告八路軍在晉獲得敵機一架已飛西安電（1938.12.3）……一九三
二〇　董必武呈報八路軍一二〇師作戰區域與作戰概況電（1938.12.11）……一九五
二一　葉劍英轉呈八路軍在冀中冀南殲敵戰況成績電（1939.2.10—1939.2.21）……一九七
二二　葉劍英轉呈八路軍破壞日寇後方鐵路成績電（1939.2.26）……二〇一
二三　朱德彭德懷關於八路軍在山東金嬌平陰一帶殲敵戰績電（1939.2.29）……二〇五
二四　葉劍英轉報八路軍在冀晉魯殲敵戰況戰績電（1939.5）……二〇七
二五　周恩來函送八路軍一月來於華北對敵戰鬥概況（1939.6）……二〇九
二六　葉劍英轉呈八路軍粉碎日寇對晉東南『掃蕩』經過電（1939.7.20）……二三七
二七　朱德彭德懷報告八路軍在魯西殲敵戰況戰績電（1939.8）……二四一
二八　葉劍英轉報聶榮臻部在晉冀察邊區殲敵戰況電（1939.9.30）……二四三
二九　朱德彭德懷關於新四軍於魯省泰安一帶殲滅日寇之戰績電（1939.10.30）……二四五
三〇　朱德關於八路軍殲滅進犯冀南靈壽陳莊日寇電（1939.10）……二四七
三一　葉劍英轉報朱彭部於晉冀察邊區殲滅日寇戰績電（1939.11.1）……二四九
三二　朱德彭德懷報告日寇向冀中『掃蕩』及八路軍擊潰日寇戰況電（1939.11.14）……二五一
三三　第十八集團軍十月份殲敵戰績表（1939.11.20）……二五三
三四　葉劍英轉呈八路軍在晉察冀邊區反日寇『掃蕩』部署電（1939.12.12）……二五五
三五　朱德彭德懷報告八路軍一一五師殲滅侵犯徐州日寇之戰績電（1939.12.18）……二五七
三六　第十八集團軍十一月份殲敵戰績表（1939.12.18）……二五九
三七　李先念關於新四軍豫鄂挺進縱隊堅持敵後游擊戰戰鬥狀況及戰果呈蔣介石之報告（1940.1）……二六一

三八 朱德彭德懷彙報八路軍在晋綏抗擊日寇戰績電（1940.2.3）……二六七
三九 朱德彭德懷關於八路軍在山東滕縣附近殲敵戰績電（1940.2.6）……二六九
四〇 朱德彭德懷關於八路軍在山東殲敵戰績電（1940.2.10）……二七一
四一 朱德彭德懷報告晋綏游擊隊殲擊日僞戰績電（1940.2.14）……二七三
四二 葉劍英轉呈八路軍在蘇魯區殲敵戰績電（1940.3.20）……二七五
四三 朱德彭德懷關於日寇在晋冀豫邊區『掃蕩』罪惡情形電（1940.2.20）……二七七
四四 葉劍英轉報八路軍在晋綏殲敵戰況戰績電（1940.2）……二七九
四五 葉劍英轉報朱彭關於八路軍在晋冀察地區抗擊日寇及輝煌戰績電（1940.3—1940.8）……二八三
四六 葉劍英轉報八路軍粉碎日寇進攻晋西北之戰鬥及戰績電（1940.4.30）……三六九
四七 朱德彭德懷關於八路軍於冀魯豫抗擊日寇戰績電（1940.4—1940.5）……三七三
四八 朱德彭德懷報告八路軍在白晋南段抗擊日寇戰況戰績電（1940.5.8）……三七五
四九 葉劍英轉報八路軍在晋南對日寇作戰之戰績電（1940.5.12）……三七九
五〇 朱德彭德懷報告八路軍粉碎日寇對晋西北『掃蕩』電（1940.6.5）……三八三
五一 朱德彭德懷報告日寇整補與建築華北交通網等『措施』進行對八路軍『掃蕩』和八路軍對敵鬥争
之電（1940.6.20）……三八五
五二 朱德彭德懷關於八路軍在晋東南抗擊日寇戰況戰績電（1940.6—1940.7）……三八九
五三 葉劍英轉呈朱彭關於八路軍在冀南反日寇『掃蕩』情形電（1940.7.23）……三九五
五四 朱德彭德懷報告八路軍粉碎日寇對晋西北『掃蕩』戰鬥情形電（1940.8.13）……三九七
五五 葉劍英轉報朱彭關於八路軍於晋西北反日寇『掃蕩』之戰績電（1940.8.21）……三九九
五六 葉劍英轉呈晋冀區八路軍反日寇『掃蕩』電（1940.10.24）……四〇一
五七 朱德彭德懷彙報八路軍在太行山區殲敵戰績電（1940.11.8）……四〇五
五八 朱德報告八路軍在河南積極打擊日寇戰果電（1941.10.19）……四〇七

五九　錢之光轉呈八路軍在晋冀魯豫蘇皖等地抗擊日寇戰績電（1941.11.4）……四〇九
六〇　朱德彭德懷關於八路軍在各抗日戰區殲敵戰果表（1940.11）……四一一
六一　第十八集團軍自一九四〇年八月二十日至十二月五日殲敵戰績總結表（1941.1.6）……四一五
六二　周恩來轉呈八路軍在晋東南殲擊日寇戰況戰績電（1941.12.8）……四二一
六三　八路軍新四軍一年來之戰績（1942.7.7—1943.7.7）……四二五
六四　葉劍英轉呈朱德彭德懷關於二月份八路軍殲敵戰果電（1943.3.14）……四二七
六五　國民黨與共産黨抗戰成績的比較（1943.8）……四二九
六六　中國共産黨抗擊全部僞軍概況（1943.8）……四三五
六七　國民黨派駐騎兵軍何柱國部聯絡參謀張印周報告敵攻寧武我八路軍賀師宋支隊等部戰績及國民黨軍紊亂等情電（1937.10.5—1937.10.18）……四三九
六八　介景和報告我八路軍林彪賀龍兩部分别占領陽明堡及崞縣西南地區（1937.10.14）……四四一
六九　關於八路軍在忻口戰役中戰績的彙録（1937.10—1937.11）……四四三
七〇　蔣鼎文關於第八戰區八路軍戰績文電的彙録（1938.2—1938.3）……四四九
七一　徐永昌嘉勉聶榮臻部電（1938.5.16）……四五一
七二　國民黨别動總隊康澤關於八路軍在晋南沁縣一帶抗敵情形電（1938.5）……四五三
七三　國民黨軍令部關於八路軍新四軍在第二第三戰區戰績的彙録（1938.5—1938.6）……四五七
七四　關於我八路軍在第二戰區戰績的彙輯（1938.5—1938.11）……四六一
七五　國民黨政府軍令部關於八路軍在晋冀察邊區勇敢殲敵之嘉獎電（1938.11—1938.12）……四七九
七六　戴笠報告八路軍鄭華部在冀東地區與敵激戰獲勝情况電（1938.12.6）……四八一
七七　鹿鍾麟關於冀南南宫一帶作戰失敗及八路軍戰績的文電（1938.12）……四八三
七八　衛立煌關於八路軍在安新易縣一帶殲擊日寇戰績文電的彙録（1938.12）……四八九
七九　衛立煌關於第二戰區八路軍戰績彙録（1939.1—1939.3）……四九一

八〇 程潛報告我八路軍戰績文電的彙録（1939.1—1939.3） …… 四九九
八一 鹿鍾麟石友三戰鬥日報關於我八路軍吕正操部在冀省抗戰戰績電（1939.3.18） …… 五〇五
八二 程潛轉報我八路軍朱彭總副司令關於晋東南陷敵後所提抗戰決策電（1939.3） …… 五〇七
八三 外人口中關於八路軍在河北地區抗戰反日寇動作的記述（1939.6） …… 五〇九
八四 程潛報告我八路軍戰績文電的彙録（1939.7） …… 五二一
八五 程潛轉報八路軍在潞城附近殲敵戰績電（1939.12.20） …… 五三三
八六 蔣介石嘉慰八路軍在魯西奮勇殲敵電（1939.8） …… 五三五
八七 程潛轉報我八路軍戰績文電的彙録（1940.1） …… 五三七
八八 程潛報告所轄各戰區關於我八路軍在晋冀察邊區抗敵戰績文電的彙録（1940.1—1940.4） …… 五三九
八九 程潛報所轄第二戰區關於我八路軍戰績文電的彙録（1940.2—1940.4） …… 五四五
九〇 程潛轉報我八路軍在晋西南敵寇側背積極反攻活動粉碎局部『掃蕩』企圖電（1940.3.30） …… 五四九
九一 程潛報告所轄冀察魯蘇兩戰區關於我八路軍戰績文電的彙録（1940.3—1940.4） …… 五五一
九二 國民黨特務機關中統局關於山東境内中共領導抗戰力量日益發展的情報（1944.10） …… 五五三

第三十三册 原第三輯第六册—第八册（上）

中共領導抗日的八路軍新四軍戰績有關資料

【三】八路軍在華北敵後抗日根據地的戰鬥

三、震驚敵膽的『百團大戰』

一 朱德彭德懷呈八路軍『百團大戰』部署之呈文（1940.12） …… 七

二　葉劍英轉報八路軍『百團大戰』兵力部署電（1940.8.27）……九
三　葉劍英轉報八路軍震動全國的『百團大戰』的戰報戰績電（1940.9.1—1940.9.30）……一一
四　八路軍總司令部『百團大戰』要報（1940.9）……四一
五　葉劍英轉報八路軍『百團大戰』之戰况戰績電（1940.9）……四九
六　八路軍總司令部野戰政治部關於『百團大戰』戰績初步總結（1940.9）……七三
七　朱德彭德懷關於八路軍『百團大戰』之輝煌戰果表（1940.9）……八一
八　葉劍英轉報八路軍『百團大戰』第二階段戰鬥部署電（1940.9.30）……九三
九　葉劍英轉呈八路軍『百團大戰』戰鬥狀况及戰績電（1940.10.1—1940.10.28）……九七
一〇　朱德論八路軍『百團大戰』……一一七

附録：

一一　蔣介石等關於八路軍『百團大戰』偉大戰績的文電（1940.9.11—1940.9.13）……一三五
一二　國民黨中宣部抄發蔣介石電令絶對查禁有關『百團大戰』文字的密函（1940.10.20）……一三七

【四】新四軍深入大江南北的抗日游擊戰

一　葉挺項英揭發國民黨軍余宗陳部阻止新四軍北渡抗日行爲電（1938.5.13）……一四九
二　新四軍游擊戰績概要表册（1938.5—1939.12）……一五一
三　錢之光轉呈新四軍陳毅支隊在鎮江南京間與民衆配合抗戰之文電（1938.6.22）……三九三
四　葉挺關於新四軍抗擊江南日寇電（1938.7—1938.12）……三九五
五　葉挺關於新四軍在小丹陽附近積極抗敵與蔣軍投敵燒殺百姓等情之電（1938.9.26—1938.9.27）……三九七
六　錢之光轉呈新四軍葉挺部於大江南北抗擊日寇戰績電（1938.7—1938.10）……三九九
七　葉挺項英報告新四軍在京滬鐵路一帶襲擊日寇之戰績電（1938.7—1938.8）……四二一
八　葉挺報告新四軍於京滬路附近殲敵戰况電（1939.1.21—1939.1.29）……四二三

九　葉挺關於新四軍抗擊江南日寇電（1939.1—1939.6）……四二五
一〇　葉挺報告新四軍在安徽繁昌縣殲敵戰况電（1939.2.9）……四三三
一一　葉挺報告新四軍陳支隊在東灣殲敵之戰報摘要電（1939.2.12）……四三五
一二　葉挺彙報新四軍在京滬路附近打擊日寇戰况表（1939.2.13）……四三七
一三　葉挺彙報活躍江南敵後之新四軍抗擊日寇的戰績電（1939.2.6—1939.2.20）……四三九
一四　葉挺關於江南敵後新四軍抗擊日寇戰績電（1939.2—1939.11）……四四三
一五　葉挺項英關於新四軍對敵作戰説明書（1939.3.10）……四四九
一六　葉挺項英報告江南江北新四軍殲敵戰况電（1939.12）……四六九
一七　葉挺項英關於新四軍戰况電（1938.7—1938.8）……四七一
一八　葉挺報告新四軍在大江南北殲擊日寇戰况戰績電（1939.3—1940.5）……四七九
一九　葉挺項英關於一年來新四軍堅持大江南北抗擊日寇取得勝利經驗三文件（1939.10）……五一一
二〇　葉挺項英關於江南江北日寇兵力分布情形電（1939.11.9）……五一七
二一　葉挺項英彙報大江南北敵後新四軍殲滅日寇戰况及其輝煌戰果電（1939.6—1940.8）……五二一
二二　周恩來轉報八路軍在江北抗擊日寇戰績電（1941.12.12）……六二一
二三　葉挺彙報新四軍在江南殲敵戰况戰績電（1940.3）……六二三
附録：
二四　屯溪叢參謀關於新四軍葉挺部占領采石磯牛首山之電話（1938.5.13）……六二七
二五　顧祝同反映新四軍在蘇南皖南一帶抗戰成果電（1938.7—1938.11）……六二九

第三十四册　原第三輯第八册（下）—第十一册（上）

中共領導抗日的八路軍新四軍戰績有關資料

【四】新四軍深入大江南北的抗日游擊戰（續）

二六　國民黨第二十三集團軍關於青陽會戰新四軍譚支隊於紅錫鎮積極抗擊日寇戰績之文電（1938.12）……一

二七　國民黨軍司令長官顧祝同關於我新四軍活躍敵後江南戰場抗擊日寇之輝煌戰績電（1939.2—1939.12）……三

二八　新四軍在滬寧路天王寺等地抗擊日寇之戰報摘要（1939.4）……五五

二九　第三十二集團軍關於江南戰場新四軍第一、二支隊抗日戰績電及報告摘録（1939.4—1940.10）……五九

三〇　國民黨軍事委員會關於新四軍積極抗日堅決打擊日寇之嘉慰電（1939.4—1939.5）……七一

三一　第三戰區第二游擊區總指揮部關於江南戰場新四軍位置的部署（1940.7）……七三

三二　顧祝同關於分配給新四軍於荻港一帶布雷擊日任務電（1940.10.5）……七五

三三　白崇禧轉報顧祝同關於我江南新四軍抗擊日寇戰績電……七七

國民黨消極抗日積極反共的政治

【一】對日投降主義的政治方向

一、被迫抗戰『戰而後和』的決策

一　蔣介石向國民黨華北作戰將領指示消極抗戰意旨電（1937.9.12）……一三七

二　錢大鈞關於蔣介石對閻錫山秦德純等所指示抗日曖昧態度給熊斌電（1937.7.12）……一三九

三　國民黨在國防會議上密議對日妥協投降等情有關密電（1937. 10. 30）……………………一四一
四　孔令侃向孔祥熙報告關於敵逼即退未敗思和的國民黨對日決策等情的密電（1937. 11. 12）…………一四三
五　漢奸周佛海表示投敵係其在廬山會議對戰局看法之一并非反蔣行爲的情報（附《回憶與前瞻》原文）
（1939. 7. 31）……………………………………………一四五

二、投降與帝國主義誘降

一　日本軍部顧問山本與孔祥熙密談西安事變以來國民黨政府對日態度的談話要點（1937. 1）…………一六七
二　日本杉山關於密促蔣介石與日外相直接締約繼續反共之談話要領（譯文）（1937）…………一七三
三　蔣介石暗示停止滬戰對日妥協及德帝願出保調解等情報（1937. 11. 12）……………………一八一
四　孔祥熙致日本山本關於妥協停戰勾結反共的密電稿（1937. 11. 19）……………………一八三
五　王芃生關於日方運動津領事團出面誘降及日皇派員赴平津活動等情報（1937. 12. 10）…………一八五
六　孔祥熙之子向孔密報日寇正在向其誘降情形電（1938. 1. 8）……………………一八七
七　日本畑俊六吐露國民黨政府及英相張伯倫所提中日『和談』基本條件的情報（1938. 3. 8）…………一八九
八　國民黨駐滬特務代表孔祥熙與日本萱野松本等接洽妥協投降有關文電（1938. 3—1938. 7）…………一九一
九　國民黨駐滬特務與日本畑俊六幕僚松本接洽進行『議和』的文電（1938. 4. 7）……………………一九三
一〇　香港英政府傳出中日『和談』之基本條件內容的情報（1938. 6. 3）……………………一九七
一一　英帝擬迫使中國對日妥協及國民黨CC與敵方接洽準備投降等情報（1938. 6）……………………一九九
一二　國民黨駐滬代表進行由日本伊藤等游説近衛坂垣宇垣各派承認以蔣介石爲談判對象的文電
（1938. 8—1938. 11）……………………………………………二〇一
一三　國民黨駐滬特務伯良（胡南湖）報告半年以來與中日各方接洽『和談』活動情形電（1938. 9. 12）……二一七
一四　汪精衛宋子文與日寇及漢奸王克敏勾結内幕同時孔祥熙派員密赴平津進行勾結活動的有關密電
（1938. 10. 29）……………………………………………二二五
一五　孔祥熙準備投降日寇搜集各方情報所編的《和與戰草稿》（1938）……………………二二七

一六　國民黨駐滬特務報告與土肥原談判以孔祥熙爲中心進行談判經過電（1939.2）……二六五
一七　敵僞北平臨時政府綏靖部長齊燮元遣員密赴四川進行勾結川軍將領的情報（1939.2.27）……二六九
一八　上海《大陸報》載稱英帝出任『調停』中日戰争動機的情報（1939.3.18）……二七一
一九　漢奸汪精衛發表《舉一個例》一文聲稱妥協投降乃國民黨最高當局共同主張的情報（1939.4.4）……二七三
二〇　英大使寇爾赴渝誘和與蔣介石舉行協議的情報（1939.4.21）……二七五
二一　英帝誘降中共反對孔祥熙主張對日妥協投降的情報（1939.9.1）……二七七
二二　孔祥熙在重慶『國共會議』席上公開主張對日求和的情報（1939.9.1）……二七九
二三　漢奸褚民誼向重慶國民黨政府勸降的微電（1939.9.5）……二八一
二四　孔祥熙代表邀日本喜多來滬『和談』進行情形有關文電（1939.9）……二八七
二五　宋子文爲與日妥協事來往港渝及中日政府代表集中香港活動的情報（1939.9）……二八九
二六　政學系陳儀等將與日單獨『議和』及日本擬利用顔惠慶等誘和等情報（1939.9.16）……二九一
二七　日本政府所遣談判專員與孔祥熙代表在滬進行『和談』有關文電（1939.11—1939.12）……二九三
二八　敵山西特務主任大本清及僞師長蔡雄飛對駐晋國民黨軍誘降的文電（1940.8）……三〇五
二九　日本《朝日新聞》發表關於太平洋戰争後國民黨對日投降空氣日濃的消息（譯文）（1942.2.4）……三〇九

三、蔣日僞勾結與所謂曲綫救國

一　漢奸陳公博案内《八年來的回憶》自白書（1946）……三一九
二　張建報告國民黨厦門要塞司令林國賡與日領勾結經過的密呈（1937.9）……三六五
三　胡鄂公向孔祥熙條陳抗戰武力不足恃宜求政治途徑的有關密電（1937.11.15）……三六七
四　國民黨外交部司長高宗武由汪精衛授意辭職赴滬與日使谷正之接洽投降等情報（1938.7.2）……三六九
五　日帝重價收買國民黨高級軍官供給如『黄河决口』等軍事機密的情報（1938.8）……三七一
六　香港《海外呼聲報》：『通敵禍閩陳儀的漢奸罪證』（1938.8.30）……三七三
七　蔣介石派宋子文赴河内與汪精衛進行勾結活動的有關情報（1939.1）……三八一

八　高宗武携帶汪精衛的『和平』重要提案赴日活動情報（1939.2）……三九一
九　汪精衛之響應近衛宣言係得蔣介石默契的情報（1939.2）……三九九
一〇　幕僚陳志漢關於陳立夫勾結汪精衛投敵主和内幕的報告（1939.4.24）……四〇三
一一　李宗仁供認鄂中各縣國民黨派任縣長通敵害民情形密電（1940.2.26）……四〇九
一二　國民黨五中常會關於恢復漢奸陶希聖高宗武周斐成的國民黨籍的記録（摘録）（1940.4.18）……四一三
一三　國民黨軍委會轉報周恩來葉劍英爲蔣軍陳長捷等部與日寇言好襲擊八路軍新四軍代電（1940.7.21）……四一五
一四　國民黨軍委會對朱德彭德懷電告石友三暗通敵的事實辯護的代電（1940.7.30）……四一七
一五　國民黨中統局關於山西閻錫山通敵情形的情報（1942.2.19）……四二一
一六　國民黨勾結冀察各縣敵僞地方部隊給予名義經費進行反共的有關令文（1943.1.19）……四二三
一七　蔣介石利用孫殿英投敵勾結反共有關文電（1943.4—1943.9）……四二七
一八　關於國民黨利用投僞之龐炳勳部情形的資料（1943.10）……四四五
一九　蔣介石指令湯恩伯負責勾結張鳳峰等策動反共軍事有關密電（1944.2—1944.3）……四四七

四、國民黨軍官紛紛投敵

一　國民黨二十二軍長高雙成查報所部鄔青雲陳秉義等通敵情形的文電（1938.9—1938.10）……四五九
二　國民黨蘇北游擊司令張英士密赴徐州向敵接洽投降的有關文電（1938.12.30）……四六五
三　國民黨師長通過漢奸任道援接洽投敵及國民黨高級軍官勾結汪僞等等的情報（1939.7.3）……四六七
四　國民黨軍校學生汪步青陳伯英等率游擊部隊於鄂省漢陽投敵有關電文（1939.7—1939.8）……四六九
五　顧祝同報告國民黨軍何行健在滬率部投附汪精衛經過電（1939.11.9）……四七七
六　戴笠關於黄大偉投敵經過之報告（1940.1.30）……四七九
七　衛立煌等報告六十九軍軍長兼察省主席畢澤宇率部投敵密電（1941.6）……四八五
八　國民黨第二戰區關於國民黨軍投敵問題的報告（1941.10）……四八九
九　國民黨軍政部處理孫良誠部正在醞釀投敵的有關電文（1942.3—1942.4）……四九三

一〇　冀察戰區副司令高樹勛報告孫良誠投敵電（1942. 5. 26）……四九九
一一　國民黨新五軍副軍長康翔關於孫殿英投敵經過致劉峙電（1943. 5）……五〇一
一二　國民黨魯蘇戰區總指揮榮子恒率部投敵及龐炳勳等投敵後活動有關文電（1943. 6. 25）……五〇五
一三　國民黨第七戰區政治部關於駐揭陽獨立旅營長陳光輝率部投敵處理情形函（1943. 7. 16）……五〇七
一四　國民黨駐皖南第一四四師師長張德昌主任張定波等率部投敵有關文電（1945. 4—1945. 5）……五〇九

【二】積極反共製造反共高潮

一、國民黨的反共策略法令

一　蔣介石對中國共産黨共赴國難宣言的談話及其特委會研究報告（1937. 11）……五一一
二　國民黨行政院關於宣傳共産主義仍按危害民國緊急治罪法修訂前法條取締有關令文（1938. 6—1938. 7）……五二五
三　國民黨中央黨部解釋反動的《共産黨人自首法》疑義的有關函電（1937. 7—1937. 8）……五二七
四　國民黨員張允榮所擬關於破壞中共領導的抗日根據地的對策（1938. 6）……五二九
五　國民黨對於中共八月二日延安黨員大會決議案的反動對策有關函電（1938. 10）……五三一
六　國民黨擬訂積極反共的《推進陝甘邊境黨務辦法》（1938—1939）……五三五
七　國民黨密訂的《防制异黨活動辦法》（1939. 4）……五四五
八　國民黨社會部《辦理應付异黨活動之經過情形概述》（1939. 9）……五五一
九　國民黨關於『异黨』一詞改爲『某黨』的密令（1939. 11）……五五五
一〇　國民黨黨員周厚鈞關於鄂豫皖邊區中共活動對策的補充意見（1939）……五五七
一一　蔣介石密令中央黨部等組設反共機構代電（1940. 2. 20）……五五九
一二　國民黨反動政府製訂的《防止异黨兵運方案》（1940. 4）……五六一
一三　國民黨甘肅省政府爲防制中共製訂的二三兩區特種工作大綱（1940. 4. 9）……五七三

一四　國民黨軍令部企圖縮小八路軍新四軍抗日區域接連製訂三次反共方案（1940.4.19—1940.4.22）……五八一
一五　徐永昌誣衊中共阻撓八路軍破壞敵後交通綫呈文（1940.5.6）……五九一
一六　陳誠與徐永昌商訂反動的《共黨問題處置辦法》（約1940.6）……五九三
一七　國民黨某重要反動分子所擬關於反共的方針與對策（1940以後）……六〇七
一八　徐永昌關於調整西北反共部署致蔣介石的簽呈（1940.12.20）……六三一
一九　徐永昌爲迅速實行反共的《剿滅黃河以南匪軍作戰計劃》及殲滅江南新四軍致蔣介石簽呈（1940.12.10）……六三五
二〇　蔣介石電飭黨政軍防範第十八集團軍及新四軍之活動（1940.12.30）……六三七
二一　蔣介石密電國民黨避免與敵作戰進行『剿撫』工作的反共命令（1941.1）……六三九
二二　蔣介石通飭不得沿用八路軍名義的令文（1941.1.11）……六四一

第三十五册　原第三輯第十一册（下）—第十四册

國民黨消極抗日積極反共的政治

【二】積極反共製造反共高潮

一、國民黨的反共策略法令（續）

二三　蔣介石直認殲滅皖南新四軍并撤銷新四軍番號通令（1941.1.30）……一
二四　國民黨軍委會誣衊中共改稱『某黨』爲『奸黨』的密令（1941.4.7）……三
二五　國民黨軍令部關於中共擬在國民黨停發十八集團軍經費後發起捐款運動討論對策的電文（1941.4—1941.5）……五

二六　蔣介石密令關於核定『捕獲』中共人員給獎辦法的代電（1941.7.15）……九
二七　國民黨軍委會關於打擊中共發行鈔票辦法改爲查禁字樣的令文（1941.10.20）……一一
二八　國民黨中宣部關於中共報刊登載邊區整風運動等文字的反動對策（1943）……一三
二九　國民黨中央宣傳部擬制反動的《對中共應采用何種宣傳策略》（1943.10.18）……一五
三〇　國民黨中央宣傳部所擬《各黨派之言論分析與對策》（1943）……一九
三一　國民黨中央黨部擬訂《對中共所應采取對策總檢討》（1944.10）……二七
三二　國民黨軍委會特別黨部制發的《防止奸僞活動辦法》（1944.12）……四七
三三　國民黨軍委會特別黨部制發的《防止异黨共運實施方案》（1944.12）……四九
三四　國民黨第六次全國代表大會關於通過特委會對中共問題之決議及工作方針的記録（節録）（1945.5.17）……六一
三五　國民黨第六戰區密發蔣介石製定的在淪陷區攻擊八路軍新四軍所謂對策（1945.5）……六三
三六　國民黨第十戰區企圖劫奪抗日戰爭果實製定各種圍擊八路軍新四軍的反共計劃（1945.5—1945.6）……六七
三七　國民黨第三戰區擬訂的反共辦法——《第三戰區協同盟軍登陸前後防制奸僞活動辦法》（1945）……八一
三八　國民黨特種會議第一次關於中共七全大會之分析與對策的談話記録（1945.8.2）……九一

二、企圖破壞各地抗日根據地

一　國民黨政府查禁延安民衆團體懸掛共産黨黨旗有關文電（1938.6—1938.7）……一〇九
二　國民黨陰謀破壞中共在河北省群衆運動領導權的文電（1938.10—1939.2）……一一三
三　山西國民黨省黨部與公犧會座談進行反共之決議的情報（1939.10—1939.11）……一二一
四　國民黨豫鄂皖三省黨部會商防止中共活動的報告（1939.11.22）……一二五
五　國民黨安徽省黨部委員方宏孝關於皖東人民抗戰力量的增長及其消極抗日統治不安等情報告（1940.9）……一二七
六　安徽省國民黨關於建立組織製訂辦法進行反共情形的報告（1941以前）……一三九
七　國民黨關於陝西積極反共撥發機密專款有關函電（1943.2—1944.11）……一四五

八 韓德勤爲充實反共力量再請設立江蘇省幹訓團電（1944.3.16）……一五一
九 國民黨軍委會軍風紀第五巡察團關於陝東陝北晋西的反共布置及其統治情形的報告（1945.3.27）……一五三

三、製造三次反共高潮

（一）第一次反共高潮前後

封鎖進犯陝甘寧邊區

一 蔣介石手令甘省主席朱紹良積極反共及對陝北飛運須經其許可等情的電（1937.12.12）……一六三
二 蔣介石密令對封鎖陝甘寧邊區的反共電文（約1938.6.10）……一六五
三 國民黨政府竊奪陝西邊區定邊甘泉等縣地方政權有關文電（1938.5—1940.2）……一六七
四 蔣鼎文等捏造事實調派騎二師侵駐陝北反共往來文電（1939.6—1939.8）……一七九
五 國民黨軍委會辦公廳關於封鎖邊區增加陝北兵力的代電（1939.9.4）……一八五
六 國民黨陝北行政專員何紹南等製訂各種限制陝北中共擴展抗日力量的反共辦法往來函電（1939.7—1939.8）……一八七
七 國民黨陝西省主席蔣鼎文企圖扣留由新疆歸隊抗日的八路軍致何應欽密電（1940.1.15）……二〇七
八 蔣介石密令阻撓新疆汽車東開致蔣鼎文電（1940.2.15）……二〇九
九 蔣鼎文關於由新疆去延安人員不准通過致何應欽密電（1940.2.21）……二一一
一〇 何應欽徐永昌等關於充實西北反共勢力增强嫡系部隊往來密電（1940.1—1940.2）……二一三
一一 國民黨關於『陝甘寧邊區』及十八集團軍新四軍作戰地境編制問題的反動提案（1940.7.16）……二一九
一二 徐永昌蔣介石關於增强陝綏甘寧邊區反共兵力往來文電（1940.8）……二二五
一三 反共分子黃樹芬捏造事實并企圖襲擊延安的密電（1940.12.15）……二二七
一四 胡宗南要求調派三十六軍二十七軍至陝北反共致蔣介石密電（1940.12）……二二九

隴東事件

一　張滌吾報告中共謝覺哉提出解決隴東事件五項提案電（1939. 2. 13）……二三三
二　國民黨軍第一六五師師政治部代主任任冠軍呈送歪曲事實的隴東事件報告書（1939. 4—1939. 9）……二三五
三　朱紹良報告隴東鎮寧事件解決經過情形電（1939. 7. 17）……二五七
四　國民黨甘肅省政府關於隴東鎮寧事件及策劃反共經過的報告（1939）……二五九
五　胡宗南報告陝北隴東國民黨軍部署情況密電（1940. 6. 6）……二七一

平江慘案晉西事變確山慘案

一　國民黨查禁《新華日報》刊《追悼新四軍平江嘉義留守處遇害烈士啓事》函（1939. 8. 26）……二八三
二　國民黨第二十七集團軍在平江殺害中共湘鄂贛邊區特委李秋帆等四十餘人的報告（1940. 12）……二八五
三　國民黨西安行轅主任程潛報告晉新軍起義經過及襲擊情形密電（1940. 1. 2）……二八七
四　閻錫山報告襲擊山西汾陽等地區抗日新軍的密電（1940. 7）……二八九
五　蔣介石借鎮壓『晉西事變』名義企圖消滅共產黨的密令（1941. 1. 10）……二九三
六　蔣介石密令『剿辦』竹溝中共籌辦的四縣聯合辦事處電文（1940. 12. 25）……二九五

襲擊冀魯察綏地區

一　蔣介石何應欽鼓勵蔣軍積極反共密電（1940. 1. 4—1940. 1. 6）……二九九
二　蔣介石爲積極反共釋冀察戰區總司令職權及獨斷專行之意義有關文件（1940. 2. 21）……三〇一
三　蔣介石等迫令八路軍撤至長治邯鄲以北地區往來電文（1940. 3）……三〇五
四　國民黨軍令部簽呈對魯西南的八路軍劃定作戰區域企圖殲滅的辦法（1940. 4. 8）……三〇九
五　反共分子沈鴻烈報告襲擊魯省各地八路軍的密電（1940. 7—1940. 8）……三一一
六　沈鴻烈報告襲擊魯南八路軍的密電（1940. 7. 11）……三一七
七　石友三等報告襲擊冀魯邊區八路軍的密電（1940. 7）……三一九
八　衛立煌報告高樹勛等部襲擊冀魯邊區八路軍的密電（1940. 7—1941. 9）……三二一

九　何應欽庇護石友三勾結敵僞并迫令八路軍退出魯西的反共代電（1940.5.16）……三二七
一〇　關於八路軍劉伯承部在羅川地區遭國民黨軍圍擊的密電（1940.2.12）……三二九
一一　國民黨陰謀進攻察綏人民抗日根據地的有關電文（1940.12—1941.4）……三三一

襲擊晉豫地區

一　國民黨第六集團軍陳長捷部在晉西襲擊張文昂抗日部隊的戰鬥詳報（1939.12.12—1939.12.31）……三三九
二　鹿鍾麟等阻撓八路軍開展晉東南及豫北抗日地區的密電（1940.2.12）……三六九
三　鹿鍾麟等企圖侵占陵川圍殲八路軍往來文電（1940.2.19—1940.2.22）……三七一
四　蔣介石密令圍擊陵川一帶八路軍電（1940.2.22）……三七五
五　蔣介石等企圖擴大全面反共的電文（1940.2.28—1940.3.2）……三七七
六　程潛轉報豫北國民黨軍對中共部隊施加壓力的密電（1940.3.16）……三七九
七　程潛報告國民黨軍龐炳勳等部開赴陵川林縣一帶反共的密電（1940.3）……三八一
八　關於八路軍陵川兵站遭國民黨軍第四十六師圍擊的密電（1940.3.27）……三八三
九　國民黨西安行轅主任程潛轉達蔣介石指示第二、八、十各戰區反共密電（1940.3.28）……三八五
一〇　蔣介石密令『搜索』晉東南八路軍的電文（1940.4.6）……三八七
一一　何應欽拒絶八路軍請求擔任進攻潞城平順壺關長治間敵軍的簽呈（1940.4.20）……三八九
一二　國民黨投降派首領何應欽拒絶八路軍赴長邯平順一帶抗日致衛立煌密電（1940.4.24）……三九一
一三　國民黨軍令部調派龐炳勳部攻擊平漢鐵路八路軍援應石三友反共部隊的密電（1940.8.24）……三九三

襲擊蘇皖魯豫鄂豫皖邊區

一　國民黨軍令部製定的反共指導方案（1940.3.22）……三九七
二　蔣介石密令『剿辦』蘇皖魯豫邊區八路軍新四軍的電文（1940.3.28）……四〇一
三　李品仙等報告襲擊鄂豫皖邊區八路軍新四軍的密電（1940.1—1941.3）……四〇五
四　蔣介石密令第五戰區『協剿』新四軍第三挺進團隊的電文（1940.1.13）……四一三

五　程潛轉報國民黨軍襲擊豫鄂邊區八路軍新四軍計劃的密電（1940. 4. 5）……四一五

對新四軍的摩擦

一　國民黨軍令部製訂的『防制皖南新四軍具體意見』（1940）……四二七
二　嚴立三報告襲擊鄂東新四軍的密電（1939. 9—1940. 4）……四三一
三　國民黨戰地黨政委員會轉報蔣軍顧祝同部襲擊新四師梅光迪部代電（1939. 10. 12）……四三五
四　國民黨反共軍第一一七師劉漫天部在天長六合盱眙等地區襲擊新四軍的戰鬥詳報（1940. 4. 1—1940. 4. 8）……四三七
五　徐永昌迫令江北新四軍開往江南企圖一股殲滅的密電（1940. 4. 13）……四七一
六　國民黨反共軍第六七軍許紹宗報告襲擊鄂東新四軍的密電（1940. 4. 20）……四七三
七　蔣介石密令『剿辦』上杭龍岩一帶新四軍游擊隊電文（1940. 5. 24）……四七五
八　國民黨軍蘇北游擊指揮官李明揚等報告在蘇北江都泰縣等地襲擊新四軍之密電（1940. 7—1940. 8）……四七七
九　陳泰運報告襲擊蘇北新四軍情形致何應欽密電（1940. 9. 7）……四八三
一〇　劉汝明報告派兵進襲新四軍豫鄂挺進縱隊的密電（1940. 9. 20）……四八五
一一　蔣介石誣衊江北新四軍并迫令移至江南的密電（1940. 9. 25）……四八七
一二　陳誠報告襲擊鄂東新四軍致蔣介石何應欽的密電（1940. 9—1941. 2）……四八九
一三　國民黨反共軍第一三八師莫德宏部在皖東地區襲擊新四軍的機密作戰日記（1940. 10—1940. 12）……五〇一
一四　陳誠轉報鄂東國民黨軍部署反共的密電（1940. 11. 9）……五三九
一五　何應欽支援韓德勤攻擊蘇北新四軍的密電（1940. 12. 5）……五四一
一六　關於國民黨政府鎮江縣縣長莊梅芳在高莊謀害新四軍戰士之文電（1939. 12）……五四三
一七　國民黨軍委會侍從室抄送關於皖南新四軍移動情形情報（1940. 12）……五四五
一八　張治中轉報皖南新四軍最近動態情報（1940. 12. 20）……五四七
一九　顧祝同關於處置國民黨軍第六二師等部攻擊浙西新四軍不力的密電（1941. 1. 29）……五四九

二〇　李宗仁報告襲擊皖東等地區新四軍的密電（1940. 2—1941. 3）……五五一
二一　何柱國報告襲擊豫皖邊區八路軍新四軍計劃密電（1944. 9. 4）……五五七

黄橋事件

一　何應欽迫令新四軍退出黄橋等地致韓德勤的密電（1940. 9. 19）……五六一
二　國民黨反共軍一一七師劉漫天等在蘇北黄橋襲擊新四軍戰鬥詳報（1940. 9. 20—1940. 10. 6）……五六三
三　國民黨軍令部編製的《黄橋之役戰鬥經過概要》（1940. 9—1940. 10）……五七七
四　韓德勤報告第八十九軍李守維部分三路圍攻黄橋的密電（1940. 10. 5）……五八三
五　盧印泉等報告韓德勤發動『蘇北事件』經過情形電（1940. 10. 18）……五八五
六　李明揚報告反共軍韓德勤等部進襲新四軍在黄橋失敗情形電（1940. 11. 10）……五八九
七　國民黨反共軍第三十三師孫啓人部在蘇北地區襲擊新四軍戰鬥詳報（1940. 9—1940. 10）……五九三
八　葉劍英轉報韓國鈞李明揚爲曲塘會議發表的電文（1940. 11. 9）……六一五
九　國民黨繼黄橋事件破壞蘇北曲塘會議團結抗日的文電（1940. 10—1940. 11）……六一七

第三十六册　原第三辑第十五册—第十七册

國民黨消極抗日積極反共的政治

【二】積極反共製造反共高潮

三、製造三次反共高潮

（二）第二次反共高潮前後

皖南事變

一　蔣介石密令顧祝同『解決』江南新四軍的反共電文（1940.12.10）……………………七
二　何應欽關於『解決』江南新四軍的親筆函件（1940.12.3）……………………九
三　國民黨軍令部長徐永昌關於『解決』江南新四軍致蔣介石等簽呈（1940.12.4）……………………一一
四　顧祝同轉報襲擊皖南新四軍軍部致何應欽密電（1941.1.8）……………………一三
五　國民黨反共軍第四十師方日英部在皖南圍擊新四軍軍部戰鬥詳報（1941.1.4—1941.1.15）……………………一五
六　國民黨反共軍第一四四師唐明昭部在皖南圍擊新四軍軍部戰鬥詳報（1941.1.5—1941.1.20）……………………四五
七　國民黨軍第七十九師段霖茂匪部在皖南茂林一帶圍攻新四軍作戰詳報（1941.1）……………………七五
八　國民黨軍第五十二師劉秉哲匪部在皖南圍攻新四軍戰鬥詳報（1941.1）……………………九五
九　國民黨豫鄂邊區游擊總指揮王仲廉部策應皖南事變襲擊豫鄂邊區新四軍的陣中日記（1941.1）……一五一
一〇　國民黨反共軍第九十二軍襲擊皖北新四軍第四師情形報告書（1941.1—1941.5）……………………一五九
一一　國民黨反共軍二十一師侯鏡如部在皖北渦陽蒙城襲擊新四軍戰鬥詳報（1941.2）……………………一六三
一二　國民黨第五戰區游擊縱隊襲擊銀屏山新四軍戰鬥詳報（1941.2—1941.3）……………………一七七

一三　國民黨反共軍第三十二集團軍上官云相部圍擊皖南新四軍軍部戰鬥詳報（1941.1—1941.2）……一八九
一四　國民黨中宣部等頒發製造皖南事變的欺騙宣傳要點代電（1941.1.23）……二二九
加强封鎖進犯陝甘寧邊區
一　國民黨反共軍第一〇九師陳金城報告接替封鎖陝北密電（1941.1.10）……二三七
二　蔣介石等轉報關於高雙成擬訂進犯鹽池襲擊三邊的反共計劃密電（1941.5.19）……二三九
三　國民黨第八戰區司令長官朱紹良報告襲擊八路軍密電（1941.6.9—1941.6.11）……二四一
四　朱紹良蔣介石關於調整國民黨隴東封鎖綫往來密電（1941.7.4）……二四三
五　朱紹良報告國民黨軍胡宗南部第八師接替陝北封鎖綫的密電（1941.9.26）……二四五
六　朱紹良報告襲擊甘肅寧縣八路軍的密電（1942.2—1942.3）……二四七
七　蔣介石令於撤銷商同邠洛兩區動員指揮部後對陝北解放區加强封鎖有關文電（1942.9—1942.11）……二四九
襲擊冀魯豫抗日根據地
一　國民黨反共軍第一一四師在山東沂水地區襲擊八路軍陸明閣部戰鬥詳報（1941.2）……二六三
二　于學忠報告襲擊魯省各地區八路軍的密電（1941.2—1941.12）……二六七
三　沈鴻烈報告襲擊魯東地區八路軍的密電（1941.3.6）……二七七
四　高樹勛報告襲擊魯西地區八路軍的密電（1941.4—1941.5）……二七九
五　湯恩伯報告襲擊豫省各地區八路軍新四軍的密電（1941.4—1941.5）……二八五
六　熊斌轉報高樹勛部在冀魯邊區襲擊八路軍的密電（1941.5—1941.6）……二八七
七　沈鴻烈報告襲擊津浦鐵路一帶八路軍的密電（1941.8.25）……二九五
襲擊晋綏抗日根據地
一　蔣介石等關於侵占綏省大青山襲擊八路軍往來密電（1941.4—1941.5）……二九九
二　蔣介石密令調派新二六師分駐烏審旗反共的電文（1941.7.21）……三〇一
三　國民黨軍第四十八師婁福生匪部與八路軍陳賡等部在山西浮山四十里嶺戰鬥詳報（1942.2）……三〇三

四　國民黨軍第四十八師婁福生匪部與八路軍陳賡部在山西浮山太嶽山戰鬥詳報（1942.4）……三一五

五　國民黨軍第六九師高金波部在山西太嶽山地區反共戰報（1942.4）……三二五

襲擊閩贛抗日游擊隊

一　蔣介石密令『清剿』閩贛邊境抗日游擊部隊的反共電文（1941.2.21）……三三七

繼續襲擊鄂豫蘇皖新四軍

一　國民黨鄂東行署主任程汝懷報告襲擊豫鄂皖蘇邊區八路軍新四軍計劃的密電（1941.1.3）……三四三

二　湯恩泊報告襲擊豫鄂邊區新四軍的密電（1941.1.20）……三四五

三　于學忠報告襲擊蘇北新四軍戰況及派兵東進的密電（1941.1.21）……三四七

四　陳誠報告國民黨軍王伯高部襲擊荆鐘地區新四軍不力的密電（1941.2.20）……三四九

五　顧祝同電告襲擊江南新四軍的反共辦法（1941.3.19）……三五一

六　國民黨反共軍騎兵第二軍何柱國部在蘇豫皖邊區襲擊新四軍第四師戰報概要（1941.2—1941.4）……三五三

七　國民黨反共軍騎兵第三師等部在豫東永城縣境襲擊新四軍第四師戰鬥詳報（1941.2—1941.4）……三五七

八　程汝懷報告襲擊鄂東地區新四軍的密電（1941.3—1941.11）……三七一

九　湯恩伯報告襲擊豫皖邊區新四軍的密電（1941.5.1）……三八一

一〇　國民黨特務頭子戴笠呈告第一七六師襲擊皖西新四軍部署情形（1941.4.28）……三八三

一一　蔣介石密令『剿辦』皖南一帶新四軍的反共電文（1941.5.31）……三八五

一二　陳誠企圖消滅新四軍在鄂東地區布置反共部隊密電（1941.6.10—1941.6.17）……三八七

一三　陳誠報告湖北保安隊襲擊襄陽新四軍的代電（1941.6.12）……三八九

一四　蔣介石密令實查在懷遠河溜集圍擊新四軍第四師的反共戰績電文（1941.6）……三九一

一五　蔣介石密令襲擊豫鄂皖邊區新四軍第五師致李宗仁的電文（1941.7.31）……三九三

一六　李宗仁呈報第二十一、三十一兩集團軍反共戰績并向蔣介石請功代電（1941.8）……三九五

一七　國民黨反共軍第二十三集團軍唐式遵部在皖南事變後繼續襲擊皖南一帶新四軍概況
（1941.8—1941.10）……………………………………………………………………四〇五
一八　蔣介石密令『剿辦』襄河西岸新四軍致李宗仁電（1941.11.26）…………………四〇九
一九　李宗仁關於第五戰區反共軍部署及襲擊新四軍情形致蔣介石密電（1941.10—1941.11）………四一一
二〇　國民黨第八十四軍莫樹杰匪部與新四軍第五師李先念等部在河南商城一帶作戰的機密作戰日記
（1941.10—1941.12）……………………………………………………………………四二一
二一　國民黨反共軍第二十一集團軍李品仙部襲擊鄂豫皖邊區新四軍的作戰機密日記
（1942.4—1942.6）……………………………………………………………………四六三
二二　國民黨反共軍暫編第一師王認曲部在隨南襲擊新四軍第五師戰鬥詳報（1942.4—1942.8）………四九一
二三　國民黨反共軍第四十五軍在隨南進襲新四軍第五師戰鬥詳報（1942.4—1942.8）…………五五三
二四　國民黨反共軍第八十四軍在豫鄂邊區進擊新四軍第五師戰鬥詳報（1942.5.1—1942.8.15）………五九七
二五　國民黨反共軍第二十一集團軍李品仙部襲擊豫鄂皖邊區新四軍的計劃（1942.10）…………六二三
二六　國民黨反共軍第四十一軍曾甦生部在湖北應山地區襲擊新四軍第五師的機密作戰日記（1944.2）………六二九
二七　國民黨第一戰區臨泉指揮所『防剿』指揮部在渦北襲擊新四軍戰鬥詳報（1944.8.28—1944.10.24）……六三三

國民黨消極抗日積極反共的政治

【二】積極反共製造反共高潮

三、製造三次反共高潮

（三）第三次反共高潮前後

進犯陝甘寧邊區

一　國民黨第八戰區企圖圍擊陝甘寧邊區設立兵站的指導綱要（1943）……七
二　國民黨後勤部吴錫照關於襲擊陝甘寧邊區籌劃兵站等事項的呈文（1943.9—1943.10）……二一
三　蔣介石密令馬鴻逵派兵布防寧夏靈武一帶襲擊八路軍的電文（1943.9.12）……二七
四　國民黨反共軍新編第三十七師政治部呈送陝北封鎖綫的守備計劃（1945.5.19）……二九

襲擊魯南豫南八路軍

一　李延年等報告襲擊魯南地區八路軍的電文（1945.7）……三五
二　國民黨豫南挺進軍襲擊正陽藍青店陡溝一帶八路軍新四軍戰鬥詳報（1945.1）……三七

襲擊晋綏八路軍

一　朱紹良報告襲擊烏旗八路軍的密電（1943.5.18）……四九
二　朱紹良報告大青山八路軍開始總攻擊的密電（1945.7.23）……五一
三　國民黨第六十一軍梁培璜匪部與八路軍孫定國等部在山西太嶽區戰鬥詳報（1944.4.25）……五三

四　國民黨反共軍騎兵第五師慕新亞部在綏遠凉城南天門渡口堡一帶襲擊八路軍一二〇師戰鬥詳報（1945.9）……九一

襲擊湘鄂贛八路軍南下支隊

一　國民黨反共軍第三十集團軍土陵基部在湘鄂邊境襲擊八路軍南下支隊的作戰機密日記（1945.3—1945.4）……一一一
二　國民黨反共軍新編第十三師楊本固部在湘鄂贛邊區襲擊挺戰敵後的八路軍南下支隊戰鬥詳報（1945.3—1945.8）……一五九
三　國民黨反共軍第九十二師在湘鄂地區襲擊挺戰敵後八路軍南下支隊戰報（1945.4—1945.9）……二〇一
四　國民黨反共軍第三十四師祝順錕部在湘鄂贛邊區襲擊八路軍南下支隊戰鬥詳報（1945.5—1945.6）……二一九

襲擊鄂南贛北新四軍

一　國民黨第三十集團軍王陵基匪部在鄂南贛北與新四軍第五師等部戰鬥詳報（1943.4）……二三七
二　國民黨暫編第五十一師林茂華部襲擊黃安麻城地區新四軍戰鬥詳報（1943.5.25—1943.6.7）……二六五
三　國民黨第四十八軍張光瑋匪部與新四軍張體學部在鄂東羅田作戰的機密作戰日記（1944.1—1944.2）……二八五

襲擊蘇浙皖新四軍

一　反共軍顧祝同對浙東地區新四軍進行圍剿部署情形文電（1943.7.9—1943.7.19）……三一一
二　國民黨反共軍顧祝同部襲擊浙東地區新四軍部署的工作報告（1943.8）……三二五
三　顧祝同呈報在皖南浙東分別組設反共機構呈文（1943.8）……三二七
四　國民黨反共軍第五十二師張乃鑫部在蘇南地區襲擊新四軍第六師第十六旅戰鬥詳報（1943.4.10—1943.4.17）……三三一
五　國民黨反共軍顧祝同部襲擊蘇南地區新四軍的工作報告（1943.4—1943.7）……三九五
六　反共軍顧祝同部在蘇南一帶部署重兵襲擊新四軍文電（1943.6—1943.7）……三九九

七　蔣介石密電實查浙東新四軍實力企圖徹底『肅清』的反共命令（1943. 10. 16—1943. 10. 19）……四〇一
八　反共軍顧祝同部襲擊四明山新四軍部署情形文電（1943. 11. 21）……四〇三
九　顧祝同報告襲擊浙東新四軍的密電（1944. 4. 10—1945. 8. 7）……四〇五
一〇　國民黨匪軍暫編第十四師在渦北進擊我新四軍第三、四師戰鬥詳報（1944. 9. 8—1944. 10. 24）……四〇七
一一　韓德勤陳誠蔣介石關於襲擊蘇皖邊區八路軍往來密電（1944. 9—1944. 10）……四三七
一二　顧祝同報告襲擊蘇南新四軍的密電（1944. 12. 17）……四四一
一三　國民黨特務頭子戴笠報告蔣軍第一七一師在定遠襲擊新四軍呈文（1944. 12. 22）……四四三
一四　顧祝同報告布置襲擊蘇南新四軍的密電（1944. 11. 26）……四四五
一五　國民黨忠義救國軍馬志超部與新四軍粟裕部在浙江天目山一帶戰報摘要（1945. 2）……四四七
一六　國民黨反共軍第二十八軍陶柳部在浙西襲擊新四軍第六師戰鬥詳報（1945. 2. 11—1945. 3. 19）……四五一
一七　蔣介石密令三戰區合力攻擊臨安孝豐新四軍致顧祝同電（1945. 4. 26）……四七九
一八　國民黨反共軍第二十五集團軍李覺部在浙西新登臨安孝豐地區襲擊新四軍第一、六師戰鬥詳報（1945. 5—1945. 6）……四八一

第三十八册　原第三輯第十九册（下）—第二十二册（上）

國民黨消極抗日積極反共的政治

【二】積極反共製造反共高潮

三、製造三次反共高潮

（三）第三次反共高潮前後

襲擊蘇浙皖新四軍（續）

一九　國民黨反共軍忠義救國軍襲擊孝豐一帶新四軍作戰部署代電（1945.6.14）……一

二〇　蔣介石密令十戰區沿江截擊新四軍致李品仙電（1945.6.15）……五

二一　國民黨軍第一九二師王培匪部與新四軍粟裕部在臨新地區戰鬥詳報（1945.6）……七

二二　國民黨反共軍第五十二師張迺鑫部在浙西孝豐附近襲擊新四軍第三縱隊戰鬥詳報（1945.6）……二九

二三　顧祝同報告襲擊浙西新四軍的密電（1945.6—1945.8）……九九

二四　國民黨陸軍獨立第六旅黃炎匪部在皖北睢宿與新四軍第三師第九旅旅部戰鬥詳報（1945.7）……一〇三

二五　國民黨第一七二師朱乃瑞匪部在安徽合肥青白龍廠一帶與新四軍羅炳輝部作戰詳報（1945.10.23—1945.10.28）……一一五

二六　顧祝同勾結敵僞襲擊浙西浙東新四軍的密電（1945.8.25）……一三一

襲擊閩浙贛抗日根據地

一　國民黨第三戰區製訂的閩浙贛三省邊區反共計劃（1943.10）……一三五

二　顧祝同呈送《三省邊區綏靖區內黨政配合軍事之連系事項》致蔣介石代電（1943.10）……一四三

三　蔣介石轉報黃紹竑電呈浙江第九次反共會議的決議電（1943. 5. 2）……一四七
四　顧祝同呈報第三戰區的反共計劃（1944. 8）……一四九
五　國民黨第三戰區顧祝同製訂積極反共的計劃及實施情況（1944. 8—1944. 11）……一五五
六　顧祝同蔣介石等關於第三戰區製訂企圖消滅八路軍新四軍抗日力量的反共辦法往來文電（1944. 12. 26—1945. 4. 25）……一六一
七　國民黨反動政府製訂反共的《東南戰場作戰計劃》（1945. 5）……一六七

襲擊廣東人民抗日游擊隊

一　國民黨第七戰區司令長官余漢謀等關於惠淡守備區反共計劃往來電文（1942. 12—1943. 1）……一七三
二　國民黨軍令部密令襲擊廣東人民抗日游擊隊東江縱隊的電文（1944. 3. 11）……一七七
三　蔣介石密令『清剿』廣東人民抗日游擊隊致余漢謀等電（1944. 4—1945. 1）……一七九

四、破壞人民抗日團體

一　國民黨西安當局下令查封西北青年救國聯合會等十三個進步團體有關電文（1938. 6—1938. 10）……一九一
二　川浙兩省人民組織文化抗敵救亡團體國民黨陰謀破壞的電令（1938. 4—1938. 6）……二〇一
三　國民黨非法製訂取締抗日團體辦法有關文件（1939. 1）……二〇七
四　沈鈞儒鄒韜奮等發起組織抗敵協進會國民黨政府阻止破壞的令文（1939. 1—1939. 4）……二一三
五　國民黨女特務關於何香凝發起香港婦女救國聯合會的情報（1939. 6. 1）……二二三
六　國民黨迫害河南青年救亡協會公函（并附關於協會活動情形總報告）（1939. 11. 9）……二二五
七　國民黨中統局關於各地黨部組織外圍團體專事反共的辦法（1940. 5. 13）……二五五
八　國民黨海外社會兩部會商破壞馬來亞中共活動的函件（1940. 2）……二五七
九　湖北國民黨省黨部報告解散中共領導之隨縣澴潭鎮食鹽運銷合作社密函（1940. 10. 16）……二五九
一〇　國民黨陰謀破壞中共領導之抗敵團體有關函件（1940. 1）……二六一

一一　陳誠顧祝同迫害中國工業合作協會鄂豫浙皖各分支隊構之中共人員有關文電（1940.5—1941.6）……二六七
一二　陝甘寧邊區民衆抗敵後援會等團體抗議國民黨在西安解散救亡團體逮捕負責人員的代電（1938.6）……二七九
一三　國民黨中執會社會部關於阻撓山東省職工抗日聯合會成立的公函（1939.11.16）……二八三
一四　薛岳轉報關於誣衊中共仇視組織抗日機構的反共密電（1938.11.29）……二八五

五、血腥殘毒的集中營

一　國民黨爲積極反共慘害青年組織戰時青年訓導團的大綱（1941.2.15）……二八九
二　國民黨內政部呈送《戰時青年訓導團學生召集辦法》（1942.4.15）……二九七
三　國民黨『戰時青年訓練東南分團』在閩境崇安縣秘密集體屠殺共産黨員有關呈文（1942.8.17）……二九九
四　國民黨內政部轉呈《戰時青年訓導團學生考驗分發及指導監督辦法》（1942.11.11）……三〇一
五　山西國民黨省政府爲積極反共設立迫害人民的『收容所』致行政院密電（1941.4.19）……三〇五
六　國民黨政府關於特設魯蘇戰區『戰時青年訓導分團』的令文（1942.11.25）……三〇七
七　蔣介石指派特務康澤徐君佩等設『戰時青年訓導團』經過情形有關文件（1941.10.30）……三〇九
八　陳布雷關於『戰時青年訓導團』實際隸屬問題的簽呈及蔣介石批語（1942.2—1942.3）……三一三
九　國民黨貴州省政府進行迫害共産黨員積極成立『收容所』有關密電（1942.4—1942.5）……三一七
一〇　余漢謀爲在粵積極反共設立『感訓院』及『臨時特別監獄』的有關文件（1941.11—1942.7）……三一九
一一　胡宗南加緊迫害進步青年改組『西北青年勞動營』增設晉綏獨立大隊的有關代電（1942.12.25）……三三三
一二　國民黨貴州省黨部設立迫害共産黨員之『收容所』的有關呈文（附章程）（1942.7.2）……三三五

【三】獨裁專政的統治

一、統治機關的組織

（一）中央機構

一　國防最高委員會關於軍委會與行政院調整所屬機關組織與隸屬關係的公函（1938.2.7）……三四七

二 國民黨政府關於處理國民參政會要求改革行政機構的有關文件（1938.9—1939.5）……三四九
三 臨時全國代表大會國民黨黨員關於緊縮政治機構的提案（1938.4）……三七三
四 蔣介石自兼國民黨政府行政院長時對於各部會工作之指示（1939.12以後）……三九五
五 國民黨國防最高委員會與立法院關係之調整辦法（1942.2）……四〇五
六 國民黨政府關於調整國防最高委員會與立法院之關係的令文（1942.2.20）……四〇七
七 張厲生對於《行政院會議及院部間關係之研究》之意見（1942.7—1942.9）……四〇九
八 修正『中華民國國民政府』組織法第八條第十條第十一條第十三條第十四條及第十五條條文（1943.9.15）……四一一
九 修正『中華民國國民政府』組織法第十三條第二項條文（1943.5.29）……四一五
一〇 國民黨政府行政院組織法歷次修正經過概況（1943.6.29）……四一七

（二）新縣制保甲户口普查

一 國民黨璧山縣府秘書陳一關於新縣制實施一年來發現若干問題的意見（1941.1.28）……四三三
二 國民黨九中全會議案研究委員會關於加强新縣制之推行以完成地方『自治』的議案（1941.10）……四四五
三 國民黨製訂陰謀反共的運用保甲組織防止『异黨』活動辦法（1940.1）……四四九
四 國民黨軍委會關於冀魯游擊區嚴密保甲組織積極反共情形致行政院公函（1940.1.19）……四五一
五 白崇禧關於安徽省保甲組織剥削和危害民衆情形致蔣介石電（1939.5.10）……四五三
六 貴州松桃縣保甲經費攤派經費弊端及地方士紳建議改籌問題的有關文件（1940.6—1940.12）……四五七
七 國民黨政府公布的鄉鎮組織暫行條例（1941.8）……四六五
八 四川南川巴縣等縣民關於鄉鎮保甲徵收派款擾害閭閻的呈文（1941.8.21）……四八一
九 國民黨政府製訂的户口普查條例（1941.2.13）……四八五
一〇 國民黨行政院草擬統一整理户政法令綜合擬訂户籍保甲法的提案（1943）……四九一
一一 國民黨四川省政府報告辦理户籍及人事登記困難情形致行政院呈文（1943.9）……四九七

二、國民黨的黨政概況

（一）粉飾門面的抗建綱領和加緊壓榨的總動員法

一　國民黨政府頒發的國民黨抗戰建國綱領及其令文（1938.7.2）……五一三

二　國民黨政府公布的國家總動員法（1942.3.29）……五一九

三　國民黨政府《國家總動員法實施綱要》（1942.3）……五二五

四　國民黨政府公布的妨害國家總動員懲罰暫行條例（1942.6.29）……五三七

五　國防最高委員會關於撤銷機構重疊的各省市縣動員委員會的公函及其辦法（1942.6.18）……五四一

第三十九册　原第三輯第二十二册（下）—第二十四册

國民黨消極抗日積極反共的政治

【三】獨裁專政的統治

二、國民黨的黨政概況

（二）加强統治的國民黨重要決議

一　一九三八年國民黨臨時全國代表大會對於黨務報告之決議案（1938.3）……三

二　一九三八年國民黨臨時全國代表大會開會詞（1938.3.29）……九

三　一九三八年國民黨臨時代表大會閉幕詞（1938.4.1）……一九

四　國民黨製訂的《軍隊黨務整理辦法》（1939.3.23）……二三

五　國民黨組織部專門委員黃夢飛關於奉蔣介石命擬定四川省黨政協同推進地方事業實施辦法及報告（1939.7）……二七

六　國民黨陝西省政府關於取締農工拒絶參加其反動的農工團體辦法（1939. 8. 14）……………三七
七　國民黨擬制《縣各級黨政關係調整實施辦法草案》（附對照表）（1939. 10）……………三九
八　國民黨關於推進邊遠省區民運工作原則（1940. 3. 21）……………五七
九　杜得霖報告陝西國民黨黨務情形及進行反共意見致朱家驊函（1940. 4—1940. 7）……………五九
一〇　國民黨西南公路特别黨部擬訂黨政聯合防止中共人員有關文件（1940. 5—1940. 7）……………六五
一一　國民黨組織部關於限期成立四川省各縣黨部的視察報告要點（1940. 5）……………七三
一二　國民黨黨務視察員曹德宣關於成華等縣黨務情形報告（1940. 5. 16）……………七九
一三　國民黨五届第七次中全會對於黨務報告之決議（1940. 7. 1）……………八三
一四　國民黨擬制《非常時期黨政機關督導人民團體辦法》（1940. 8. 22）……………八九
一五　李宗黄等關於加强國民黨統治的提案（1940. 9）……………九三
一六　楊沛如等關於山東國民黨政治軍事黨務及其派系概況致陳果夫的報告（1941. 9. 10）……………九七
一七　國民黨九中全會議案研究委員會關於議題徵詢要項（1941. 9. 13）……………一三一
一八　國民黨九中全會議案研究委員會所擬《整飭紀綱修明政治方案》（1941. 10. 10）……………一三三
一九　國民黨九中全會議案研究委員會關於力行蔣介石整飭機構考核人事的議案（1941. 10）……………一四三
二〇　國民黨九中全會議案研究委員會關於『黨務』方案草案（1941. 10）……………一五一
二一　國民黨九中全會議案研究委員會關於實施國民黨小組管理加强控制其黨員的議案及辦法（1941. 10）……一五七
二二　第三届國民黨參政員舉行關於國民黨黨政實施問題的談話會記録摘要（1941. 11）……………一六三
二三　國民黨社會部密擬的《特區黨務工作方案》（1942. 11）……………一六九
二四　國民黨第十一次全會關於堅持反共破壞團結抗戰的議決案及其有關文件（1943. 9. 13）……………一七五
二五　潘公展等在國民黨五届中常會關於把持憲政實施從速經營國民黨黨報的提案（1943）……………一八七
二六　國民黨特務葉秀峰等關於調整國民黨黨部中央機構進行反共的提案（1943）……………一九一
二七　國民黨重慶衛戍司令部關於加强反共的提案（1944. 4—1944. 5）……………一九五

二八 國民黨中委談話會關於『黨派問題』談話記録（1945.3.19）…………一九七
二九 國民黨第六次全國代表大會關於八年來妥協投降所謂抗戰決策的報告（選録）（1945.5）…………二〇一
三〇 國民黨第六次全國代表大會關於竊奪抗戰功勞暴露蔣管區腐敗的政治總報告（密件）（1945.5）…………二一五

三、假民主與憲政

（一）參政會的組織

一 國民黨政府公布的國民參政會組織條例及其令文（1938.4.12）…………二六九
二 國民黨政府公布的國民參政會議事規則及其令文（1938.7.1）…………二七五
三 國民黨政府公布的修正國民參政會組織條例（1940.9.26）…………二八一
四 國民黨擬制的修正國民參政會組織條例（1940.10.2）…………二八七
五 參政會開會期間關於各黨派活動情報（1944）…………二九三
六 各黨派對參政大會之反應的情報（1944）…………三〇三

（二）省縣參議會

一 國民政府公布的省臨時參議會組織條例（1938.9.26）…………三一一
二 國民黨擬制《各級黨部推進地方自治實施綱要草案稿》（1939.7.27）…………三一九
三 山東臨時參議會宣言（1940.8.28）…………三二七
四 國民黨政府公布的縣參議會組織縣參議員選舉及鄉鎮民代表選舉條例（1941.8.9）…………三三三
五 國民黨政府行政院公布的縣市參議員違法失職暫行處分辦法及其令文（1942.6.23）…………三四七
六 國民黨政府行政院擬訂關於成立縣以下民意機關辦法與步驟（1943）…………三四九
七 國民黨政府行政院擬訂的限期成立各省縣參議會實施綱要及有關令文（1943）…………三五三
八 國民黨五届中常會關於不准廣西按照單行法産生各縣臨時參議員的議決案（1943.7.26）…………三五七
九 憲政實施協進會請國民黨政府從速完成并充實地方各級民意機關建議案（1944.2.9）…………三五九

一〇 憲政實施協進會會員江恒源請國民黨政府健全基層民意機關建議案（1944.7.1）……三六三
一一 憲政實施協進會關於注意地方民意機關土劣勢力之意見（1944.10）……三七一
一二 國民黨内政部次長張維翰視察廣西等七省設立縣各級民意機關情形報告書（1944.3）……三七五

（三）所謂憲政實施與國民大會

一 國民黨五届六中全會關於定期召集國民大會決議案的有關令文（附原提案）（1939.12.9）……三八九
二 國民黨五届第一四三次中常會議關於國大代表産生問題的議決案（1940.3.31）……四〇九
三 國民黨中央宣傳部擬制的對於實施憲政問題之指示（1940.4.18）……四一三
四 國民黨製訂的憲政問題集會結社言論暫行辦法（1940.4.18）……四一七
五 蔣介石圈定國大代表的有關文電（1940.5）……四一九
六 國民黨政府公布的國民大會籌備委員會組織條例（1940.10.22）……四二三
七 國民黨西京市黨部反對延安各界主張改選舊國大代表決定行憲日期的代電（1940.6.9）……四二五
八 國民黨司法院關於國民黨五中全會對實施憲政決議的訓令（1942.11.24）……四二七
九 國民黨政府行政院通令全國研討中華民國憲草的有關文件（1943.12—1944.1）……四二九
一〇 國民參政會第四届一次大會關於商討國民大會問題的情報（1945.7）……四三三

四、國内外人民抗議皖南事變及反獨裁的呼聲

一 南洋華僑各團體呼籲團結一致對外的電文（1941.1）……四五一
二 南洋各地華僑關於要求樹立民生消弭内戰的談話（1941.1）……四五三
三 旅美僑胞各社團呼籲力行民主團結抗戰的電文（1941.1）……四五九
四 紐約及南洋華僑各報社反對内戰團結抗日的社論（1941.1）……四六三
五 全美洲洪門總幹部監督司徒美堂等關於國民黨製造皖南事變的電文（1941.1）……四六九
六 宋慶齡等關於皖南事變致蔣介石及國民黨中委書（1941.1.12）……四七三

七　張一麟等四百餘人呼籲制止内戰致林森蔣介石電（1941. 1. 12）……四七七
八　南洋各報社關於主張民主團結反對獨裁反共的社論（1941. 1. 17—1941. 1. 23）……四七九
九　仰光各社團爲『一・二八』九周年紀念籲請堅持團結反對分裂宣言（1941. 1. 28）……四九一
一〇　南洋華僑學生反對内戰重演要求釋放葉挺將軍及國民黨陰謀破壞有關電文（1941. 2—1941. 8）……四九五
一一　陳嘉庚呼籲弭止内争加强團結通電（1941. 2. 5）……五〇三
一二　上海同胞爲新四軍事件主張實行民主合作抗日致《密勒氏評論報》編者函（1941. 2. 6）……五〇五
一三　國民黨國民大會華僑代表爲皖南事變主張團結一致抗戰的意見（1941）……五〇九
一四　中國民主政團同盟對目前時局的看法與主張（1944. 5）……五一三
一五　《華西日報》專論：論民主團結的方式（1945. 3. 18）……五二三
一六　《華西晚報》關於昆明文化界發表主張實現民主力挽當前危局的消息（1945. 3）……五三三
一七　中國民主同盟發言人談：最近國内民主與團結問題（1945. 3. 22）……五三五
一八　成都《新中國報》社論：實行民主政治要根絶『家天下』思想（1945. 5）……五四一

五、破壞國共談判

一　國民黨對於林伯渠同志至渝後的應付對策（1944）……五四五
二　國民黨關於林祖涵同志至渝問題的應付重點（1944）……五四七
三　林祖涵同志至渝時國民黨政府發言人擬發表的談話草稿（1944. 4）……五五一
四　國民黨商討關於中共問題對外宣傳談話會記録（1944. 2. 21）……五五三
五　國民黨中央關於國共談判醞釀期間召開的黨政軍聯席會報記録（1944）……五六一
六　蔣介石指示關於外籍記者赴延安及林祖涵同志至渝問題之陰謀注意事項記録（1944. 3. 15）……五六九
七　國民黨外交部關於《舊金山紀事報》論記者要求赴延安事的情報（1944. 2. 25）……五七五
八　國民黨關於外報記者赴陝北參觀辦法草案（1944）……五七七
九　張治中《關於中共問題商談經過》報告（1944. 9. 15）……五八一

第四十册　原第三輯第二十五册—第二十七册

國民黨消極抗日積極反共的政治

【四】國民黨統治下的腐敗黑暗

一、國民黨的派系傾軋

一　蔣志澄關於報告劉湘與國民黨中央在軍政經濟矛盾等情致蔣介石電（1937.10.24）……七
二　國民黨國防會議關於居正與王寵惠衝突及指定人員設民意機關等情的有關密電（1937.10.9）……九
三　孔祥熙與宋子文互争職權把持中國銀行有關密電（1937.12—1938.7）……一一
四　孔祥熙之子令侃向孔策劃收買曾爲胡漢民拉攏之失意軍人以樹植勢力電（1938.1）……一七
五　特務胡南湖向孔令侃報告上海新聞各界打擊孔祥熙稱譽宋子文等情密電（1938.3—1938.4）……一九
六　川軍不滿國民黨改組四川省政府解决經過的情報（1938.3）……二三
七　張群入川聯絡反對劉航琛之四川軍人以制國民黨中央的情報（1938.8.25）……二七
八　宋子文假借中共提出改革政治機構向各方面活動謀取孔祥熙行政院長的情報（1938.3—1938.6）……二九
九　孔令侃組織南光社作反宋（子文）運動的有關密電（1938.5.9）……三七
一〇　桂系與國民黨中央競奪該省貿易會及陳儀與戴笠在閩建築勢力互相衝突有關情報（1938.7.18）……三九
一一　孫科繼第四次倒蔣失敗後活動的情報（1938.9.21）……四一
一二　胡南湖關於孔祥熙宋子文及汪精衛利用張群互争行政院長職權向孔門獻計密電（1938.10.16）……四三
一三　國民黨參政員傅孟真打擊孔祥熙起因的情報（1938.11—1939.2）……四五
一四　國民黨中央關於奪取滇省財政軍事及行政權問題與龍雲盧漢往來電文（1938.11—1940.6）……四七

一五　國民黨西南各省當局聯銜電蔣不得取消地方政府軍政權及孫科宋子文爭行政院長的情報（1939.12.26）……六一
一六　孔祥熙因其親信不肯離去滇緬公路局長問題與交長張嘉璈發生爭執的情報（1940.1.12）……六三
一七　《香港日報》關於孔祥熙堅決辭職以與宋子文互爭外長的報導（1940.2.18）……六五
一八　湯恩伯關於國民黨軍孫良誠部與朱世勤部内部矛盾鬥爭之文電（1941.12.26）……六九
一九　蔣介石特派員關於藉詞抗戰拉攏寧夏青海涼州等地方軍閥的工作經過報告書（1942以後）……七一

二、官僚貪污腐化與黑暗統治

一　上海各報揭露孔令侃在港生活窮奢極欲的報導（1938.3—1938.12）……八九
二　長沙士紳要求清算何鍵主湘几年額外捐派各款給國民黨政府的呈文（1938.4—1938.6）……九七
三　國民黨官僚們假駐港辦事處名義報銷私人開支的情報（1938.12.8）……一〇三
四　武漢淪陷後鄂東在國民黨統治地區軍政腐敗概況的有關報告（1939.7.18）……一〇五
五　重慶國民黨黨政軍機關人員過着腐化生活的令文（1940.4.11—1941.5.21）……一一五
六　控告國民黨鹽務人員貪污的河南洛陽鹽務歌（1940.9）……一一九
七　國民參政員孔庚建議廢除官廳對人民各種不平等契約及待遇以孚民權政治之實提案（1941.1）……一二一
八　國民黨軍委會關於軍政敗壞引起民衆反感等情致内政部代電（1941.5.31）……一二五
九　國民黨第一戰區司令長官蔣鼎文舞弊營私一月失地四十縣被彈劾案有關文件（1941.6—1941.7）……一二七
一〇　國民參政會第二屆第一次大會關於建議重申前令嚴禁官吏操縱物價提案（1941.6.11）……一三一
一一　關於國民黨第六十八軍劉汝明部軍官多吸鴉片携土迫賣燒殺擾民等情電（1941.10.30）……一三三
一二　國民黨組織部關於綏遠省政府苛克中飽囤積舞弊的情報（1941.12.6）……一三五
一三　國民黨軍委會關於後方特務橫行檢查逮捕居民的令文（1942.10.27）……一三七
一四　陳布雷等關於美記者鮑爾文之論文發表後討論發布軍事經濟及反共新聞的有關記録（1942）……一三九
一五　國民黨軍委會關於察省主席馮欽哉克扣公款情報（1943.1.29）……一六三
一六　陝西省臨時參議會議長李元鼎等揭發陝西省府重大舞弊案致行政院電（1943.5.16）……一六七

一七　第三届國民參政會關於建議國民黨政府頒布保障人民財産自由辦法以禁非法苛擾提案（1944.1.16）……一七一
一八　國民黨國家總動員會爲掩護社會對物價波動的責難招待新聞記者談話會記録（1944.11.1）……一七五
一九　蔣介石手諭各部院關於檢討美帝格爾德諷刺國民黨統治腐敗所擬的對案（1944）……一八七
二〇　國民黨政府參軍處關於中央大學學生反對國民黨各省主席貪污不法等情形的公函（1945.4.10）……二一一
二一　揭露山西閻錫山抗戰以來殃民罪行的小册子——《榨油記》（1946）……二一三

三、封建幫會的活動

一　上海幫會因蔣介石利用進行反共勢力膨脹及抗戰以來活動的情報（1938.2.24）……二四三
二　國民黨特務關於上海弃守後各大流氓與蔣政權及日僞雙方勾結活動的情報（1939.2）……二四九
三　國民黨中統局關於黔威寧縣發現保皇黨活動的情報（1939.7.18）……二五三
四　廣東海陸豐長髮黨活動有關文件（1939.7）……二五七
五　國民黨中統局關於四川哥老會成立國民自强社經過的情報（1940.3.7）……二六三
六　成都袍哥籌組國民互助社的情報（1941.5.20）……二六七
七　國民黨軍令部關於華縣一貫道活動情形的令文（1943.11）……二七一
八　川省梁山縣青幫及刀兒會組織活動情形有關文電（1943.12.15）……二七五
九　國民黨軍令部關於一貫道由北京上海入川爲敵作間諜活動的令文（1944.9.10）……二七九

四、兵役舞弊與虐待壯丁

一　廣東省辦理各縣保甲與兵役弊端情形的有關函電（1939.6.1）……二八三
二　國民黨巴縣截劫外籍商旅充當壯丁以致人心惶惶呈文（1939.8.12）……二八七
三　國民黨軍事委員會政治部關於湖南各縣徵兵舞弊鄉間暗無天日的情報（1940.8.27）……二八九
四　國民黨查禁《新蜀報》載《大竹石河場保甲辦理兵役舞弊》訓令（1940.9.21）……二九一
五　國民黨新十二軍吊打壯丁激起民憤等情函（1941.4.19）……二九三

六　湖北來鳳縣人民控訴國民兵團團長兄弟同惡相濟串通聯保殃害人民呈文（1941.7.23）……………二九五
七　國民黨政府一九四師營長槍殺壯丁等不法行爲電（1942.3.3）……………二九九
八　兵役署視察員報告粵省保八團亂拉歸國僑民充當壯丁電（1942.3.13）……………三〇一
九　國民黨第四十一補訓處上校附員劉倬環報告兵役弊病函（1942.3.20）……………三〇三
一〇　馮玉祥在國民黨一九四次中常會上關於兵役弊端報告（1942.7.20）……………三〇九
一一　咸陽第七補訓處二團有關壯丁暴動結夥逃亡的代電（1942.8.23）……………三一五
一二　有關軍政部第五補訓處二團毒打和虐待新兵激起衝逃的代電（1942.8—1942.10）……………三一七
一三　國民黨政府第四十六軍關於柳慶師區亂拉壯丁而造成大量逃亡的簽呈（1942.9.26）……………三一九
一四　貴陽市國民兵團派人四出强拉商旅充當壯丁報告（1942.10.12）……………三二一
一五　關於河南舞陽國民兵團副團長貪污違法的密報（1942.12.5）……………三二三
一六　國民黨役政殃民慘無人道視壯丁爲囚徒之不如牛馬等情况代電（1942.12.17）……………三二七
一七　國民黨視察室陳瀚報告關於龍漳師區賣放和槍殺壯丁及販賣鴉片等情况電（1943.1.16）……………三二九
一八　關於西京市徵兵强拉來往行旅頂替壯丁的代電（1943.6.19）……………三三一
一九　國民黨宣蕪師管區基幹團黄孝篤報告皖南各縣拉替賄放包庇壯丁視爲常事函（1943.7.29）……………三三三
二〇　浙江開化縣農民控訴金衢師區司令及某部下吸毒污辱婦女傷害農民等不法行爲有關文件
（1943.8—1944.5）……………三三五
二一　國民黨新兵役法頒布後造成盜匪叢生社會紛亂情形的密函（1943.9.13）……………三四一
二二　國民黨温江兵役科長賣放壯丁舞弊函（1943.12.19）……………三四三
二三　國民黨成茂師管區全體官佐控訴其副司令吃缺賣丁貪污違法罪行函（1944.3.1）……………三四五
二四　關於國民黨七十三軍凌虐壯丁而致大批死亡電（1944.3—1944.4）……………三四九
二五　國民黨湖南師管區官兵控告陳炳文代團長貪污違法和虐待壯丁有關文件（1944.4—1944.5）……………三五一
二六　湯恩伯部抓兵役視察員充當壯丁并洗劫一空的密呈（1944.6.22）……………三五五

二七　國民黨湖北陵部師管區連附等控訴該團長克扣軍餉食鹽虐待壯丁并利用爲其私人營商有關文件（1944.8—1944.10）……三五九
二八　安岳縣中學生揭發該地壯丁被虐待而致死亡過多的函（1944.11.29）……三六五
二九　國民黨政府兵役部補充兵空運指揮部關於壯丁不堪迫害而轟逃的呈文（1945.5）……三六七
三〇　國民黨政府白市驛四十五補訓處强拉哨兵抵充壯丁并加拷打等不法行爲代電（1945.2.1）……三六九
三一　關於邛大師管區司令等賣放壯丁貪污違法的情報（1945.6.18）……三七一

五、消極抗戰所造成的慘案

（一）黄河决堤
一　國民黨軍新八師破壞黄河鐵橋及花園口決堤情形記録（1938.2—1938.6）……三七七
二　蔣介石關於徐州陷敵采用決毁黄河堤岸水攻戰略文電（1938.5.28）……三九一
三　關於徐州失陷挖掘黄河堤口各方意見文電（1938.5—1938.6）……三九三
四　商震報告花園口決堤後泛濫情形電（1938.6）……三九七
五　程潛關於黄河決口工作在花園口以西施行情形電（1938.6.9）……四〇一
六　廿集團軍參謀長魏汝霖關於花園口決堤經過報告（1939.3）……四〇三
七　蔣介石關於黄河決堤後指示須向民衆宣傳敵飛機炸毁黄河堤等情密電（1938.6.11）……四〇九
八　國民黨政府黄河水利委員會關於趙口花園口被炸決口泛濫情形致全國振濟委員會代電（1938.8）……四一一
九　張鈁關於黄河決口被灾難民急應廣籌移墾提案（1940）……四一三

（二）長沙大火

（缺）

（三）重慶大隧道慘案
一　國民黨重慶衛戍總司令部查報六五大隧道慘案代電（1941.6）……四一七

二　國民黨中宣部檢扣大隧道慘案等新聞稿代電（1941.6.24）……四二三
三　國民黨重慶防空司令部關於六五慘遭空襲情形報告（1942）……四二五

國民黨戰場節節潰敗的軍事

【一】作戰計劃及作戰部署

一、作戰計劃及作戰部署文電

一　軍事統帥部根據作戰部署計劃所作緊急處置事項的記録（1937.8）……四六七
二　關於第五戰區司令長官部作戰部署的命令（1937.12—1938.2）……四六九
三　國民黨政府關於黄河河堤防務實施經過文電（1938.4—1938.5）……四七九
四　程潛轉報閻錫山所屬第二戰區國民黨部隊部署等情電（1939.3.5）……四九七
五　蔣介石關於湘贛浙贛路作戰方針與部署方案致白崇禧之文電（1939.3.28）……四九九
六　康澤報告結束國民黨反共的別動總隊呈何應欽函（附記録）（1939.6.12）……五〇一
七　程潛轉報第八戰區朱紹良所轄國民黨部隊區分情形電（1939.7.14）……五〇五
八　國民黨鄂陝甘邊區警備司令祝紹周呈送該區各縣『冬防』計劃及『清鄉』辦法（1939.11.16—1940.3.15）……五〇七
九　國民黨政府準備退守四川的計劃（1940.7）……五一九
一〇　國民黨軍令部對於目前各戰區部署檢討之意見（1940.7.11）……五二七
一一　國民黨政府於武漢失守後爲保守長江上游江防地區的計劃（1940.8）……五三一
一二　國民黨修正滇越國境作戰計劃（1940.9）……五三七
一三　國民黨第五十軍於長江下游的布雷計劃（1941.6）……五四一
一四　蔣介石關於消極抗日積極反共對朱紹良胡宗南等所指示軍事部署的密令稿（1944.6.10）……五五一

一五　國民黨軍令部部長徐永昌擬關於一九四四年後維持西南地盤以抗日爲名積極反共爲目的的軍事計劃大綱（1944.6.10）……五五三
一六　白崇禧關於四、七、九戰區作戰應注意事項致蔣介石函（1944.8.20）……五五七
一七　蔣介石依靠美帝替他『整軍』所發表的《告中國陸軍總司令部所轄各將領書》（1945.2.2）……五五九
一八　蔣介石核定第十戰區保持大別山爲反共根據地的軍事計劃及其指示電（1945.2）……五六三
一九　蔣介石關於第一第五戰區協同作戰要領及部署有關文件（1945.3）……五六九

第四十一册　原第三輯第二十八册—第二十九册

國民黨戰場節節潰敗的軍事

【一】作戰計劃及作戰部署

二、戰區劃分戰鬥序列及圖表

一　蔣介石關於在保定設置行營等情的代電（1937.8.14）……七
二　何應欽關於程潛派赴石家莊代行第一戰區司令長官職權電（1937.9.23）……九
三　蔣介石關於調整第六戰區戰綫部署電（1937.10.4）……一一
四　蔣介石關於變更一二戰區作戰地境及劃分河防電（1938.3.4）……一三
五　蔣介石關於第一第五戰區作戰部署代電（1938.5.25）……一五
六　蔣介石關於變更武漢衛戍區與第一第五兩戰區轄境電（1938.6.10）……一七
七　國民黨軍事委員會所轄各戰區歷次作戰地境劃分要圖（1937—1945）……一九
八　蔣介石關於調整第一第五兩戰區轄境成立第十戰區及有關軍事部署文電（1944.12.28）……二一

九　國民黨軍各戰區戰鬥序列表（1937. 8. 20）……二三
一〇　國民黨陸軍兵力統計戰鬥序列表（第十四次）（1938. 7）……三三
一一　國民黨陸軍兵力統計戰鬥序列表（第二十次）（1939. 4）……五一
一二　國民黨陸軍兵力統計戰鬥序列表（第二十四次）（1940. 7）……七九
一三　國民黨陸軍兵力統計戰鬥序列表（第二十八次）（1942. 4）……一二五
一四　國民黨陸軍兵力統計戰鬥序列表（第三十五次）（1944. 4）……一九五
一五　國民黨陸軍戰鬥序列表（附駐地）（第三十七次）（1945. 1）……二三七
一六　國民黨陸軍兵力統計戰鬥序列表（附駐地）（第三十八次）（1945. 4）……二九九
一七　國民黨政府兵役部編一九四五年一月份全國各軍兵員補充進度表（1945. 2. 7）……三四一

【二】日寇侵略戰争主要經過與國民黨軍隊的潰敗

一、平津陷敵與平漢綫潰退

一　盧溝橋事件後國民黨軍政部召開的歷次會議的記録（1937. 7—1937. 8）……三六三
二　盧溝橋事件後國民黨籌劃軍事有關會議的記録和文件（1937. 7—1937. 9）……四四七
三　徐永昌對盧溝橋事件主張屈辱求和致何應欽函（1937. 7）……四七九
四　錢大鈞録送天津電話關於日方向宋哲元强提條件情形的便箋（1937. 7. 11）……四八一
五　盧溝橋事件發生以來日軍行動節略（1937. 7. 16）……四八三
六　顧祝同報告川軍劉湘潘文華等表示出兵參戰態度電（1937. 7. 16）……四八七
七　何應欽報告中共表示共同抗日意旨電（1937. 7. 16）……四八九
八　何應欽關於紅軍抗日部隊運用問題的建議（1937. 7）……四九一
九　徐永昌等報告國民黨廿九軍宋哲元部在平津對日寇作戰退却經過電（1937. 7. 30）……四九三
一〇　徐永昌關於宋哲元離平抵保及平津軍事部署情况致閻錫山電（1937. 7. 30）……四九七

一一　秦德純率部退至冀南後要求蔣介石決定和戰電（1937.7.31）……四九九
一二　孔祥熙對華北抗戰失利揭露軍政混亂各情電（1937.8.3）……五〇一
一三　陳誠轉陳李默庵關於日寇陷平津後前方軍隊集中遲緩及各自爲政等情電（1937.8.3）……五〇三
一四　蔣介石關於平津陷敵後對津浦平漢兩路一帶軍事部署電（1937.8.12）……五〇五
一五　國民黨第二十六路軍孫連仲部在平漢路房山琉璃河地區暨涿縣失陷經過戰報（1937.7—1937.9）……五〇七
一六　國民黨第二集團軍劉峙部在平漢綫保定一帶失敗情況概要（1937.8—1937.9）……五三五
一七　國民黨軍第四十軍聯絡參議韓子正關於廿九軍部隊撤退滄縣經過電（1937.9.11）……五六一
一八　劉峙報告所部在固安汲縣一帶節節失地經過電（1937.9）……五六三
一九　關於指責蔣介石嫡系平漢綫總指揮劉峙首先由保退石所部到處搶劫等情電（1937.9.27）……五六五
二〇　關於劉峙請處分所部關麟征等七員的文電（1937.10）……五六七
二一　國民黨政府監察院委員張華瀾等彈劾蔣系劉峙在平漢戰綫不戰潰逃失地幾八百餘里等情案文（1937.10.26）……五六九
二二　關於揭露第一戰區前綫各軍指揮系統混亂情況密電（1937.10.5）……五七一
二三　國民黨第廿九軍聯絡參謀揭露廿九軍作戰不力情況的報告（摘録）（1937.10）……五七三
二四　關於調整第一集團軍宋哲元部作戰部署電（1937.10.25）……五七七
二五　袁德性關於視察第一戰區宋哲元部不戰失守大名及其第一集團軍內部複雜等情的報告（1938.1.24）……五七九

第四十二册　原第三輯第三十册—第三十一册（上）

國民黨戰場節節潰敗的軍事

【二】日寇侵略戰爭主要經過與國民黨軍隊的潰敗

二、敵寇侵陷冀察晉綏

一　陳誠轉報國民黨軍第八十四師長高桂滋部抵太原秦德純等阻進冀省擬開晉北大同等情電（1937.7.22）……七

二　陳誠轉報李默庵建議以蔣介石嫡系在華北獨立任一方面作戰等情電（1937.7.23）……九

三　陳誠關於指責閻錫山防守娘子關之作戰方針主張增派嫡系部隊插足察綏等情電（1937.7.23）……一一

四　何應欽關於判斷敵情促晉軍推進綏察地區給閻錫山密電（1937.8.9）……一三

五　關於國民黨在華北軍事部署及平綏路敗退經過文電（1937.8）……一五

六　林蔚報告國民黨蔣系湯恩伯軍在平綏綫不戰逃撤情況電（1937.8.27）……二三

七　林蔚轉報衛立煌所稱平綏綫各軍系統複雜各自爲戰請予衛以集團名義致何應欽電（1937.8.28）……二五

八　徐永昌關於張家口宣化相繼陷敵湯恩伯劉汝明等部結集蔚縣情況電（1937.8.29）……二七

九　林蔚報告張家口失陷劉汝明部退宣化平綏綫潰敗情況電（1937.8.30）……二九

一〇　陶鈞自陽曲報告第二戰區國民黨軍相互無聯絡指揮不統一湯恩伯等部狼狽潰退情況電（1937.8.31）……三一

一一　陳誠轉報國民黨軍失守察哈爾懷來張家口劉汝明部現在蔚縣附近等情電（1937.9.7）……三三

一二　國民黨派駐三十五軍傅作義部聯絡參謀傅紹杰報告傅軍所屬各部不服指揮有退守大同雁門關之企圖電（1937.9.10）……三五

一三　張印周報告騎兵第三師與第七師編爲騎兵軍歸何柱國指揮騎七師門炳岳與何不睦情況電（1937.9.13）……三七

一四　蔣介石關於蔚縣失陷待第八路軍到達規復電（1937.9.13）……………………三九
一五　徐永昌報告閻錫山以敵正猛攻靈邱意圖截斷雁門關後路再行恢復大同等情電（1937.9.16）……………四一
一六　介景和報告國民黨軍於馬日齊向平型關之綫撤退一處失利全綫動摇等情電（1937.9.21）……………四三
一七　介景和報告晋軍在崞縣退却係高級指揮官决心猶豫將不用命士無鬥志等情電（1937.10.3）……………四五
一八　陳調元透露閻錫山所屬晋綏軍作戰不力建議派嫡系參加等情致何應欽電（1937.10.4）……………四七
一九　賀耀祖報告綏西混亂現象請派大員以資挽救電（1937.10.8）……………………四九
二〇　朱和中以華北戰局危殆請調精鋭部隊固守平漢綫石家莊代電（1937.10.13）……………………五一
二一　國民黨爲挽救北方戰局保守西北要地的方案（1937.10）……………………五三
二二　馬占山關於所部連失綏遠包頭一帶經過情形電（1937.10）……………………五七
二三　國民黨軍孫連仲等關於在晋東娘子關石門一帶敗退太原經過情形電（1937.10—1937.11）……………六一
二四　介景和自黑石關報告忻口撤退太原危急國民黨軍潰散混亂慘狀等情電（1937.11.16）……………七五
二五　國民黨第二戰區司令長官司令部後方辦事處編《娘子關會戰概要》（1937.10—1937.11）……………七七
二六　國民黨第二戰區司令長官閻錫山編送《忻口會戰紀要》（1937.10—1937.11）……………九五
二七　國民黨第九十六軍李興中部參加晋北忻口晋南臨晋地帶作戰經過概要（1937.8—1938.7）……………一二一
二八　國民黨第九十六軍李興中部參加晋南中條山地帶作戰經過概要（1938.8—1939.6）……………一二五
二九　陳誠轉報晋中士氣極壞高級將領不振作不負責等情代電（1938.1.14）……………………一三五
三〇　西京戰時經濟問題研究會指責潰退山西臨汾之國民黨將領抗戰不力聞警先遁等情代電（1938.3.30）……一三七
三一　馮治安關於所部師長王長海所報收復平陸失實請處分電（1938.4.15）……………………一三九
三二　劉戡透露退晋數十萬部隊將領畏縮勢成瓦解情況電（1938.6.6）……………………一四一
三三　國民黨軍新八師參加黄河河防禹門戰鬥經過記録（1938.12）……………………一四三
三四　閻錫山關於平型關戰役作戰經過要報（1939.8.21）……………………一四九
三五　關於晋東南子洪口戰役損失慘重情形的報告（1939.9.27）……………………一六一

三、淞滬戰敗與南京淪陷

一　國民黨政府軍委會調查統計局關於淞滬戰區作戰情况的通報（1937. 7—1937. 11）……一七一
二　何應欽關於宣布滬日海軍軍官向滬西虹橋飛機場挑釁逞凶情况通電（1937. 8. 9）……一八五
三　張治中揭露蔣介石消極抗日電（1937. 8. 12）……一八七
四　陳誠關於七七事變後上海南京敗退的回憶資料（1937. 8—1937. 9）……一八九
五　蔣介石關於淞滬會戰戰鬥之序列（1937. 9. 22）……二〇一
六　陳誠密呈淞滬會戰國民黨軍左翼軍攻擊計劃電（1937. 10. 4）……二〇三
七　陳誠電令撤退南方守軍上海局勢頓形緊張的有關情報（1937. 11. 8）……二〇七
八　蔣介石關於淞滬會戰戰鬥序列之變更及第三第七戰區任務之交電（1937. 11. 25）……二〇九
九　第九集團軍淞滬會戰中戰鬥經過概要（1937. 8—1937. 9）……二一三
一〇　關於淞滬會戰作戰經過戰報摘要（1937. 8—1937. 9）……二一九
一一　國民黨第十八軍第十六軍團及第十五、十九集團軍關於東戰場淞滬戰役的戰鬥詳報（1937. 8—1937. 9）……二二七
一二　國民黨第十八軍第十六軍團及第十五、十九集團軍關於東戰場滬常及蘇皖轉進諸役的戰鬥詳報（1937. 11—1937. 12）……三四五
一三　第二十一集團軍關於淞滬會戰之戰鬥詳報摘要（1937. 10—1937. 12）……四二一

第四十三册　原第三輯第三十一册（下）—第三十二册

國民黨戰場節節潰敗的軍事

【二】日寇侵略戰爭主要經過與國民黨軍隊的潰敗

三、淞滬戰敗與南京淪陷（續）

一四　國民黨軍澄鎮寧各要塞區潰撤經過的資料（1937.11—1937.12）……一
一五　各外國軍事偵察機關對中日軍隊作戰能力及優缺點之估計（1937.11）……二五
一六　劉興密呈國民黨軍撤退江陰要塞和搶劫情形電（1937.11.23）……三一
一七　國民黨第七十八軍關於南京戰役敗退之戰鬥詳報（1939.11—1939.12）……三三
一八　國民黨政府第二軍團徐源泉部由漢口增援南京敗退經過詳報（1937.11—1938.1）……四九
一九　南京衛戍軍戰鬥詳報（1937.12）……七五
二〇　國民黨第六十六軍葉肇部南京突圍戰鬥詳報（1937.12）……九三
二一　國民黨軍事統帥部門所編《滬戰經過及教訓》（1937.8—1937.12）……九九
二二　唐生智羅卓英等關於蔣軍潰退出南京之文電（1937.12.13）……一一三
二三　南京會戰資料（1937.12）……一一五
二四　吕琦等關於南京淪陷前夕國民黨軍潰敗經過之報告（1937.12.30）……一一九
二五　國民黨防空學校報告南京潰退情況的報告（1938.1）……一三一

四、魯南徐州之戰與國民黨軍隊突圍

一　關於魯南戰役經過的資料（1938.2—1938.5）……一五三

二　蔣介石關於魯南戰役軍事部署的電令（1938.4.21）……一六五
三　蔣介石關於阜寧失守指責韓德勤部以優敵五倍兵力任敵長驅電（1938.5.9）……一六七
四　湯恩伯反映國民黨軍采取消極抵抗態勢電（1938.5.10）……一六九
五　蔣介石於皖北蒙城失陷對日寇進行包圍徐州作戰指示電（1938.5.11）……一七一
六　蔣介石關於徐海警備司令繆澂流部遺失徐海國防計劃及徐州副防禦工事構築計劃等文代電（1938.5.11）……一七三
七　徐永昌等關於敵在魯南戰場采取外圍殲滅戰略的對策電（1938.5.13）……一七五
八　關於敵軍攻略徐州計劃的情報（1938.5.20）……一七七
九　何應欽等關於皖北魯南撤退部署阻敵西侵軍事計劃電（1938.5.21）……一七九
一〇　國民黨第四十軍龐炳勳陳述在沛縣地區節節潰退情況電（1938.5.22）……一八一
一一　王耀武反映國民黨軍在隴海地區作戰缺點情況電（1938.5.27）……一八三
一二　軍政部關於荷澤失陷守軍逃散情況代電（1938.5.29）……一八五
一三　陳誠報告合肥作戰及潰敗經過情況電（1938.5.29）……一八七
一四　關於魯南戰場潰退情況電（1938.6.2）……一八九
一五　關於第一百八十七師高級軍官張淑民等在豫東弃職潛逃等情電（1938.6.15）……一九一
一六　國民黨第八軍軍長黃杰關於所部第二十四師第一百八十七師防守歸德失敗情況的報告（1938.6.15）……一九三
一七　國民黨第一百八十七師從豫東商邱退至密縣經過的報告（1938.6.26）……一九七
一八　陳誠關於第四十軍龐炳勳部在沛縣狼狽潰退經過的簽呈（1938.6.30）……二〇七
一九　國民黨第二集團軍孫連仲部參加魯南台兒莊一帶作戰的戰報（1938.3—1938.5）……二〇九
二〇　國民黨第二十軍團湯恩伯部參加魯南會戰各役戰鬥詳報（1938.3—1938.5）……二七七

第四十四册　原第三輯第三十三册—第三十四册

國民黨戰場節節潰敗的軍事

【二】日寇侵略戰争主要經過與國民黨軍隊的潰敗

四、魯南徐州之戰與國民黨軍隊突圍（續）

二一　國民黨第卄集團軍商震部參加魯南會戰由鄆城荷澤節敗至開封鄭州經過詳報（1938.3—1938.6）……七
二二　國民黨第九十二軍李仙洲部魯南會戰戰鬥詳報（1938.4—1938.5）……三九
二三　國民黨第九十二軍李仙洲徐州蕭縣附近戰鬥詳報（1938.5）……五九
二四　國民黨第二十六集團軍徐源泉部增援淮南失守合肥經過要報（1938.5）……七一
二五　國民黨第二軍李延年部參與會戰戰鬥詳報（1938.5）……八一
二六　國民黨第五十一軍于學忠部參與魯南會戰戰鬥詳報（1938.5）……八七
二七　國民黨第六十軍盧漢部參與魯南會戰戰鬥詳報（1938.7.10）……一三三
二八　蔣介石關於徐州失陷後軍事部署的代電（1938.5.28）……二一九
二九　程潛對於魯南會戰中徐州戰役慘敗的論述（1938.7）……二二一
三〇　國民黨第十七軍團胡宗南部增援徐州在豫東蘭封作戰敗退豫西經過要報（1938.7）……二二五
三一　國民黨第卄七集團軍楊森部關於失守合肥經過的要報（1938.7）……二八五
三二　參謀程槐關於魯南戰區作戰配備等缺點的報告（1938.8）……三一五
三三　國民黨第五戰區淮北兵團廖磊部在隴海路沿綫一帶失敗經過詳報（1938.10）……三二三

五、敵沿長江南北岸侵陷武漢

一　第五戰區關於武漢會戰右翼兵團作戰之計劃（1938.2）……四一五
二　國民黨政府軍令部關於馬當湖口要塞配備情形電（1938.2.10）……四一九

三 薛蔚英呈報馬當要塞丢失情况電（1938. 6. 19）……四三一
四 劉興曾以鼎關於國民黨軍亂報香山失守情况電（1938. 6. 24）……四三三
五 國民黨軍第五戰區關於武漢會戰長江北岸之戰鬥經過概要（1938. 6）……四三五
六 李品仙關於武漢會戰第四兵團及徐楊兩部作戰指導要領電文（1939. 6. 23）……四三九
七 李品仙關於武漢會戰重新部署太湖望江之綫之文電（1938. 6. 29）……四四一
八 李韞珩報告薛蔚英軍畏縮違令撤退馬當要塞之密電（1938. 7. 1）……四四五
九 蔣軍内部互相傾軋致使馬當要塞失守經過情形之文件（1938. 7）……四四七
一〇 顧祝同關於馬當要塞守軍互相傾軋而潰敗致蔣介石電（1938. 7. 19）……四五三
一一 國民黨軍第五戰區武漢外圍會戰大别山南北麓各戰役之概况（1938. 7—1938. 10）……四五九
一二 國民黨軍第九戰區關於武漢會戰之作戰計劃（1938. 8. 5）……五〇九
一三 第九集團軍關於武漢會戰南潯路戰役之戰鬥要報（1938. 8）……五一五
一四 關於武漢會戰第三十集團軍王陵基部作戰潰敗經過之戰報摘要（1938. 8）……五四三
一五 李品仙關於武漢會戰廣濟附近作戰經過之文電（1938. 9. 3—1938. 9. 7）……五四九
一六 國民黨軍第五戰區關於武漢會戰長江南岸之戰鬥經過概要（1938. 9）……五五三
一七 第三十集團軍關於武漢會戰岷山之役潰退之戰鬥詳報（1938. 9）……五五五
一八 武漢會戰第二兵團陽新大冶附近戰鬥潰退之戰報摘要（1938. 9）……五五九
一九 國民黨第三十二軍政治部主任宋文彬擬請采取决長江之水以淹湘鄂淪陷各地敵軍有關文電（1938. 9. 26）……五八五
二〇 國民黨軍事委員會關於國民黨軍腐敗致使田家鎮要塞失守之電（1938. 9. 28—1938. 9. 29）……五八七
二一 田家鎮要塞司令楊宗鼎關於要塞北區戰鬥經過及其敗退之報告書（1938. 10）……五八九
二二 蔣軍第一百八十五師五百四十五旅關於武漢會戰漢口戰役之戰鬥詳報（1938. 10）……五九三
二三 郭懺密呈國民黨軍賀紀緒謊報遇敵撤退情况電（1938. 11. 21）……六〇三

二四　陳誠關於日寇侵陷武漢的回憶資料……六〇五

第四十五册　原第三輯第三十五册—第三十七册（上）

國民黨戰場節節潰敗的軍事

【二】日寇侵略戰爭主要經過與國民黨軍隊的潰敗

六、敵擾閩粵沿海厦門廣州失陷

一　楊華關於厦門失陷經過電（1938.5.13）……七
二　國民黨海軍總司令陳紹寬呈報關於厦門要港失陷經過之函（1938.5.18）……九
三　鼓浪嶼分會代表許珊夫等揭露厦門市長官通敵弃城逃匿致使厦門失陷真相電（1938.5.31）……一一
四　余漢謀關於防敵在淡水一帶登陸之軍事部署電（1937.8.31）……一五
五　國民黨政府文官長魏懷關於革指揮不當失守廣州余漢謀等職之函（1938.12.5）……一七
六　國民黨第六十六軍參謀長郭永鑣關於國民黨倉皇弃守廣州市面混亂情況的記述（1939.4）……一九
七　陳誠關於粵北韶關之役的回憶資料……三一

七、敵陷南昌與進犯鄂湘

一　白崇禧具申對九戰區作戰指導要領意見電（1939.3.5）……三五
二　蔣介石關於南昌會戰之戰鬥方針及部署致薛岳文電（1939.3.8）……三七
三　顧祝同關於策應南昌方面作戰對各方命令之電（1939.3.23）……三九
四　湯敏時關於武寧國民黨軍潰敗情況電（1939.3.31）……四一
五　羅卓英指揮無能致使南昌潰敗之密電（1939.4.2）……四三

六　湯敏時呈報嚴辦國民黨軍官傅翼失守武寧之密電（1939.4.6）……四五
七　白崇禧密呈南昌會戰潰敗情況電（1939.4.7）……四七
八　蔣介石關於南昌會戰攻略計劃文電（1939.4.17）……四九
九　顧祝同關於南昌潰敗原因電（1939.5.10）……五三
一〇　白崇禧關於南昌攻擊停止後作戰指導要領電（1939.5.10）……五五
一一　第九戰區關於南昌會戰經過之戰報摘要（1939.4—1939.5）……五七
一二　國民黨軍關於南昌會戰戰敗之文件（1939.6.1）……六三
一三　顧祝同呈報南昌會戰國民黨軍傷亡損失與俘獲懸殊電（1939.8.21）……七三
一四　張自忠關於第五戰區隨棗會戰右集團軍各部隊襄河東岸戰鬥詳報（1939.5—1939.6）……七五
一五　陳誠關於日寇第一次攻長沙之役的回憶資料……九五
一六　張自忠奉令攻擊鍾祥之部署電（1939.9.15）……九九

八、敵陷桂南國民黨軍隊敗退

一　國民黨軍第四戰區關於南寧會戰經過之戰報（1939.11—1940.1）……一〇三
二　馬冠駿關於鎮南墟戰役經過之戰報（1940.1）……一一一
三　白崇禧關於南寧戰役概要經過電（1940.1.24）……一二七
四　蔣介石飭徐永昌審議張發奎於賓陽之役指導無方嚴予處分文電（1940.2.26）……一三一
五　國民黨軍第一〇一軍關於桂南會戰於廣西昆侖關戰役之戰報（1940.1.11—1940.2.3）……一三三
六　蔣介石關於桂南方面作戰指導要旨秘電（1940.2.14）……一四一
七　蘇聯軍事顧問加略諾夫關於目擊桂南作戰國民黨軍失敗經過概述的記録（1940.2.19）……一四三
八　張發奎轉李延年報告關於第九師於昆侖關潰退經過電（1940.2.25）……一四九
九　何成浚密呈桂南戰役國民黨軍長官作戰不力貪生怕死撤職查辦電（1940.3.3）……一五一
一〇　李參謀關於桂南方面靈山之役戰鬥概要（1940.3.25）……一五三

一一　張發奎彙呈左江南北兩岸作戰經過電（1940.4.16）……一五五
一二　陳誠關於桂南戰敗（昆侖關之役）的回憶資料……一五九

九、第一次反共高潮後南北戰場重要城市與戰略要地紛紛失陷

一　國民黨軍關於棗陽會戰經過之戰報（1940.5.1—1940.5.31）……一六七
二　李宗仁報告棗陽會戰經過情形電（1940.10.10）……一七五
三　國民黨中央社戰地特派員胡雨林贛北鄂南前綫敵後視察報告（1940.10）……一七七
四　何應欽在洛陽召開軍事會議對晋南中條山地帶作戰研討經過的記録（1941.4）……二三三
五　蔣介石對於晋南作戰失敗之檢討（1941.5.28）……二五三
六　國民黨軍委會桂林辦公廳對豫北晋南會戰失敗之檢討陳述意見（1941.5—1941.7）……二五五
七　國民黨第九十六軍李興中部參加豫南廣武附近作戰經過概要（1941.10—1941.11）……二七五
八　徐永昌飭李宗仁追究謊報占領棗陽之簽呈（1940.10.14）……二七七
九　關於陳誠擬於六戰區以八七軍冒充我新四軍避其真面目戰鬥等情文電（1941.7—1941.8）……二七九
一〇　王征萍關於浙贛戰役蔣軍潰敗各部損失兵力之文電（1941.6.30）……二八三
一一　蔣介石桂林行營關於研究上高戰役經過與失敗檢討的報告及有關文件（1941.4）……二八五
一二　國民黨第十九集團軍羅卓英參謀處編《上高會戰概述》（摘録）（1941.5.15）……三〇三
一三　國民黨軍事委員會關於閩浙沿海防禦之檢討（1941.4）……三二一
一四　國民黨軍事委員會關於閩浙沿海及諸暨附近戰鬥潰敗之檢討（1941.4—1941.6）……三二五
一五　陳浴新關於福州第一次迅速淪陷經過的論述（1941.4—1941.5）……三三三
一六　國民黨新編第七師師長田鍾毅關於閩浙沿海及諸暨附近戰鬥檢討研究報告書（1941.8.21）……三四五
一七　蔣介石桂林行營關於研究閩浙沿海及錢南戰役損失慘重經驗與教訓的文件（1941.8）……三四九
一八　金漢鼎關於紹興失陷經過情形電（1941.5.28）……三六七
一九　俞濟時關於鄞奉一帶國民黨駐軍紀律腐敗謊報敵情之電（1941.6.8）……三六九

二〇　國民黨軍事委員會關於敵人利用奸商走私致使紹興失陷經過情形電（1941.6.13）……三七一
二一　蔣介石關於敵襲惠博經過暨作戰檢討通飭各戰區研究電（1941.6.15）……三七三
二二　國民黨第四戰區司令長官余漢謀關於惠博戰役失敗的檢討（1941.7.2）……三七五
二三　陳誠關於宜昌戰敗的回憶資料……三七七
二四　陳誠關於宜昌戰役潰敗之檢討電（1941.10.17）……三八一
二五　關於湘北戰役第六十八軍劉汝明部作戰不力及部内傾軋情形的情報（1941.11）……三八五
二六　國民黨第五十九師政治部主任唐連揭露湘北戰役國民黨前綫部隊十四項缺點等情的報告（1941.12）……三八七
二七　國民黨軍令部關於浙贛戰役概况之戰鬥稿（1942.4）……三八九
二八　顧祝同呈報浙贛會戰衢州戰役潰敗經過電（1942.6.17）……四〇一
二九　國民黨第三戰區司令長官顧祝同報告江西上饒失陷向閩境撤退經過電（1942.6.16）……四〇三
三〇　國民黨第三戰區參謀長自崇安電話報告浙贛潰敗損失情况等情的記録（1942.7.23）……四〇五
三一　國民黨軍委會政治部長張治中轉報三戰區政治部主任鄧文儀揭露浙贛潰敗情况及有關文件（1942.7）……四〇七
三二　國民黨軍委會軍令部編：浙贛作戰失敗經過概要稿（1942.8）……四一三
三三　國民黨軍委會軍令部編：浙贛戰役之檢討摘要（1942.10）……四二三
三四　蔣介石對浙贛戰役潰敗檢討及有關部分檢討報告（1942.11）……四二七

十、敵擾洞庭湖濱地區常德陷敵

一　國民黨第六戰區司令長官部編：敵擾鄂西長江中游沿江一帶失敗經過概要（1943.2—1943.3）……四四三
二　第六戰區司令長官部關於長江上游江防作戰計劃等文件（1943.5）……五〇一
三　國民黨第六戰區司令長官部編：敵擾鄂西一帶濱洞庭湖地區失陷經過概要（1943.5）……五二一
四　國民黨一九四三年在湘鄂地區采取守勢的軍事計劃（1943.7）……五三七
五　陳誠關於鄂西戰事的回憶資料……五五九

第四十六册

原第三輯第三十七册（下）—第三十九册

國民黨戰場節節潰敗的軍事

【二】日寇侵略戰爭主要經過與國民黨軍隊的潰敗

十、敵擾洞庭湖濱地區常德陷敵（續）

六　國民黨第六戰區司令長官部編：關於敵侵鄂西荆宜一帶失陷經過概要（1943.5—1943.6）……一
七　國名黨軍長官司令部關於常德會戰經過及五十一師余程萬師長擅自弃守常德之戰報（1943.11.1—1943.12.26）……九一
八　孫連仲轉報常德會戰國民黨軍官擅自携眷撤逃情况電（1943.12—1944.2）……一一三
九　徐永昌關於常德會戰失敗之檢討（1943.12.31）……一一五
一〇　陳誠關於常德之戰的回憶資料……一三一

十一、國民黨軍隊在中原戰場潰逃

一　蔣鼎文關於中原會戰慘敗的檢討（1944.6）……一四三
二　國民黨軍李家鈺部參謀長張震中編關於河南戰場潰敗經過的《豫西十日記》（1944.5）……一五五
三　國民黨第十九集團軍陳大慶部由皖北阜陽潁上退至平漢綫商水一帶經過要報（1944.7）……一七一
四　國民黨第十五集團軍何柱國部參與中原會戰平漢路東地區戰鬥要報（1944.8）……一九七
五　國民黨軍劉戡兵團中原會戰戰鬥詳報（1944.8）……二三五
六　國民黨第二十八集團軍李仙洲部中原會戰戰鬥詳報（1944.9）……二六三
七　國民黨第四集團軍孫蔚如部參與中原戰役的詳報（1944.10）……三〇一
八　國民黨第四十軍馬法五部參與中原戰役在豫西宜陽陝縣地區戰報（1944.11）……三一五

九　國民黨軍事參議院參議李純如關於目睹河南戰事失敗情況及日寇陰謀的建議（1944. 9. 14）……三七七
一〇　三屆三次國民參政會關於湯恩伯在河南戰場狼狽潰退的質問案及何應欽之答復抄件（1944. 9）……三八一
一一　國民參政會參政員郭仲隗等列舉蔣介石嫡系湯恩伯歷次潰逃事實指責國民黨政府的提案（1945）……三八五
一二　第五戰區國民黨軍劉峙部豫鄂邊區戰鬥經過概要（1945. 8）……三八九

十二、敵犯長衡桂柳進陷黔南獨山

一　國民黨軍第二十七集團軍關於長衡會戰之戰鬥詳報（1944. 5）……四一五
二　國民黨軍關於長衡會戰經過之戰鬥要報（摘録）（1944. 5—1944. 8）……四三七
三　國民黨八十四軍一八九師張文鴻部長衡會戰策應打擊湖南李先念部積極抗日之廣花戰鬥的詳報（1944. 7—1944. 9）……四五七
四　蔣介石關於敵由湘桂長驅西犯部署第四、七、九戰區作戰指導要領電（1944. 8. 25）……五〇一
五　蔣介石關於調整四戰區指揮系統電（1944. 9. 28）……五〇三
六　國民黨軍第二十軍關於桂柳會戰戰鬥經過之概要（1944. 10）……五〇五
七　張發奎呈第十六集團軍關於對桂林方面之作戰計劃（1944. 10）……五二七
八　國民黨中央訓練團黨政班畢業學員通訊處關於國民黨九三軍官兵於桂林無故撤退縱火搶劫之電文（1944. 11. 24）……五三九
九　國民黨第四戰區長官部參謀處編關於敵陷桂柳進侵貴州獨山經過概要（1944. 12）……五四一
一〇　國民黨軍委會軍令部編桂柳潰敗經過概要稿（1945. 2）……五四九
一一　國民黨政府特務機關關於一九四四年十二月敵犯黔南時都匀市區慘遭大火情況給軍令部函（1945. 2. 19）……五七一
一二　蔣介石查究一九四四年十二月敵侵黔南第九十七軍陳素農在南丹弃城逃命遺失密本等情有關文電（1945. 2）……五七三
一三　國民黨政府軍令部宋雪槎報告視察敵犯桂柳前後焚毁暴行損失慘重等情電（1945. 8）……五七五

第四十七册　原第三輯第四十册—第四十二册

國民黨戰場節節潰敗的軍事

【二】日寇侵略戰爭主要經過與國民黨軍隊的潰敗

十二、敵犯長衡桂柳進陷黔南獨山（續）

一四　國民黨第九戰區司令長官部關於敵侵長衡敗退經過概要（1944.5—1944.10）……七

十三、國民黨軍隊在滇緬作戰及敵陷滇西

一　高吉人關於國民黨軍在緬甸參戰潰敗情況之報告（1942.7.17）……一八一
二　國民黨擬議中英美聯合反攻緬甸方案大綱及其有關文件（1942.7—1942.12）……一八三
三　國民黨軍令部擬編緬甸戰鬥經過概要稿（1943.4）……二〇七
四　關於部署聯合英美反攻緬甸作戰計劃及訓令（1943.11）……二一九
五　趙學淵中國駐印軍緬北作戰概況（1943.11—1944.8）……二二九
六　遠征軍反攻緬北戰鬥經過（1944.5—1945.1）……二四一
七　中國駐印軍副總指揮部鄭洞國關於密支那孟拱河谷作戰之經驗教訓的報告（1944.10.8）……二五一
八　蔣介石關於調整滇緬作戰部署攻擊龍芒電（1944.10.13）……二五五
九　國民黨第二軍王凌雲部關於滇西作戰中美方人員過度干涉動輒要脅等情的記述（1944.10）……二五七
一〇　葉伯梁關於目擊滇西騰衝龍陵陷敵的記述（1944）……二六一
一一　葉伯梁關於入緬軍初遭英美阻於國境復因指揮系統複雜處於被動等情的記述（1944）……二六五
一二　關於國民黨軍榮一師在滇西龍陵戰役作戰不力弃守陣地等情的情報（1944.11.8）……二六九

一三　何應欽關於西南作戰之軍事部署電（1944.12.25）……二七一
一四　何應欽關於部署第一方面軍作戰要領電（1945.4）……二七五
一五　何應欽關於英軍薩嬖鐵部紀律敗壞騷擾中國百姓之密電（1945.5.30）……二七七
一六　中國入緬軍參謀團團長林蔚緬甸戰役作戰經過及失敗原因與各部優劣評判報告書（1942.9）……二七九

十四、所謂『游擊戰』的措施及其罪惡

一　國民黨政府軍委會游擊隊調整辦法（1939.5）……五五五
二　國民黨軍委會各部（會）處理游擊隊業務劃分權責辦法（1939.7）……五六五
三　國民黨政府軍委會政治部加强游擊隊政治訓練辦法（1941.8）……五六九
四　關於抗戰早期日寇在華北展開經濟掠奪及國民黨所謂軍事游擊運動失敗的報告（1939.5）……五七九
五　閻錫山擬第二戰區游擊區劃分計劃（1939.10）……五八三
六　錢之光轉呈葉挺項英關於國民黨軍朱永祥部通敵及其被捕解送法辦之電（1938.7.10）……五八九
七　顧祝同摘呈江南游擊戰區作戰計劃等電（1939.3.1）……五九一
八　新四軍配合蔣軍挺戰江南及蔣軍潰敗情況之資料（1939.4—1939.5）……五九三
九　顧祝同轉報劉建緒關於江南各部游擊部署電（1939.6.6）……六〇七
一〇　第三戰區國民黨軍建立游擊根據地（對外改稱自衛區）計劃（1939.10）……六〇九
一一　國民黨軍委會軍令部廖秉仁參加校閱第四戰區游擊隊有敵來則爲僞軍敵去則爲游擊隊等情的報告（1940.2）……六一七
一二　關於李品仙要求擴大所部編制增加游擊隊經費等情文電（1938.7—1938.8）……六二五
一三　程汝懷離職後鄂東挺進軍之概況（1939.5）……六二九
一四　程汝懷關於所部鄂東游擊總指揮部全般狀況的報告（1939）……六三一
一五　蔣介石關於豫鄂皖邊區游擊司令黃紹力部燒殺蹂躪百姓之情報（1939.5—1939.6）……六三五

一六 國民黨政府軍令部核議關於五戰區長官李宗仁與鄂省主席陳誠互爭鄂東游擊部隊指揮權問題的簽呈（1941.7）…… 六三七
一七 關於李宗仁陳誠互爭鄂東游擊區權限問題的文件（1941.12）…… 六四一
一八 國民黨戰地黨政委員會透露國民黨一二八師（王勁哉）及第七游擊縱隊在戰地搶劫（1939.12）…… 六四七
一九 國民黨軍委會政治部揭露魯省膠東游擊隊長兼任地方行政專以擁兵割據勒索民財等罪惡有關文件（1944.9）…… 六四九
二〇 蔣介石關於衡陽至藍田間國民黨游擊隊綁票擄貨無所不爲給何應欽電（1945.4.11）…… 六五一

第四十八册 原第三輯第四十三册—第四十五册（上）

國民黨戰場節節潰敗的軍事

【三】國民黨軍隊抗戰不力腐敗無能及擾民罪惡

一、派系傾軋指揮混亂不戰潰逃

一 聯絡參謀王燮亞等透露華北戰場敗績由於各軍純取消極及被動守勢使敵大膽進攻電（1937.8—1937.10）…… 七
二 關於國民黨軍在華北不戰而退的情況電（1937.9.12）…… 九
三 關於國民黨軍在華北作戰混亂情況電（1937.9.15）…… 一一
四 宋希濂關於國民黨部隊望敵潰退致何應欽電（1937.9.3）…… 一三
五 蔣介石飭屬注意日軍所記國民黨高級指揮官無能各情電（1937.10.24）…… 一五
六 徐祖貽等關於視察華北戰場國民黨部隊失地千里望風潰退等情的報告（1937.10）…… 一七
七 王化興揭露津浦綫國民黨作戰部隊複雜致敗情況函（1937.10.10）…… 二三

八　關於揭露平漢路北段戰事失利由於部隊紀律太壞力量單薄等情文電（1937.10.28）……………………三五
九　劉移山關於視察第一戰區部隊作戰不力應行糾正等情的報告（1938.1.10）……………………三七
一〇　陳誠轉報五十三軍萬福麟部在豫北撤退情况代電（1938.2.25）……………………四九
一一　關於國民黨軍事部署指揮混亂情况文電（1938.4—1938.5）……………………五一
一二　萬福麟對糾正作戰缺點的意見給何應欽函（1938.6）……………………五五
一三　孫連仲關於國民黨軍軍紀腐敗致使抗戰潰敗之原因致蔣介石電（1938.6.29）……………………五七
一四　國民黨政府財政部關於韓德勤作戰不力私吞軍費之電（1938.7.21）……………………五九
一五　蔣介石透露關於所屬部隊謊報戰績腐化殃民種種弊端代電（1938.12.7）……………………六一
一六　程潛報告華北國民黨部隊貪污勒索捏報戰績等情電（1939.2.7）……………………六三
一七　關於日寇炮兵軍官所談華北歷次作戰國民黨部隊種種缺點的情報（1939.5）……………………六五
一八　國民黨政府軍事委員會軍令部通報各戰區關於日寇軍官對國民黨軍作戰腐朽批評密電（1939.5.12）……………………六七
一九　何應欽關於國民黨軍對日作戰潰敗原因之檢討報告（1940.3）……………………六九
二〇　國民黨第四十九軍政治部主任馮家邦揭發該部積弊所提對國民黨部隊改革建議書及有關文件（1940.5）……七五
二一　蔣介石承認國民黨軍官兵腐敗無能而特手輯訓令三條給各戰區長官切戒之電令（1940.8.17）……………………八五
二二　國民黨政府軍委會關於其軍官部隊種種擾民的令文（1939.11—1942.9）……………………八九
二三　關於湖北省臨時參議員雷炳焜揭露鄂北軍事抵抗不堅决失敗情况文電（1940.9）……………………九五
二四　李宗仁通飭各集團軍爾後切戒妄報情况電（1940.10.29）……………………九九
二五　關於國民黨前綫官兵嗜賭被敵襲及降敵謊報陣亡等情文件（1941.2）……………………一〇一
二六　張治中關於浙東戰場國民黨黨政軍人員腐敗溺職等情給何應欽函（1941.6.14）……………………一〇三
二七　國民黨第二十一補訓處士兵控訴該處軍官藉接新兵販賣烟土及扣放薪餉等情的呈文（1941.11）……一〇五

二、在戰地奸淫掠奪的罪行

一 陳果夫關於蘇北國民黨駐軍紀律腐敗及淮陰綏署洪麗生以下不滿國民黨中央等情致函陳布雷（1937.10）……一〇九
二 國民黨騎兵軍聯絡參謀張印周報告朔縣井坪陷落何柱國部騎兵第三師軍官畏縮先逃軍隊奸淫擄掠等情電（1937.10.12）……一一一
三 蔣介石關於整飭官兵紀律廢弛等情給李宗仁等電（1938.6.30）……一一三
四 國民黨政府軍令部飭劉子亮嚴整其部國民黨軍沿途搶擄情況電（1938.7.2）……一一五
五 陳誠關於國民黨軍楊森部沿途擾民情況電（1938.7.6）……一一七
六 韓德勤密呈國民黨軍第八軍游擊司令曾錫珪違令擅撤國防前綫部隊進行騷民行爲之密電（1938.7.22）……一一九
七 關於蔣軍紀律廢弛殘害百姓罪惡之文電（1938.7）……一二一
八 國民黨政府軍令部飭楊森嚴整其部國民黨軍沿途劫奪無所不爲情況電（1938.7.31）……一二五
九 關於揭露晋南地方官吏壓榨團隊擾害等情文電（1938.9）……一二七
一〇 國民黨第一戰區游擊隊第二縱隊司令唐銘關於國民黨匪軍劉文正等搶劫擾騷百姓之呈文（1939.10）……一二九
一一 關於控訴國民黨軍横暴蹂躪地方等的傳單（1939.11）……一三一
一二 國民黨軍事委員會關於國民黨軍楊振邦裴禮義等部擾騷百姓及其之間狗咬狗之文電（1940.11）……一三七

【四】日寇在侵略戰争中的罪行

一、施放毒彈毒氣和散播病菌

一 江蘇保安司令部報告關於日寇密派毒瓦斯炮隊來滬作戰之情報（1937.10.19）……一五七
二 國民黨政府軍事委員會關於江南日寇使用毒氣毒物危害軍民并通令各戰區注意防範電（1938.4.26）……一五九
三 美國負責觀察家證實日寇在馬當施放毒氣之情報（1938.7.24）……一六一

四　朱德彭德懷報告日寇在豫北地區濫施霍亂及瘧疾病菌之罪行電（1938 10. 10）……………………一六三
五　劉建緒轉報宣城日寇施放毒氣情形電（1938. 12. 27）……………………一六五
六　國民黨軍政部兵工署關於化驗日寇在黄家岔堤之役施放毒氣彈的報告（1939. 8）……………………一六七
七　敵遣漢奸潛入内地散播病菌文電（1939. 9）……………………一七一
八　華南日寇在紙烟中注置毒汁的文電（1940. 1）……………………一七三
九　國民黨第三戰區司令長官司令部關於日寇駐華參謀部擬定政治與軍事進攻計劃的情報（1940. 2. 12）……………………一七五
一〇　國民黨政府行政院關於日寇在金華等地散播鼠疫菌罪行之文電（1940. 12—1941. 2）……………………一七七
一一　國民黨軍八五師張師長關於晋南會戰日寇施放毒氣之文電（1941. 5）……………………一九一
一二　國民黨政府軍政部兵役署抄送關於宜昌戰役我毒傷官兵臨症調查報告書致該署視察室代電（1942. 2. 9）……………………一九三
一三　關於敵機在常德散放鼠疫傳染性病菌文電（1942. 4. 30）……………………二〇一

二、屠殺奸淫擄劫及壓榨

一　日寇暴行録（1937）……………………二〇五
二　國名黨政府關於日寇在渝陷區的奸淫搶劫之文電（1938. 3. 12）……………………二三七
三　國民黨政府財政部關於日寇在南京大屠殺的情報（1938. 3）……………………二四一
四　郝實軒關於日寇在武鄉屠殺群衆奸淫婦孺之電（1938. 4. 22）……………………二四五
五　王修身關於日寇在岳陽奸殺二千餘百姓罪行電（1939. 2. 11）……………………二四七
六　衛立煌報告日寇在豫占領區内强迫徵款徵人及破壞中國金融情形代電（1939. 3. 9）……………………二四九
七　程潛轉報我八路軍吕正操揭發日寇趁雨季將沙滹沱北堤岸掘口安平河問等七縣全成澤國慘狀請發賑電（1939. 7）……………………二五三
八　第三十二集團軍關於日寇在江南暴行之概見表（1939. 9）……………………二五五
九　日寇在湖南臨湘桃林殺人放火的布告（1941. 2. 11）……………………二五九

一〇　國民黨山東省臨時參議會孔繁霨等揭發日寇在魯省誘惑擄掠民衆等罪行有關文電（1942.5）……二六一
一一　周偉龍轉呈盛瑜關於日僞於蒲圻附近屠殺民衆和强拉壯丁電（1942.5.9）……二六五
一二　國民黨軍第四戰區關於桂柳會戰中日寇暴行紀實（1944.10）……二六七

三、日寇在華的特務活動

一　國民黨中執會秘書處關於日寇在港活動之特務機關系統的報告（1938）……二七一
二　關於日寇在北平誘致吴佩孚投敵情形文件（1938.12）……二七七
三　國民黨戰地黨政委員會所編印之《倭寇特務機關活動概况》（1942.11.10）……二八一
四　國民黨第二方面軍司令部關於日軍戰場一般生活情形之資料（1945.7）……三〇五

【五】國民黨掠奪勝利果實所謂『接受日寇投降』

一　國民黨關於敵突然投降時進軍計劃稿（1945.7）……三一三
二　關於國民黨接受日寇投降通知寇酋岡村寧次的備忘録（1945.9）……三一九
三　閻錫山辦理第二戰區日寇投降經過概要（1945.9）……三五七
四　李品仙辦理第十戰區徐州蚌埠安慶等地日寇投降經過概要（1945.9）……三六七
五　孫蔚如辦理第六戰區日寇投降經過概要報告（1945.10）……三六九
六　薛岳辦理第九戰區南潯區日寇投降經過概要（摘録）（1945.10）……三七七
七　國民黨陸軍總司令部辦理日寇投降經過報告書（1946.5）……三九一

國民黨政府的財政金融

【一】重大措施决議和所謂『施政』報告

一　國民黨政府『抗戰建國』綱領實施方案——財政部分（1938.10）……四九一
二　孔祥熙在國民黨五届五中全會上所作的財政報告稿（1939.1）……五〇一

第四十九册　原第三輯第四十五册（下）—第四十八册（上）

國民黨政府的財政金融

【二】重大措施決議和所謂『施政』報告（續）

三　國民黨政府財政部向國民黨五届五中全會上所提出的《第二期戰時財政金融計劃案》稿（1939.1）……一
四　國民黨政府財政部向國民黨五届五中全會所提之《政治行政方案（財政部分）》稿（1939.1）……三三
五　國民黨五届五中全會關於財政金融之决議案（1939.2）……四七
六　國民黨政府財政部『總動員』計劃大綱財政金融部分實施情形（1939.6.13）……五一
七　孔祥熙對國民參政會所作的財政秘密報告（1939.9.11）……八一
八　孔祥熙國民黨第五届五中全會財政報告（1939.11.12）……一〇七
九　國民黨政府立法院抄發國民黨五届七中全會王漱芳等提嚴防官僚資本主義之發展案令（1941.4.5）……一三三
一〇　國民參政會第二届第一次大會對財政報告之决議案（1941.4）……一三七
一一　蔣介石等國民黨五届八中全會經濟提案座談會紀要（1941.3.21）……一四九
一二　孔祥熙在國民黨五届八中全會上所作的財政報告稿（1941.4）……一六三
一三　國民黨政府財政部（向）國民黨五届八中全會提出之變更財政系統提案稿（1941.4）……一八五
一四　梅公任等國民黨五届八中全會嚴禁官商操縱物價營私舞弊提案（1941.4）……一八九
一五　國民黨國防最高委員會秘書廳抄送國民黨五届八中全會所謂《積極動員人力物力財力確立戰時經濟體系》提案的函件（1941.4.29）……二〇五

一六 國民黨國防最高委員會秘書廳抄送國民黨五屆八中全會所謂《動員財力擴大生產實行統制經濟》提案的函件（1941.5.1）…… 二〇九
一七 孔祥熙在國民黨五屆九中全會上所作的財政口頭報告（1941.12）…… 二一七
一八 國民黨政府立法院關於會同審查財政部組織法修正草案令（1942.8.26）…… 二三九
一九 孔祥熙對國民黨五屆十中全會財政報告（1942.12）…… 二六七
二〇 國民黨第五屆十中全會經濟組審查委員會對於財政部工作報告之審查意見（1942.12）…… 三〇一
二一 國民黨政府財政部辦理參政會三屆一次大會對於財政工作報告暨政府交議一九四三年度對内對外重要方針案關於財政事項之決議文一案報告書（1943.8）…… 三〇三
二二 國民黨政府財政部呈送戰時經濟持久政策具體實施辦法代電（1943.8.30）…… 三一一
二三 國民黨政府行政院秘書處抄送國民參政會第三屆第二次大會建議改進財政政策及經濟統制辦法案之通知（1943.12.20）…… 三四一
二四 國民黨政府財政部辦理參政會三屆二次大會關於財政報告之決議案報告書（1944.8）…… 三八五
二五 國民黨政府財政部統制金融平定物價具體辦法稿（財政部分）（1944.3）…… 三九五
二六 國民黨政府財政部秘書處抄送國民參政會第三屆第三次大會對於財政部報告之決議案致緝私署函（1944.11.24）…… 四一一
二七 國民黨政府財政部秘書處等答復國民參政會三屆三次大會關於財政部等職權劃分問題的文件（1944.12.2—1944.12.15）…… 四二五
二八 孔祥熙在國民黨五屆十二中全會所作的財政口頭報告（1944）…… 四二九
二九 國民黨政府行政院秘書處轉發中國西南實業協會等解決當前政治經濟問題方案建議通知單（1944.6.17）…… 四五九

【二】『國庫』與預決算

一、集中財權的『公庫法』與財政收支系統

一 國民黨政府公庫法（1938.6.9）……四七七
二 國民黨國防最高委員會秘書廳爲黨務費支出不受公庫法限制覆財政部函稿（1939.10.25）……四八五
三 國民黨政府文官處爲海關收支暫不施行公庫法致國防最高委員會秘書廳函（1939.11.14）……四八七
四 國民黨政府行政院長兼財政部長孔祥熙關於緊急命令撥款辦法的提案（1939.10.12）……四九一
五 國民黨國防最高委員會財政專門委員會審議借款審計程序與嚴格執行緊急命令撥款限制辦法兩案的有關文件（1944.3—1944.4）……四九五
六 國民黨政府主計處等對推行公庫法各機關公款存放問題的意見（1945.2—1945.3）……五〇一
七 國民黨政府財政部向國民黨五屆五中全會提出之變更財政系統提案稿（1941.4）——文見『重大措施決議與所謂施政報告』
八 國民黨政府改訂財政收支系統實施綱要（1941.11.8）……五一一
九 國民黨政府財政部對參政員彭革陳等關於四川省收支問題詢問案的答復（1943.9）……五一九

二、依賴發行借貸維持的『國庫』和虛假的預決算

一 國民黨政府財政部國庫署一九三七—一九四六年國庫收入支出比較表（1947）……五二九
二 國民黨政府財政部國庫署一九三七—一九四六年度歲入預算百分比（1947）……五三一
三 國民黨政府財政部設計考核委員會統計處一九三七—一九四四年税收及專賣收入統計表（1945.10）……五三三
四 國民黨政府財政部國庫署一九三七—一九四六年度國庫支出與物價比較（1947）……五三五
五 國民黨政府財政部國庫署一九三七—一九四六年度歲出預算百分比（1947）……五四一
六 國民黨政府財政部國庫署一九三七—一九四六年軍戰支出比較表（1947）……五四三
七 國民黨政府一九三七年度歲入歲出經常臨時合計（1937.7.1）……五四五

八　國民黨政府一九三七年九月至一九三八年二月（六個）緊縮預算總表（1937）……五四七
九　國民黨政府一九三八年三月至一九三八年六月（四個）緊縮預算總表（1938）……五四九
一〇　國民黨政府主計處編印一九三八年度（七月至十二月）國家普通歲出總預算經過情形（1938）……五五一
一一　國民黨國防最高會議財政專門委員會一九三八年度國家普通歲出總預算審查報告（1938）……五五五
一二　國民黨政府一九三八年（七月至十二月）國家普通歲出總預算總表（1938）……五五九
一三　國民黨政府一九三九年度（一月至十二月）國家普通歲出總預算總表（1939）……五六一
一四　國民黨政府主計處整理一九四〇年度『中央政府』歲入預算及追加總數一覽表（1940）……五六三
一五　國民黨政府一九四〇年度『中央政府』總預算歲出總表（1940）……五六五
一六　國民黨政府主計處整理一九四〇年度『中央政府』歲出預算及追加總數一覽表（1940）……五六七
一七　國民黨政府一九四〇年度歲出預算與上年度預算比較表（1940）……五七一
一八　國民黨政府主計處一九四〇年度『中央政府』決算總説明書（1943）……五七三
一九　國民黨政府審計部一九四〇年度『中央政府』歲入歲出總決算書審查報告及其建議改進事項（1943）……五八一
二〇　國民黨政府主計處一九四〇年度『中央政府』歲入決算與預算比較總表（1943）……五八九
二一　國民黨政府主計處一九四〇年度『中央政府』歲出決算與預算比較總表（1943）……五九一
二二　國民黨政府主計處一九四〇年度『中央政府』非常軍費決算書（1940）……五九三
二三　國民黨政府主計處整理一九四〇—一九四一年度『中央政府』總預算歲入各款百分比率表（1941）……五九五
二四　國民黨政府主計處整理一九四〇—一九四一年度『中央政府』總預算歲出各款百分比率表（1941）……五九七
二五　國民黨政府一九四一年度『中央政府』歲出總預算（1941）……六〇一
二六　國民黨政府主計處整理一九四一年度『中央政府』歲入預算及追加總數一覽表（1941）……六〇三
二七　國民黨政府主計處整理一九四一年度『中央政府』歲出預算及追加總數一覽表（1941）……六〇七
二八　國民黨政府主計處一九四一年度『中央政府』總決算總説明書……六〇九
二九　國民黨政府主計處一九四一年度『中央政府』歲入決算與預算比較總表……六一五

三〇　國民黨政府主計處一九四一年度『中央政府』歲出決算與預算比較總表……六一七
三一　國民黨政府一九四二年度國家歲入總預算（1942）……六二一
三二　國民黨政府一九四二年度國家歲出總預算（1942）……六二三
三三　國民黨政府主計處一九四二年度國家總決算總説明書……六二九
三四　國民黨政府主計處一九四二年度國家歲入決算與預算比較總表……六三七
三五　國民黨政府主計處一九四二年度國家歲出決算與預算比較總表……六三九
三六　國民黨政府一九四三年度國家歲入預算及追加數總表（1943）……六四五
三七　國民黨政府一九四三年度國家歲出總預算及追加數總表（1943）……六四七

第五十册　原第三輯第四十八册（下）—第五十一册

國民黨政府的財政金融

【二】『國庫』與預決算

二、依賴發行借貸維持的『國庫』和虛假的預決算（續）

三八　國民黨政府財政部對參政員許德珩關於國庫赤字問題口頭詢問案的答復（1944.9）……一
三九　國民黨政府一九四三年度國家總決算總説明書（1944）……五
四〇　國民黨政府軍政部一九四三年度軍費預算計劃要點（1942）……一一
四一　國民黨政府一九四三年度國家歲入決算與預算比較總表（1944）……一七
四二　國民黨政府一九四三年度國家歲出決算與預算比較總表……二一

四三　國民黨政府總預算審議委員會召集人孔祥熙審議一九四四年度『國家』歲入歲出總預算案報告（1944）……二九
四四　國民黨政府一九四四年度國家總預算歲出總表（1944）……四一
四五　國民黨政府一九四五年度國家總預算案總説明（1945）……四七
四六　國民黨總預算審議委員會一九四五年度國家總預算審議報告……五三
四七　國民黨國防最高委員會第一五一次常務會議關於一九四五年度國家總預算的決議……八五
四八　國民黨政府立法委員孫九録爲提出關於一九四五年度國家總預算内應糾正各點致財政委員會函（1945. 1. 23）……八七
四九　國民黨政府一九四五年度國家總預算歲入總表（1945）……九一
五〇　國民黨政府一九四五年度國家總預算歲出總表（1945）……九三
五一　國民黨政府財政部對參政員鄧飛黄關於軍費龐大預算如何平衡問題口頭詢問的答復（1945）……九七
五二　國民黨政府一九四五年度國家總決算總説明書……一〇一
五三　國民黨政府一九四五年度國家歲入決算與預算比較總表……一〇五
五四　國民黨政府一九四五年度國家歲出決算與預算比較總表……一〇九

【三】稅收

一、苛重擾民的稅制與龐大腐化的稅務機構

一　國民黨中央政治委員會爲授權財政部修改稅則得以命令行事密函（1937. 8. 31）……一一三
二　國民黨政府行政院秘書處檢送國民黨五屆十中全會關於稅務機關改善辦法提案的函件（1943. 1. 12）……一一五
三　國民黨政府財政部稅務署長張靜愚關於各省稅務機構摩擦問題的簽呈（1943. 7. 24）……一一九
四　國民黨政府財政部秘書處關於稅收機構評價辦法的簽呈（1943. 11. 30）……一三一

五　國民黨政府財政部處理國民參政會三屆三次大會關於簡化稽徵酌減税率及統一税務行政機構公定税額兩建議案的文件（1944.12.5—1945.4.21）……一四一
六　國民黨政府行政院財政部關於調整税制簡化機構的往來文件（1945.1）……一四七
七　國民黨政府財政部對參政員陸錫光等關於税務機構合并問題詢問案的答復（1945）……一五七
八　國民黨政府財政部對參政員張良修關於税務人員貪污問題詢問案的答復（1945）……一六一

二、爲帝國主義控制與爲官僚資本服務的海關

一　國民黨政府財政部設計考核委員會統計處一九三七—一九四四年海關進出口貨物净值表（1945.10）……一六五
二　國民黨政府財政部爲改訂以關税爲保證債款攤還辦法致總税務司梅樂和令（1939.1.14）……一六七
三　國民黨政府文官處爲進口物品減税致國防最高委員會秘書廳函（1939.9.14）……一七一
四　國民黨政府文官處爲海關收支暫不施行公庫法致國防最高委員會秘書廳函（1939.11.14）
——文見『集中財權的公庫法與財政收支系統』
五　國民黨政府財政部對參政員王隱三等關於關卡重複有無制止辦法詢問案的答復（1942）……一七三
六　國民黨政府財政部關務署向國民黨五届十二中全會等會議口頭報告問答資料（1944）……一七五

三、『軍統』控制下的『緝私』武裝

一　戴笠奪取緝私武裝擴大緝私處職權的有關文件（1941.6.6—1941.6.10）……一九七
二　戴笠報送税警部隊整理計劃及緝私業務改正方案的稿件（1941.7.22）……二〇一
三　國民黨政府對參政員李琢仁等關於税警凶毆射洪縣臨參副議長詢問案的答復（1943.9）……二一七
四　國名黨政府財政部緝私署工作報告（1943.10.25）……二一九
五　國民黨政府財政部緝私署爲保留員額致財政部人事處函稿（1945.1.22）……二二七

【四】内外債

一、彌補『國庫』赤字與發展官僚資本的内債

（一）中央債

一　國民黨政府財政部設計考核委員會統計處財政部經管戰時内債發行額一覽表（1945.10）……二三七
二　國民黨政府救國公債條例（1937.8.18）……二三九
三　國民黨政府一九三八年國防公債條例（1938.4.21）……二四一
四　國民黨政府一九三八年金公債條例（1938.4.21）……二四三
五　國民黨政府一九三八年振濟公債條例（1938.7.1）……二四七
六　國民黨政府一九三九年建設公債條例（1939.4.13）……二四九
七　國民黨政府一九三九年軍需公債條例（1939.4.14）……二五一
八　國民黨政府一九四〇年軍需公債條例（1940.3.1）……二五三
九　國民黨政府修正一九四〇年軍需公債條例第七條條文（1942.1.8）……二五五
一〇　國民黨政府一九四〇年建設金公債條例（1940.3.1）……二五七
一一　國民黨政府修正一九四〇年建設金公債條例第三條條文（1942.1.8）……二六一
一二　國民黨政府一九四一年軍需公債條例（1941.2.28）……二六三
一三　國民黨政府一九四一年建設公債條例（1941.2.28）……二六五
一四　國民黨政府一九四一年滇緬鐵路金公債條例（1941.5.21）……二六七
一五　國民黨政府一九四二年同盟勝利公債條例（1942.6.27）……二六九
一六　國民黨政府修正一九四二年同盟勝利公債條例第五條條文（1945.3.15）……二七一
一七　國民黨政府一九四二年同盟勝利美金公債條例（1942.4.25）……二七三
一八　國民黨政府一九四三年同盟勝利公債條例（1943.6.3）……二七五

一九　國民黨政府一九四四年同盟勝利公債條例（1944.7.5）……二七七
（二）地方債
一　國民黨政府一九三八年湖南省建設公債條例（1938.7.1）……二七九
二　國民黨政府一九三八年甘肅省建設公債條例（1938.7.21）……二八一
三　國民黨政府一九三八年河南省六厘公債條例（1938.7.21）……二八三
四　國民黨政府修正一九三八年河南省六厘公債條例第三條條文（1938.8.24）……二八五
五　國民黨政府一九三八年福建省建設公債條例（1938.7.25）……二八七
六　國民黨政府修正一九三八年福建省建設公債條例第四條條文（1938.8.2）……二八九
七　國民黨政府一九三八年浙江省六厘公債條例（1938.7.26）……二九一
八　國民黨政府修正一九三八年浙江省六厘公債條例第八條條文（1938.10.13）……二九三
九　國民黨政府一九三八年陝西省建設公債條例（1938.10.28）……二九五
一〇　國民黨政府修正一九三八年陝西省建設公債條例第八條條文（1939.3.13）……二九七
一一　國民黨政府廣西省政府短期金庫券條例（1939.2.10）……二九九
一二　國民黨政府一九三九年江蘇省整理地方財政公債條例（1939.4.15）……三〇一
一三　國民黨政府一九三九年廣西省六厘公債條例（1939.5.27）……三〇三
一四　國民黨政府一九三九年湖北金融公債條例（1939.8.1）……三〇五
一五　國民黨政府一九三九年四川省建設公債條例（1939.8.31）……三〇七
一六　國民黨政府一九四〇年福建省生產建設公債條例（1940.3.4）……三〇九
一七　國民黨政府一九四〇年江蘇省整理地方財政公債條例（1940.3.1）……三一一
一八　國民黨政府一九四〇年西康省地方金融公債條例（1940.4.29）……三一三
一九　國民黨政府一九四〇年廣東省六厘公債條例（1940.6.29）……三一五
二〇　國民黨政府一九四〇年四川省興業公債條例（1940.9.5）……三一七

二一　國民黨政府一九四〇年四川省建設公債條例（1940.11.15）……三一九
二二　國民黨政府一九四一年甘肅省建設公債條例（1941.2.10）……三二一
二三　國民黨政府一九四一年甘肅省水利農礦公債條例（1941.9.1）……三二三
二四　國民黨政府一九四一年江西省建設公債條例（1941.9.1）……三二五
二五　國民黨政府一九四一年四川省整理債務公債條例（1941.11.1）……三二七
二六　國民黨政府修正一九四〇年安徽省金融公債條例（1941.12.17）……三二九
二七　國民黨政府修正一九三七年安徽省完成公路建設公債條例（1941.12.17）……三三一
二八　國民黨政府一九四三年整理省債公債條例（1943.6.2）……三三三
二九　國民黨政府檢發修正整理省公債等辦法令（1944.6.12）……三三七
（三）所謂『承銷』『勸募』與各階層的反對攤派
一　國民黨政府財政部對國民參政會第二屆大會對於財政報告之決議案收支方面第三項辦理情形報告書（1941.5）……三四一
二　國民黨政府修正戰時公債勸募委員會組織章程第三條條文（1941.5.15）……三四五
三　國民黨政府一九四二年推銷公債計劃綱要（1942.4.27）……三四七
四　國民黨政府一九四二年推銷公債實施辦法（1942.7）……三五一
五　國民黨政府財政部一九四二年同盟勝利公債滯繳加派辦法（1942.10.7）……三五七
六　國民黨政府一九四二年報銷公債補充辦法（1943.2.1）……三五九
七　國民黨廣東省檢送籌募公債辦法的呈文（1943.7.5）……三六三
八　國民黨政府行政院請發動公教人員認購同盟勝利公債的呈文（1944.5.3）……三六九
九　國民黨政府財政部關於湖北第四區請免募同盟勝利公債同盟勝利美金公債案的呈文（1944.6.12）……三七一
一〇　國民黨政府財政部爲督募河南同盟勝利公債的呈文（1944.12.13）……三七五
一一　四川潼南李禎祺等反對按畝攤派救國公債的呈文（1938.4）……三七七

一二　國民黨政府財政部等關於紐約中國銀行貶值發還救國公債本息案的文件（1944.5—1944.11）……三七九
一三　豐都縣商會等反對攤派同盟勝利公債同盟勝利美金公債代電（1943.4.3）……三八五
一四　四川樂至酢户倪和興等反對攤派同盟勝利公債及同盟勝利美金公債的呈文（1943.7）……三八七
一五　四川涪陵文梅生等爲同盟勝利美金公債攤派不均請求救濟的呈文（1943.9）……三八九
一六　江西信豐李恒升等爲同盟勝利公債派額不公請求減派的呈文（1944.11.1）……三九三

二、投靠帝國主義拍賣資源的外債

（一）總項

一　國民黨政府財政部設計考核委員會統計處財政部經管戰時外債發行額一覽表（1945.10）……三九九
二　國民黨政府財政部爲改訂以關税爲保證債款攤還辦法致總税務司梅樂和令（1939.1.14）
——文見『爲帝國主義控制與爲官僚資本服務的海關』

（二）美債

一　關於英使卡爾查詢中美借款商談經過有關文件（1940.1）……四〇一
二　國民黨政府行政院轉知中美第四次借款合約業經批准密令及附件（1941.7.25）……四〇五
三　中美金屬借款合約（1941.2.4）……四〇七
四　國民黨政府財政部爲美方操縱鎢價請修正中美第三（鎢砂借款）第四（金屬借款）兩次借款合約密呈（1941.12.23）……四一三
五　國民黨政府財政部呈報中美第三第四兩次借款之第二次修正合約辦理經過并檢送合約抄本及譯文的呈文及附件（1942.5.16）……四四一
六　國民黨政府財政部呈送中美第三第四兩次借款合約第三次修正合約的密呈（1942.9.19）……四五九
七　國民黨政府財政部呈送中美第四次借款修正合約抄本及譯文的呈文（1943.3.26）……四六一

（三）英債

一 翁文灝轉報關於駐英大使郭泰祺在英接洽英信貸情形并商談英美法共同發展我國西南運輸業等問題致資源委員會代電（1940.1.16）……四六五

二 國民黨政府外交部轉報英使卡爾關於易貨及借貸協定備忘録致行政院代電（1940.1.25）……四六七

三 中國銀行總管理處與美商信臣洋行簽訂抵押借款合同（1940.9）……四六九

四 中英第二次信貸借款合約（1941.6.5）……四七一

【五】糧政

一、掠奪糧食的全面情況

一 國民黨政府糧食部對國民參政會第二届第二次大會的報告（1941.10）……四八三

二 國民黨政府糧食部對五届九中全會關於糧食徵收徵購及産銷儲運供應的工作報告（1942.1.22）……五〇三

三 國民黨政府糧食部對關於糧食徵實徵購與供應情形的工作報告（1942.11）……五一五

四 國民黨政府黨政考核工作委員會糧食部一九四二年度工作考察報告（1943.7）……五三五

五 國民黨政府糧食部對五届十一中全會關於糧食徵實徵購困難等情的工作報告（1943.8）……五六一

六 國民黨政府行政院檢發糧食部一九四三年度工作成績考核報告（1944.7.1）……五七五

七 國民黨政府糧食部對五届十二中全會關於糧食管理與儲備的工作報告（1944.5）……六〇五

八 國民黨政府糧食部對十二中全會決議案實施情形稿（1945）……六六三

第五十一册　原第三輯第五十二册—第五十五册

國民黨政府的財政金融

【五】糧政

一、掠奪糧食的全面情況（續）

九　國民黨政府糧食部關於檢送有關糧政工作報告公函（1945.4.12）……七

一〇　國民黨政府糧食部關於糧食徵實徵借與供應的工作報告（1945.6.1）……四一

一一　國民黨政府糧食部對國民參政會第四届第一次大會的報告（1945.6）……七三

一二　國民黨政府黨政工作考核委員會糧食部一九四四年度工作考察報告（1945.12）……八七

二、所謂『糧食管理』

一　蔣介石關於《規定糧食管理緊急實施要項》的手令（1941.7）……一一五

二　國民黨政府《管理糧食治本治標辦法》（1941.7）……一一九

三　國民黨政府全國糧食管理局《糧食管理綱要》（1941.7）……一二三

四　國民黨國防最高委員會秘書廳抄送國民黨五届八中全會所謂《平衡糧價調節民食利用并改善健全民間糧鹽交易基層機構及其營業方法》提案的函件（1941.4.30）……一三三

五　國民黨政府非常時期違反糧食管理治罪暫行條例（1941.5.12）……一三九

六　國民黨政府行政院經濟會議秘書處抄送關於實行統制經濟管理倉庫防止囤積居奇計劃綱要的公函（1941.9.8）……一四三

七　國民黨政府糧食部爲實行統制經濟提出管理民間自有存糧倉庫意見致行政院經濟會議秘書處公函（1941.9.20）……一四七
八　國民黨政府糧食部《調查大户存糧辦法》（1942.1.8）……一四九

三、憑藉政治暴力的徵實徵購徵借

一　國民黨政府行政院抄送田賦酌徵實物提案致國防最高委員會秘書廳密函（1940.12.6）……一五五
二　國民黨政府財政部國民黨五届八中全會田賦暫歸『中央』接管提案稿（1941.4）……一五七
三　國民黨政府一九四一年糧食庫券條例（1941.8.4）……一六一
四　國民黨政府修正公布一九四一年糧食庫券條例（1941.9.22）……一六三
五　國民黨政府行政院抄送田賦徵收通則田賦徵收考成辦法及舊賦催徵通則致國防最高委員會秘書廳函（1941.9.2）……一六五
六　國民黨政府行政院抄送一九四一年度各省田賦徵收實物超額處理辦法致國防最高委員會秘書廳函（1942.2.28）……一七三
七　國民黨政府行政院抄送田賦改徵實物出納劃撥暫行辦法致國防最高委員會秘書廳函（1942.4.29）……一七五
八　國民黨政府國防最高委員會審議《各省田賦改徵實物後業主收租不敷完糧補救辦法》案有關文件（1942.4.至5）……一七九
九　國民黨政府《戰時田賦徵收實物暫行通則》（1942.7）……一八三
一〇　國民黨政府財政部對參政員羅衡關於農民完糧往來旅費超過所納糧食數倍詢問案的答復（1942）……一八七
一一　國民黨政府糧食部督導室視察袁逸之爲糧食徵購儲運加工舞弊擾民建議改善辦法致糧食部報告（1942.9）……一八九
一二　國民黨國防最高委員會財政專門委員會審議撥給縣市土地税百分數案的有關文件（1942.9—1942.10）……一九一

四、貪污腐敗的各省糧政

一　國民黨政府糧食部對參政員郭仲隗等關於河南糧政詢問案的答復（1941.10）……一九七

二　國民黨政府糧食部對參政員曾省齋等關於湖南糧政詢問案的答復（1941.10）……一九九

三　國民黨政府糧食部對參政員王造時等關於江西糧政詢問案的答復（1941.10）……二〇五

四　國民黨政府糧食部對參政員光昇關於安徽徵購軍糧問題詢問案的答復（1941.10）……二〇七

五　國民黨政府糧食部對參政員李芝亭等關於陝西糧政詢問的答復（1941.10）……二〇九

六　國民黨政府四川廣漢縣倉庫倉儲股長林約樵關於密報川省田賦糧政機關弊端的八項簽呈（1943.3.12）……二一一

七　國民黨政府財政部對參議員王普涵等關於陝西省未發還徵購價款詢問案的答復（1943.9）……二一七

八　國民黨政府財政部對參政員馬景常等關於安徽田賦徵額已否酌減詢問案的答復（1944.9）……二二一

九　國民黨政府財政部對參政員劉叔模關於地方財政與田賦徵收問題詢問案的答復（1945）……二二三

一〇　國民黨政府財政部對參政員江恒源關於田賦負擔不均問題詢問案的答復（1945）……二二五

五、對『國際糧食會議』的乞憐與投機

一　國民黨政府行政院關於美政府邀請各聯合國討論戰後各項經濟問題應先準備令（1943.3.20）……二二九

二　糧食部擬關於《中國戰後之糧食問題》作爲各聯合國討論戰後各項經濟問題之資料的簽呈（1943.3.24）……二三五

三　孔祥熙檢送關於國際糧食會議指示應付方針致徐堪函（1943.4.3）……二六一

四　國民黨政府外交部轉送美大使館關於國際糧食會議函件（1943.4.16）……二七五

【六】金融

一、『金融管制』與金融機構

一　國民黨政府非常時期安定金融辦法（1937.8.15）……二八九

二　國民黨政府財政部規定小額存款支取暨定期存款到期之利息提取辦法的代電（1937. 8. 31）……二九一

三　國民黨政府國防最高委員會抄送鞏固金融辦法綱要及戰時健全中央金融機構辦法綱要修正案致國民政府函（1939. 9. 11）……二九三

四　國民黨政府縣銀行法（1940. 1. 20）……二九七

五　國民黨政府行政院檢送非常時期管理銀行暫行辦法（1940. 8. 28）……三〇三

六　國民黨政府中央銀行經濟研究處西南西北金融網敷設統計（1941）……三〇七

七　國民黨政府行政院檢送修正非常時期管理銀行辦法函（1941. 12. 8）……三二九

八　國民黨政府商業銀行設立分支行處辦法（1942. 5）……三三五

九　孔祥熙報告中國交通中農三行增加資本致蔣介石函（1942. 6. 12）……三三七

一〇　國民黨政府財政部等辦理財政收支系統改訂後調整省銀行原則案有關文件（1943. 8. 31—1943. 10. 7）……三三九

一一　國民黨政府財政部關於辦理取締銀錢行莊囤積投機行爲經過的呈文（1944. 6. 22）……三四五

一二　國民黨政府財政部對參政員陳博生等關於商業銀行囤積投機詢問案的答復（1944. 9）……三五一

一三　國民黨政府財政部對參政員王寒生等關於游資活動影響金融詢問案的答復（1944. 9）……三五三

一四　國民黨政府財政部對參政員錢公來等關於中國實業四明兩銀行改爲商業銀行詢問案的答復（1944. 9）……三五五

一五　國民黨政府財政部對參政員黃宇人關於孔祥熙兼任國家銀行董事長利弊等口頭詢問案的答復（1944. 9）……三五七

一六　國民黨政府財政部對參政員傅斯年關於孔祥熙經商中央銀行爲其私有以及黄金美金儲蓄券發行等問題口頭詢問案的答復（1944. 9）……三五九

一七　國民黨政府國防最高委員會秘書廳爲授權各省財政廳監理縣銀行業務撤銷中央銀行縣鄉銀行業務督導處案致文官處函（1945. 6. 14）……三六三

一八　國民黨政府財政部對參政員張金鑒等關於四行盈利問題詢問案的答復（1945）……三六七

二、『法幣』金銀外匯

（一）掠奪工具的『法幣』

一　國民黨國民政府修正妨害國幣懲治暫行條例（1937.7.15）……三七三
二　徐堪等處理上海撤退前後金融問題有關文電（1937.11）……三七五
三　孔令侃等提運穗毫洋有關文電（1937.12—1938.1）……三八一
四　孔令侃報告《大公報》對『法幣』貶值的評論密電（1939.8.1）……三八五
五　許性初轉告《新申報》關於『法幣』與『華興幣』比價報導密代電（1939.8.2）……三八七
六　許性初轉告滬《中美日報》關於國民黨政府發行情況評論的密代電（1939.8.11）……三八九
七　國民黨政府財政部秘書處爲轉知宋子文電請不再公布通貨發行額及歲入報告書案函（1941.1.23）……三九一
八　國民黨政府財政部維持『法幣』反對發行『軍用票』案件有關文件（1941.5）……三九三
九　國民黨政府軍政部請取締大小鈔券貼水調換致財政部函（1941.7.5）……四〇一
一〇　國民黨政府以前公布各項防止私運暨限制携帶鈔票規定停止效力令（1942.3.18）……四〇三
一一　國民黨政府行政院檢送統一發行辦法案致國防最高委員會秘書廳函（1942.6.27）……四〇七
一二　國民黨政府財政部對參政員陳逸云等關於關金券大量發行影響物價詢問案的答復（1942）……四一一
一三　國民黨政府財政部對參政員周炳琳關於通貨膨脹外匯匯率問題口頭詢問的答復（1945）……四一三
一四　國民黨政府國家總動員會議關於關金券發行影響成都物價的文件（1942.4—1942.6）……四一五
一五　國民黨政府財政部對周炳琳關於通貨膨脹等口頭詢問的答復（1942）……四二三
一六　國民黨政府財政部等處理『軍』『政』款項大小券搭發案有關文件（1942.8—1943.4）……四三一
一七　國民黨政府財政部售出黃金及吸收『法幣』額一覽表（1945.10）……四三七

（二）金銀問題與黃金舞弊

一　國民黨政府金類兌換『法幣』辦法及施行細則（1937.9.30）……四四七

二　國民黨政府財政部向國民黨五届五中全會所提出的《獎勉調换現金白銀與加强産金工作及效能案》稿（1939.1）……四五一
三　許性初轉告滬《字林西報》關於國民黨政府白銀輸出報導密電（1939.1.19）……四六三
四　許性初轉告香港《南華日報》關於天津白銀問題報告密電（1939.8.10）……四六五
五　許性初轉告滬港報紙關於國民黨政府通貨膨脹白銀輸出等報告密代電（1940.3.1）……四六七
六　國民黨政府修正取締收售金類辦法第九條取締金融業典當業質押金類辦法第六條令（1940.11.25）……四六九
七　國民黨政府防止私運及携帶金銀出口暫行辦法（1943.5.6）……四七三
八　國民黨政府財政部對參政員周士觀等關於美花旗銀行在渝設立辦事處買賣黄金詢問案的答復（1944.9）……四七五
九　國民黨政府財政部對參政員鄧飛黄等關於黄金問題詢問案的答復（1944.9）……四七七
一〇　國民黨政府財政部對參政員奚玉書等關於黄金問題詢問案的答復（1944.9）……四七九
一一　國民黨政府財政部對參政員陸錫光關於該部總務司長王紹齊利用公款購買黄金詢問案的答復（1945）……四八一
一二　國民黨政府財政部對參政員王普涵等關於黄金問題詢問案的答復（1945）……四八三
一三　國民黨政府行政院等關於透漏調整黄金官價舞弊案的文件（1945.4—1945.8）……四八七

第五十二册　原第三輯第五十六册—第五十九册

國民黨政府的財政金融

【六】金融

二、『法幣』金銀外匯

（三）僞金融寡頭盜竊與操縱的外匯（附僑匯）

一　孔令侃等關於港滬外匯問題的文件（1938. 2—1938. 4）……………………七
二　國民黨政府財政部錢幣司對顧問楊格關於外匯問題建議的意見（1938. 9. 30）……………………一三
三　孔祥熙在國防最高委員會第九次常務會議上關於處理上海匯市問題的報告（1939. 6. 22）……………………一七
四　國民黨政府財政部處理香港『法幣』匯價波動案有關文電（1939. 8—1939. 12）……………………二九
五　國民黨政府財政部等維持外匯黑市有關文電（1939. 10—1940. 5）……………………三三
六　許性初轉告《香港日報》關於孔祥熙操縱外匯自肥密代電（1939. 12. 6）……………………六一
七　錢永銘等爲上海『法幣』匯價暴跌請設法維持致孔祥熙密電（1940. 12. 23）……………………六三
八　國民黨政府四行聯合辦事總處關於開放港滬商匯案致財政部函（1941. 9. 5）……………………六五
九　國民黨財政部自一九四一年十月一日起取消商匯牌價令（1941. 9. 30）……………………六九
一〇　國民黨政府外匯管理委員會第二次會議記録（1941. 10. 27）……………………七三
一一　國民黨政府自由中國境内持有執照或特許銀行買賣外匯辦法（1941. 11. 15）……………………七七
一二　國民黨政府外匯管理委員會第三次會議議事日程（1941. 12. 31）……………………八一
一三　國民黨政府中央銀行經濟研究處對英美封存中日資金後之外匯市況（1942）……………………一二一

一四 國民黨政府外匯管理委員會第四次專員會議議事日程（1942. 1. 11）……一八七
一五 國民黨政府外匯管理委員會等關於處理管制銀行經營外匯業務取締國境內外幣通行往來文件（1942. 3）……一九七
一六 國民黨政府財政部對參政員胡秋原等關於在外資金解凍問題詢問案的答復（1942）……二〇一
一七 國民黨政府外匯管理委員會爲編製提供赫爾利納爾遜參考之外匯部門節略及數字表有關文件（1944. 8—1944. 9）……二〇三
一八 國民黨政府財政部對參政員張定華等關於外匯營私問題案的答復（1944. 9）……二一九
一九 國民黨政府財政部對參政員王普涵關於徵借豪門外匯資産問題口頭詢問的答復（1945）……二二一
二〇 國民黨政府財政部對參政員錢端升關於外匯黑市詢問案的答復（1945）……二二三
二一 國民黨政府財政部公布個人申請購買外匯辦法令（1945. 4. 16）……二二七
二二 國民黨政府財政部公布《戰時工商業請購外匯辦法》令（1945. 6. 14）……二三三
二三 國民黨政府財政部公布《修正個人申請購買外匯辦法》令（1945. 6. 21）……二三七
二四 國民黨政府財政部公布《政府機關及事業機關請購外匯辦法》令（1945. 7. 7）……二四三
二五 國民黨政府僑務委員會統計室歷年僑匯與貿易入超比較表（1944. 5. 24）……二四七
二六 國民黨政府外交部等處理搶救僑匯案往來文件（1942. 1—1942. 3）……二四九
二七 國民黨政府財政部等處理僑胞在内地英美銀行存款案有關文件（1943. 8—1943. 10）……二五七
二八 國民黨政府財政部對參政員黄炎培關於提高僑匯匯率以及官商勾結經商牟利詢問案的答復（1944. 9）……二六一

三、四行兩局一庫的擴張

（一）綜合報導

一 國民黨政府中央中國交通農民四行及郵匯中信兩局一九四五年度營業工作計劃（1945）……二七一
二 國民黨政府中央銀行一九四三年度營業報告（1944）……三七九

三　國民黨政府郵政儲金匯業局一九四〇—一九四一年度業務報告……四五一
四　國民黨政府郵政儲金匯業局長劉攻芸第一届局務會議開會辭（1941. 3. 1）……四六九
五　國民黨政府郵政儲金匯業局一九四四年度業務報告（1945. 2）……四七三

（二）各項金融業務

一　國民黨政府財政部設計考核委員會統計處六行局儲蓄存款一覽表（1945. 10）……四九一
二　國民黨政府財政部設計考核委員會統計處四行存放款一覽表（1945. 10）……四九三
三　國民黨政府修正節約建國儲蓄券條例第六條條文（1940. 4. 3）……四九五
四　國民黨政府修正節約建國儲蓄券條例第四條條文（1940. 5. 30）……四九七
五　國民黨政府中中交農四行聯合辦事總處檢送一九四三年推行儲蓄業務計劃綱要函（1942. 11. 26）……四九九
六　國民黨政府行政院抄發修正一九四三年度推行儲蓄業務計劃綱要令（1943. 1. 5）……五〇三
七　國民黨政府修正公布節約建國儲蓄券條例第三條第四條第五條第六條第十條條文（1943. 8. 16）……五〇七
八　國民黨政府中中交農四行聯合辦事總處核定一九四三年度推行儲蓄目標説明（1943. 9）……五〇九
九　國民黨政府中中交農四行聯合辦事總處檢送一九四四年度推行儲蓄業務計劃綱要函（1943. 12. 25）……五一一
一〇　國民黨政府行政院抄發推進鄉鎮公益儲蓄辦法令（1944. 1. 28）……五一五
一一　國民黨政府財政部對參政員張作謀等關於在甘肅攤募鄉鎮公益儲蓄人民不堪負擔詢問案的答復（1944. 9）……五一七
一二　國民黨政府中中交農四行聯合辦事總處檢送修正一九四四年度推行儲蓄業務計劃綱要函（1944. 5. 16）……五一九
一三　國民黨政府財政部對參政員陳紀瀅關於四行兩局儲蓄數額及業務專門化問題詢問案的答復（1945）……五二三
一四　國民黨政府中中交農四行内地聯合貼放辦法（1937. 8. 26）……五二七

一五　國民黨政府行政院爲修正管理銀行抵押放款辦法第六條及信用放款辦法第五條條文致國防最高委員會秘書廳函（1943. 4. 12）……五二九
一六　國民黨政府財政部對參政員韓兆鶚等關於專賣問題及國家金融機關貸款問題詢問案的答復（1943. 9）……五三三
一七　國民黨政府財政部對參政員陸錫光關於商業銀行套取低利放款問題詢問案的答復（1945）……五三七
一八　國民黨政府國家總動員會議第一次金融專務會議記録稿（1943. 1. 26）……五三九
一九　國民黨政府四行聯合辦事處總處爲擬定監督工礦貸款辦法致財政部函（1943. 7. 27）……五四五
二〇　國民黨政府財政部對參政員黄肅方等關於工礦貸款情况詢問案的答復（1943. 9）……五四九
二一　國民黨政府財政部對參政員余際唐關於工貸問題詢問案的答復（1945）……五五一
二二　國民黨政府中國農民銀行土地債券法（1942. 3. 26）……五五五
二三　國民黨政府中中交農四行局農貸辦法綱要（1942）……五五七
二四　國民黨政府中中交農四行局各種農貸準則（1942）……五五九
二五　國民黨政府中中交農四行聯合辦事總處一九四一年度農貸概况（1942）……五六一
二六　國民黨政府中中交農四行局一九四二年度辦理農貸方針（1942）……五六九
二七　國民黨政府一九四二年度農貸概况（1943）……五七三
二八　國民黨政府一九四三年度農貸方針（1942. 11. 5）……五八一
二九　國民黨政府農貸準則（1943. 1. 14）……五八三
三〇　國民黨政府一九四三年度土地金融業務計劃大綱（1943. 1. 21）……五八五
三一　國民黨政府農貸辦法綱要（1943. 2. 4）……五九一
三二　國民黨政府財政部對參政員王枕心關於東南農貸爲茶商轉手牟利口頭詢問的答復（1945）……五九三
三三　國民黨政府財政部對參政員羅衡關於中茶公司舞弊及農貸問題詢問案的答復（1945）……五九五
三四　國民黨政府合作社法（1939. 11. 17）……五九九

三五 國民黨政府中中交農四行聯合辦事總處中中交農四行局輔設各省市縣合作金庫資金概況（1942.1.26）……六一七
三六 國民黨政府行政院抄發財政部戰時管理合作金融辦法令（1943.6.25）……六一九
三七 國民黨政府合作金庫條例（1943.9.18）……六二一

第五十三册 原第三輯第六十册—第六十二册

國民黨政府的財政金融

【六】金融

三、四行兩局一庫的擴張

（三）投資事業

一 國民黨政府中央信托局有關投資的文件（1943.5—1943.8）……七
二 國民黨政府郵政儲金匯業局投資事業調查表（1944.12）……三一
三 國民黨政府中國銀行有關投資的文件（1945.7—1945.11）……三五
四 國民黨政府交通銀行檢送西南麻織廠等廿一户之投資表函（1945.7.25）……五一

四、地方金融與『國際金融合作』

（一）紊亂的地方金融

一 國民黨政府財政部向國民黨五届五中全會所提出的《調劑地方金融辦法案》稿（1939.1）……七五
二 國民黨政府中央銀行經濟研究處戰時廣東之銀錢業（1941.12.15）……八一
三 國民黨政府國家總動員會議川康鄂三省限政聯合辦事處抄送成都金融概況的密呈（1943.8）……一〇九

四　國民黨國家總動員會議川康鄂三省限政聯合辦事處成都金融座談會議記録（1943. 9. 4）……一一一
五　國民黨政府中中交農四行聯合辦事總處檢送内江支處調查處理一九四三年八月内江金融市場騷動報告代電（1943. 10. 15）……一一五
六　國民黨政府國家總動員會議成都經濟檢查隊成都市近半月來之金融動態（1944. 2. 13）……一二一
七　國民黨政府軍事委員會委員長侍從室第三處抄送張齊關於管制西安商業銀行抑止物價建議致國家總動員會議秘書處函（1944. 4. 5）……一二三
八　國民黨政府財政部爲查復陝甘邊遠地區行莊擾亂金融情況致國家總動員會議函（1944. 5. 4）……一二九
九　國民黨政府江西郵政管理局爲贛省各銀行實施限制存款支現的呈文（1944. 6. 29）……一三五
一〇　國民黨政府財政部對參政員朱貫三等關於西北四行各分行黑市放款囤積貨物等項詢問案的答復（1944. 9）……一三九
一一　國民黨政府財政部對參政員鄧飛黄關於重慶各商業銀行擾亂金融等口頭詢問案的答復（1944. 9）……一四一
一二　國民黨政府中國銀行等爲柳州中央銀行索還借調券料無法應副電（1944. 9. 21）……一四三
一三　國民黨政府中中交農四行聯合辦事總處爲轉知應付三戰區軍款辦法代電（1945. 3. 2）……一四五
（二）所謂『國際金融合作』
一　國民黨政府軍事委員會爲國際貨幣基金協定與國際復興建設銀行協定案致行政院代電（1945. 7. 18）……一五一
二　國民黨政府行政院政務處長徐道鄰抄送吴鼎昌對國際貨幣基金協定及國際復興建設銀行協定簽呈函（1945. 10. 1）……一五三

【一】戰時四大家族工礦農商獨占組織的建立

一　國民黨政府軍事委員會關於建立工礦農商獨占組織的訓令（1937.10.29）……二一三
二　國民黨政府軍事委員會農產工礦貿易調整委員會組織綱要（1937.10.30）……二一七
三　國民黨政府軍事委員會農產調整委員會實施辦法（1937.11.2）……二一九
四　國民黨政府軍事委員會工礦調整委員會實施辦法（1937.11.2）……二二三
五　國民黨政府軍事委員會貿易調整委員會實施辦法（1937.11.2）……二二七
六　國民黨政府軍事委員會關於四大家族獨占工礦農商職權的劃分辦法（1937.11.2）……二二九
七　國民黨政府交通部組織法（1938.1.14）……二三一
八　國民黨政府經濟部組織法（1938.7.30）……二三九
九　四大家族農工商礦主要壟斷組織名稱分類表及資本組成概況表（1939.10）……二四七
一〇　國民黨政府經濟部資源委員會組織法（1942.5.13）……二六一
一一　國民黨政府經濟部關於抗戰期間四大家族工礦農商獨占組織調整情形的報告（1937—1945）……二六五

【二】戰時四大家族的獨占活動概況

一、工礦內遷

一　國民黨政府行政院關於資源委員會提請『輔助』上海各工廠內遷案給實業部的密訓令（1937.8.12）……二六九
二　戰時四大家族劫奪工廠內遷的有關資料（1937.9—1937.12）……二七三
三　國民黨政府軍事委員會工礦調整委員會關於移遷工廠問題的會議記録及決議（1937.9.27）……二八三
四　國民黨政府軍事委員會第四部簽復蔣介石關於以『救國公債』『收買』工廠礦場遷移內地的呈文（1937.10.1）……二八七

五　國民黨政府軍事委員會第三部關於辦理遷移接近戰區工廠籌設內地工業中心情形致第四部公函（1937.10.8）……二八九
六　上海華生電器廠關於受戰火損失及內遷情形覆資源委員會函（1937.10）……二九五
七　上海市抗敵後援會關於工廠遷移運輸困難及駐軍留難情形致軍事委員會呈文（1937.10.21）……二九七
八　國民黨政府資源委員會强徵農地建廠的有關文電（1937）……二九九
九　抗日戰爭爆發後上海工廠遷移狀況表（1938.9.15）……三〇九
一〇　關於四大家族直接經營之廠礦內遷情形的資料（1938）……三一五
一一　鄭州各界救濟難民委員會請安置平漢路及鄭州豫豐紗廠員工與工礦調整處辦理情形的文電（1939.3.9）……三一七
一二　國民黨政府經濟部工礦調整處没收江陵岑和口復和天生順昌等米廠機器拆運內地的有關文電（1939.8—1939.9）……三二九
一三　國民黨政府經濟部關於戰時劫奪廠礦內遷情形的報告（1937—1944）……三三一

二、頒發工礦農商的獨占法規

一　國民黨政府經濟部非常時期農礦工商管理條例（1938.10）……三三五
二　國民黨政府經濟部國營礦區管理規則（1938.12.15）……三四一
三　國民黨政府經濟部戰時或接近戰區各項事業限制辦法（1939.10.12）……三四七
四　國民黨政府經濟部管理煤炭辦法大綱（1939.5）……三四九
五　國民黨政府經濟部礦產品運輸出口管理規則（1939.12）……三五一
六　國民黨政府經濟部鋼鐵管理規則（1940.1）……三五三
七　國民黨政府經濟部非常時期采金暫行辦法及民營金礦業監督辦法（1939.3—1940.1）……三五五
八　國民黨政府經濟部戰時重要經濟設施原則（1941.1.16）……三五九
九　國民黨政府經濟部非常時期工商業及團體管制辦法（1941.6）……三六一

一〇 國民黨政府農本局福生各莊放紗收布辦法（1942. 4. 9）……三六五
三、壟斷工礦農商的工作報告
一 國防參議會關於限制戰時工商業利潤的提案（1937. 10. 25）……三七七
二 國民黨政府經濟部關於一九三八年四大家族工礦農商獨占組織總機構的成立及活動情形的報告（1938）……三七九
三 國民黨政府湘桂鐵路理事會湘桂鐵路衡桂段經濟調查報告書（1939. 1）……四一三
四 國民黨政府經濟部關於一九三九年壟斷農工商礦生產及控制水利事業情形的報告（1939. 10）……四七五
五 國民黨政府經濟部關於一九四〇年上半年度農礦工商的獨占活動及控制水利事業情形的報告（1940. 6）……五三一

第五十四册 原第三輯第六十三册—第六十四册

國民黨統治區的經濟狀況

【二】戰時四大家族的獨占活動概況

三、壟斷工礦農商的工作報告（續）
六 國民黨政府經濟部關於一九四〇年下半年管制物資與壟斷工礦農商等活等情形的報告（1940. 12）……七
七 國民黨政府經濟部關於一九四一年壟斷工礦業生產概況及獨占市場扼制民族工業發展情形的工作報告（1941. 10）……六五
八 國民黨政府經濟部關於資源委員會的獨占活動概況及扼制民營工礦業發展與管制物資情形的報告（1942. 9）……九九

九　國民黨政府經濟部關於一九四二年下半年至一九四三年上半年壟斷工礦業生產及管制物資情形的報告（1943.7）……二三三
一〇　國民黨政府經濟部關於一九四三年七月至一九四四年六月壟斷工礦業生產情形及加强管制物資獨占市場的工作報告（1944.8）……一七九
一一　國民黨政府經濟部關於準備全面獨占工商農礦的活動及一九四五年上半年工礦業生產情形與物資管制工作的報告（1945.7）……二二一
一二　關於戰時生産局交結美帝壟斷生産獨占國内外物資購銷的資料（1945.4—1945.7）……二四一

【三】戰時工礦業生産中官僚資本獨占勢力的膨脹與民族工業的破産

一、工礦業生産狀況概述

一　國民黨政府經濟部關於抗戰期間壟斷煤礦生産概況的報告（1937—1945）……二七九
二　國民黨政府經濟部關於抗戰期間壟斷鋼鐵生産概況的報告（1937—1945）……二八三
三　國民黨政府經濟部關於戰時資源委員會壟斷下石油探采概況的報告（1937—1945）……二八九
四　國民黨政府經濟部關於戰時資源委員會壟斷下銅鉛鋅鋁生産概況的報告（1937—1945）……二九三
五　國民黨政府經濟部關於抗戰期間對民營金礦掠奪概況的報告（1937—1945）……二九五
六　國民黨政府經濟部關於戰時四大家族壟斷電氣事業概況的報告（1937—1945）……二九七
七　國民黨政府經濟部關於戰時壟斷機電工業概況的報告（1937—1945）……二九九
八　國民黨政府經濟部抗戰期間壟斷化學工業情形的報告（1937—1945）……三〇三
九　國民黨政府經濟部關於抗戰期間民用工業的微弱發展及其萎縮情形的報告（1937—1945）……三〇七
一〇　國民黨政府經濟部戰時控制民營工礦事業概況的報告（1937—1945）……三一一
一一　國民黨政府資源委員會雲南工礦業調查概述（摘要）（1940.10）……三一五
一二　戰時後方各省主要工礦産量統計表（1941—1942）……三二一

一三　戰時後方各省紡織廠性質産量分類統計表（1941—1942）……三二五
一四　戰時後方各省麵粉廠性質産量分類統計表（1941—1942）……三四五
一五　國民黨政府行政院關於參政員黄同仇等建議調整礦産收購價格以維牛産的提案給經濟部訓令（1942. 2. 9）……三四九
一六　戰時後方各省水泥廠性質産量分類統計表（1943. 1）……三五三
一七　戰時後方各省火柴工廠性質産量分類統計表（1943. 1）……三五五
一八　戰時機器電器製造工業廠數資本工人及動力設備統計表……三六九
一九　國民黨政府經濟部統計處關於資源委員會一九三九—一九四三年主要軍用物資産量統計表……三七一
二〇　國民黨政府經濟部西北工業狀况考察報告（1942. 2. 4）……三七五
二一　國民黨政府經濟部西北工業考察團新疆省工業考察報告節略（1943. 2. 20）……三八三
二二　四大家族對新疆省工業的壟斷計劃（1943. 2. 24）……三八九
二三　國民黨政府經濟部統計處關於戰時後方工業中官僚資本獨占勢力增長概况的統計表（1943. 5）……三九九
二四　國民黨政府經濟部工礦調整處關於重慶市民營工礦業概况調查報告（1943. 9）……四三一
二五　四聯總處關於湘桂粤贛四省工礦業狀况及發展困難情形的調查報告（1943. 10）……四五七
二六　戰時西北造紙工業狀况（1943. 11. 14）……四九三
二七　國民黨政府資源委員會工業處專員武需關於湘桂工業區機械工業狀况的考察報告（1944. 1—1944. 2）……四九五
二八　國民參政員劉明楊等關於改進工業統制辦法的提案（1943. 12）……五〇九
二九　《紐約時報》駐渝記者擬發《中國長期抗戰中最淒凉之一年》通訊稿（譯件）（1944. 1）……五一五
三〇　成都工業考察團李爲憲關於成都工業概况及生産困難情形的考查意見（1944. 3. 6）……五一七

第五十五册　原第三輯第六十五册—第六十六册

國民黨統治區的經濟狀况

【三】戰時工礦業生産中官僚資本獨占勢力的膨脹與民族工業的破産

二、資源委員會直接控制下的『國營』工業

一　國民黨政府資源委員會戰時壟斷工礦電各項事業工作計劃進行狀况（1938）……七
二　國民黨政府資源委員會雲南煤礦業調查報告（1939）……二九
三　戰時雲南可保村煤的生産狀况（1940.3.1）……四一
四　四川礦業公司工作報告（1942.1）……七一
五　國民黨政府資源委員會易門鐵礦局與昆華煤鐵公司争奪安寧礦區糾紛經過（1941）……八三
六　國民黨政府資源委員會一九四一年度壟斷煤鐵生産計劃及實施經過報告（1942.5）……八七
七　湖南省祁陽觀音灘煤礦工程處概况（1943.7）……九五
八　湖南醴陵煤礦局概况（1943.7）……一〇五
九　國民黨政府資源委員會一九四四年一—九月份礦業生産報告（1944.1—1944.9）……一一五
一〇　國民黨政府經濟部資源委員會辦理中國工程師學會關於從速完成鋼鐵廠遷建事業及增加燃料生産提案的呈文（1938.2）……一二一
一一　戰時國民黨政府資源委員會獨占工業與壟斷生産情形（1940）……一三一
一二　一九四一年資源委員會直接控制下的各機電廠化工廠冶煉工廠之生産情形……一七三
一三　國民黨政府資源委員會直接控制下的各鋼鐵廠生産概况（1943）……一八七

一四　戰時雲南銅的産銷狀況（1940. 3）……………………………………一九七

三、四大家族壓迫下日趨破産的民族工業

（一）礦冶業

一　國民黨政府經濟部關於大冶鐵廠停采經過情形令資源委員會轉飭鋼鐵廠遷建委員會與兵工署商擬處置辦法的訓令（1938）……………………………………二二七
二　平陽礬業同業公會請求貸款維持生産的呈文（1939. 9. 9）……………………二三一
三　王乃梁等關於雲南土鋼生産情形的報告（1940. 10）……………………………二三三
四　曹誠克等關於《救濟湖南銻業維持定額産量辦法》的文電（1941. 3—1941. 4）……………二五九
五　國民黨四川省執行委員會關於永川糧管會製造糧荒工廠停閉情形致經濟部公函（1941. 12. 24）……二六五
六　萬源縣關於民營鐵廠倒閉工商失業情形致國民黨政府的呈文（1942. 4. 20）……………二六七
七　個舊錫礦同業公會等關於廠商破産停業請求貸款救濟電（1943. 11. 23）……………二六九
八　國民黨政府資源委員會吞并人和鋼鐵冶煉股份有限公司的有關文件（1941—1944）……………二七一
九　嘉陵江區煤礦同業公會關於防止煤荒繼續加重辦法的建議（1945. 6）……………二八五

（二）紡織工業

一　關於蕪湖中一紗廠破産經過的資料（1938. 4—1939. 10）……………………二九一
二　國民黨政府經濟部平價購銷處放紗收布辦法（1940. 10）……………………二九三
三　重慶市公信紗莊陳述紹記織布廠承織軍布虧折破産經過的呈文（1942. 7. 14）……………二九五
四　國民黨政府經濟部工礦調整處關於西北各紗廠受敵機空襲損失情形及現狀致經濟部呈文（1942. 7. 29）……………………………………二九七
五　關於四川省各地棉紡土布工業受花紗布管制局苛虐頻呈破産狀態的資料（1944. 2—1944. 9）……三〇三
六　國民黨政府重慶市紡織工業普查報告（1944. 6）……………………………三〇七

七　重慶市土布工業同業公會關於花紗布管制局製造棉荒剥削織户的呈文（1945.5—7）……三三一

（三）食品工業

一　關於大新麵粉公司資本虧折及重慶市麵粉工業生産困難情形的資料（1939.8—1941.8）……三三五

二　董彬謙陝西省糖業調查報告（1941.9）……三四五

（四）火柴工業

一　董彬謙陝西省火柴工業調查報告（1941.9）……三五五

二　重慶市第三區火柴工業同業公會關於川康火柴專賣公司逼令摧殘廠商倒閉情形的呈文（1943.1.7）……三六一

三　陝西省中南興記火柴公司不勝專賣法束縛及雜税苛徵被迫停止生産代電（1943.7.24）……三六五

四　西康省政府關於協記火柴廠改良火柴請予變更管制方式的咨文（1944.6.6）……三六九

（五）烟草工業

一　董彬謙陝西省烟草工業調查報告（1941.9）……三七五

二　國民黨政府財政部陝西區税務局關於長安寶鷄捲烟業狀况的調查報告（1942.6）……三八三

三　中江縣烟業公會及捲烟生産合作社關於苛税摧殘捲烟破産工農失業情形致四川省社會處呈文（國民黨政府社會部抄件）（1943.5）……三八九

四　江西省吉安烟類産製業同業公會關於專賣後捲烟工業被迫日趨停工破産情形代電（1944.1.12）……三九五

（六）製茶與釀酒業

一　國民黨政府經濟部貿易調整委員會繆鍾秀調查陝西涇陽茶磚産製運銷經過情形函（1937.3）……三九九

二　董彬謙陝西省茶業調查報告（1941.9）……四〇五

三　董彬謙陝西省釀酒業調查報告（1941.9）……四一七

（七）化工與五金業

一　上海機製國貨工廠聯合會關於智利硝價高漲影響工業生産請停止官賣的呈文（1937.8.11）……四二三

二　國民化學工業社酒精廠被軍政部交通司并吞的有關文件（1940.10—1941.2）……四二七
三　民辦工業社因原料飛漲無法維持生產請工礦調正處接收的呈文（1940.12.13）……四三三
四　國民黨政府資源委員會雲南永勝瓷業調查報告（1940）……四三五
五　貴陽新生五金廠因物價高漲無力經營請工礦調正處接收的呈文（1941.5.29）……四四五
六　建國煉油廠因物價波動資金周轉困難無法維持生產被迫請工礦調整處接辦的呈文（1944.2）……四四七

四、三重壓迫下日益惡化的工人生活

一　國民黨政府實業交通二部請通令全國各産業機構延長成年工人工作時間的代電（1937.9.27）……四五一
二　萍礦員工代表抗議該礦新任專員王野白摧殘員工的呈文（1938.2）……四五三
三　關於雲南個舊錫礦工人被虐待鐐足勞動的資料（1939.6）……四五五
四　國民黨政府資源委員會專員黄開禄視察雲南錫礦工程處勞工狀况的報告（1939.6—1939.7）……四五七
五　國民黨政府資源委員會視察雲南機器製造廠工人狀况的報告（1939.7.6）……四六五
六　國民黨政府資源委員會視察昆湖電廠勞工狀况的報告（1939.7.12）……四七一
七　國民黨政府資源委員會視察昆明煉銅廠勞工狀况的報告（1939.7.12）……四七七
八　國民黨政府資源委員會視察中央電工器材廠勞工狀况的報告（1939.7）……四八一
九　農本局福生莊敲榨虐待遂寧機户的有關文件（1941.2）……四八七
一〇　國民黨政府資源委員會關於江華錫礦工人被剥削狀况的調查報告（1941.2）……四九一
一一　威遠縣礦工産業工會呈述礦工被剥削狀况及請求追分補價與救濟文（1941.8.14）……五〇三
一二　社會部辦理南充縣總工會呈請救濟失業工人的文件（1941.8）……五〇五
一三　西華山礦工代表陳述礦工被剥削虐待狀况并請提高鎢砂價格改善工人生活的呈文（1941.10）……五〇九
一四　戰時重慶市各業工廠數工人數與工時調查統計表（1942.5）……五一三
一五　關於福華工礦有限公司孫家溝煤礦坑爆炸全體員工遇難情形的資料（1943.6）……五一七
一六　國民黨政府社會部關於限價後工人生活費與工資變動情形的報告（1943）……五二一

一七　國民黨政府社會部重要市縣産業工人與職業工人實際工資變動情形季報表（1944.10—1944.12）……五二九
一八　國民黨政府社會部關於後方重要市縣工資與物價變動比較的報告（1945.7.9）……五四三

第五十六册　原第三輯第六十七册—第六十九册（上）

國民黨統治區的經濟狀況

【四】官僚資本壟斷下商業貿易的畸形狀態

一、四大家族對商業的獨占與商業投機

（一）統制物資

一　國民黨政府經濟部關於加强戰時特種礦品管制及鎢銻錫汞等産銷的被窒息情形的報告（1937—1945）……七
二　國民黨政府經濟部關於抗戰期間管制物資獨占市場情形的報告（1937—1945）……一七
三　國民黨政府經濟部關於加强戰時燃料管制及煤焦生産萎縮情形的報告（1937—1945）……二一
四　國民黨政府資源委員會銻業管理處一九三七—一九四二年統制銻業情形報告……二五
五　湖南公民李達等呈控湖南銻業管理處處長劉廷芳營私舞弊賣國害商文（1937）……二九
六　國名黨政府農本局扼制農業的生産貸款及統制農産品購銷情形（1937—1939）……三五
七　國民黨政府統制個舊錫礦之初步計劃（1940）……四七
八　王陸一關於農産品統制購銷之流弊致國民黨中央監察委員會代電（1940.4）……五一
九　國民黨政府經濟部管制物資及物價工作報告（1941.11）……五三
一〇　國民黨政府經濟部平價購銷處一九四一年度壟斷日用服用品等購銷的工作簡報（1942.5）……八一
一一　國民黨政府經濟部管制限價物品情形的報告（1942—1944）……八九

一二　國民黨政府經濟部管制工業器材的報告（1942—1944）……一一一
一三　國民黨政府資源委員會湖南銻業管理處壟斷湘鎢産銷情形的工作報告（1944）……一二九
一四　國民黨政府經濟部日用必需品管理處關於控制物資壟斷市場的工作報告（1944.6）……一四九
一五　國民黨政府財政部辦理國民參政會三屆二次大會建議重定棉花管制加强對敵封鎖等案的報告書（1944.8）……一六七
一六　國民黨政府財政部辦理國民參政會三屆二次大會對於國家總動員會議報告之決議案的報告書（1944.8）……一七一
一七　國民黨政府財政部對參政員張守約等關於花紗布管制局購花作弊影響生産之詢問案的答復（1944.9）……一七五

（二）實行專賣

專賣實施概述
一　孔祥熙等關於籌辦鹽糖烟酒茶葉火柴六種消費品專賣的提案（1941.4.1）……一八五
二　國民黨政府財政部實施專賣共同原則（1941）……一八七
三　徐世度關於專賣制度的意見書（1941）……一八九
四　萬祥清關於江西省『公賣事業』調查報告（1941.7.6）……一九三
五　江西省關於專賣制度實施後鹽糖烟酒茶葉火柴等專賣品生産急劇衰退情形的調查報告（1941）……二〇七
六　孔祥熙對違反專賣物品管制商人擬依妨害國家總動員懲處的呈文（1942）……二〇九
七　洪懷祖關於推進專賣事業調整專賣機構的建議（1942.12.16）……二一一
八　國民黨政府財政部關於『國家專賣事業』對國民黨五屆九中全會口頭報告底稿（1941.12）……二一七
九　國民黨政府財政部戰時專賣制度實施概況（1942）……二三一
一〇　國民黨政府財政部辦理國民參政會三屆二次大會建議限制物價及杜絶專賣收買弊端一案的報告書（1944.8）……二三七

專賣前的鹽務

一　國民黨政府財政部鹽政總局廣西鹽務辦事處工作報告書（1939. 3. 1）……二四三
二　國民黨政府社會部工運督導員關於四川省自貢市鹽務工作概况的報告（1940. 8）……二五九

專賣實施情形

一　國民黨政府財政部戰時鹽專賣暫行條例草案及鹽專賣實施原則（1941）……二六三
二　國民黨政府財政部浙贛湘皖鹽務督導員專員辦事處關於各區食鹽産購銷狀况的初步調查報告（1941. 2. 22）……二六九
三　章郁蕃關於視察川北各岸鹽價狂漲情形致鹽務總局視察室呈文（1942. 1. 2）……二八三
四　國民黨政府財政部食鹽産銷工作報告及一九四二年度工作計劃（1941）……二八七
五　國民黨政府財政部鹽務總局總視察處關於一九四二年度各地鹽務官員貪污情形的調查報告（1942）……三〇五
六　國民黨政府財政部鹽務總局湘桂區視察室關於調查粵省東區鹽價狂漲原因幫辦李啓宗等争權互相傾軋情形的報告書（1942）……三三一
七　四川省奉節鹽場評議公所賫呈奉節鹽場三十一年度之慘痛史文（1942）……三五三
八　國民黨政府財政部福建區鹽務局一九四二年度食鹽産運購銷情形報告書（1943）……三六一
九　國民黨政府財政部浙贛湘皖鹽務督運專員辦事處關於一九四二年度浙江食鹽專賣實施概况的報告（1942）……三六五
一〇　國民黨政府財政部江西鹽務管理局一九四三年食鹽專賣工作概况報告書（1943）……三七一
一一　國民黨政府財政部粵西鹽務管理局一九四三年食鹽購運專賣工作報告書（1943）……三七七
一二　國民黨政府財政部河南區鹽務局一九四三年度營業决算及運銷工作報告書（1943）……三八三
一三　國民黨政府財政部川北鹽務管理局一九四三年度食鹽專賣工作概况報告書（1943）……三九五
一四　國民黨政府財政部西北區食鹽專賣情形報告書（1943）……三九九

一五　國民黨政府財政部福建緝私處報告閩東鹽務弊端代電（1943. 4）……………………四〇五
一六　國民黨政府財政部辦理國民參政會三届二次大會建議對廣東省經濟恐慌迅施對策一案的報告書（1944. 8）……………………四〇九
一七　國民黨政府財政部辦理國民參政會三届二次大會建議調整鹽價案的報告書（1944. 8）……………………四一三
一八　國民黨政府財政部對參政員喻育之等關於計口授鹽辦法與防止官商走私問題詢問案的答復（1944. 9）……………………四一七
一九　國民黨政府財政部對參政員趙舒關於實施新鹽法問題詢問案的答復（1945）……………………四一九
二〇　國民黨政府財政部對參政員馬元風關於取消食鹽統運統銷辦法詢問案的答復（1945）……………………四二三
二一　國民黨政府財政部對參政員甘績鏞等關於調整鹽價及食鹽產製問題之詢問案的答復（1945）……………………四二五
糖類專賣
一　國民黨政府財政部戰時糖類專賣暫行條例及糖類專賣實施大綱（1941）……………………四三五
二　國民黨政府財政部關於合川食糖專賣情況的調查報告（1943. 1）……………………四五七
三　國民黨政府財政部粵桂區食糖專賣局程起陸視察廣西省各業務所辦事處業務工作報告（1943. 4. 28）……………………四六一
四　國民黨政府財政部粵桂區食糖專賣局程起陸視察廣東省各辦事處業務所業務工作報告（1943. 4. 28）……………………四六九
五　國民黨政府財政部川康區食糖專賣工作報告（1943. 7—1943. 11）……………………四七九
六　國民黨政府財政部視察李如霖關於食糖專賣局瀘縣區及川康區宜賓辦事處視察報告（1943. 11）……………………四九一
火柴專賣局
一　國民黨政府財政部戰時火柴專賣條例草案（1941）……………………四九七
二　國民黨政府財政部專賣設計委員會火柴專賣計劃綱要草案（1941）……………………五〇一

三　川康黔火柴廠商代表金麗秋等請徹查專賣公司總經理劉鴻生違法營私及改善火柴專賣辦法的呈文（1942.5—1942.7）……五〇七

四　國民黨政府財政部關於合川火柴專賣情況的調查報告（1943.1）……五二五

五　陝西省第一區火柴工業同業公會關於專賣法規窒礙生產籲請調整救濟的呈文（1943）……五三九

六　國民黨政府財政部視察李如霖關於火柴專賣公司瀘縣分公司視察報告（1943.11）……五四五

七　廣東省各火柴廠商關於專賣公司壓價收購火柴窒息生產請重行評價配給原料的呈文（1943.11.14）……五四七

八　甘肅省政府關於辦理火柴限價及實施專賣經過情形致國家總動員會議代電（1944.2）……五五一

九　國民黨政府財政部對參政員許德珩等關於取締火柴專賣公司與商人通同作弊之詢問案的答復（1944.9）……五五五

一〇　國民黨政府財政部專賣事業司稽核陳宏鐸調查火柴專賣公司專賣利益收支解庫情形的報告（1943.1）……五五七

第五十七册　原第三輯第六十九册（下）—第七十二册（上）

國民黨統治區的經濟狀況

【四】官僚資本壟斷下商業貿易的畸形狀態

一、四大家族對商業的獨占與商業投機

（二）實行專賣

烟類專賣

一　國民黨政府財政部戰時烟類專賣條例草案（1941）……三

二　賈士毅捲烟專賣實施方案（1941）……七
三　國民黨政府財政部烟類專賣局關於建立烟類專賣獨占網的呈文（1942.6—1942.10）……九
四　國民黨政府財政部中國烟業公司營業計劃書（1942）……二七
五　陳鴻彦重慶區烟類專賣實施情形調查報告（本文附件缺略）（1942.11）……三一
六　國民黨政府財政部專賣事業司稽核陳宏鐸調查烟類專賣局專賣利益收支解庫情形的報告（1943.1）……四五
七　河南省襄城農商會關於烟類專賣局等苛徵專利雜税農商交困情形致財政部呈文（1943.3.29）……五五
八　國民黨政府財政部陝西區烟類專賣局報告辦理專賣管制烟商工作情形的呈文（1943.8.2）……五九
九　國民黨政府財政部專賣事業司關於制止南洋兄弟烟草公司揭露烟類專賣局獨獲黑市利益的簽呈（1945.9.11）……六七
一〇　國民黨政府財政部視察李如霖關於烟類專賣局瀘縣區辦事處視察報告（1943.11）……六九
一一　國民黨政府財政部四川烟葉烤廠之成立及一九四四年度營業計劃書（1943）……七三
一二　馬乘風關於烟業『統籌配銷』之弊病致孔祥熙函（1943.12—1944.1）……七九
一三　中國南洋兄弟烟草股份有限公司四川分公司請取消禁止捲烟外銷成命的呈文（1944.5.20）……八三
一四　國民黨政府財政部粵桂區食糖專賣局一九四四年烟類專賣業務計劃（1944.6）……八七
茶葉與酒類專賣
一　國民黨政府財政部戰時茶葉專賣暫行條例草案及茶葉專賣實施大綱（1941）……一一七
二　國民黨政府財政部戰時酒類專賣暫行條例草案（1941）……一二三
三　惲寶懿戰時烟酒類實施專賣進行步驟意見書（1941.7.25）……一三一
四　國民黨政府財政部酒類專賣施行計劃（1942）……一三七
（三）壟斷物價
一　國民黨政府經濟部日用必需品平價購銷辦法（1939.12）……一六一
二　國民黨政府經濟部關於核議西北各廠出品紗布價格的訓令（1940.6.28）……一六五

三　國民黨政府經濟部秘書處編：一九四一年全國物價波動概述（1941.7.9）……一六九
四　豫豐和記紗廠與裕華申新等紡織公司請提高限價以維民族工業的呈文（1941.8—1941.9）……一八三
五　國民黨政府經濟部統籌棉紗管制運銷辦法及平價供銷辦法（1942.4.9）……一九一
六　國民黨政府經濟部農本局壟斷花布價格的進行方針（1942.6.24）……一九七
七　國民黨政府國家總動員會議秘書長沈鴻烈對第三届參政會所提管制物價的報告（1942.10）……一九九
八　國民黨政府經濟部實施限價要點及加强管制物價方案實施辦法（1942.12.11）……二〇七
九　國民黨政府行政院關於加强管制物價的訓令（1942.12.19）……二一九
一〇　國民黨政府財政部參政員韓兆鶚等關於物價上漲内情與囤積居奇之詢問案的答復（1942）……二二三
一一　抗戰期間蔣管區各主要城市物價狂漲情形指數表（1943.1）……二二七
一二　國家總動員會議關於各省市重要物品價格聯繫調整辦法問題致財政部代電（1943.3.26）……二三三
一三　國民黨政府經濟部抄發監察院戰區第一巡察團關於湖南省限價弊端的報告（1943.4.3）……二三七
一四　國民黨重慶市政府管制物價工作報告（1943.6）……二四一
一五　國民參政會參政員唐厥今等關於調節工商業穩定物價的提案（1943.10）……二四七
一六　戰時重慶市公務員工人生活費指數表（1943.10）……二四九
一七　國民參政會參政員劉明揚等建議改進物價統制辦法的提案（1943.12）……二五五
一八　盧作孚關於以『國際物資解決物價問題』及『平抑物價芻議』（1944.2—1944.3）……二六五
一九　國民黨財政部對參政員席振澤等關於限價物品價格領先上漲黑市活躍原因之詢問案的答復（1944.9）……二七九
二〇　國民黨政府財政部對參政員王普涵等關於調整棉價徹查鹽務積弊等詢問案的答復（1944.9）……二八三
二一　抗戰時期昆明市公務員生活費上漲情形指數表（1941.10—1945.6）……二八五
二二　國民黨政府經濟部關於戰時限價政策及物價狂漲情形的報告（1937—1945）……三〇五

（四）製造黑市

一　關於金城銀行利用行款進行商業投機核辦經過的文電（1942.1）……三一一

二　農本局關於獨占重慶紗布黑市的呈文（1942. 5. 22）……三一五
三　國家總動員會議關於成都棉紗黑市猖獗致物資局公函（1942. 7. 16）……三一七
四　關於重慶市物價高漲紗布黑市活躍的情報（1942. 7. 18）……三一九
五　經濟部物資局駐廣安專員辦公處關於駐軍機關法團囤積棉紗操縱黑市的呈文（1942. 8. 2）……三二一
六　國民黨政府經濟部關於調查福生莊壟斷棉紗製造黑市的訓令（1942. 10）……三二三
七　經濟部物資局關於抛售布匹壟斷市場價格致軍委會運輸統制局及重慶查緝所公函（1942. 11. 7）……三二七
八　馬良驤關於廣西火柴專賣公司走私資敵製造黑市致兩廣監察使署呈文（抄件）（1944. 4. 14）……三二九
九　國民黨政府財政部對參政員章士釗等關於花紗布管制局配銷布匹流爲黑市原因之詢問案的答復（1945）……三三三

二、四大家族對進出口貿易的統制與窒息産銷

（一）統制貿易概述

一　温一綸關於加强管制進口貿易安定戰時民衆經濟的建議（1937. 3）……三四三
二　上海市綢緞同業公會請恢復交通運輸維持商業金融周轉的代電（1937. 9. 1）……三四七
三　戰時財政部貿易委員會控制進出口物資運輸的工作報告（1938. 1—1938. 12）……三四九
四　戰時財政部貿易委員會壟斷國貨運銷的工作報告（1938. 1—1938. 12）……三九九
五　農本局關於鄂西各縣桐油産銷調查報告（1938. 12. 28）……四一三
六　國民黨政府財政部貿易委員會一九三八年統制進出口物資壟斷市場的工作報告（1939. 2）……四一九
七　抗戰期間貿易委員會壟斷商業貿易的工作概況（1937. 10—1940. 8）……四二七
八　貿易委員會浙江辦事處一九四〇年度壟斷絲茶桐油猪鬃等産購銷情況的報告（1941. 3）……四三九
九　一九四二年雲南出口礦産品運銷處統制滇錫等購銷情形……四五一
一〇　國民黨桂林市黨部建議加强中央『統購統銷』機構組織的提案（1942. 2）……四五七

一一 國民黨政府戰時管理進出口物品條例（1942. 5. 11）……四六一
一二 國民參政會參政員劉明揚等建議改進貿易統制的辦法的提案（1943. 12）……四八三
一三 國民黨政府財政部對參政員黃炎培等關於取消輸出品統購統銷問題詢問案的答復（1945）……四八九
（二）『統購統銷』對外銷物資產銷的窒息
蠶絲
一 重慶市絲業同業公會請疏銷滯留川北蠶絲出口的呈文（1938. 3. 3）……四九七
二 國民黨政府財政部統制生絲出口外匯後蠶絲業被窒息情形的有關文電（1938. 5—1938. 7）……四九九
三 國民黨政府財政部貿易委員會一九三八年統制蠶絲棉花苧麻等購銷的工作報告（1939. 2）……五〇五
四 四川省閬中縣總工會關於絲業公司統制産繭剥奪工農生計的呈文（1939. 2. 24）……五六一
五 貿易委員會統購粤絲肆虐商民的有關文電（1939. 10. 26）……五六五

第五十八册 原第三輯第七十二册（下）—第七十五册（上）

國民黨統治區的經濟狀況

【四】官僚資本壟斷下商業貿易的畸形狀態

二、四大家族對進出口貿易的統制與窒息産銷

（二）『統購統銷』對外銷物資産銷的窒息
茶葉
一 貿易委員會永嘉辦事處關於中茶公司壓價收茶浙江茶市蕭條及桐油運銷困難的呈文（1938. 6. 9）……三
二 貿易委員會永嘉辦事處壟斷浙茶運銷概况（1938. 6. 10）……七

三　國民黨政府財政部貿易委員會一九三八年統制茶葉購銷的工作報告（1939.2）……一一
四　湖南省長沙區茶農代表關於貿易委員會統制茶葉產銷陷茶業於絶境的呈文（1941.7.29）……一〇三
五　國民黨政府財政部貿易委員會安徽辦事處請制止休歙茶葉公會揭露統制茶業弊端代電（1941.8.26）……一〇五
六　貿易委員會陝豫辦事處轉報調查陝西西鄉縣茶業銷售狀況代電（1941.9.15）……一〇九
七　湖南茶業管理處一九四二年一至六月份統制湘茶的工作報告（1942.8）……一一一
桐油
一　貿易委員會永嘉辦事處關於浙江金衢產區桐油產銷統制概況的調查報告（1938.6.11）……一三一
二　農本局關於鄂西各縣桐油產銷調查報告（1938.12.28）……一三五
三　國民黨政府財政部貿易委員會一九三八年統制桐油購銷的工作報告（1939.2）……一四一
四　劉守仁關於涪陵油商反對四川桐油貿易公司壟斷市場的視察報告（1939.6.10）……一八九
五　中國植物油料廠張嘉鑄關於與貿易委員會合作壟斷桐油外銷經過致財政部次長函（1939.7.2）……一九三
六　四川省渠縣三匯鎮桐油公棧請令制止桐油商反對公棧制度的呈文（1939.9）……一九五
七　湖南省衡陽縣等商會請改善桐油統制的呈文（1941.1.7）……一九七
八　國民黨政府貿易委員會全國桐油統購統銷辦法（1941.5）……二〇三
九　國民黨政府監察院戰區第一巡察團關於改善湘省桐油統制的建議（1941.5）……二〇七
一〇　國民參政會陽叔葆等關於『提高桐油收買價格』『改善全國桐油統購統銷辦法』的提案（1941.5）……二一七
一一　國民黨五届八中全會王陸一等關於改善桐油統制辦法的提案（1941.5）……二二一
一二　廣西省關於改善桐油統制收購辦法的建議及財政部核議經過情形（1941.10—1941.12）……二二九
一三　國民黨政府財政整理委員會胡善恒建議取消桐油茶葉統制收購的簽呈（1942.1.8）……二四三
一四　國民黨政府出口貿易處管理區暨非管理區桐油業商户及用油工廠登記一覽表（1943.7.10）……二四五
猪鬃
一　戰時猪鬃出口貿易被窒息的有關資料（1938.3）……二五一

二 國民黨政府財政部貿易委員會一九三八年統制猪鬃毛皮等購銷的工作報告（1939.2）……二五五
三 國民黨政府貿易委員會修正全國猪鬃統銷辦法（1941.5）……二九五

（三）三大公司對出口貿易的扼殺

中茶公司獨占茶市營私舞弊

一 國民黨政府財政部貿易委員會與中國茶葉公司訂立獨占西南茶葉產銷的合約（1939）……三〇七
二 關於中茶公司壟斷雲南茶葉產銷情形的文件（1939.8）……三〇九
三 貴鴻年關於中茶公司浙處獨占活動及一九四一年加强壟斷茶市計劃的報告（1941.1.31）……三一七
四 中茶公司與振華公司協定壟斷國茶銷緬辦法的代電（1941.7.4）……三三九
五 關於中茶公司内銷茶葉營私舞弊情形的文電（1942.7—1942.9）……三四三
六 國民黨政府財政部視察翟維琪邵慰祖等關於中茶公司營私舞弊窒礙國内外貿易的視察報告（1944.3—1944.6）……三四七
七 財政部視察孫石生關於中茶公司運銷蘇聯之茶磚摻石作弊的報告（1945.2）……三六五
八 國民黨政府財政部對參政員鄭振文關於中茶公司與復興公司合并問題詢問案的答復（1945）……三六七

復興公司統制桐油營私虐民

一 國民黨政府軍事委員會關於復興公司統制桐油營私虐民致財政部代電（1941.6.29）……三七一
二 國家總動員會議揭發復興公司西北分公司收購羊毛與寧夏銀行串通作弊影響生產代電（1944.7）……三七三
三 國民黨政府財政部對參政員朱貫三等關於復興公司統制羊毛摧殘畜牧之詢問案的答復（1944.9）……三七五
四 國民黨政府財政部對參政員陳銘德關於復興公司股金賬務與營私問題詢問案的答復（1944）……三七七
五 國民黨政府財政部對參政員李鴻文關於花紗布管制局業務盈餘及復興公司收扣外匯問題詢問案的答復（1945）……三八三
六 國民黨政府財政部關於《商務日報》揭露復興公司腐敗高級人員貪污營私的視察報告（1945.7—1945.10）……三八九

一　外交部關於富華公司統制收茶扼殺國茶銷越情形致財政部貿易委員會公函（1939.11.7）……四〇九
二　富華蘇皖分公司專員陳楷關於加强壟斷桐油生産推廣内銷的意見書（1942.2）……四一三
三　關於富華公司壟斷生産市場南充猪鬃業日趨衰落的資料（1942.7—1942.8）……四二五
附：關於中國國貨聯營公司成立後商業獨占活動情形的報告（1938.11）……四三一

三、所謂戰區經濟與走私資敵

（一）『戰區經濟』概述

一　國民黨政府第一戰區經濟委員會編一九四〇年二月份經濟通訊（1940.3.14）……四四三
二　國民黨政府第一戰區經濟委員會一九四〇年度工作報告（1941.6）……四五九
三　國民黨政府第二戰區經濟委員會關於陝西省經濟概況的調查報告（1940.9）……四九七
四　國民黨政府第二戰區經濟委員會收購物資辦法及組設厚生莊壟斷戰區市場的有關文件（1941.1）……五一一
五　國民黨政府第二戰區經濟委員會陝晋各縣經濟調查報告（1941.3.1—1941.3.15）……五二三
六　國民黨政府第二戰區經濟委員會一九四〇年度工作報告（1941.7）……五四九
七　國民黨政府第二戰區經濟委員會晋南戰區經濟管制辦法草案（1941.9）……五八三
八　國民黨政府第三戰區司令長官部經濟工作大隊組織規程（1940.7.16）……五八九
九　國民黨政府第三戰區經濟委員會關於搶購物資管制産銷的工作報告（1940.12—1941.1）……五九一

第五十九册 原第三輯第七十五册（下）—第七十七册

國民黨統治區的經濟狀況

【四】官僚資本壟斷下商業貿易的畸形狀態

三、所謂『戰區經濟』與走私資敵

（一）『戰區經濟』概述（續）

一〇 國民黨政府第三戰區經濟委員會一九四〇年度工作報告（1941.2）……………………一
一一 國民黨政府第三戰區經濟委員會一九四一年度工作報告（附件略）（1942.5）……………三三
一二 國民黨政府第四戰區經濟委員會一九四一年度工作總報告……………………六五
一三 國民黨政府第五戰區經濟委員會關於鄂北鄂西各縣物資產銷概況的調查報告（1940.3）……九七
一四 國民黨政府第五戰區經濟委員會電陳遷鄺後工作情形及四聯總處核議意見（1940.12—1941.1）……一二一
一五 國民黨政府第五戰區經濟委員會關於一九四一年四、七、十各月份工作報告（1941）……一二五
一六 國民黨政府第五戰區經濟委員會立煌辦事處一九四二年工作報告及皖北鄂東經濟調查統計（1942）……一四七
一七 國民黨政府第八戰區經濟委員會組設裕源莊壟斷戰區經濟的有關文件（1940.6）……二一七
一八 國民黨政府第九戰區經濟委員會關於湘西農業與工礦業生産狀况的視察報告（1941.1）……二三七
一九 國民黨政府第九戰區經濟委員會一九四一年六—十一月份工作報告……………………二五三

（二）對敵『經濟作戰』

一 國民黨政府軍事委員會辦公廳關於修訂經濟游擊隊組織及實施辦法的函件（1939.12.26）……三三三
二 國民黨政府經濟部查禁敵貨條例（1941.9）……………………三四七

三　國民黨政府經濟部禁運資敵物品條例（1941.9）……三五五
四　國民黨政府經濟部封鎖敵區交通辦法（1941）……三五七
五　國民黨政府經濟部審議《破壞敵僞經濟侵略辦法》的意見（1939.9—1939.10）……三六一
六　國民黨政府行政院與經濟部審核『經濟戰組織』案的有關文件（1940.2）……三六九
七　國民黨政府軍事委員會關於江防區經濟封鎖特務團組織及其活動情形致經濟部代電（1940.2）……三七七
八　國民黨政府財政部四聯總處加緊『對敵經濟封鎖』實施辦法（1940.4.3）……三八五
九　國民黨政府第二戰區經濟委員會關於《實施分區推動晉南對敵經濟鬥爭工作辦法草案》問題致行政院呈文（1941.9）……三八七

（三）走私資敵

一　鍾介年：廣東鎢砂杜絶走私之兩大根本問題（1938.2）……三九七
二　國民黨政府國外貿易事務所李應南陳述防止粤鎢走私意見函（1938.4.21）……四三一
三　關於馬鴻逵馬步青部隊敲骨吸髓剥虐人民走私資敵的函電（1939.11）……四三三
四　國民黨政府第一戰區經濟委員會關於緝私工作情况致行政院代電（1940.10.27）……四三七
五　第二戰區經濟委員會關於陝晋軍政機關走私及舞弊情形的報告（1941.1）……四四一
六　國民黨政府第二戰區經濟委員會關於查緝人員舞弊及七十九軍軍官走私的情報（1941.1.14）……四四五
七　國民黨政府第二戰區經濟委員會關於二十二集團軍五十一軍包庇走私及河南省淮陽奸商運糧資敵的情報（1941.2.19）……四四七
八　國民黨政府第八戰區經濟委員會關於寧夏省吴忠堡走私情形的視察報告書（1942.2）……四五一
九　國民黨政府第一戰區經濟委員會關於隴海綫區走私情形的調查報告（1941）……四七五
一〇　國民黨政府第一戰區經濟委員會關於豫東走私情形的調查報告（1941）……四八七
一一　敵貨走私之路綫及其影響（1941.7.16）……五一三
一二　經濟部物資局關於檢查部隊走私販賣毒品的訓令（1942.11.16）……五一七

一三　國民黨政府財政部鹽務局豫東分局長趙誠義勾通漢奸政府輸運桐油木材等物資出口資敵的有關文電（1944.3）……五一九
一四　國民黨政府財政部對參政員馬毅關於皮貨資敵花紗布管制弊端等口頭詢問案的答復（1944.9）……五三五

四、對陝甘寧邊區的經濟封鎖

一　國民黨政府經濟部關於加强管制棉鐵封鎖解放區經濟致財政部代電（1943.5.6）……五四五
二　國民黨政府第二戰區經濟委員會消極防敵積極封鎖解放區經濟情形（1940.11—1941.7）……五四七
三　國民黨政府第八戰區經濟委員會消極防敵積極封鎖陝甘寧邊區經濟的報告（1941.10）……五六九

第六十册　原第三輯第七十八册—第八十册

國民黨統治區的經濟狀况

【五】四大家族與敵僞摧殘下農村經濟的破壞

一、水利事業的破壞與連年的水旱災荒

（一）水利事業的破壞

一　國民黨政府華北水利委員會抗戰期間的工作報告（1937.7—1941.12）……七
二　河南省廣武縣民衆代表關於河務當局徵購工料苛虐人民負擔偏枯的呈文（1940.10.12）……七七
三　國民黨政府行政院水利委員會一九四二年度工作考察報告（1942）……八一
四　國民黨政府行政院水利委員會一九四三年工作報告（1944.1）……八九
五　國民黨政府行政院水利委員會一九四四年度所謂施政方針與中心工作的檢討（1944）……一〇九

（二）連年的水旱災荒

一　李汝新等關於鄂北竹谿縣災情實況的報告（1939.3.5）……一一五
二　國民黨政府湖北省鄂北勘災團關於一九四四年度各縣旱蝗雹等災情總報告（1944.11）……一一九
三　國民黨政府河南省糧務會關於黃河决口尉氏縣被災情形致振濟委員會呈文（附黃河水災調查統計表）（1938.9.18）……一三五
四　國民黨政府河南省臨時參議會關於黃河决口豫東各縣被災情形致振濟委員會代電（1939.7.27）……一三九
五　國民黨河南省政府抄發孟縣鹿邑太康孟津等縣被黃水災害情形的代電（1942.12）……一四一
六　國民黨中央執行委員會關於河南省鄭縣魯縣佛山太康扶溝等縣水旱災情慘重發生烹殺災童煮食人肉等現象致振濟委員會公函（1943.3—1943.4）……一四九
七　張光嗣關於河南省旱災情況及『救災』情形的調查報告（1943.9.27）……一五七
八　國民黨河南省政府關於各縣旱災蝗災慘重情形致振濟委員會代電（1945.7）……一六九
九　關於黃水泛濫淮潁潰决安徽省被災各縣慘狀的文電（1939.7.31）……一七五
一〇　國民黨甘肅省政府關於一九四二年度各縣水旱風雹等災情致振濟委員會代電（1943.1.12）……一八一
一一　一九四三年寧夏省被災概況報告（1943.9）……一九一
一二　戰時四川省旱災情況及『救濟』情形的有關文件（1942.10—1943.3）……一九九
一三　國民黨政府雲南省振濟會關於雲南省旱災慘狀致振濟委員會呈文（1943.12.28）……二二一
一四　江蘇省一九三九年八月潮災損失情況的有關文電（1939.10—1940.2）……二二七
一五　國民黨政府振濟委員會關於抗戰爆發後至一九三八年六月的『振濟』報告（1938.7.7）……二三一
一六　國民黨政府河南省振濟會一九四〇年『春振』方案（1940.5.29）……二四一
一七　國民黨政府河南省第一區第二次水災『救濟』會議記錄摘要（1940.9.10）……二四九

二、農業生産的萎縮

（一）糧棉

一　國民参政會参政員劉明揚等關於改進農業統制辦法的提案（1943. 12）……二六一
二　一九四二年河南各縣麥收灾情統計表（1942）……二六七
三　馬鴻逵關於寧夏省農村衰落請緩建倉積穀的呈文（1943. 11. 7）……二七九
四　國民黨陝西省政府關於强令農民播種棉花情形致行政院代電（1943. 5. 15）……二八三
五　國民黨政府財政部花紗布管制局關於一九四四年陝棉歉收的報告（1945. 4）……二八七

（二）蠶桑

六　廣東省蠶農代表關於財政部實行生絲出口外匯統制後蠶村破産情形的呈文（1938. 8. 24）……二九七
七　國民黨政府雲南蠶桑改進所關於雲南蠶桑情况的報告（1938—1940）……三〇五

（三）桐油

八　國民黨湖南省行政督察專員關於統制收購人員摧殘桐業桐農破産情形致財政部代電（1942. 2. 2）……三一三
九　國民黨政府廣西省臨時参議會請貸款桐農維持桐油生産的提案（1942. 3. 10）……三一五

（四）烟茶

一〇　戰時中國烟草生産概况及四川烟葉示範場的壟斷活動（1943. 2. 12）……三一七
一一　四川烟葉示範場關於各區烟葉滯銷烟農破産慘狀致財政部代電（1943. 12. 28）……三三七
一二　國民黨政府財政部滇黔區視察員孫石生視察貴定縣烟葉生産狀况報告（1944. 6. 7）……三三九
一三　國民黨政府經濟部中央農業實驗所湖南安化茶葉調查摘要（1939. 10）……三四三

三、戰時租佃問題的嚴重

一　財政内政二部核辦撤銷江蘇省啓東縣非常時期代徵田租業佃議租等辦法有關文件（1937. 11—1938. 5）……三四九

二　內政財政司法行政等部核議沈鈞儒關於確定佃租臨時救濟辦法的意見（1938. 4—1938. 5）…………三五九
三　國民黨政府內政部關於緩辦江西等省『續田歸佃』致行政院公函（1938. 9. 17）…………三六九
四　四川簡陽縣佃農控訴地主違法加重剥削請求限制地價的呈文（1941. 4）…………三七一
五　國民黨政府湖南省强制佃農生產的耕地因灾補種雜糧免收地租辦法（1942. 2）…………三七三
六　成都華陽崇寧等縣佃農控訴成茂師管區司令王士俊等違法壓榨佃農的呈文（1942. 7）…………三七五
七　內政農林二部核議廖光亨建議『補救佃農解决租佃糾紛』的意見（1942. 5—1942. 8）…………三七七
八　國民黨政府地政研究所『廣西省租佃情形概述』（1944）…………三九一
九　國民黨政府地政學會：『中國扶植自耕農概况』（1945）…………三九七

【六】四大家族與敵僞掠奪摧殘下林牧與漁業的衰退

一、林業與牧畜

一　交通農林二部林木勘查團關於獨占西南林區的建議（1943）…………四一一
二　馬步芳關於青海省疫癘流行崇藏游牧區人畜死亡慘像致振濟委員會電（1940. 11. 3）…………四一五

二、漁業

一　國民黨廣東省政府關於辦理『救濟』粤省漁業情形致行政院呈文（1938. 4）…………四一七
二　中國僑港漁民協進會暨全國漁會關於粤省漁民被敵摧殘情形致軍事委員會代電（1938. 6）…………四二三
三　浙江省第三、六兩區行政院會議請農林部等救濟漁業電（1944. 11. 29）…………四二七

【七】四大家族統制下的交通運輸

一、鐵道

一　關於國民黨政府藉口修築湘桂叙昆鐵路所借巨額外債之資料（1938. 4—1939. 12）…………四三七
二　國民黨政府行政院密頒關於滇緬鐵路建築金公債一千萬美元之訓令（1941. 3）…………四四一

三　國民黨政府行政院魏秘書長關於與英大使館賀爾弼茲專家談建築滇緬鐵路向美國借款問題函（1941. 3. 13）……四四三

二、公路與驛運

一　國民黨政府行營邊區調查團交通組調查寧遠八屬總報告（1937）……四四七
二　國民黨政府交通部辦理西北公路運輸節略（1938）……四八三
三　甘寧青監察使嚴莊致行政院請飭交通部對於西北公路不得藉故更張以免指揮分歧之文電（1939. 8—1939. 9）……四八七
四　國民黨政府交通部對西北公路設施及改善各點逕覆之文電（1939. 9）……四九一
五　國民黨政府交通部關於嚴莊致行政院飭交通部調整西北公路機構不得藉故更張情形致蔣介石電（1939. 10. 5）……四九五
六　國民黨政府監察院指令交通部核辦嚴莊整頓西北公路函（1939. 10. 19）……四九九
七　趙履祺關於滇緬公路興築經過資料（1941. 8. 30）……五〇一
八　國民黨政府公路督修委員會關於搶修配合軍事反共的豫鄂皖公路工程計劃大綱（1939）……五一一
九　杜鎮遠潘光迴與印緬當局會商中印公路經過報告（1942. 3. 10）……五一九
一〇　國家總動員會議秘書廳關於審核交通部《改善全國驛運實施方案》意見致行政院秘書處公函（1944. 11. 16）……五二三

三、交通運輸的破壞

一　譚柏英呈報奉蔣介石令破壞滇緬公路惠通橋至畹町段經過密電（1942. 6. 3）……五二九
二　國民黨政府軍事委員會運輸統制局關於禁止軍隊機關强拉道路工人爲夫役布告（1942. 6. 9）……五三三
三　國民黨政府運輸統制局飭滇緬公路工務局徹底破壞惠通橋至保山段公路密電（1942. 7. 1）……五三五
四　何應欽請求展期破壞西昌至祥雲段公路簽呈（1942. 7. 17）……五三七

五　周鳳九報告破壞金沙江以南公路工作情況電（1942.8.7）……五三九
六　國民參政會參政員劉明揚等關於改進交通統制辦法的提案（1943.12）……五四一
七　國民黨政府關於隴海粵漢湘桂黔桂各路綫戰時破壞表（1944）……五四五
八　國民黨政府關於湘桂黔南戰事損失機車車輛情況表（1944）……五四七
九　國民黨政府關於湘桂黔南戰事損失鐵路器材表（1944）……五四九
一〇　國民黨政府關於全國公商汽車戰時損失統計資料（1945.3）……五五一

第六十一册　原第三輯第八十一册—第八十三册

國民黨政府的對外關係

【一】國民黨政府的外交一般情況報告

一、國民黨政府的外交報告

一　國民黨政府外交部所編之《抗戰四年來的外交》（1942.2）……三
二　國民黨政府行政院關於外交政策的報告（1941.3）……七一
三　國民黨政府行政院關於外交政策的報告（1941.10）……七九
四　國民黨政府對泰外交政策（1940.1—1943.6）……九五
五　國民黨政府外交部亞東司所擬之《扶助韓國獨立計劃綱要草案》（1944）……九七
六　國民黨政府軍事委員會關於抄送援助韓國光復軍辦法及行文辦法致軍令部代電（1945.6.10）……一〇一

二、所謂中英中美新約

一　國民黨政府外交部草擬《廢除不平等條約後政府及國民之責任》一文（1943）……一〇七

二　一九四三年中美新約……一一一
三　一九四三年中英新約……一二一
四　國民黨政府關於收回香港問題的訓令（1943. 3. 20）……一三七

三、帝國主義破壞中國抗戰片段資料

一　國民黨政府外交部關於美帝干涉中國炸毀烟臺石堤碼頭代電（1937. 10. 4）……一四一
二　葡政府藉口澳門安全無理阻止我國在澳東設防有關文電（1937. 10）……一四三
三　國民黨政府外交部關於英國駐華大使藉口維護外國教堂財産干涉我國軍事措施代電（1938. 2. 23）……一四七

【二】中蘇關係

一、抗日戰争時期蘇聯對中國的偉大援助

（一）貸款軍火武器與物資的援助

一　蘇聯援助中國抗戰物資來往密電（1938. 2）……一五七
二　關於對蘇借款發展中蘇貿易之資料（1938—1939）……一五九
三　中蘇通商條約（1939. 6. 16）……一六七
四　蔣介石關於責成專人辦理對蘇貿易與交涉的手令（1940. 8. 23）……一八一
五　國民黨政府行政院對外易貨委員會關於動用中蘇借款及三年來償債賬略（1941. 3. 4）……一八三
六　川陝公路川段改善工程處爲順利通過蘇聯援華抗日重炮車輛修建沿路綫坡度橋梁有關文電（1941. 5）……一九七
七　國民黨政府軍政部部長何應欽關於在蘭州設立倉庫儲備蘇聯援華物資致城塞局的代電（1941. 5. 16）……一九九
八　國民黨參政員沈鈞儒等爲加强中蘇友誼請特派專使赴蘇的建議案（1941. 7. 22）……二〇一
九　國民黨政府行政院對外易貨委員會主任秘書凌冰關於對蘇易貨償付信貸情形的簽報（1942. 1. 20）……二〇三

一〇　龍雲關於蘇聯援助中國軍火三千噸致盧漢電（1942. 3. 4）……二〇七
一一　龍雲關於由蘭州等地運入蘇聯大批軍火援助中國抗戰致盧漢電（1942. 2）……二〇九
一二　中蘇易貨談話記録（1942. 5. 22）……二一一
一三　國民黨政府行政院對外易貨委員會關於查對中蘇第三次信用借款項下運交我國軍用品的簽呈（1944. 10. 2）……二一七
一四　國民黨政府行政院對外易貨委員會對蘇易貨償債事宜進行情形節略（1944. 10. 25）……二二一
一五　國民黨政府與蘇聯駐華商務代表處辦理對蘇易貨有關文件（1945. 5—1945. 7）……二三一
（二）派遣軍事顧問
一　蘇聯顧問保葛達諾夫視察南昌陣地的建議（1938. 8. 13）……二三九
二　蔣介石發布軍令部蘇聯顧問視察九江南昌長沙報告之電令（1938. 8）……二四一
三　蘇聯顧問郭夫東抗日期間視察武漢衛戍區陣地情形之報告及建議（1938. 10）……二四三
四　鄭介民轉報蘇籍顧問關於日寇占領武漢廣州後對華政策情報致軍政部電（1939. 1. 18）……二六五
五　第三戰區炮兵顧問蘇聯謝羅夫揭述炮兵部隊種種缺點報告摘要（1939. 2）……二六七
六　蘇聯總顧問蔡爾柏諾夫抗日期間幫助中國分析敵情與擬具對策（1939. 2. 11）……二七一
七　蔣介石關於蘇聯顧問班果夫對前方作戰之意見致何應欽徐永昌電（1939. 8. 13）……二八一
八　蘇聯工兵顧問塔拉索夫抗日期間關於第三戰區冬季攻勢工兵使用問題的簽呈（1940. 2）……二八三
九　抗日戰爭期間蘇聯顧問扎柯夫關於改革第三戰區炮兵指揮部組織及應改革諸點的報告（1940. 4）……二九七
一〇　蔣介石飭徐永昌研究關於第八戰區蘇聯首席顧問巴爾杰耶夫國民黨軍搜集情報不靈建議改進之文電（1940. 7. 1）……三〇三
一一　國民黨陸軍第十七軍陣中日記關於蘇聯顧問於豫北晉南會戰時赴前方視察河防工事及守備部署情形的記載（1941. 10）……三〇七
一二　蘇聯顧問古巴列維赤關於中國各戰區防禦工事概況報告書（1942. 8）……三一三

一三　蘇聯援助中國抗日之軍事顧問及教官名冊（1943.5.24）……三三一
一四　國民黨政府軍令部關於解聘蘇籍顧問米利肯上校致第三廳的訓令（1943.11.18）……三三七
（三）派遣空軍志願隊
一　蘇聯空軍志願隊一九三八年二月份戰鬥要報（1938.2）……三四七
二　蘇聯空軍志願隊一九三八年六月份戰鬥要報（1938.6）……三五五
三　薛冀弘關於蘇聯空軍志願隊來華住所問題致重慶衛戍司令部處長錢久孚函（1939.7.15）……三六九
四　蘇聯空軍志願隊參加襲擊武漢白螺磯等地的空軍獨立作戰計劃（1939.10.6）……三七一
五　蘇聯空軍志願隊參加桂南會戰的戰鬥報告（1939.11—1940.1）……三八一
六　蘇聯空軍志願隊一九四〇年一月份參加作戰人員及轟炸成果報告表（1940.1）……四〇一
七　國民黨空軍司令部關於蘇聯空軍志願隊轟炸岳陽運城漢口等地之敵的戰鬥要報（1940.4）……四〇七
八　蘇聯空軍志願隊轟炸鐘祥敵機場的戰鬥要報（1940.5.2）……四三一
九　國民黨空軍第三路司令官田曦關於蘇聯空軍志願隊轟炸運城敵機場的戰鬥要報（1940.5）……四三三
一〇　成都空軍總指揮部關於敵機襲擊蘭州時蘇聯空軍志願隊的戰鬥要報（1941.5.21）……四三七
（四）幫助運輸抗戰物資與傷患
一　成都王纘緒報告支援中國抗日的蘇聯運輸機失事情況密電（1938.11.8）……四四七
二　國民黨政府軍委會抄送關於停止蘇聯飛機開入國境的代電（1939.12.22）……四四九
三　國民黨政府軍委會抄送航委會關於蘇聯飛機載八路軍傷員赴新疆的代電（1939.12.29）……四五三
四　國民黨政府財政部報告新疆中運會組織情形的代電（1941.9.4）……四五五
五　國民黨政府交通部關於調查新疆中運會成立經過及該會辦理蘇聯援助軍用物資情形的代電（1941.10.9）……四五七
六　國民黨政府軍委會航委會報告新疆航空站情形覆行政院的代電（1941.11.14）……四五九
七　關於蘇聯幫助中國載運抗戰物資之文電（1942.11—1942.12）……四六一

（五）新疆與蘇聯商務關係及郵件交换
一　蘇新石油協定及附件（1942）……四六七
二　關於審查蘇新石油協定之要點（1942. 6. 9）……四八一
三　新蘇簽訂購讓蘇聯農具製造廠合同（1944. 5. 21）……四八三
四　關於辦理中蘇郵件交换與恢復吉木乃局有關文件（1940. 2—1945. 6）……四九七
（六）《中蘇友好同盟條約》
一　《中蘇友好同盟條約》及其他有關文件（1945. 8. 14）……五〇五
二、文化藝術交流
一　中蘇文化協會會章（1938. 12. 25 第二次年會修正通過）……五一七
二　中蘇文化協會第三次年會會務報告（1940. 3）……五二一
三　勵乃驥傳振倫等關於赴蘇參加中國藝術展覽會工作報告書（1940. 6. 12）……五五三
四　關於接運留蘇展覽品回國的有關文件（1941. 7—1941. 10）……五六三
五　國民黨政府重慶衛戍總司令部副官處關於展覽蘇聯建國二十五年照片的通報（1942. 12. 30）……五六九
三、國民黨政府的反蘇活動與帝國主義破壞蘇聯援助中國
一　國民黨政府國際研究所關於日寇恐懼蘇聯援華的情報（1938. 7. 16）……五七三
二　外交部關於英國阻撓我國鎢銻產品運往蘇聯致資源委員會代電（1940. 2. 27）……五七五
三　龍雲關於法國禁止蘇聯援華軍火入口致盧漢電（1942. 4. 4）……五七七
四　蘇聯大使潘友新抗議國民黨刊物反蘇文章有關文件（1943. 11—1943. 12）……五七九

第六十二册　原第三輯第八十四册—第八十六册

國民黨政府的對外關係

【三】中美關係

一、藉口合作抗戰進行控制中國的『互助協定』和『軍火租借法案』

一　中美關於進行抵抗侵略戰争期間適用於互助之原則之協定（1942.6.2）……七
二　國民黨政府軍委會抄送關於根據中美互助協定規定中國協助美國問題有關資料的代電（1943.6.24）……一三
三　關於采購國營工礦電建設事業器材所需款項列入美國軍火租借法案的有關文件（1941.7）……二一
四　國民黨政府交通部爲美軍駐華總部賦予總稽察司丹納稽察援華租借法案物資全權的訓令（1945.3.28）……二三
五　美租借法案主要武器統計表（1945.5.5）……二七
六　美租借法案彈藥統計表（1945.5.5）……二九
七　國民黨政府財政部檢送關於美方草擬美軍物資運輸運費計算合約及結付辦法合約的呈文（1945.3.10）……三一
八　國民黨政府交通部報告向美國購買自由輪十艘致行政院呈文（1945.7.18）……三七

二、掠奪中國資源的蔣美『經濟合作』

一　中美戰時及戰後經濟合作方案草案（1943.11）……四一
二　國民黨政府財政部關於中美經濟『合作』之意見（1943.11）……五一
三　國民黨政府經濟部關於中美經濟『合作』之意見（1943.11）……六五

四　國民黨政府糧食部關於中美經濟『合作』之意見（1943. 11. 7）……七一
五　國民黨政府交通部關於中美經濟『合作』之意見（1943. 11）……七五
六　國民黨政府農林部關於中美經濟『合作』之意見（1943. 11. 7）……八一
七　蔣介石聘美國薩凡奇擬定揚子江三峽水力發電計劃的摘要（1945. 6）……八七
八　國民黨政府交通部抄送美方《戰後與中國及在中國境内之電信》備忘録的呈文（1945. 8. 12）……八九

三、掠奪中國鎢銻軍事資源

一　國民黨政府國外貿易事務所所長郭子勛轉報代購滇錫五百噸運美致資源委員會呈文（1939. 12. 25）……九五
二　國外貿易事務所海防分所所長貝志翔報告存防鎢砂運美情形致資源委員會代電（1940. 8. 3）……九七
三　國外貿易事務所海防分所所長貝志翔報告存防純銻運美情形致資源委員會代電（1940. 8. 9）……九九
四　經濟部抄送存越鎢銻售美辦理經過節略的呈文（1940. 9. 14）……一〇一

四、派遣軍事代表團顧問和教官

一　國民黨雲南省政府轉派關於保護美國軍事代表團人員的訓令（1942. 4. 7）……一一三
二　關於聘用美籍顧問教官等有關文件（1942. 4—1945. 8）……一一五
三　國民黨政府軍委會抄送關於美國軍官聘用辦法的代電（1943. 1. 8）……一三三
四　關於美國公路運輸技術顧問團來華考察的有關資料（1939. 12）……一三七
五　蔣介石與何應欽要求雲南省政府大量供給昆明印度等地美軍肉類有關文件（1944. 1—1944. 9）……一四五

五、駐華美軍種種非法特權

一　國民黨政府軍事委員會關於核定在華美軍犯罪行爲處置辦法致軍令部代電（1942. 8. 8）……一五一
二　國民黨政府軍委會關於美軍要求許可美方派憲兵駐守警局處理美軍不法行爲請轉飭所屬酌情商辦致重慶衛戍總司令部代電（1942. 8. 14）……一五三
三　中美關於處理在華美軍人員刑事案件換文（1943. 5. 21）……一五五

四　國民黨政府軍事委員會關於抄送《處理在華美軍人員刑事案件條例》致軍令部訓令（1943. 10. 13）……一六一
五　國民黨政府司法行政部刑事司關於重慶等地美軍藉口軍事要地盟軍物品失竊濫行殺人并奉諭嗣後對於此類案件『從嚴懲辦』致四川高等法院第一分院首席檢查官函（1944. 4. 2）……一六五
六　國民黨政府重慶衛戍總司令部轉報關於美國憲兵在昆明越權妨害治安及抄送美國第十四航空隊通令譯文的訓令（1945. 3. 10）……一六七
七　國民黨政府重慶衛戍總司令部等單位所擬之《維持國軍軍警憲與盟軍間軍風紀辦法》（1945）……一七三

六、美軍在華暴行與美教士罪惡活動

一　重慶市警察局關於美艦『拉挪威』號艦長對與該艦相撞之中國桐油船行凶的呈文（1940. 8. 1）……一七九
二　重慶衛戍總司令部工程處長龐國鈞轉報關於美國軍事代表團汽車在重慶肇禍并請依法嚴懲的簽呈（1943. 1. 14）……一八一
三　關於昆明美軍虐待中國譯員蔡祖康有關文件（1943. 10）……一八五
四　關於美軍在渝調戲婦女與酒後行凶的有關文件（1943. 10—1944. 12）……一九三
五　國民黨政府外交部駐雲南特派員公署抄送美駐滇總領事關於辯駁美兵晏根司酗酒滋事傷弊人命照會的呈文（1944. 10. 20）……一九九
六　美軍運輸隊中國士兵揭發美軍在華奸殺婦女罪行的呈文（1945. 4. 20）……二〇三
七　國民黨政府軍委會外事局關於處理美訓處炮訓班譯員因不滿美軍侮辱引起罷工事件的呈文（1945. 6. 1）……二〇五
八　關於美籍教士永文生唆使滄源教民殺害陳席珍等有關文件（1940. 5—1940. 8）……二一三
九　國民黨雲南省民政廳報告瀾滄縣美籍教士楊文森受英方津貼在邊地作特務活動的呈文（1944. 10. 5）……二二五

七、騙取科學情報與盜劫文物

一　關於將我國氣象情報供給美國的有關文件（1943. 1—1943. 3）……二三一

二　關於美軍拍攝我國一九二五—一九三九年天氣圖的有關文件（1943.4—1943.5）……二三三
三　關於國民黨政府勾結美帝劫走北京圖書館善本藏書的有關文件（1941.3—1942.11）……二三五
四　國民黨政府工商部中央地質調查所檢送北京人化石被美帝劫走經過情形有關文件的代電（1949.1.14）……二三九

八、美帝操縱下的所謂『聯合國救濟』

一　國民黨政府與聯合國救濟善後總署簽訂之基本協定（1943.11.14）……二五三
二　陳良輔關於善後救濟總署工作情形的報告（1945.1.26）……二六七
三　善後救濟總署爲聯總供應物資請轉飭撥空運噸位的呈文（1945.4.5）……二七一

【四】中英關係

一、英帝屈從日寇封鎖滇緬路及港粵鎢砂資敵

一　中國勞動協會理事長朱學範爲英日成立協定停止緬甸入華運輸三月請電促取消的呈文（1940.2.22）……二八一
二　國民黨政府經濟部抄送《敵擬强奪我存儲沙面各地之鎢礦》情報致資源委員會函（1940.3.20）……二八三
三　關於粵東江鎢砂走私的情報（1940.4.12）……二八五
四　關於廣東沿海鎢砂私運資敵的情報（1940.4.20）……二八七
五　關於日人套購香港鎢砂的情報（1940.5.25）……二八九
六　關於粵東江鎢砂走私的情報（1940.5.25）……二九一
七　國民黨政府經濟部轉報關於廣州灣鎢砂走私資敵情形并請改進砂價致資源委員會的訓令（1941.7.12）……二九三
八　國民黨政府資源委員會國外貿易事務所關於訪晤香港戰時經濟專員商談杜絕港鎢私運資敵情形的代電（1941.10.16）……二九五

二、英帝在貸款的幌子下向中國傾銷工業產品

一　國民黨政府財政部委托英福公司在英鎊區域購料合同（1941. 9. 9）……二九九
二　國民黨政府財政部次長郭秉文關於修改與英福公司簽訂之購料合同致行政院副院長孔祥熙函（1942. 5. 14）……三〇五
三　國民黨政府財政部與英福公司簽訂關於辦理中國購英貨物在印度接運的合同（1942. 11. 18）……三〇七
四　國民黨政府財政部次長郭秉文關於延長一九四一年九月簽訂之購料合同致英福公司函（1943. 3. 11）……三一一
五　英福公司關於延長一九四一年九月簽訂之購料合同致國民黨財政部次長郭秉文函（1941. 3. 17）……三一三
六　國民黨政府財政部抄送關於中英五千萬鎊財政協定與租借物資協定并請鑒核轉陳備案的呈文（1944. 8. 25）……三一五
七　國民黨政府軍委會委員長昆明行營關於英國戰時生產部在蒙自設立辦事處收買樹膠的代電（1945. 1）……三二三

三、籌建中印公路航路與修建滇緬路

一　關於籌建中印（康印）公路有關文件（1941. 2）……三二七
二　國民黨政府行政院關於審核中印公路工程經費概算等項詳細辦法的訓令（1941. 2. 9）……三三三
三　俞飛鵬關於辦理商震與緬甸首席參議克羅氏討論滇緬公路經過情形函（1941. 7. 3）……三三九
四　關於開闢中印定期航運綫的有關文件（1943. 4. 27）……三四三

四、英帝侵犯中國領空領海及其他主權

一　國民黨政府外交部關於辦理英國皇家航空有限公司飛機經過我國領空情形的呈文（1937. 12. 22）……三五七
二　關於制止英商太古公司侵入內河航行的有關文件（1942. 11）……三六五
三　中英關於駐在彼此領土內之軍隊人員管轄權問題換文（1945. 7. 7）……三七一

【五】中國與德法瑞伊等國的關係

一、中德關係

一 國民黨政府駐德大使程天放請國內報紙避免發表攻擊德意言論電（1937.10）……三八三
二 賀耀祖關於破獲老河口天主教堂德意神父進行間諜行爲經過之文件（1938.11.28）……三八五
三 國民黨政府關於歐亞航空郵運合約延長有效一年的訓令（1939.3.13）……三八九
四 國民黨政府交通部關於歐亞航空公司試航飛機失蹤處理經過的呈文（1939.9.24）……三九一
五 關於德國合步樓公司要求供給大量鎢錫有關文件（1939.9）……三九五
六 關於供給德國合步樓公司鎢砂二十噸的有關文件（1939—1941）……三九七
七 齊焌轉報德國合步樓公司邀請我國參加東方博覽會并請飭屬籌備展覽材料致翁文灝呈文（1941.7.6）……四〇七

二、中法關係

一 國民黨政府外交部關於開闢昆明河内航綫與法使交涉經過（1937.12.4）……四一九
二 關於交涉我國物資假道越南的有關文件（1939.9—1939.10）……四二一
三 關於繼續供售法國鎢銻錫礦產品的有關文件（1939.10）……四三三
四 關於雲南礦産貿易收歸國民黨中央政府統制影響法商在滇經營礦業的有關文件（1939.11—1939.12）……四三七
五 國民黨政府外交部關於購存德貨假道越南交涉案的有關電文（1939.12—1940.11）……四四三
六 國民黨政府經濟部轉報關於我國訂購德貨通過公海問題致資源委員會訓令（1939.12.9）……四四五
七 國民黨政府經濟部轉報關於我國訂購德貨通過公海問題致資源委員會訓令（1939.12.20）……四四七
八 國民黨政府交通部與法國銀行團等簽訂叙昆鐵路合作合同有關文件（1939.12）……四四九
九 關於會商我國訂購德貨假道越南交涉案的有關文件（1939—1940）……四五九
一〇 翁文灝關於替越南總督代購鴉片五十噸致蔣介石函（1940.6.6）……四六九
一一 國民黨政府軍事委員會西南運輸處關於處理存越物資的報告（1941.2.15）……四七一

一二　關於廣西邊境法軍槍殺我國士兵交涉情形有關文件（1941. 6—1941. 7）……四七五

三、中國與瑞（瑞士）伊古阿巴哥墨瑞（瑞典）比那加荷多等國的關係

一　國民黨政府資源委員會與瑞士巴登卜郎比股份有限公司簽訂技術協助合同（1938. 3. 29）……四九一
二　國民黨政府資源委員會與瑞士溫脱多機車廠簽訂技術合作合同（1938. 6. 15）……五〇七
三　國民黨政府與伊拉克王國簽訂《友好條約》（1945. 3. 16）……五二三
四　中古友好條約（1942. 11. 12）……五二五
五　國民黨政府與巴西合衆共和國友好條約（1943. 8. 20）……五二九
六　國民黨政府與阿富汗王國簽訂《友好條約》（1944. 3. 2）……五三三
七　國民黨政府與哥斯大黎加共和國簽訂《友好條約》（1944. 5. 5）……五三五
八　國民黨政府與墨西哥合衆國簽訂《友好條約》（1944. 8. 1）……五三九
九　國民黨政府與瑞典出口貿易公司簽訂信用貸款合同草案（譯件）（1944. 12. 22）……五四三
一〇　中瑞關於取消瑞典在華治外法權及其有關特權條約（1945. 4. 5）……五五五
一一　中比爲廢除在中國治外法權及處理有關事件條約（1943. 10. 20）……五六七
一二　中那爲廢除在中國治外法權及處理有關事件條約（1943. 11. 10）……五七三
一三　中加關於加拿大依照一九四三年加拿大戰爭撥款（聯合國互助）法案以加拿大戰爭供應品供給中國所適用之原則之協定（1944. 3. 22）……五八三
一四　中加爲廢除在中國治外法權及處理有關事件條約（1944. 4. 14）……五八九
一五　中荷關於放弃在華治外法權及處理有關問題條約（1945. 5. 29）……五九五
一六　中多友好條約附加條款（1945. 6. 8）……六〇七

第六十三册　原第三輯第八十七册—第八十九册

國民黨反動教育與摧殘進步文化

【一】反動教育

一、反動教育實施概况報告

一　國民黨編《六中全會教育報告》（1939.1—1939.10）……三
二　國民黨政府教育部編《教育統計》選録（1941）……七五
三　國民黨政府教育部向《五届九中全會作工作報告》（1941.12）……八九
四　國民黨《五届十中全會關於教育工作决議》（其中强調加强訓導作用）文件（1942.12.17）……一二九
五　國民黨有關『中等教育』……等報告（1943）……一三五
六　國民黨政府教育部向『五届十二中全會作的工作報告』（1944.5.20）……一六九

附：帝國主義在華文化侵略調查

七　美帝洛氏基金御用的『中華平民教育促進會』有關文件（1940.4）……一八九
八　汪僞組織編《在華歐美教會文化事業調查》（1940.4）……二二五

二、訓導黨團特務軍訓對學校實行控制

（一）『導師制』

一　國民黨國立第一中學關於施行反動的『導師制』情况的呈文（1940.5.24）……二四七
二　國民黨政府教育部擬《調正高中以上學校訓導與軍事訓練辦法》呈文（1940.8.6）……二四九

三　國民黨政府教育部擬反動的中等學校『導師制』綱要導師服務規程等簽呈（1941. 11. 14）……二五三
四　國民黨國立女子師範學校對反動的『導師制』『草案』的意見呈文（1942. 3. 3）……二五七
五　國民黨令各學校加强『導師制』實行導師住校對學生思想進一步控制訓令（1942. 3. 20）……二六三
六　國民黨政府雲南省教育廳關於『推進訓導工作』報告（1943. 4）……二六五
七　國民黨政府行政院關於《專科以上學校導師制實施辦法》指令（1944. 8. 16）……二七五
（二）反動黨團特務對學校的控制
一　國民黨西北聯大區黨部迫害進步陰謀解聘教授所發的傳單（1938. 9. 4）……二八三
二　國民黨通飭各地要公民教員對學生進行『精神訓練』有關公函（1938. 10）……二八七
三　陝西省報告辦理『公民教育』研究會情況呈文（1938. 12. 6）……二八九
四　國民黨捏造藉口解聘抗日進步的俄文教授有關文件（1938. 12—1939. 1）……二九一
五　國立第三中學關於接獲國民黨『防制异黨活動原則六項』等密令後製定反動措施的呈文（1939. 5. 26）……二九七
六　國民黨在學校中破壞民先隊活動有關文件（1939. 5—1939. 7）……三〇三
七　國民黨派遣女特務打入延安大學活動電（1939. 6. 12）……三〇九
八　郭有守關於解散四川合川縣江蘇南通私立崇敬中學時輪讀書會情形密呈（1940. 1. 23）……三一一
九　國民黨雲南黨部組織文化運動委員會來控制知識分子并監視進步人士活動有關函件（1940. 7）……三一五
一〇　國民黨利用『黨義』教育來控制學校有關文書（1941. 12—1942. 9）……三一九
一一　國民黨政府行政院核定《各校學生申送戰時青年訓導團受訓辦法》及其有關文件（1942）……三三七
一二　國民黨關於在國立學校加緊其黨團特務活動的密電（1942. 9. 19）……三四五
一三　國民黨直屬國立第十一中學區黨部關於密令檢查學生信件書報等辦法的呈文（1942. 11. 17）……三四七
一四　國民黨三民主義教學研究會『會務報告』（1943）……三四九
一五　貴州大學擬訂國民黨《黨團員訓練方案草案》有關文件（1943. 5—1943. 6）……三六一

一六　梁賢達爲川大代校長向楚公開宣布國民黨政府教育部等密令各校嚴禁學生成立自治會簽呈（1945.5.25）……三七五
一七　蔣介石等爲破壞中共領導昆明中法大學學生自治會及中等以上學校學生自治會情形有關電文（1945.6—1945.8）……三七七
（三）『軍訓』
一　國民黨通令施行《學生集訓逃亡損失賠償規則》有關文件（1938.3）……三八五
二　關於成都學生集訓混亂的呈文（1938.12.8）……三八九
三　關於四川中學學生集訓師生生活均散漫墜落猶如一群散兵的報告（1938.12.17）……三九五
四　國民黨武漢大學提出要加强訓育改善生活來控制青年在集訓中思想的呈文（1938.12.24）……四〇一
五　國民黨甘肅省爲控制高中學生進行集訓有關報告（1939.1）……四〇五
六　國民黨各學校集訓是徒費公款流弊百出貽誤青年學生簽呈（1939.1.8）……四〇七
七　國民黨政府製訂學生《軍事訓練實施方案》（1940.5.12）……四一七
三、各大中學校派系鬥争及其腐敗
一　國立貴陽醫學院學生罷課反對校政黑暗要求撤换教務主任賈魁的有關文件（1938.12）……四三一
二　國民黨西北農學院因派系鬥争引起學潮代電（1939.5.16）……四三九
三　關於成都朝陽學院更易校長發生學潮經過有關文件（1940.3—1940.5）……四四一
四　藝術專科校長滕固報告該校鬧學潮的呈文（1940.7.17）……四四九
五　武漢大學派系的争權奪利及其校政腐敗情況密函件（1941.3.14）……四五七
六　國民黨東北中學因三青團在校獨樹勢力引起糾紛報告（1941.3.23）……四六三
七　山西大學國民黨黨徒互相攻擊以求奪權呈文（1941.6.29）……四六七
八　山西大學因派系鬥争發生學潮函（1941.7.21）……四七一

九　中正大學校紀蕩然發生兩廣與兩贛地方學生的糾紛呈文（1944. 1. 22）……四七三
一〇　中央大學内部派系鬥争的有關情報（1944. 8—1945. 7）……四七五
一一　四川大學學生請求撤换秘書長呈文（1939. 1. 11）……四七九
一二　河南大學各院系控訴校長和總務長鯨吞公款販賣敵貨等呈文（1940. 1）……四八三
一三　河南大學學生控訴教務長劉鈞呈文（1940. 2. 26）……四九三
一四　西北醫學院學生控訴該院長侵吞公款引用私人欺上瞞下等非法行爲并要求撤换呈文（1940.9.10）……四九七
一五　雲南大學學生因校務腐敗要求撤换校長呈文（1941. 12. 29）……五〇五
一六　河南大學學生控訴校長貪污溺職呈文（1943. 1. 5）……五一三
一七　西北醫學專科學校師生控訴校方漆黑一團違法亂紀等行爲代電（1943. 1. 8）……五一五
一八　國民黨中正大學毫無紀律一片紛亂一冬死去學生卅餘等情況報告（1944. 4. 4）……五二三
一九　國民黨政府藉口迫害湖南大學學生解聘教授公函（1944. 7. 15）……五二五

四、消極抗日積極反共的特種教育

一　國民黨製訂《修正贛鄂皖豫閩等省特種教育巡迴教學團戰時工作綱要》（1938. 11. 19）……五二九
二　國民黨河南特教工作報告（1938. 12. 5）……五三五
三　國民黨政府教育部頒布《各省特種教育二十九年度工作大綱》（1940. 1）……五五一
四　國民黨河南特教擬武裝反共有關文件（1940. 9—1940. 10）……五六五
五　國民黨特教在敵後解放區名爲辦學而實幹特務活動電（1939. 12. 28）……五六七
六　國民黨河北省特教工作團潛伏在敵後解放區進行特務活動呈文（1941. 3. 22）……五六九

五、進行拉攏與摧殘的所謂『戰區教育』

（一）拉攏知識分子的陰謀

一　國民黨中央技專周厚樞提出趁抗日知識分子流亡之時搜羅人才以備黨國應用與教育部來往文件（1941.6）……五七九

二　國民黨陰謀拉攏戰區青年有關文件（1942.6.1—1943.2.10）……五八七

三　國民黨戰區招訓會控制青年并用於擴充反動軍隊的簽呈（1944.12.5）……五九一

四　國民黨爲控制青年繼續設置招訓所并加設訓導的代電（1945.2.12）……五九三

（二）流亡學生的苦難

一　《新華日報》報導青年學生來渝慘狀一文（1940.9.7）……五九七

二　國民黨審查戰區退出學生并送進集中營訓令（1942.10.22）……五九九

三　關於國民黨洛陽戰區青年無法就學衣食無着致沿街乞食函（1943.8.2）……六〇一

四　國民黨統治區青年學生流離失所饑寒交迫情報（1944.2.21）……六〇三

五　國民黨檢扣《誰陷她們入火坑》一文函（1944.5.2）……六〇五

六　國民黨一面讓青年學生流亡一面又阻止中共救濟代電（1944.10.16）……六〇九

七　國民黨戰區第二訓導所學生控訴該所主任剋扣員生食米以充私飽代電（1945.1.30）……六一一

八　關於國民黨《湘省戰時九中之慘狀》情報（1945.9.19）……六一五

（三）破壞和阻撓青年學生前往解放區

一　程潛關於密查蒙古學生赴延安受訓致徐永昌電（1940.2.4）……六一九

二　國民黨無理阻止淄博礦區學生前往延安的公函（1943.2.8）……六二一

三　國民黨密令阻止青年前往解放區及訂出反動辦法的密訓令（1945.6.12）……六二三

四　劉季洪關於陰謀阻撓國立西北大學學生參加解放區工作的密呈（1945.8.2）……六二七

五　國民黨中統局檢扣李公樸著《敵後方教育應走之途徑》公函（1940.3.22）……六二九

第六十四册　原第三輯第九十册—第九十一册

國民黨反動教育與摧殘進步文化

【二】摧殘進步文化

一、控制與破壞抗日文化團體

（一）剥奪結社自由的法令

一　國民黨社會部擬訂《抗戰時期文化團體指導工作綱要》有關文件（1939.1—1939.7）……七
二　國民黨教育部擬訂《文化團體總登記辦法大綱》有關文件（1939.12—1940.1）……一三

（二）非法密查文化團體

一　國民黨中統局等密報『青年會少年部改組及青年業餘服務團』等情況有關文件（1939.2—1940.3）……二三
二　國民黨派遣特務密查『自强讀書會』密函（1939.2.9）……三五
三　國民黨重慶市密報關於人民陣綫活動有關文件（1939.4—1939.11）……三九
四　國民黨中統局非法調查文化界活動密函（1939.8.7）……四九
五　國民黨中統局調查湖南社團公函（1939.10.26）……五一
六　國民黨軍委會政治部編《全國文化團體一覽》（1939.12）……五七
七　國民黨中統局非法調查桂林抗日進步文化團體并限制其活動密函（1940.2）……九三
八　國民黨調查『香港文化團體』函（1941.3.13）……一〇一
九　關於國民黨密查文化出版界活動情報有關文件（1943.2—1943.11）……一〇五

（三）取締與破壞抗日文化團體的活動

一　國民黨非法取締『鐵血少年團』等會社有關文件（1938.2）……一一一
二　國民黨限制學生抗日救亡活動公函（1938.6）……一一三
三　國民黨要各文化團體報告會務通告（1938.9.17）……一一七
四　國民黨黨員打入各抗日團體活動有關文件（1938.12—1939.1）……一二一
五　國民黨破壞抗日的『中國學生救國聯合會』活動有關文件（1938.12—1939.1）……一三一
六　國民黨密令嚴禁各地文化團體擁護國策示威游行代電（1939.1.5）……一三三
七　國民黨軍委會密令取締青年會少年部各團部密函（1939.2.20）……一三五
八　國民黨迫令解散抗日的『七七少年劇團』有關文件（1939.3—1939.9）……一三七
九　中華全國音樂界抗敵協會貴州分會成立國民黨要篡奪領導權函（1939.3.2）……一四七
一〇　國民黨密函各地非法取締進步文化團體或設法打入其黨徒圖謀破壞有關文件（1939.7）……一四九
一一　國民黨密令王平陵報告全國文藝界抗敵協會雲南分會活動密訓令（1939.7.26）……一五三
一二　國民黨社會部准『山東抗建文化協會』成立藉此拉攏知識分子有關文件（1939.10）……一五五
一三　國民黨設法破壞救亡團體活動有關文件（1939.10）……一五九
一四　國民黨强令解散全國木刻抗敵協會雲南分會等有關文件（1939.10—1939.11）……一六三

二、查禁抗日革命書刊阻礙馬列主義傳播

（一）剥奪出版自由的法令

一　國民黨圖書雜志審委會《有關圖書雜志審查反動辦法九種》（1938.7）……一六九
二　鄒韜奮等二十七人在參政會上提出《具體規定檢查書報標準并統一執行案函》（1938.9.3）……一八五
三　國民黨製訂《圖書雜志原稿審查工作綱要》（密件）（1939.3）……一八九
四　國民黨編《審查工作指示録》（1939.4）……二〇五

五　國民黨《圖書雜志查禁解禁暫行辦法》（1939. 5）……二二一
六　國民黨内政部《關於調整出版品查禁》訓令（1939. 11）……二二三
七　國民黨中宣部擬定《戲劇電影審查辦法》文件（1940. 3）……二二七
八　國民黨《修正戰時圖書雜志原稿審查辦法》文件（1940. 5）……二三七
（二）壓制進步文化的圖書審查報告
一　國民黨非法統制言論出版編製《審查書籍刊物總報告》（1938. 3）……二五一
二　國民黨圖書雜志審委會《審查原稿工作報告》（1938. 11）……三〇五
三　國民黨編《書刊審查意見撮要》第一集（1938. 12）……三一五
四　國民黨編《二十七年查禁書刊一覽》（1938）……三三五
五　國民黨編《書刊查禁理由提要》第二輯（1938. 12）……三四五
六　國民黨編《書刊查禁理由提要》第三輯（1939. 1）……三五九
七　國民黨圖書雜志審委會成立三個月以來的工作報告（1939. 1）……三七九
八　國民黨圖書雜志審委會《工作實施報告》（1939. 9）……三九五
九　國民黨重慶圖書雜志審委會《召集各書店負責人談話會記録》（1939. 9）……四〇一
一〇　國民黨五届九次會議《中宣部工作報告》（1941. 12）……四〇七
一一　國民黨中宣部出版事業處《出版檢查工作報告及檢討》（附件一、二）（1941）……四五三
一二　國民黨圖書雜志審委會《三十一年度工作考察報告》（1942）……四九七
一三　國民黨圖書雜志審委會《工作報告》選録（1941. 2）……五〇一
一四　國民黨重慶圖書雜志審查處撕毁『禁書』呈文（1942. 9. 22）……五〇九
一五　國民黨焚毁『禁書』有關文件（1943. 3—1943. 7）……五一五
一六　老舍茅盾等提出改進文化事業出版工作之意見有關文件（1943. 11—1944. 1）……五二九

第六十五册

原第三輯第九十二册—第九十四册（上）

國民黨反動教育與摧殘進步文化

【二】摧殘進步文化

二、查禁抗日革命書刊阻礙馬列主義傳播

（三）查禁抗日革命進步書刊

馬列主義及蘇聯革命書刊

一　第十戰區司令長官政治部請查禁《德國革命與反革命》等二書呈文（1939.5—1939.8）……七

二　國民黨非法查禁斯大林著作經過文件（1939.7）……九

三　國民黨非法破壞馬列主義的傳播有關文件（1940.2—1940.3）……一三

四　國民黨查扣蘇聯瓦洛加等著《蘇聯與資本主義各國》一書經過文件（1940.6）……一七

五　國民黨關於嚴加查扣《列寧講演集》文件（1940.7）……二三

六　國民黨非法藉口查禁《馬恩通訊選集》文件（1942.4—1942.6）……二五

七　國民黨查禁《從猿到人》等二書函（1942.9）……二七

八　國民黨查禁《馬克思恩格斯列寧論藝術》等三書函（1942.9—1942.10）……二九

九　國民黨密令限制蘇聯革命書刊的出售有關文件（1943.6）……三一

一〇　國民黨密令查禁蘇聯革命書刊代電（1943.6.24）……三五

一一　國民黨剥奪言論自由破壞馬列主義的傳播有關審查表（1943.9）……四三

一二　國民黨查禁蘇聯的《帝國主義現階段》一書文件（1944.2—1944.3）……四七

一三　國民黨非法阻難《蘇聯七作家》一書的出版呈文（1940. 12. 6）…………四九
一四　國民黨非法密令阻銷蘇聯書刊有關文件（1943. 4—1943. 9）…………五一
一五　國民黨查禁《鋼鐵是怎樣煉成的》一書經過文件（1943. 11—1944. 6）…………五七

毛澤東同志著作

一　國民黨圖書雜志審委會要非法查禁毛澤東同志著《論新階段》一書有關文件（1938. 12—1939. 1）…………七一
二　國民黨中宣部查扣毛澤東同志著《第二次帝國主義戰争講演提綱》有關文件（1939. 10. 8）…………七五
三　國民黨非法查禁毛澤東同志等著《關於團結救國問題》等書有關文件（1939. 11—1940. 3）…………七九
四　國民黨查禁《新華日報》引用毛澤東同志語句有關文件（1940. 6）…………八一
五　國民黨非法查禁毛澤東同志著《相持階段中的形勢與任務》一書文件（1940. 6—1940. 12）…………八五
六　國民黨查禁毛澤東同志著《新民主主義論》一文代電（1940. 6. 13）…………八七
七　國民黨查禁機關學校懸掛毛澤東朱德等二同志肖像并飭郵局檢扣密函（1940. 12. 6）…………八九
八　國民黨控制言論自由非法查禁毛澤東朱德等同志著的書刊有關文件（1941. 1—1941. 8）…………九一
九　國民黨非法查禁毛澤東同志《論持久戰》一書函（1942. 6）…………九五
一〇　國民黨阻難毛澤東同志著《反對黨八股》一書出版通知（1942. 8. 6）…………九七
一一　國民黨非法查禁《毛澤東抗戰言論集》等二書文件（1942. 12）…………九九
一二　國民黨非法查扣毛澤東同志著《陝甘寧邊區的經濟問題與財政問題》一書的有關文件（1944. 8）…………一〇一
一三　國民黨查禁新民主主義論等革命書刊五種有關文件（1944. 9—1944. 10）…………一〇五

中共領導人著作

一　國民黨查禁陳伯達同志著《革命救國的三民主義》一書文件（1939. 7. 31）…………一〇九
二　國民黨非法檢扣陳云同志著《支部》及《怎樣做一個共産黨員》有關文件（1939. 9）…………一一一
三　國民黨『查禁』周恩來同志著《國際形勢與中國抗戰》等書有關文件（1941. 2—1942. 7）…………一一三

四　國民黨『查禁』朱德同志等編《八路軍的戰爭經驗》及《中國金融資本論》兩書有關文件（1941.6—1941.10）……一一五
五　國民黨查禁胡繩同志著《辯證法唯物論入門》一書有關文件（1941.9—1941.11）……一一九
六　國民黨查禁范文瀾同志編著《中國通史簡編》有關文件（1942.1—1943.9）……一二三
七　國民黨非法查扣劉少奇陳毅兩同志合著《皖南事變後的新四軍》有關文件（1942.6—1942.7）……一二七
八　國民黨查禁艾思奇同志著《哲學散論》有關文件（1942.8）……一三五
九　國民黨『查禁』彭德懷同志著《三年來的抗戰》一書指令（1942.12.16）……一三七
一〇　國民黨剥奪言論自由密令『嚴予查禁』陳伯達同志著《評中國之命運》一書經過文件（1943.10—1944.11）……一三九

有關魯迅先生著作

一　國民黨查禁《魯迅師範是怎樣一個學校》一文有關文件（1939.8—1939.9）……一五三
二　國民黨查禁《回憶魯迅及其他》等著作代電（1940.12.11）……一五五
三　國民黨删改《魯迅全集》簽呈（1942.6.5）……一五七
四　國民黨中宣部對魯迅忌辰紀念會非法密謀迫害及嚴禁刊登紀念會有關文字的辦法函電（1942.10）……一五九
五　國民黨查禁《魯迅全集》出版函（1943.1.9）……一六三
六　國民黨不准將魯迅先生著《祝福》《狂人日記》編入《模範小説選》指令（1943.6）……一六五
七　國民黨密令凡有關魯迅先生著作和文章一律查禁有關文件（1943.7）……一六七
八　國民黨删改和查禁引用魯迅先生語句的書刊指令（1943.8）……一六九
九　國民黨派遣特務倒毀『魯汛逝世八周年紀念會會場』事後又查禁該項新聞公函（1944.10.21）……一七一

其他革命進步書刊

一　國民黨中宣部查禁《現階段的青年運動》書刊八種函（1938.8.26）……一七五
二　國民黨中宣部查禁書刊有關函件（1938.9—1938.10）……一七七

三　國民黨中宣部查禁宋慶齡著《中國不亡論》函（1938. 10. 25）……一八三
四　國民黨憲兵司令部查禁書籍有關文件（1938. 10—1939. 1）……一八五
五　國民黨中宣部限制書報的售賣函（1939. 3）……一八九
六　國民黨查禁革命進步的《青年的學習和工作》刊物文件（1939. 4）……一九一
七　國民黨查禁《海外青年刊物》有關文件（1939. 7）……一九三
八　重慶衛戍總部郭一予呈報取締八路軍所出軍政雜志情況呈文（1939. 9. 21）……一九七
九　第一戰區司令長官政治部查封《高級戰時讀本》四冊文件（1939. 9—1939. 11）……一九九
一〇　國民黨『查禁』《第八路軍》等革命進步書刊十種有關文件（1940. 11—1940. 12）……二〇三
一一　國民黨非法阻難《文藝陣地》刊物的出版有關文件（1941. 2—1941. 3）……二〇五
一二　國民黨接特務密報查禁革命進步書刊有關文件（1941. 10—1942. 3）……二〇九
一三　國民黨非法拒絶茅盾所主編《筆談》等五種刊物的登記有關文件（1941. 12—1942. 2）……二一三
一四　國民黨『查禁』史沫特來著《國共合作後怎樣發展統一戰綫》一書文件（1942. 3—1942. 6）……二一五
一五　國民黨密令檢扣我黨一切刊物有關文件（1942. 6—1942. 7）……二一七
一六　國民黨非法調查十八集團軍轉運的革命進步書刊有關文件（1942. 8—1942. 12）……二二一
一七　國民黨中宣部密令注意郭沫若同志等編新刊物有關文件（1943. 4—1943. 5）……二二三
一八　國民黨密令嚴查《自學》刊物有關文件（1943. 6—1943. 9）……二二五
一九　國民黨對各地教科書進行審查有關文件（1943. 9—1944. 4）……二三三
二〇　國民黨查禁巴金著《新生》一書審查表（1943. 10）……二四一
二一　國民黨陝西圖書雜志審查處檢扣《評中國之命運》等書代電（1943. 12. 9）……二四三
二二　國民黨查禁茅盾著《速寫與隨筆》及鄒韜奮等著《抗戰總動員》二書有關文件（1943. 12—1944. 2）……二四五
二三　國民黨查扣《誰革命、革誰的命》（原名《忠孝賢》）等小書有關文件（1944. 2—1944. 4）……二四七
二四　國民黨廣東圖書雜志審查處查禁《世界政治》等八種書籍呈文（1944. 6. 6）……二五一

二五　國民黨查禁《鄒韜奮逝世紀念册》一書公函（1945.1）……二五三

戲劇歌曲新文字

一　陸軍騎兵第五師政訓處李興西請查禁《抗戰歌曲集》等七種報告（1938.5）……二五七
二　國民黨飭令審查戲劇歌曲有關文件（1939.11—1939.12）……二六一
三　國民黨各地非法禁演蘇聯影片呈文（1941.2.20）……二六三
四　國民黨通令查禁田漢著《暴風雨中的七個女性》劇本指令（1942.8.3）……二六五
五　國民黨通令禁用拉丁化的中國字函（1940.1.6）……二六七
六　國民黨通令取締簡化字有關函件（1941.1）……二六九

三、非法迫害各地抗日進步書店及文化人

（一）限制發行出版的辦法

一　國民黨宣傳部《爲控制書店令擬反動辦法》有關文件（1939.11）……二七九
二　國民黨圖書雜志審委會擬《取締生活新知互助三書店辦法》有關簽呈（1940.4）……二八五

（二）查封和摧殘生活書店

一　生活書店向行政院提出保障發行事業有關文件（1939.3—1939.4）……二九九
二　國民黨查封南鄭新陽兩生活書店被迫害經理人代電（1939.5.9）……三〇一
三　國民黨非法密查重慶市生活書店及鄒韜奮住所有關函件（1939.5）……三〇三
四　國民黨查封生活書店西安分店并迫害經理人的代電（1939.5.3）……三〇五
五　國民黨中央社會部據中統局特務報告檢查重慶市生活書店及近郊分店有關文件（1939.5—1939.6）……三一五
六　國民黨查封生活書店并劫去書籍呈文（1939.8.24）……三一五
七　國民黨密謀查封生活書店新加坡分店及迫害各地分店的公函（1939.8.30）……三一七
八　國民黨非法取締生活書店農村服務處有關文件（1939.8）……三一九

九　國民黨抄查沙坪壩生活書店有關文件（1939.8—1939.9）……三三三
一〇　國民黨憲兵非法調查生活書店《新華日報》組織情形呈文（1939.9）……三三七
一一　國民黨查禁生活書店十種書刊（1939.12.8）……三五一
一二　國民黨非法查封成都桂林貴陽及昆明等地的生活書店經過有關文件（1941.2—1941.6）……三五三
一三　國民黨查封廣東生活南嶺光明等書店呈文（1941.3.4）……三六一
一四　國民黨查封生活書店《新華日報》書刊部讀書生活出版社等經過有關文件（1941.3）……三六三
一五　沈鈞儒在國民黨參政會上提出《提議保障文化出版事業案》有關文件（列舉國民黨迫害各地生活書店的罪行）（1941.3—1941.4）……三六九
一六　國民黨查禁鄒韜奮請辭去國民參政員電及生活書店横被摧殘經過一文代電（1941.5.31）……三八三
（三）調查和查封其他進步書店
一　國民黨編《异黨文化調查》第二號密函（1939.7.12）……三八七
二　國民黨非法取締『戰時書報供應所』呈文（1939.8.22）……四〇三
三　國民黨查封湖南郴縣牖智書店函（1939.9.7）……四〇五
四　各地書店抗議國民黨非法搜查書報行爲文件（1939.7）……四〇七
五　國民黨焚毁全民書店宜山支店書刊經過呈文（1941.3.17）……四一一
六　國民黨查封廣西三户圖書社及《新華日報》營業所等經過有關代電（1942.7—1942.9）……四一五
（四）侵犯人權非法迫害文化人
一　國民黨新十八師迫害《叙南月刊》作者（1939.4）……四二九
二　國民黨圖書雜志審查委員會查扣『茅盾先生談杜重遠在新被扣經過』呈文（1941.4）……四三一
三　國民黨中宣部想迫害《刼後餘生的呼聲》的作者有關文件（1941.6）……四四五
四　國民黨政府軍委會密令各處審核文化界人士赴港飛機票代電（1941.9.15）……四四九
五　國民黨密報《周恩來通知左翼文化人防範我政府屠殺政策》公函（1942.6.30）……四五一

六 國民黨江西圖書雜志審查處密查『左傾文化人』密呈（1943.3.20）……四五三
七 國民黨各地新檢處關於調查『左傾文化人』情況有關呈文（1943.3—1943.4）……四五七

四、查封查禁抗日報紙摧殘新聞事業

（一）剥奪言論自由的法令

一 國民黨製訂《宣傳品審查標準》（1937.8）……四六七
二 國民黨政府軍委會政治部擬訂《新檢規程及懲罰辦法》公函（1938.9.8）……四六九
三 國民黨製訂郵電檢查有關辦法訓令（1939.6—1939.8）……四七一
四 國民黨『戰時新聞違檢懲罰辦法』函附件（1939.12.18）……四七七
五 國民黨製定反動的《修正戰時新聞禁載標準》（1940.1）……四八一
六 國民黨行政院頒布《非常時期報社通訊社雜志社登記管制暫行辦法》（1943.4）……四八七
七 國民黨中宣部《戰時新聞禁載標準》（1943.10）……四九三
八 國民黨新檢局製訂《戰時新聞違檢懲罰辦法》（1943.10）……五〇一

（二）絞殺新聞事業的審查報告

一 國民黨軍委會新檢局編造《二十八年度工作報告》（1940.4）……五〇五
二 國民黨軍委會新檢局關於《卅年十二月至卅一年九月工作報告》（1942.9）……五一三
三 國民黨軍委會新檢局《工作報告》（1943.8）……五一七
四 國民黨軍委會新檢局《卅一年十月至卅二年十月工作報告》（1943.12）……五二一
五 國民黨軍委會新檢局《卅三年四月工作報告》（1944.4.29）……五五一
六 國民黨軍委會新檢局向六全大會《工作報告》（1945.4）……五五三
七 國民黨軍委會新檢局《卅二年九月至卅四年六月工作報告》（1945.6）……五五九
八 國際宣傳處《國際宣傳工作檢討報告書》（1944）……五六一

九　國民黨武漢新聞檢查所《工作報告》（1938.9）……五六九
一〇　國民黨重慶軍委會新檢處編造《成立以來工作報告》（1942.1）……五七七
一一　國民黨廣西軍委會新檢處編造《三年來工作總報告》（1942.11）……五八七

第六十六册　原第三輯第九十四册（下）—第九十六册

國民黨反動教育與摧殘進步文化

【二】摧殘進步文化

四、查封查禁抗日報紙摧殘新聞事業

（三）非法迫害《新華日報》

憲警特務搗亂報社迫害職工

一　國民黨憲兵特務搗毀《新華日報》社有關文件（1938.1—1941.3）……三
二　《新華日報》社華中圖書公司等抗議國民黨非法迫害和漫無標準的搜查各書店有關文件（1939.7—1941.4）……一三
三　國民黨憲警迫害《新華日報》有關函件（1939.10）……二五
四　國民黨軍委會非法訂出迫害《新華日報》的步驟方案和查禁有關文件（1940.2）……三七
五　國民黨非法調查《新華日報》社與生活書店并擬出《調查辦法》有關文件（1940.2）……四一
六　國民黨非法逮捕《新華日報》社職工有關文件（1940.2—1940.3）……四五
七　蔣介石手令軍委會新檢局查《新華日報》投稿人姓名住址以備『查詢』代電（1940.6.16）……四九
八　國民黨特務非法摧殘《新華日報》并迫害報社職工有關文件（1941.2—1941.6）……五一

九　國民黨四川省會警察局破壞《新華日報》館門市部并擬查封書刊部的密報有關函件（1941.3—1941.4）……五七
一〇　國民黨新檢局要憲兵協助迫害《新華日報》（1941.7）……六一
一一　國民黨以憲兵威脅抄查《新華日報》社并劫去《斯大林與紅軍》等書籍有關文件（1941.11—1941.12）……六五
一二　國民黨非法派憲兵監視《新華日報》社公函（1944.9.12）……七一
一三　國民黨以憲警威脅《新華日報》社并檢扣《應放弃一黨專政組織聯合政府》等稿件有關文件（1944.10）……七三
一四　國民黨派遣中統軍統特務加强迫害《新華日報》函（1945.3.12）……七九

查封報社分支機構

一　國民黨軍委會政治部非法限制《新華日報》分社在陝成立有關文件（1938.8—1939.9）……八三
二　國民黨非法查封《新華日報》宜昌分銷處并迫害其負責人有關文件（1939.6—1939.8）……八五
三　國民黨四川警察局『查封』《新華日報》社有關文件（1941.2）……八九
四　國民黨雲南黨部檢獲『反對非法窒死《新華日報》』等傳單而要查封《新華日報》呈文（1941.4.17）……九三

限制發行和强迫停刊

一　國民黨極力限制《新華日報》發行電（1938.9）……一三一
二　《新華日報》社參加聯合版聲明函（1939.7.7）……一三三
三　國民黨政府新檢局迫令《新華日報》社停止發行特刊有關文件（1939.7）……一三五
四　《新華日報》抗議國民黨非法處分函（1939.7.17）……一三七
五　《新華日報》社抗議國民黨各地破壞抗日非法阻撓《新華日報》發行有關文件（1939.8—1941.6）……一三九
六　國民黨非法停止《新華日報》在洛發行有關文件（1940.5）……一四九
七　《新華日報》抗議國民黨郵局非法檢扣報紙文（1940.8—1940.12）……一五一
八　國民黨陰謀限制《新華日報》發行會議記録（1941.1）……一五五
九　國民黨非法阻止工人訂閱《新華日報》有關文件（1941.2）……一五九

一〇　國民黨重慶市執委會覆中宣部關於執行陰謀限制《新華日報》經過有關呈文（1941.2）……一六一
一一　重慶衛戍總司令部奉諭『各單位不得自行訂閱《新華日報》』通報（1945.3.31）……一六五
一二　國民黨迫令《新華日報》停刊的指令（1939.9.9）……一六七
一三　國民黨新檢局迫令《新華日報》停刊有關文件（1939.10）……一六九
一四　《新華日報》因刊載《毛澤東同志與中央社等記者談話》一文而被迫停刊一天并遭到國民黨憲警非法搜查的經過文件（1939.10—1939.11）……一七三
一五　國民黨不滿《新華日報》標題而令停刊一天有關文件（1940.5）……一七七
一六　國民黨請潘梓年等同志開談話會前預籌對付辦法箋函（1940.6.14）……一八一
刪扣各項新聞
一　國民黨新檢局『扣留』陳紹禹同志報告全文代電（1939.9）……一八五
二　國民黨密查《新華日報》寄發外埠情況函（1940.3.16）……一八七
三　國民黨刪改《新華日報》後還要給予『處分』訓令（1940.4）……一八九
四　國民黨新檢局刪改益世新華兩報公函（1940.11）……一九一
五　國民黨新檢局查扣《新華日報》消息文件（1941.4.2）……一九三
六　國民黨新檢局極力檢扣《新華日報》簽呈（1941.6.9）……一九五
七　蔣介石手令查禁《新華日報》所刊登《援救張天翼先生》稿件和《陝甘寧邊區》字樣代電（1943.4.29）……二〇一
八　國民黨中宣部令從嚴檢扣《新華日報》稿件代電（1944.9.28）……二〇三
九　國民黨檢扣《新華日報》代電（1944.9.28）……二〇五
一〇　國民黨新檢局查扣《新華日報》代電（1945.1）……二〇七
（四）非法迫害其他各報紙
一　國民黨查禁《八路軍新四軍討汪通電》有關文件（1940.5）……二一一

二　國民黨中宣部致湖南新檢局注意檢扣《湘潮日報》等函（1940.6）……二一五
三　國民黨中宣部要檢扣《新蜀報》函（1940.6）……二一七
四　國民黨檢扣《大公報》刊《陝北文化動態》有關文件（1940.6）……二一九
五　國民黨通飭各地要嚴密檢扣《救亡日報》函（1940.7.29）……二二一
六　國民黨查扣《新西北報》《抗敵報》《路東婦女》等三種報刊公函（1940.10.5）……二二三
七　國民黨查禁《抗敵報》及《我們的呼籲》一文函（1941.1.24）……二二五
八　國民黨查禁香港《華商晚報》密函（1941.5.2）……二二七
九　國民黨新檢局查封《貴陽朝報》社有關文件（1941.9）……二二九
一〇　國民黨查封廣東《時報》并逮捕社長等指令（1942.2.24）……二三三
一一　國民黨查禁《大江報》公函（1942.9.5）……二三五
一二　國民黨重慶新檢處查禁《大公報》《士兵的生活與願望》呈文（1944.12.1）……二三七

（五）檢扣新聞剥奪言論自由

一　國民黨江蘇保安團項致莊提出『禁止登載八路軍戰績』呈文（1937.10）……二四五
二　國民黨中宣部查禁我黨消息文件（1938.12—1939.1）……二四七
三　國民黨禁止使用一些名詞有關文件（1939.7.19）……二四九
四　國民黨爲親媚英帝國而限制刊登尼赫魯來華消息電（1939.8.25）……二五七
五　國民黨檢扣有關廖磊殺害中共人員消息電（1940.1.28）……二五九
六　國民黨中宣部爲掩蓋經濟危機通飭全國禁登有關糧食燃料消息代電（1939.12）……二六一
七　國民黨非法密查上海文化界聯誼會發出之憲政問題印刷品有關密電（1940.4）……二六三
八　國民黨中宣部查禁有關張學良消息的報紙文件（1940.5）……二六五
九　國民黨查扣關於『重大』學運消息公函（1941.9.5）……二六七
一〇　國民黨圖書雜志審委會要檢扣『某校紀事』訓令（1943.3）……二六九

一一　國民黨通令各地查禁有關美帝在中國進行『特種技術』訓練（即特務訓練）之消息的有關文件（1944.7）……二七一
一二　國民黨新檢局案准注意檢扣有關招訓會問題的消息函（1944.8.10）……二七三
一三　中宣部奉蔣介石電令檢扣有關『學運』『物價上漲』等新聞稿代電（1944.11.4）……二七五
一四　國民黨欺騙宣傳『放寬檢查尺度』後仍加强禁錮言論的有關文件（1944.10—1945.1）……二七九
一五　國民黨查禁《陪都婦女界發表對時局的主張》等稿有關文件（1945.2）……二八五

附：全國各地報刊調查資料

一　錢云階關於香港新聞紙和文化團體派別調查函件（1939.12.2）……二九一
二　國民黨中宣部編《淪陷各地及香港敵僞反動新聞刊物一覽》（1942.2）……二九七
三　國民黨四川新檢處舉辦『全國報紙展覽』呈文（1945.5.11）……三一一

五、消極抗日積極反共宣傳

一　國民黨中宣部對晋省擬用反動新聞以擾視聽文件（1939.6）……三一九
二　國民黨圖書雜志審委會關於製訂《各黨派言論研究辦法》有關文件（1939.7—1940.4）……三二五
三　國民黨中宣部爲反共宣傳活動不惜追加經費有關文件（1940.1）……三三一
四　國民黨以傾銷『黨報』來達到反動宣傳目的的函件（1940.3）……三三五
五　國民黨中宣部控制新聞并進行反共反人民的欺騙宣傳代電（1940.5—1945.6）……三三七
六　國民黨文化服務總社進行反共活動函件（1940.7）……三四七
七　國民黨消極抗日積極反共的宣傳而編《特種宣傳綱要》（1941）……三四九
八　國民黨江西圖書雜志審查處報告搜集反共書刊情況呈文（1941.4.23）……三五五
九　國民黨宣傳部《文化運動委員會第一次會議參考文件》（1941）……三五七
一〇　國民黨中統局密編反共的《奮鬥叢書》檢寄僞軍委會新檢局函（1942.11.10）……三七一

一一 國民黨抄送反共宣傳辦法函（1943. 6. 22）……三七三
一二 國民黨對反共的《論中國共産黨》等文章尚嫌反動性不够予以免登有關文件（1943. 6—1943. 7）……三七五
一三 國民黨中宣部製訂反動的《文化運動綱領》（1944. 1）……三七七
一四 國民黨製訂反共宣傳辦法文件（1944. 4）……三八七
一五 國民黨陝西執委會反共宣傳計劃代電（1944. 10）……三九一

國民黨統治區工農學生運動

【一】工人運動

一、國民黨鎮壓工人運動的反動措施

一 國民黨政府實業部關於防止工潮辦法與行政院往來文件（1937. 8）……四一一
二 國民黨政府戰時生産局召開防止工人怠工罷工辦法會議有關文件（1945. 6—1945. 7）……四一三
三 國民黨政府社會部等關於禁止工人罷工的布告（1945. 7）……四二一

二、抗戰中期的工人運動

一 關於四川自貢市鹽業工人因國民黨强拉壯丁舉行大罷工有關文件（1939. 8）……四二五
二 蔣介石爲防止川東川北鹽業工人罷工致孔祥熙代電（1940. 6. 11）……四三五
三 關於調查川東川北各場鹽工動態及預防工人罷工辦法的報告（1940. 10. 30）……四三七
四 關於調查川北射洪等鹽場鹽業工人爲增加工資與反對兵役進行鬥争情况的報告（1940. 11. 16）……四五五
五 關於調查川北樂至簡陽河邊三場鹽工情形及防止工人罷工辦法的報告（1940. 12. 7）……四八一
六 國民黨政府財政部長孔祥熙關於防止川東川北鹽業工人罷工致鹽務總局的密令（1941. 3. 22）……四九一
七 四川犍爲鹽場工人罷工有關文件（1941. 2—1941. 3）……四九三
八 國民黨四川省黨部檢送『南充絲業公司製絲廠工潮概述及處理之經過』的函件（1940. 8. 6）……五一三

九　豫豐裕華兩紗廠工人罷工有關文件（1942. 2—1942. 5）…………五二九
一〇　劉峙關於嚴防東川郵政管理局員工醞釀罷工要求增加工資情形的代電（1942. 10. 12）…………五三三
一一　國民黨重慶衛戍司令部爲鎮壓福華煤礦公司工人要求撫恤因煤礦爆炸工人慘死經過有關報告（1943. 6）…………五三五
一二　關於福建鹽業工人罷工的文件（1943. 6—1943. 7）…………五四一
一三　國民黨政府重慶市社會局關於豬鬃製造業工人罷工及被迫害情形的呈文（1943. 8. 11）…………五四三

附：香港工人罷工

一　國民黨政府文官處關於香港九龍保安實業防毒面具公司工人絶食抗議廠方無理開除工人的公函（1939. 8. 2）…………五四九
二　僑港南華天演自由報『八一三』罷工工友回國服務團進行反汪鬥争及國民黨陰謀破壞情形有關文件（1940. 2—1940. 6）…………五五五

三、抗戰後期的工人運動

一　關於四川生絲公司第一製造廠女工罷工情形有關文件（1944. 1）…………五六九
二　國民黨政府重慶市社會局關於心生牙刷廠工人罷工情形的呈文（1944. 5. 6）…………五七三
三　南充縣豬鬃廠工人要求提高工資罷工鬥争經過有關的資料（1944. 9—1944. 10）…………五七五
四　國民黨重慶衛戍總司令部檢送關於破壞豬鬃工廠罷工的會議記録（1945. 7. 25）…………五七七
五　關於順昌鐵工廠民生機器廠工人怠工罷工有關文件（1945. 3—1945. 4）…………五八一
六　關於民生機器廠工人罷工的有關文件（1945. 7）…………五八五
七　陳福海關於民生機器廠工人罷工情形的呈文（1945. 7. 25）…………五九一
八　國民黨中統局關於民生機器廠工人罷工的情報（1945. 7. 27）…………五九三
九　中國毛紡織廠工人罷工有關文件（1945. 6）…………五九五

一〇　國民黨重慶衛戍總司令部政治部爲中國毛紡織廠工人罷工反對開除工人經過情形密電（1945.6.13）……六〇三
一一　國民黨政府軍政部第一紡織廠女工怠工暴動有關文件（1945.6）……六〇七
一二　關於豫豐紗廠重慶分廠工人罷工的文件（1945.7.21）……六一一
一三　關於國民黨政府財政部花紗布管制局重慶工廠工人罷工的代電（1945.8.9）……六一三
一四　關於永安電磁廠工人罷工的文件（1945.7）……六一五
一五　國民黨中統局關於中央造紙廠工人聚衆要求增加工資的情報（1945.7.25）……六一七

第六十七册　原第三輯第九十七册—第一百册（上）

國民黨統治區工農學生運動

【二】農民運動（各地農民抗丁糧虐政與國民黨的鎮壓屠殺）

一、四川

一　關於四川中江縣農民暴動情形的報告（1938.12.12）……七
二　四川資陽縣農民因國民黨役政苛虐進行暴動被該縣保安團鎮壓屠殺有關文件（1939.2）……一三
三　四川廣漢縣民對國民黨役政不滿起而暴動遭鎮壓屠殺有關文件（1940.6）……一五
四　四川綿竹縣民因國民黨役政黑暗起而暴動有關文件（1941.3—1941.4）……一七
五　關於國民黨四川奉節縣政府軍事科長徵兵舞弊激起民變的代電（1942.9）……二三
六　四川遂寧縣民不堪國民黨役政壓迫與駐軍衝突遭鎮壓屠殺情形有關文件（1943.5—1943.6）……二五
七　關於四川郫縣等縣民衆反抗國民黨役政情形的報告（1943.7.19）……二七

八　國民黨四川省政府關於遂寧縣民暴動及鎮壓情形致軍政部公函（1943. 7. 28）……二九
九　國民黨政府軍政部軍務司抄送關於四川彭縣等縣民衆暴動反對兵役的情報（1943. 5. 14）……三七
一〇　四川遂寧縣民因國民黨駐軍槍殺壯丁家屬激起暴動及被鎮壓情形有關文件（1943. 5—1943. 6）……四一
一一　關於國民黨四川遂武師管區役政苛虐五月間基幹團擊斃壯丁家屬激起民衆暴動的文件（1944. 8. 30）……四七

二、甘肅

一　隴東回民因負擔太重起而暴動有關文件（1939. 6）……五三
二　甘肅無極教抗服兵役事件的始末記（1939. 8）……五七
三　國民黨軍委會抄送朱紹良關於鎮壓隴東回民暴動經過及所擬清鄉善後方案的代電（1939. 9. 11）……六七
四　國民黨對隴東回民橫施壓迫引起兩次暴動有關文件（1940. 5. 8）……七七
五　隴東回民暴動及國民黨政府擬定所謂對策進行鎮壓有關文件（1941. 5—1941. 7）……九一

三、湖北

一　國民黨政府軍政部兵役署視察員江静修關於湖北竹山縣民衆反對國民黨新縣制及徵糧抽丁發生暴動情形的報告（1942. 7. 1）……九九
二　國民黨政府湖北房竹兩縣藉推行所謂新縣制横徵暴斂激起暴動有關文件（1942. 8—1942. 11）……一〇一

四、陝西

一　關於陝西山陽縣民爲抗糧抗丁舉行暴動及國民黨鎮壓情形的文電（1943. 2—1943. 4）……一〇七

五、江西

一　國民黨政府軍政部抄送關於逃兵在江西東鄉縣組織抗徵團反對徵兵徵糧的報告（1942. 6. 14）……一一五

附一、船民罷運要求調整運費

一　關於四川瀘縣運鹽船民爲增加運費罷工停運的資料（1943. 11. 4）……一一九

附二、市民暴動與商民罷市抗强買虐民
一　關於四川南充縣民衆暴動及國民黨鎮壓情形的文件（1940. 7—1940. 8）……………………一二五
二　關於國民黨軍第五十二師接兵部隊在四川資中擾民引起罷市的報告（1941. 12. 27）……………一二九
三　徐文彬爲孔祥熙衛士藉勢强買激成商人罷市呈文（1942. 9. 27）……………………一三一
四　國民黨抽丁納税造成西京市停業混亂情況函（1943. 8. 13）……………………一三五

【三】學生運動

一、國民黨鎮壓學生運動的反動措施
（一）反動的命令辦法
一　蔣介石爲禁止學生宣傳抗日的密令（1938. 2. 6）……………………一四五
二　國民黨政府教育部爲禁止宣傳抗日致大專學校等密令稿（1938. 2. 12）……………………一四七
三　蔣介石關於嚴禁各校學生等集隊游行的密電（1942. 1. 21）……………………一四九
四　陳立夫關於制止各級學校學生參加群衆集會游行等呈文（1943. 4. 27）……………………一五一
五　國民黨政府教育部爲控制各學校成立學生自治會密致公私立各專科以上學校等訓令稿（1945. 7. 21）……………………一五三
（二）迫害與破壞學生抗日愛國組織
一　周伯敏關於鎮壓陝西學生運動及解散學生救國會等情形電（1937. 9. 1）……………………一五七
二　國民黨在西安破壞學生運動有關文件（1938. 9—1939. 4）……………………一五九

二、抗戰中期的學生運動
（一）各地大中學校
一　國民黨破壞貴州學運有關文件（1939. 10）……………………一六七
二　國立第三中學關於實施國民黨反動措施引起學生反抗情形代電（1939. 11. 5）……………………一七一

三　國民黨對復旦大學學生課餘讀書會等團體活動秘密進行破壞有關文件（1939.12—1940.1）……一七三
四　國民黨政府教育部關於中共領導貴州毅中等學校學生進行愛國活動情形的密電（1940.4.12）……一八一
（二）『倒孔』運動
一　國民黨查禁反孔號外還密查有關反孔人員有關文件（1942.1—1942.5）……一八九
二　國民黨中央調查統計局關於昆明各大學學生倒孔運動實况的密函（1942.1.15）……一九三
三　國民黨雲南省執行委員會關於破壞昆明西南聯大等校學生討孔運動經過情形的報告（1942.1.16）……一九七
四　四川大學學生散發倒孔運動『特號外』（1942.1）……二〇一
五　關於鎮壓學生『倒孔』游行示威運動的有關文電（1942.1—1942.2）……二〇五
六　國民黨軍警特務機關鎮壓遵義浙江大學倒孔運動逮捕學生有關文電（1942.1—1942.5）……二一三
附：校工罷工
一　蔣介石關於注意中共領導西南聯大校工罷工要求增加工資情形密電（1940.4.9）……二一九
三、抗戰後期的學生運動
一　國民黨三戰區戰地失學失業青年招訓會關於所屬屯溪訓導所學生被迫害情形代電（1944.9.9）……二二三
二　關於抗議國民黨特務警察迫害成都市立中學學生有關文件（1944.11）……二二五
三　國民黨特種會報機構抄送教育部關於成都市立中學學生爲慘案泣告家長兄弟姊妹書等文件（1944.12.27）……二三三
四　國民黨特種會報機構關於成都學生運動的情報（1944.12.11）……二三九
五　國民黨重慶衛戍總司令部關於迫害沙磁文化區各校組織救亡會學生的密函（1944.12.11）……二四一
六　鄭忠華爲破壞中央大學學生組織救亡會進行愛國活動的有關密報（1944.12）……二四三
七　國民黨政府教育部爲防制中共領導中央大學學生進行愛國活動致蔣介石等文電（1944.12.12）……二四七
八　關於北碚各校以開除學籍迫害向重慶各報通訊的學生的文件（1944.12—1945.2）……二四九

九　國民黨調查浙江大學《自由堡壘》壁報及印發促進民主憲政宣言之主持人的情報（1945.5.11）……二五一
一〇　國民黨中統局關於浙江大學學生自治會發表《我們對於黃金案的意見》的情報（1945.6.2）……二五三
一一　國民黨檢獲浙江大學學生爲促進民主憲政宣言有關文件（1945.6—1945.7）……二五七
一二　國民黨中央調查統計局爲桂林師範學院學生發表《我們要民主勝利和平》宣言的情報（1945.6.2）……二六三
一三　西南聯大學生發表國是意見後蔣介石密令防範的文件（1945.4）……二七一
一四　國民黨中統局關於西南聯大學生運動的情報（1945.4.30）……二七三
一五　國民黨新聞檢查局從《新華日報》稿件中檢扣的《聯大學生的呼籲》（1945.5.2）……二七五
一六　國民黨政府教育部任泰關於破壞昆明各大學學生自治會聯合舉辦五四紀念大會有關函件（1945.5.5）……二七九
一七　關於西南聯大學生反對國民黨政府的情報（1945.5.12）……二八五
一八　關於昆明各大學聯合舉行五四周的情報（1945.5.16）……二八七
一九　國民黨中統局關於西南聯大等校學生發起召開全國學生聯合會致教育部函（1945.6.16）……二八九
二〇　關於國民黨破壞西南聯大等校本年五四前後學生運動的文件（1945.6—1945.8）……二九一
二一　國民黨雲南省政府關於破壞西南聯大學生運動情形致教育部公函（1945.8—1945.9）……二九五
二二　關於西南聯大學生發表對國是意見的文件（1945.8.25）……三〇一

敵占區漢奸組織的活動（汪僞國民政府）

【一】汪逆投敵後的反動措施

一、拼凑僞組織與所謂『施政概况』

一　白崇禧關於《港探報》汪逆精衛向日寇提出出賣中國各種特殊條件供日寇研究電（1939.10.1）……三三五

二　冷欣關於汪逆與日參謀長坂垣閑院藉等商討成立僞組織步驟及僞軍在京滬杭一帶參戰之文電（1939.11.5）……三三七
三　汪僞《國民政府政綱》（1940.3）……三三九
四　汪僞組織一九四〇年三月至一九四三年三月《施政概況》（1943.3）……三四一
五　國民黨政府軍令部編印之汪僞組織漢奸名冊（1945.8）……三七七

二、加入法西斯反共組織

一　汪僞外交部致德國外交部長電（1941.11.25）……四一五
二　汪僞外交部致德國外交部長照會（1941.11.25）……四一七
三　汪僞外交部致德國駐華大使館照會（1941.11.25）……四一九
四　德國法西斯分子希特勒致漢奸汪精衛電（1941.11.25）……四二一
五　漢奸汪精衛覆德國法西斯分子希特勒電（1941.11.26）……四二三
六　德國外交部致汪僞外交部長褚民誼電（1941.11.25）……四二九
七　汪僞外交部長褚民誼覆德國外交部電（1941.11.26）……四三一

三、拼凑僞軍聘用日本顧問

一　汪僞行政院關於轉派軍事顧問赴警察機關加强反共的訓令（1942.10.1）……四三五
二　汪僞軍委會抄送派遣機關軍事顧問名單的公函（1942.10.27）……四三七
三　汪僞最高軍事顧問部關於各機關部隊學校顧問及輔佐官之配置表（1942.12.15）……四三九
四　汪僞行政院關於聘用日籍教官訓練警察保安隊辦法訓令（1943.5.11）……四四九
五　汪僞全國經委會關於派顧問小川洋駐徐州任財經等項咨詢及聯絡工作的公函（1940.2.26）……四五一
六　汪僞行政院關於派顧問海口守三駐寧任財經等項咨詢及聯絡工作的代電（1943.3.26）……四五三

七　汪僞行政院關於派顧問船津辰一郎等駐寧滬及杭州蚌埠等地任財經咨詢及聯絡工作的代電（1943.3.26）……四五五
八　汪僞行政院關於派顧問金山國臣駐粵任財經等項咨詢及聯絡工作的電文（1943.4.6）……四五七
九　汪僞全國經委會關於派顧問太田宇之助駐蘇州任財經等項咨詢及聯絡工作的咨文（1943.4.22）……四五九
一〇　汪僞全國經委會關於派顧問輔佐高岡四郎駐徐州任財經等項咨詢及聯絡工作的公函（1943.12.6）……四六一
一一　汪僞全國經委會關於調顧問前島昇駐漢口任財經等項咨詢及聯絡工作的公函（1944.7.10）……四六三
一二　汪僞軍委會關於擴充蘇浙皖僞軍的密令（1943.3.13）……四六五
一三　汪僞陸軍部所擬之《建立新軍招募計劃草案》（1943.7）……四七七
一四　汪僞組織《壯丁訓練計劃草案》（1943.11）……四八一

四、在日寇禦使下進行反共反人民的『清鄉運動』

一　汪僞清鄉委員會第一次籌備談話會記録（1941.4.14）……四九五
二　汪僞清鄉委員會第四次籌備談話記録（1941.5.1）……五〇三
三　汪僞清鄉委員會第七次籌備談話記録（1941.5.14）……五一一
四　汪僞蘇淮特別區第一次清鄉運動實施狀况報告書（1941.5）……五一七
五　汪僞蘇淮特別區第二次清鄉實施狀况報告書（1941.5）……五三一
六　漢奸李士羣與日寇簽訂《關於蘇州地區清鄉工作之日華協定》（1941.5.18）……五四五
七　汪僞清鄉委員會《清鄉地區交通管理暫行規則》（1941.7.13公布）……五四七
八　汪僞清鄉委員會《清鄉地區物資統制及運銷管理暫行辦法》（1941.7.10公布1941.7.15實施）……五五三
九　汪僞清鄉委員會《清鄉地區各特别區自衛團組織暫行條例》（1941.7.30公布）……五五七
一〇　汪僞組織《清鄉計劃》原稿（1941.12.1）……五七一
一一　汪僞江蘇省封鎖管理處第一次封鎖會議記録（1942.2.12）……五七九
一二　汪僞清鄉委員會《進展工作綱要》（1942.6.4）……五八五

第六十八册 原第三輯第一百册（下）—第一百〇三册

敵占區漢奸組織的活動（汪僞國民政府）

【一】汪逆投敵後的反動措施

四、在日寇禦使下進行反共反人民的『清鄉運動』（續）

一三　汪僞江蘇省『一年來之清鄉及省政』（1942.7）……一
一四　漢奸陳公博與日寇簽訂《關於上海地區清鄉工作中日協定》（1942.8.16）……二九
一五　汪僞清鄉委員會擬定一九四三年上半年度清鄉工作要領（1942.12.1）……三三
一六　汪僞軍事委員會檢送治安協定及説明的咨文（1943.2.25）……五三
一七　漢奸李士羣與日寇簽訂《關於鎮江地區清鄉工作之中日協定》（1943.3.4）……五七
一八　汪僞清鄉委員會『兩年來的清鄉工作』（1943.3.27）……六一
一九　漢奸李士羣與日寇簽訂《關於蘇州第三期清鄉地區擴張工作之協定》（1943.3）……六九
二〇　漢奸李士羣與日寇簽訂《關於蘇北第一期地區清鄉工作實施之協定》（1943.4.8）……七一
二一　汪僞蘇北清鄉政治工作團蘇北清鄉宣傳動員綱領（1943.5）……七三
二二　汪僞蘇北清鄉政治工作團宣傳工作計劃綱要（1943.5）……九三
二三　汪僞與日寇簽訂《關於清鄉工作協定》（1943.6.20）……一〇一
二四　汪僞南通特區《强化南通第一二三五七區强化軍事掃蕩計劃》（1943.7）……一〇三
二五　汪僞與日寇簽訂《關於揚子江下流地域清鄉工作協定》（1943.8.21）……一一三
二六　汪僞浙江省第二清鄉區清鄉工作協定與工作實施要領（1943.10）……一一七

二七　汪僞行政院清鄉事務局局長汪曼雲關於蘇北地區第一期清鄉工作視察報告（1943.10.9）……一二三
二八　汪僞浙江省政府與日寇簽訂《關於第二清鄉區清鄉工作推進之協定》（1943.12.4）……一三一
二九　漢奸楊揆一等與日寇武漢方面最高指揮官簽訂《關於武漢地區治安肅正之現地協定》（1944.8.18）……一三三
三〇　汪僞《京畿附近地區剿匪方案》（1945.3）……一三九
三一　汪僞政府《修正各省市聯防會剿暫行辦法》（1945.5.20公布）……一四七

五、所謂接收租界

一　汪僞外交部關於收回租界之研究（1940.6）……一六一
二　日寇關於交還天津廣州英租界行政權所提的數點希望（1942.3）……一七七
三　汪僞外交部與日寇關於交還厦門鼓浪嶼公共租界的實施條款（1943.3.27）……一七九
四　汪僞外交部與日寇關於交還厦門鼓浪嶼公共租界的瞭解事項（1943.3.27）……一八一
五　汪僞外交部關於交還厦門鼓浪嶼公共租界覆日寇大使館照會（1943.3.27）……一八三
六　汪僞外交部關於調整『中央』與厦門特別市間關係覆日寇大使館的照會（1943.3.27）……一八五
七　法國維琪政府關於交還厦門鼓浪嶼公共租界行政權致汪僞外交部照會（1943.4.8）……一八七
八　汪僞外交部關於交還厦門鼓浪嶼公共租界行政權覆法國維琪政府駐『華』大使館的照會（1943.4.8）……一八九
九　汪僞外交部與法國維琪政府關於交還天津漢口沙面專管租界實施細目條款（1943.5.18）……一九一
一〇　汪僞外交部與法國維琪政府關於交還天津漢口沙面法國專管租界的瞭解事項（1943.5.18）……一九五
一一　汪僞外交部與法國維琪政府關於交還天津漢口沙面法國專管租界的換文（1943.5.18）……一九七
一二　汪僞外交部與日寇關於交還上海公共租界的條款（1943.6.30）……二一七
一三　汪僞外交部與日寇關於交還上海公共租界的瞭解事項（1943.6.30）……二一九
一四　汪僞外交部與日寇關於交還上海公共租界的換文（1943.6.30）……二二三
一五　汪僞外交部與法西斯意大利關於交還上海公共租界的條款（1943.7.23）……二二七
一六　汪僞外交部與法西斯意大利關於交還上海公共租界的瞭解事項（1943.7.23）……二三一

一七　汪僞外交部與法西斯意大利關於交還上海公共租界的换文（1943.7.23）……二三三
一八　汪僞外交部與意大利關於交還天津租界撤廢在華治外法權及放弃駐兵權的協定（1944.7.14）……二三五
一九　汪僞外交部與意大利關於交還天津租界撤廢在華治外法權及放弃駐兵權的瞭解事項（1944.7.14）……二四一
二〇　汪僞外交部與意大利關於交還天津租界撤廢在華治外法權及放弃駐兵權問題的附屬議定書（1944.7.14）……二四三
二一　汪僞政府外交部長褚民誼與意大利代表關於交還天津租界撤廢在華治外法權及放弃駐兵權的談話記録（1944.7.14）……二四五
二二　汪僞組織與日寇駐僞區大使谷正之簽訂關於對日僑課税條約（1943.7.31）……二四七

六、日寇導演下對英美『宣戰』和無耻的『中日同盟』

一　漢奸王揖唐關於在英美對日宣戰後建議加强反共力量等三原則致漢奸汪精衛電（1941.12.10）……二五九
二　汪僞廣東省政府與日寇華南派遣軍參謀長簽訂關於接收英美財産與委托經營的基本協定（1942.7.25）……二六一
三　汪僞『國民政府』對英美『宣戰』文（1943.1.9）……二六九
四　漢奸汪精衛與日寇駐僞區特命全權大使簽訂《共同宣言》（1943.1.9）……二七一
五　漢奸汪精衛與日寇駐僞區特命全權大使簽訂《同盟條約》（1943.10.30）……二七三
六　漢奸汪精衛與日泰等國代表在東京簽署《大東亞共同宣言》（1943.11.6）……二七七

【二】敵僞對淪陷區人民的壓榨

一、維持日寇占領的財政金融

（一）横徵暴斂的苛捐雜税

一　關於浙江海鹽崇德兩縣徵收自治户户警及店屋等捐有關文件（1940.11—1941.2）……二八九
二　汪僞組織增加鹽税有關文件（1940.12）……三一三

三　江蘇無錫錢順鵬等關於取締坑厠苛捐的呈文（1941. 4. 17）……三一七
四　江蘇崇明縣民衆請願團陸震瀛等關於請免一九三八年一九三九年一九四〇年三年追徵田賦的呈文（1941. 5. 14）……三一九
五　汪僞組織《交易所交易税條例》（1941. 6. 28 修正公布）……三二一
六　關於江蘇泰縣佃農聯合抗租有關文件（1941. 6）……三二五
七　江蘇六合縣民衆代表陳慶襄等關於免徵自衛團捐的呈文（1941. 9. 7）……三三一
八　汪僞南京市政府關於物價上漲增加臨時建設特捐的呈文（1941. 12. 16）……三三五
九　汪僞組織關於增加海關進口税及轉口税之從量税增加臨時附加税的訓令（1942. 1. 24）……三四七
一〇　滬北區大場鎮各商號爲區署設卡徵税不堪負擔請勒令停止徵收的呈文（1942. 5. 14）……三四九
一一　汪僞組織《麥粉統税條例》（1942. 6. 13 公布）……三五一
一二　汪僞浙江省政府關於請免停徵杭州臨時建設特捐的呈文（1942. 11. 24）……三六一
一三　汪僞組織非常時間徵收田賦暫行條例（1942. 12. 17 公布）……三六五
一四　汪僞組織《火柴統税條例》（1942. 12. 29）……三六七
一五　汪僞組織《棉紗統税條例》（1942. 12. 29）……三六九
一六　汪僞組織《修正捲烟統税條例》（1943. 1. 20 公布）……三七一
一七　江蘇崇明紳商施静盦等關於請迅制止各項苛捐雜税的呈文（1943. 6. 15）……三七三
一八　安徽滁縣公民金子葱等關於控訴汪僞滁縣縣政府假借民意徵收警團捐的呈文（1944. 1）……三七五
一九　汪僞實業部關於《蘇北及京滬杭沿綫各地違法徵税實况表》（1944. 6. 3）……三七九
二〇　江蘇鹽城縣鄉民湯義厚爲呈報蘇北税務黑暗情形并請統一税務的呈文（1944. 6. 7）……三八九
二一　江蘇常熟縣鄉民李綬之等關於控訴當地鄉長土豪苛徵捐税敲詐勒索的呈文（1944. 7. 3）……三九三
二二　上海市民仇兆鳳等爲日人率領華工剷除豆苗并强迫繳納土地登記費的呈文（1944. 7. 10）……三九七
二三　汪僞財政部《修正非常時期徵收印花税暫行辦法》（1944. 7. 15 公布）……三九九

二四 浙江蕭山縣城北鄉農民趙大榮等關於控訴縣鄉政府苛徵田賦與壓迫農民的呈文（1944. 7. 19）……四〇七
二五 浙江蕭山縣公民何士元等關於控訴汪僞蕭山縣政府徵收田地生産捐苛擾農民的呈文（1944. 7. 20）……四一一
二六 淮安縣縣民汪禹仲等爲該縣軍警追繳軍糧請將田産繳公管理的呈文（1944. 11. 2）……四一五
二七 汪僞《厦門特別市市政特捐暫行條例》（1944）……四一七
二八 汪僞組織《修正麥粉統税條例草案》（原條例三十一年六月十三日公布）（1945. 3）……四一九
二九 南京小汽車商程鴻銘等關於請免京市區域内短程零星通行税的呈文（1945. 4. 10）……四二七
三〇 汪僞《上海特別市徵收黄金特税暫行辦法草案》（1945. 5）……四二九
三一 汪僞中央政治委員會爲審議改定鹽税税率及食鹽銷區税暫行辦法的公函（1945. 7. 5）……四三一
（二）發行敲詐勒索的公債庫券
一 汪僞參事廳爲審查上海市政府發行公債一千萬元案的簽呈（1942. 4. 30）……四四七
二 一九四二年汪僞上海特別市公債條例草案（1942. 5. 7）……四四九
三 汪僞《民國三十一年安定金融公債條例》（1942. 5. 31 公布）……四五三
四 一九四四年汪僞廣東省短期庫券條例（1943. 3. 4）……四六一
五 汪僞組織《一九四五年内國公債條例》（1945. 3. 14 公布）……四六五
六 汪僞財政部等爲發行六萬萬元公債擬具公債條例請鑒核的呈文（1943. 12. 25）……四六七
七 汪僞《國民政府建設公債第一期發行辦法》（1944. 1. 17 公布）……四六九
八 汪僞《國民政府建設公債條例》（1944. 1. 24 公布）……四七一
九 汪僞《國民政府建設公債第二期發行辦法》（1945. 5. 2）……四七三
一〇 汪僞上海特別市『建設』公債條例草案（1945. 7）……四七五
一一 汪僞淮海省『建設』公債條例（1945）……四八一
一二 汪僞組織《民國三十一年甲種糧食庫券條例》（1942. 12. 12 公布）……四八七
一三 汪僞組織《民國三十二年甲種米糧庫券條例草案》（1943）……四八九

一四　汪僞組織《民國三十二年乙種米糧庫券條例草案》（1943）……四九一
一五　一九四三年汪僞廣東省短期庫券條例（1943.5）……四九三
（三）拍賣資源與損害主權的對日借款
一　汪僞廣東省政府與日寇臺灣電力株式會社簽訂《關於西村發電廠復舊資金借款合同》（1942.5.5）……五〇一
二　汪僞組織與日本正金銀行簽訂日金三千五百萬元活期透支賬户《借款契約書》（1942.6.10）……五〇五
三　汪僞中央儲備銀行與日本銀行簽訂日幣壹億元《借款契約書》（1942.7.28）……五〇九
四　汪僞中央儲備銀行與日本横濱正金銀行簽訂日金三千萬元《借款契約書》（1942.8.3）……五一一
五　汪僞廣東省政府關於日寇交還汕頭市自來水廠暨借款合約請鑒核備案的呈文（1942.8.22）……五一五
六　汪僞組織與日本横濱正金銀行簽訂聯銀券壹千捌百壹拾捌萬三千捌百元《借款契約書》（1943.2.25）……五一九
七　汪僞組織與日本正金銀行簽訂借款《變更契約書》（1943.6.29）……五二三
八　汪僞組織與日寇横濱正金銀行簽訂借款契約書（1943.2.25）……五二五
二、壓榨人民的經濟掠奪
（一）日暮途窮的所謂『新經濟政策』
一　汪僞考試院副院長江亢虎關於『新經濟政策』的建議（1940.6.1）……五三一
二　汪僞組織《戰時經濟政策綱領》（1943.2.12）……五三五

第六十九册　原第三辑第一百〇四册—第一百〇七册

敵占區漢奸組織的活動（汪僞國民政府）

【二】敵僞對淪陷區人民的壓榨

二、壓榨人民的經濟掠奪

（二）保證『軍事供應』的糧食物資統制與物價管理

一　上海市數十萬商民關於反對汪僞上海市政府設立中央市場統制食物剥削商民的呈文（1940. 4. 25）……七
二　汪僞行政院爲企圖挽救糧食上漲飭各省市政府嚴懲奸商的通電（1940. 6. 29）……九
三　漢奸梅思平關於請墊撥二百萬元充徵集公米訂購洋米的摺呈（1941. 2. 12）……一一
四　汪僞行政院糧管會抄送向日商采購各批洋米契約請鑒核備案的呈文（1941. 4. 18）……一三
五　汪僞行政院糧管會抄送向日商續購洋米契約請鑒核備案的呈文（1941. 7. 4）……三一
六　汪僞組織與日寇派遣軍參謀部簽訂《關於蘇浙皖三省食米采辦運輸諒解事項》（1941. 9. 18）……四五
七　汪僞組織《小麥統買暫行方案》（1942. 6）……五一
八　汪僞全國商業統制總會檢送收買軍麥彌補辦法及軍麥收買方案請鑒核的呈文（1942. 8. 7）……六一
九　汪僞組織與日寇派遣軍總參謀長等簽訂蘇浙皖三省食米購辦搬運之諒解事項（1942. 8. 15）……六九
一〇　汪僞行政院關於嚴禁米商反對統制政策的訓令（1942. 10. 8）……七五
一一　汪僞南京市特别地方公會理事長陶錫三等關於揭露糧管會壟斷米源剋扣配給口糧的呈文（1942. 10）……七七
一二　國民黨戰地黨政委員會所編印之《敵如何榨取華北》（1942. 11. 28）……八三
一三　漢奸汪精衛關於適應戰時需要實行統制經濟成立各種商業統制機構的手令（1943. 4. 24）……一一五

一四　汪僞糧食部轉報無錫常熟等縣民衆阻撓采辦軍米情形的代電（1943. 7）……一一七
一五　汪僞組織《麵粉麸皮集中配給暫行方案草案》（1943. 7）……一一九
一六　汪僞全國商業統制總會粉麥專業委員會關於小麥麸皮統買配給等情形的呈文（1944. 3）……一二三
一七　安徽省郎溪縣烏柳堂等關於郎溪日寇物資收集班殘殺鄧本山等四人的呈文（1944. 6）……一三一
一八　汪僞米糧統制委員會關於一九四四年度蘇浙皖米糧采購實施要綱草案（1944. 8）……一三七
一九　汪僞組織《蘇浙皖米穀運銷管理暫行條例》（1944. 9. 27 公布）……一五五
二〇　汪僞全國商業統制總會油糧統制委員會關於《黄豆收配計劃（草案）》（1944. 11）……一五九
二一　汪僞全國商業統制總會油糧統制委員會關於《高粱收配計劃》（1944. 11）……一六五
二二　汪僞全國商業統制總會油糧統制委員會關於《苞米收配計劃》（1944. 11）……一六九
二三　汪僞行政院關於米價上漲采取緊急措置的代電（1945. 6. 15）……一七三
二四　汪僞實業部長陳君慧關於收買米糧計劃的摺呈（1945. 7）……一七五
二五　國民黨政府糧食部調查處編印之《敵僞在華北之糧政設施》（1945. 8）……一九一
二六　汪僞行政院全國經濟委員會所擬之《調整物資統制草案綱要》（1941. 2）……二〇七
二七　汪僞行政院全國經濟委員會所擬之《調整物資統制一般原則》（1941. 2）……二一七
二八　汪僞組織與日寇共同所擬之《長江下流地帶物資統制暫行調整綱要》（1941. 8. 28 公布）……二二一
二九　汪僞組織《物資管理實施方案》（1942. 2）……二三一
三〇　汪僞組織《物資統制調整綱要》（1944. 7. 7 公布）……二五三
三一　汪僞禁烟總署所擬之《邊區殘餘存土收購辦法》（1945. 4. 20 公布）……二六一
三二　汪僞組織《安定物價臨時辦法》（1942. 5）……二六三
三三　汪僞實業部關於《物價管理對策原則》的提議案（1942. 6）……二六五
三四　汪僞組織《平抑首都物價暫行辦法草案》（1942. 6）……二六九
三五　汪僞組織《平定物價暫行條例》（1942. 7. 3 公布）……二七三

三六　汪僞組織《戰時物價管理暫行條例》（1944. 1. 20 公布）……二七五
三七　汪僞物價聯絡會議《抑平物價辦法》（1944. 2）……二七九
三八　汪僞實業部爲防止物價上漲所擬的《物價對策緊急措置》（1945. 2）……二八一
三九　汪僞實業部爲防止物價上漲所擬的《物價對策緊急措置方案》（1945. 2）……二八三
四〇　汪僞實業部爲防止物價上漲所擬的《聲明稿》（1945. 2）……二八七
（三）日僞對資源經濟的摧殘與掠奪
一　冷欣關於汪精衛僞政權與日寇簽訂中日經濟密約之文電（1939. 12. 9）……二九七
二　汪僞鐵道部長傅式説關於參加東亞經濟懇談會第二次大會報告（1940）……二九九
三　國民黨政府經濟部統計處編戰時經濟事業財産損失統計表（1937—1943）……三二三
四　汪僞組織與日寇簽訂《中日合辦各國策公司調整通則》（1944. 3. 30）……三二九
五　汪僞工商部關於第一批接收日寇劫管協新等四廠經過情形的呈文（1940. 11. 15）……三三七
六　汪僞工商部關於第二批接收日寇劫管勤興等四廠經過情形的呈文（1940. 12. 13）……三四三
七　汪僞工商部關於第三批接收日寇劫管蘇綸等六廠經過情形的呈文（1941. 4. 1）……三四九
八　汪僞工商部關於第四批接收日寇劫管仁德等五廠經過情形的呈文（1941. 6. 30）……三五七
九　汪僞工商部關於第五批接收日寇劫管振新等五廠經過情形的呈文（1941. 8. 23）……三六五
一〇　汪僞實業部關於第六批接收日寇劫管中華第一針織廠等兩廠經過情形的呈文（1941. 11. 19）……三七五
一一　汪僞實業部關於第七批接收日寇劫管申茂打包廠等六廠經過情形的呈文（1942. 6. 12）……三八一
一二　汪僞工商部關於第十三批接收日寇劫管大生紡織一廠等十個廠經過情形的呈文（1943. 9. 29）……三九一
一三　汪僞組織文官處關於日商篠田恭三擅自開采棲霞山鐵礦請飭農礦部核辦的公函（1941. 3. 7）……四一三
一四　關於調整華中鹽業公司有關資料（1941. 4—1944. 1）……四一五
一五　汪僞全國經委會爲呈報議決農礦部答復日寇駐『華』大使館關於烈山及雷家溝煤礦覺書的呈文
（1941. 7. 22）……四二一

一六　汪僞廣東省政府與日寇再生製紙株式會社簽訂《省營製紙廠破壞機器賣買契約書》（1941.11.7）……四三七
一七　汪僞外交部關於日寇强制收買申新第一紡織廠等的呈文（1943.5.8）……四四一
一八　南京普豐公司董事兼經理苗海南請復議關於日寇徵用普豐麵粉工廠案的呈文（1945.4.3）……四四五
一九　汪僞組織贈送日寇大量鑽戒金條等物的目録（1945.3.26）……四四七

（四）日僞對交通的摧殘與掠奪

一　關於敵僞毀損沒收或占用交通事業（郵政儲匯航空驛運）財產損失及人員傷亡統計資料（1937—1943）……四五九
二　敵僞在華經營交通事業概況及其計劃（1943.8）……四七一
三　淪陷區之交通實況（1941.7.16）……四九一
四　國民黨戰地黨政委員會所編印之《敵僞在淪陷區之交通》（1942.1.6）……五四五
五　敵僞在占領區内劫占財産權益之方式（1943.7.7）……六二一
六　關於戰時電政損失的資料（1943.9.10）……六三五
七　關於戰時公路車輛油料物資廠站等損失情形的資料（1943.10）……六四三
八　關於戰時航務損失及旅客死傷人數統計資料（1943.11.24）……六五五
九　敵僞毀損沒收或占用我國交通事業財產損失及人員傷亡總表（1943.11.24）……六五九
一〇　汪僞建設部與日寇駐僞區陸海軍總參謀長簽訂《關於中華輪船股份有限公司之軍事上協定》草案（1944.11.10）……六六一
一一　汪僞建設部與日寇駐僞區陸海軍總參謀長簽訂《關於華中鐵道股份有限公司之軍事上協定》草案（1944.11.10）……六六三
一二　汪僞建設部與日寇駐僞區陸海軍總參謀長簽訂《關於通信之軍事上協定》草案（1944.11.11）……六六五
一三　汪僞行政院長陳公博與日寇派遣軍總司令簽訂《關於華北及華中鐵道運營之軍管理協定》（1945.3.30）……六六九

一四　汪僞鐵道部所擬之《調整中國鐵道方案》（1940.9）……六七一

第七十册　原第三輯第一百〇八册—第一百一十二册

敵占區漢奸組織的活動（汪僞國民政府）

【三】推行奴化教育

一　汪僞教育部關於規定初中以上學校將日語列爲必修科的呈文（1940.7）……七
二　漢奸汪精衛擬訂《宣傳工作人員訓條》（1941.6）……九
三　汪僞清鄉委員會特種教育委員會擬定《特種教育實施計劃綱要草案》（1941.7.3）……一一
四　汪僞全國中小學訓育實施委員會所擬之《中學訓育方針及實施辦法大綱草案》（1941.7.29）……一七
五　汪僞宣傳部關於《全國新國民運動推進計劃》（1942.1）……二三
六　國民黨戰地黨政委員會所編印之《倭寇之奴化教育》（1942.10.31）……二七
七　汪僞組織關於規定以『三民主義大亞洲主義領袖言論新國民運動綱要爲教育主要内容』的訓令（1943.2.20）……三九
八　汪僞組織《戰時文化宣傳政策基本綱要》（1943.6）……四三
九　漢奸汪精衛關於嚴禁人民仇恨日寇的訓令（1943.7.3）……五三
一〇　漢奸周佛海關於封閉『國民公論』周報社的手令（1944.9.25）……五五

【四】破壞上海工人罷工鬥争

一　汪僞社運會上海市分會關於破壞上海英商電車工人罷工的工作報告（1940.11）……五九
二　汪僞社運會上海市分會關於破壞上海英商公共汽車工人罷工的報告（1940.11）……六七

三 汪偽社運會上海市分會關於破壞上海法商公共汽車工人罷工的報告（1940.11）……七九
四 汪偽社運會上海市分會關於破壞上海法商公共汽車工人罷工的報告（1940.12）……九三
五 汪偽社會部關於破壞上海市一九四〇年八九十三個月工人罷工的報告（1940.12）……九九
六 汪偽組織關於對各社團管理權之劃分原則（1942.9）……一四三

敵占區漢奸組織的活動（偽維新政府有關資料）

一 偽維新政府最高顧問部秘書處秘書官以下人員名單（1939.2）……一五五
二 偽維新政府軍事顧問部檢送顧問部職員調動名單的通牒（1939.11.4）……一六三
三 偽維新政府當塗縣自治會報告該縣洪灾情形并請速撥賑款的呈文（1938.8.8）……一六九
四 蔡旭昇等關於續請嚴禁浙江省鴉片公賣的呈文（1938.10.24）……一七一
五 偽維新政府與日寇簽訂關於設立華興商業銀行的協定書（1939.4.28）……一七五
六 偽維新政府最高顧問原田熊吉關於强迫中小學校教授日語并聘日人爲日語教師的照會（1939.5.7）……一九三
七 偽維新政府最高顧問原田熊吉所擬的《鴉片税暫行條例》（1939.6）……一九五
八 漢奸梁鴻志關於由滿洲購入罌粟種子一百麻袋請迅飭海關免驗免税函（1939.12）……一九七

敵占區漢奸組織的活動（偽蒙自治政府有關資料）

一 國民黨政府察哈爾蒙旗特派員公署編輯偽蒙古自治政府之成立經過及其現況（1940.7.30）……二〇一
二 東北蒙旗聯絡專員張士英關於偽蒙古聯合自治政府調查專報（1941.7.12）……二六一

敵占區漢奸組織的活動（偽華北政務委員會有關資料）

【一】叛國反共迫害人民的『强化治安』運動

一 日寇興亞院華北聯絡部關於指示華北反共方針致華北政務委員會函（1941.1.8）……三〇五
二 偽華北政務委員會關於宣布實施强化治安日期與意義的訓令（1941.3.11）……三一一
三 敵偽津海道公署關於强化治安運動的報告（1941.6.1）……三一九

四　偽山西省治安强化本部等《第二次强化運動中之宣傳計劃》（1941. 7. 1） …………………… 三二五
五　偽山西省治安强化運動實行委員會第二次强化治安運動結束報告書（1941. 9. 15） …………… 三二九
六　偽華北政務委員會檢送第三次治安强化運動實施要領的訓令（1942. 10. 22） ………………… 三三五
七　偽山西省治安强化運動實行委員會本部第三次治安强化運動實施要領（1941. 11. 4） ……… 三三九
八　偽山東省治安强化運動本部第三次强化治安運動的報告（1941. 12. 15） ……………………… 三四七
九　偽華北政務委員會財務總署檢送第三次强化治安經費分配清單的呈文（1941. 12. 2） ……… 三八一
一〇　漢奸吴贊周關於視察順德冀南真定各道區治安强化運動的報告（1941. 12. 13） …………… 三八三
一一　漢奸陳静齋關於視察商丘等十一縣第三次强化運動的報告（1941. 12. 30） ………………… 三八九
一二　偽華北政務委員會關於第四次强化治安運動經費分配單（1942. 4） ………………………… 四〇一
一三　偽華北政務委員會政務廳檢送華北治强運動總本部組織大綱的公函（1942. 5. 11） ……… 四〇三
一四　偽華北政務委員會第五次治安强化運動實施綱要（1942. 8） ………………………………… 四〇七
一五　偽華北治强運動本部第五次治安强化運動宣傳計劃（1942. 9） ……………………………… 四一一
一六　偽華北治强運動總本部第五次治安强化運動實施辦法（1942. 9） …………………………… 四二一
一七　偽華北賑濟委員會第五次治安强化運動實施辦法（1942. 9） ……………………………… 四二三
一八　偽北京特別市公署第五次治運實施辦法（1942. 9） …………………………………………… 四三三
一九　偽山東省公署第五次治安强化運動宣傳要領（1942. 9） …………………………………… 四三七
二〇　偽山東省公署第五次治安强化運動實施要領（1942. 9） …………………………………… 四五五
二一　偽河南省公署第五次治安强化運動實施辦法（1942. 9） …………………………………… 四七五
二二　偽河南省公署第五次治安强化運動宣傳綱要（1942. 9） …………………………………… 四九三
二三　偽河南省公署第五次治安强化運動實施綱要（1942. 9） …………………………………… 四九九
二四　偽山西省治强運動本部第五次治安强化運動第一次報告（1942. 12） ……………………… 五〇九
二五　偽北京特別市公署第五次治安强化運動第一次報告（1942. 11） …………………………… 五二一

二六　僞山西省公署第五次治安强化運動實施辦法草案（1942.9）……五四五
二七　僞華北政務委員會内務總署第五次治安强化運動實施辦法（1942）……五六一
二八　僞華北政務委員會教育總署第五次治安强化運動實施辦法（1942）……五六五
二九　僞華北政務委員會治安總署第五次治安强化運動實施辦法（1942）……五六七
三〇　僞華北政務委員會實業總署第五次治安强化運動實施辦法（1942）……五六九
三一　僞華北治强運動總本部一九四二年度華北『夏防』綱要（1942）……五七九
三二　僞華北政務委員會第一直轄行政區『夏防』計劃（1942.6）……五八一
三三　僞河南省政府一九四四年度『夏防』警備計劃（1944.6.28）……五九七
三四　僞華北政務委員會一九四四年度華北『夏防』綱要（1944.7.24）……六〇一
三五　僞山西省政府一九四四年度『夏防』實施要領（1944.8.3）……六〇五

【二】叛國反共迫害人民的『經濟封鎖』與物資掠奪

一　僞河北省政府檢送第二期經濟封鎖實施要領等致華北政務委員會的密呈（1941.6）……六一五
二　僞華北政務委員會一九四一年度經濟封鎖要領（1941.6.20）……六二三
三　僞河北省政府檢送冀西山地經濟封鎖計劃等密呈（1943.12.5）……六二九
四　國民黨河北省政府報告關於華北僞組織統制糧食情形的代電（1941.12.24）……六三七
五　僞華北政務委員會關於配合日寇侵華戰争所擬之《重要物資等搜集對策要綱》飭各省市政府遵照辦理的密訓令（1943.12.13）……六三九

【三】對人民的苦難奴役

一　僞華北政務委員會教育總署檢送一九四三年度華北教育施策要綱及實施方案的呈文（1943.2.19）……六五五
二　僞華北政務委員會經濟總署檢送《對日供出勞工發證事務處理暫行要領》的呈文（1944.5.27）……六六五
三　僞天津市政府關於强迫婦女赴河南慰勞日寇情形的呈文（1944.6.16）……六七五

【四】死亡前夕的維持『秩序』

一 漢奸陳公博關於在蘇聯對日宣戰後維持反動『秩序』致漢奸王蔭泰電文（1945. 8. 9）……六七九

二 僞華北政務委員會關於在蘇聯對日宣戰後維持反動『秩序』的布告（1945. 8. 13）……六八一

三 僞華北政務委員會關於在蘇聯對日宣戰後維持反動『秩序』的訓令（1945. 8. 14）……六八三

第七十一册 原第四輯第一册—第三册（上）

國民黨反共反人民政治的覆滅

【一】劫收勝利果實

一、所謂『收復區』的施政方針與辦法

一 國民黨政府行政院抄送《收復區政治設施綱要草案》之公函及附件（1945. 8. 1）……二七三

二 國民黨内政部關於指示戰區各省政府搶奪抗戰勝利果實的緊急措施電（1945. 8）……二八九

三 國民黨内政部擬訂關於鄰接解放區國民黨縣以下各級機構的反共辦法及其有關文件（1945. 10—1946. 1）……二九一

四 國民黨政府陸軍總司令部關於《限制收復區軍事調動消息及軍事情報發布辦法》的代電（1946. 1. 11）……三〇一

二、勾結美軍及日僞武裝阻擾中共抗日部隊的受降

一 國民黨中央執行委員會秘書處抄録關於攫取抗戰勝利果實陰謀策劃致何應欽箋函（1945. 8. 15）……三〇五

二 國民黨中央執委會關於延安總部發布命令限令敵僞繳械投降的反動對策（1945. 8. 22 以後）……三〇九

三 杜建時報告關於勾結美軍及日僞部隊阻撓八路軍接收天津市區等情代電（1945. 10. 23）……三一三

三、使用武力侵占解放區的陰謀籌劃

一 國民黨河北省政府民政廳報告全境早感中共領導之抗日根據地『接收』困難等情電（附計劃）（1945. 11. 7）……三一七
二 國民黨針對《中共中央對東北地區工作指示》研究對策有關文件（1945）……三二一
三 國民黨行政院關於國民黨六届二中全會議決速以武力占領山東解放區一案辦理情形的文件（1946. 11—1946. 12）……三二九
四 國民黨中統局關於中共通知馬歇爾謂國民黨仍向解放區進攻的情報（1946. 3. 23）……三三五

四、接收舞弊民不聊生

一 辛亥革命同志會會員張綗向葉楚傖等申訴國民黨軍到滬後民不聊生怨言百出情形函（［1945. 12］）……三三七
二 上海《時事新報》報導上海市民對國民黨接收失望的社論——市政所感（1945. 12. 15）……三三九
三 國民黨監察委員崔震華關於華北各省市統治下的政治腐敗及接收貪污各方面喪失人心的視察報告（1946. 3. 4）……三四一
四 國民黨政府監察院抄發關於國民黨大小接收官吏私占敵産墮落腐化建議禁止的訓令（1946. 7. 19）……三四七
五 葉楚傖等關於暴露上海市接收弊端民生疾苦的所謂宣慰工作報告（1946. 8. 8）……三五一

五、起用漢奸

一 國民黨參政員林學淵等關於國民黨授命之『有綫』漢奸是否論罪質問書（1945. 8 以後）……三五九
二 金童子揭露國民黨政府起用漢奸并任意指謫民衆爲漢奸進行敲詐勒索情形之呈文（1945. 12. 12）……三六一
三 國民黨政府監察院對於《處理漢奸案件條例》建議及有關公函（1946. 11. 20—1947. 2. 7）……三六五

【二】破壞政治協商會議

一、舊政協的召開

一 國民黨中統局關於成都《新中國日報》載各方面要求參加政協會議的情報（1945.11.5）……三七一
二 國民黨中統局關於察省人民在政協開幕後呼籲建立聯合政府反對國民黨一黨專政等情報（1946.1.19）……三七三
三 國民黨中央宣傳部關於宋慶齡等在滬主持于再追悼會并電政協會提出成立民主聯合政府十四項主張密電（1946.1.24）……三七五
四 國民黨中統局關於中共宣稱由於國民黨内部派系鬥争致使政協會議停頓原因的情報（1946.1.25）……三七七
五 國民黨政府行政院秘書處關於召開政治協商會議的『辦法』及名單（1946.1.25）……三七九
六 國民黨中統局報告各黨派首要關於政協之談話的情報（1946.2）……三八一
七 國民黨政府政情通訊關於政協會議舉行結果的報導（1946.2）……三八三
八 國民黨中統局關於政協閉幕後各方所關心的今後局勢問題的情報（1946.2.16）……三九五
九 國民黨中統局關於中共對政協閉幕態度的情報（1946.2）……三九七
一〇 國民黨中統局關於周恩來對政協前途之觀察的情報（1946.2.1）……三九九

二、較場口事件與各界反映

一 國民黨中統局關於《人民周報》社討論駁斥和指責中央社等歪曲較場口事件事實的情報（1946.2.14）……四〇三
二 國民黨中統局關於重慶各團體對國民黨製造較場口事件措施的情報（1946.2.15）……四〇五
三 紐約華僑青年救國團要國民黨嚴懲搗亂慶祝政協大會的凶犯函（1946.3.1）……四〇七
四 國民黨中統局關於中共支持民盟抗議國民黨憲警搜查民盟政協代表黃炎培住宅的情報（1946.2.26）……四〇九

五　國民黨駐港澳總支部報告破壞港九華人工團聯合慶祝政協成功大會經過密函（1946.3.7）……四一一
六　國民黨中統局關於各民主黨派慶祝政協成功大會緩開原因的情報（1946.3.9）……四一三

三、推翻政協決議的國民黨二中全會

一　國民黨六屆二中全會關於推翻政協決議的宣言和有關重要報告（1946.3）……四一七
二　國民黨六屆二中全會關於政治協商會議報告之決議（1946.3）……四三三
三　國民黨黨員護黨大同盟暴露内部派系腐化向二中全會提出意見企圖對抗政治協商的傳單（1946.3.1）……四三五
四　國民黨中統局關於何應欽欲以武力反對政協決議中國國民黨容納中共參政的情報（1946.2.16）……四三七
五　國民黨中統局關於國民黨軍幹部反對政協決議的情報（1946.3.12）……四三九

四、御用『國民參政會』公開撕毀政協決議

一　國民黨中央調查統計局關於中國國民黨民主同志聯合會發言人揭露召開第四屆國民參政會本質的情報（1945.7.21）……四四三
二　國民黨中統局報告民主同盟揭露蔣介石利用參政會爲『工具』收拾人心之把戲的情報（1946.1.24）……四四七
三　國民參政會第四屆第二次會議的經過和有關報告（1946.3.20）……四四九
四　蔣介石在第四屆國民參政會第二次會議上的政治報告（要點）（1946.4.1）……四六五

【三】蔣美勾結發動内戰

一、所謂『調停人』馬歇爾來華的陰謀

一　國民黨中統局揭露馬歇爾有以武力挑起中國内戰意向的情報（1946.1.23）……四八三
二　國民黨中統局關於馬歇爾『處理』中國事件之態度的情報（1946.2）……四八五
三　國民黨中統局關於馬歇爾要求成立東北軍事調處小組的情報（1946.2）……四八七

四　國民黨中統局關於馬歇爾將派波利與中共商談編軍問題的情報（1946.2.22）……四八九
五　國民黨中統局關於齊蘭談成立東北調處小組情況的情報（1946.3）……四九一
六　國民黨中統局關於中共歡迎馬歇爾赴張家口參觀的情報（1946.3.4）……四九三
七　國民黨中統局關於杜魯門對馬歇爾視察軍事調處之中共行動指示的情報（1946.3.4）……四九五
八　國民黨中統局關於美政府考慮以原子彈運華以解決東北問題的情報（1946.3）……四九七
九　國民黨遼寧省主席徐箴等反對軍事調處小組執行停止東北衝突的代電（1946.3.15）……四九九
一〇　國民黨行政院駐平辦公處報告國共在華北地區換糧問題調處情形電（1946.4.20）……五〇一
一一　國民黨第二戰區黨政軍團聯席會議擬具防範太原人民向軍調小組請願控訴的代電（1946.2.10）……五〇三
一二　國民黨中央執委會宣傳部關於分析杜魯門對華聲明係掩飾馬歇爾來華干涉中國內政使命的密電（1945.12.22）……五〇五

二、美帝幫助蔣介石發動內戰

一　國民黨中央調查統計局關於三民主義同志聯合會向美國人民揭發美蔣勾結發動內戰的情報（1945.11）……五一一
二　國民黨中統局關於中共揭露國民黨政府與美國方面進行反蘇反共活動的情報（1946.10.3）……五一五
三　蔣介石關於投靠美帝繼續讓美軍占領中國破壞領土主權有關文件（1947.9—1947.10）……五一七
四　美國杰考貝夫撰文論述美國幫助蔣介石打內戰和對中國侵略的行動應停止（1947.2）……五二一
五　馮玉祥講：『美國應立刻停止援蔣』演詞（1947.12）……五二七
六　國民黨政府國防部轉報加大使戴維斯對加外交部報告中國局勢美援不能幫助戰勝中共等情密電（1947.10.31）……五三三
七　美國《世界報導周刊》關於國民黨政府及其軍隊徹底腐敗美帝援蔣反共陰謀失敗情況的報導（譯文）（1948.3.5以後）……五三五

八　美國《時代周刊》駐華記者葛魯恩關於司徒雷登操縱蔣介石并準備以李宗仁代蔣干涉中國内政的密電（譯文）（1948.8）……五三九
九　董顯光關於加緊對美宣傳以便獲得更多美援進行内戰與何應欽往來函件（1948.6—1948.8）……五五一
一〇　國民黨政府外交部轉達美《周刊世界》關於國民黨消失美練軍隊情形致新聞局函（1948.6.2）……五五三
一一　國民黨國防部新聞局編撰的《美式裝備的國民黨軍隊在反共戰爭中之戰果》新聞宣傳稿（1948.10.1）……五五五
一二　國民黨中統局關於美陸次羅葉説明來華任務的情報（1946.3）……五五七
一三　董顯光代蔣介石擬覆美國《赫斯德報》系記者李查德所提關於國共問題的答復詞（1948.1.26）……五五九

三、勾結帝國主義宗教分子進行反共宣傳

一　南京《益世報》館潘朝英爲于斌主教向蔣介石獻計反蘇反共并請資助赴美宣傳旅費致國民黨政府行政院長張群函（1947.7.19）……五六五
二　帝國主義宗教分子雷震遠擬交國民黨新聞局關於勾結進行反共的宣傳計劃綱要（1948.8）……五六九
三　國民黨新聞局關於勾結披着宗教外衣的帝國主義分子雷振遠在南京華北展開反共活動的函件（1948.8）……五七五
四　國民黨行政院新聞局與教會間諜雷震遠關於搜集解放區資料供結美帝國主義分子捏造反共宣傳的來往函件（1948.10.14）……五七七

第七十二册　原第四輯第三册（下）—第五册

國民黨反共反人民政治的覆滅

【四】國民黨反民主打内戰的重要决策

一、加緊反動策劃的六届二中全會

一　國民黨六届二中全會對於政治報告之决議案（1946.4）……三

二　蔣介石於國民黨二中全會前關於整理黨務加强反共策劃的指示事項簡表（1946.2）……七

三　國民黨中統局關於國民黨二中全會多數中委主張票選政府重要官員的情報（1946.3.5）……一一

四　國民黨中統局關於馮玉祥决不出席國民黨二中全會原因的情報（1946.3.5）……一三

五　國民黨中統局關於伊倫電杜魯門馬歇爾報告國民黨二中全會通過要案的情報（1946.3.19）……一五

二、所謂『結束訓政促進憲政』公開向人民宣戰的六届三中全會

一　國民黨六届三中全會宣言及重要報告（1947.3）……一七

二　馮玉祥著《我爲什麽和蔣氏决裂》（1947.11.15）……三七

三、企圖消滅共産黨的六届四中全會

一　蔣介石在國民黨六届四中全會及黨團聯席會議上關於反共與獨裁的報告（1947.9）……四三

二　國民黨政府行政院長張群在國民黨四中全會上關於若干措施推行的政治報告（1947.9.9）……六五

四、修正《國民政府組織法》加强獨裁統治

一　國民黨六届第四十六次中常會通過的修正國民政府組織法（1946.11.20）……八一

二　國民黨六屆第六十六次中常會關於修正國民政府組織法第一條及十五條會議記録（附修正全文）（1947. 4. 21）……八九

【五】所謂内戰時期的『施政方針』與反共策略

一、一九四五年的所謂『國家施政方針』和防共辦法

一　國民黨政府關於《民國三十五年度國家施政方針》（1945. 9）……一〇三
二　國民黨陝西省政府主席兼保安司令祝紹周密擬防共辦法致行政院的代電（1945. 12）……一〇九

二、一九四六年的所謂『國家施政方針』和反共策劃

一　國民黨政府關於《民國三十六年度國家施政方針草案》（1946. 6）……一一一
二　國民黨西康省政府主席劉文輝奉令擬訂防共策劃給行政院的呈文（1946. 3. 6）……一一七
三　國民黨政府國防部抄送陸軍總部關於迫害中共復員軍人措施給行政院的代電（1946. 6. 28）……一二一
四　蔣介石轉飭有關機關辦理杜心如關於『推行民衆組訓』建議書的代電（1946. 7. 22）……一二三
五　蔣介石宣布其僞國府主席任期延至當選僞總統就職之日止有關文電（1946. 10. 11）……一二七
六　國民黨政府國防部參謀總長陳誠抄陳國民黨中央執行委員會關於懷柔與鎮攝陝北人民的意見書致行政院的公函（1946. 8. 23）……一二九

三、所謂『國民政府改組後的施政方針』與『戡亂時期』的反共法令

一　國民黨政府國民政府改組後施政方針（1947. 4. 25）……一三三
二　李濟琛何香凝等發表反對國民黨政府『改組』之聲明（1947. 5. 4）……一三七
三　國民黨政府行政院長張群在行政座談會上的總提示（1947. 8. 2）……一三九
四　國民黨政府行政院長張群向參政會駐會委員會作關於軍事政治經濟方面的報告（1947. 10. 18）……一五一
五　國民黨政府製訂關於解放區交通經濟的封鎖辦法及其修正補充辦法（1947. 1）……一七一

六　國民黨政府行政院抄發通過反共反人民之《勵行全國總動員以貫徹和平建國方針案》的訓令（1947.7.5）……一七七
七　國民黨政府行政院闡述反共反人民『總動員意義』之訓令（1947.7.13）……一七九
八　國民黨政府行政院審查整理之《動員戡亂完成憲政實施綱要》資料（1947.7.15）……一八三
九　國民黨政府行政院關於秘密討論反共的《後方共產黨處置辦法》的文件（1947.9.5）……一八七
一〇　國民黨政府行政院第卅次會議秘密討論關於『組織各級省（市）縣戡亂建國動員委員會』之決議案（1947.11.18）……一八九
一一　湯恩伯關於設置太湖行政區維持江南水上統治的意見書（1947）……一九一
一二　國民黨國民政府關於通過蔣介石交議勵行總動員進行内戰提案的訓令（1947.7.4）……一九七
一三　國民黨政府財政部秘書處轉發關於反人民反民主反自由的《動員戡亂完成憲政實施綱要》的函及附件（1947.8.5）……一九九
一四　國民黨政府行政院抄發關於搜括人力物力擴大内戰的《動員戡亂完成憲政國防軍事實施辦法》的訓令（1947.12.9）……二〇三
一五　國民黨國民政府公布的《戡亂時期危害國家緊急治罪條例》（1947.12.25）……二一一
一六　蔣介石爲了瘋狂反共狂妄擬訂的所謂《後方共産黨處置辦法》（附修改條文及布告）（1947.9.27）……二一五
一七　國民黨政府公布的《戡亂時期危害國家緊急治罪條例》（1947.12.25）……二二三
一八　國民黨政府行政院關於一九四七年度内政軍事措施配合反共反人民内戰的報告（1948.2）……二二五

四、所謂『人才内閣的施政方針』與『戡亂時期』反共策劃

一　國民黨政府行政院所謂『人才内閣』——翁院長《施政方針報告》（記録稿）（1948.6.4）……二四三
二　國民黨政府行政院抄發所謂《戡亂時期地方行政首長防匪保境獎懲條例》的訓令（1948.4.12）……二五七
三　國民黨國民政府公布的《動員戡亂時期臨時條款》」（1948.5.10）……二六一
四　國民大會抄呈所謂《動員戡亂時期臨時條款》致蔣介石的咨文（1948.5.6）……二六三

五　國民黨政府修正公布反人民的戒嚴法（1948. 5. 19）……二六五
六　國民黨政府行政院新聞局爲轉飭各地報紙禁稱『共匪』爲共産黨或八路軍等代電（1948. 6. 22）……二六七
七　國民黨江蘇省政府關於實施『戡亂』時期施政綱領的政情通訊（1948. 7. 17）……二七一
八　蔣集團各省軍政首要黄旭初等關於『戡亂』期間各省急待解決及涉及政治根本問題的條陳（1948. 7）……二七九
九　蔣介石指示詳加審核各省市施政綱要和抄發關於『政治清剿』文電給行政院的代電（1948. 10. 21）……二八七
一〇　蔣介石關於全國施行《戡亂時期危害國家緊急治罪條例》的指令（1948. 11. 4）……二九一
一一　蔣介石關於令其黨政機關會商捏造口實加緊反共宣傳的代電（1948. 11. 10）……二九三
一二　蔣介石飭國民黨中央黨部及有關各部門切實核議顧祝同關於在全國進一步實行法西斯恐怖統治簽呈的代電（1948. 12. 24）……二九五
一三　新加坡《南僑日報》發表陳嘉庚關於蔣介石突然表示不做大總統内幕的論文（1948）……三〇七

五、垂死挣扎的假和談

一　北平市商會等關於國民黨進行假和談期間呼籲前綫停戰静候調解的代電（1949. 1. 5）……三一三
二　上海銀行業公會全國聯合會關於國民黨進行假和談期呼籲早日實現和平的代電（1949. 1. 17）……三一五
三　國民黨政府行政院所謂『巨頭内閣』——孫院長《施政方針報告》稿（1949. 3. 5）……三一七
四　孫科對立法院所作關於國民黨假和談期間行政院施政報告詞（1949. 3. 8）……三二三
五　國民黨政府立法院有關『和平』意見之議決案及有關咨文（1949. 3. 15）……三三一
六　國民黨政府立法院委員楊不平等四十三人咨請國民黨政府速派代表與中共協商和談的提案（1949. 3. 22）……三三三
七　國民黨政府行政院所謂『和平内閣』——頭號戰犯何應欽院長施政方針報告（1949. 3. 29）……三三五
八　國民黨政府留穗立法委員聯誼會重申附和蔣介石假求和之『和談六項主張』電（1949. 4. 14）……三四三
九　國民黨中央廣播事業管理處全體職工爲制止陳果夫勒令掠奪機器南逃代電（1949. 1. 25）……三四五

一〇 國民黨政府拒絕和談垂死掙扎的訓令（1949. 5. 27）……三四七

六、逃亡期間的反共措施

一 國民黨政府行政院秘書處抄送加强管制鎮壓妄圖挽救殘局的《澄清當前局勢工作方案》及其『計劃表』的公函（1949. 1. 7）……三五五
二 國民黨南京市政府於逃亡前夕擬訂的所謂『非常時期』施政綱領（1949. 1. 20）……三六九
三 國民黨政府行政院秘書處爲會同審查修正湖北省政府垂死掙扎的『應變』方案致内政部函（1949. 4. 21）……三七三
四 國民黨立法委員對於行政院長何應欽報告關於逃亡廣州後各項對策的質問記録（1949. 5. 10）……三八五
五 《華僑日報》及《廣州商報》關於國民黨政府崩潰逃亡閣前途的評論（1949. 6. 6—1949. 6. 14）……三九七
六 《華僑日報》：解剖閻内閣（1949. 6. 13）……四〇一
七 《星島日報》關於國民黨政府閻内閣産生前後情形的資料（1949. 6. 13）……四〇五
八 國民黨政府行政院擬訂的所謂《戰時施政方針》（1949. 6. 20）……四〇九
九 國民黨國防部關於反共軍事總崩潰情況及企圖垂亡掙扎的業務報告（1949. 9）……四一三
一〇 國民黨國民大會函送國大代表妄想垂死掙扎製訂的所謂《第一屆國民大會代表反共救國工作團規則》（1949）……四二五
一一 國民黨政府行政院頒發挽救死亡造謠欺騙民衆的《反共保民動員委員會組織章程暨動員工作指示》的訓令（1949. 8. 25）……四二九
一二 國民黨政府行政院抄發企圖挽救垂死統治的《國民反共公約暨實施辦法》的訓令（1949. 8. 12）……四三九
一三 國民黨政府行政院關於對共産黨八路軍侮蔑改稱的訓令（1949. 8. 16）……四四三
一四 國民黨政府行政院『通過』關於妄想復辟組織各級地方特務政府的編製表（1949. 11. 22）……四四五
一五 國民黨政府内政部飭海南特區行政長官公署遵辦《各級警察機關保密防諜實施綱要》的代電（1949. 11. 1）……四五一

一六　國民黨政府行政院院長閻錫山阻止逃渝公教員生傾向解放的手令（1949.11.23）……四六三
一七　國民黨政府交通部對於江亞輪裝載超量而沉没的調查報告節略（1948.12）……四六七
一八　王輔宜爲召開江亞輪被難家屬撫恤辦法討論會之代電及會議記録稿（1949.4.13）……四六九
一九　蔣介石在逃亡時將我國公商輪船數十家共十多萬噸冒用外國國籍圖逃避解放處理文件（1949.4）……四七五

【六】鎮壓民主運動

一、全國人民要求民主反對内戰

一　國民黨中統局關於民主同盟發動各界組織『全國各界反對内戰聯合會』的情報（1945.11.20）……四八三
二　國民黨中統局關於婦女界反對内戰的情報（1946.2）……四八五
三　國民黨中統局關於『人民呼聲大連鎖』的情報（1946.2.8）……四八七
四　國民黨中統局關於國民黨一般中委要挑起民盟内部矛盾的情報（1946.3.5）……四八九
五　利物浦瓊海社響應瓊崖旅港同鄉會呼籲制止瓊崖内戰實現和平通電（1946.5.5）……四九一
六　國民黨教育部關於上海工人學生舉行反内戰示威游行以歡迎赴京請願代表馬叙倫等的情報及有關令文（1946.6—1946.7）……四九三
七　上海滬西工人反内戰民主協進會關於要求勿背弃停戰命令致蔣介石書（1946.7.9）……四九五
八　國民參政會第四届第三次大會張瀾等五人關於以政治解決黨爭以停止内戰恢復和平之提案（1947.5）……四九七
九　民盟總部發言人駁斥吴鐵城董顯光之談話（1948.2.6）……五〇三
一〇　國民黨中央黨政軍聯席會議關於迫害民盟在香港活動致行政院新聞局電（1948.2.18）……五〇五
一一　國民黨革命委員會爲紀念孫中山逝世廿三周年必須打倒蔣介石賣國獨裁政權告全國同胞書（1948.3.12）……五〇七
一二　北平大學教授一〇六人爲國民黨發動開封戰役聯合發表的宣言（1948.7.19）……五一一

一三　高樹勛率部北上後主張和平民主反對蔣介石命令挑起内戰的通電（1945.10.30）……五一三
一四　于鳴皋爲馬寅初等組織京滬教育界人權保障會并擬具三條件抗議國民黨政府非法侵犯人權情報（1947.3.25）……五一七

二、李公樸聞一多慘案

一　燕京大學抗議國民黨特務政治要求嚴懲毆傷李公樸等人士的凶犯函（1946.2.19）……五二一
二　上海清華大學同學會要國民黨嚴懲殺害聞一多的凶手代電（1946.7.20）……五二三
三　中國民主同盟揭露國民黨反動政府殺害爲民主而鬥争的民主人士李公樸聞一多情形之調查報告書（1946.9.30）……五二五

三、製造臺灣『二二八』慘案

一　臺灣『二二八』慘案臺胞慰問團分析國民黨政府在臺吏治腐敗而發生『二二八』運動原因的意見書（1947.3.14）……五七一
二　臺灣『二二八』慘案後援會控訴國民黨臺灣行政長官公署和專賣局貿易局等壓榨勒索人民種種罪行的呈文（1947.3.10）……五七七
三　臺灣旅寧滬七團體控訴國民黨在『二二八』運動後進行大屠殺五萬以上臺灣人民情形的呈文（1947.4.1）……五八一
四　國民黨派赴臺灣的『查辦大員』楊亮功等呈報調查臺灣『二二八』運動經過及國民黨政府官吏在臺灣胡作非爲情形的報告（1947.4.24）……五八五
五　臺灣民權通訊社關於揭露國民黨官僚統治腐化的特稿——《看今日臺灣》（1947.8.1）……六二九

第七十三册

原第四輯第六册—第八册

國民黨反共反人民政治的覆滅

【七】進攻解放區的所謂『綏靖區』與『總體戰』

一、『綏靖區』組織與區域劃分

一　國民黨政府行政院抄發『綏靖區』政務委員會組織大綱的訓令（1946.10.7）……七
二　國民黨政府行政院『綏靖區』政務委員會關於重劃『綏靖區』範圍地名一覽表（1947.4.19）……一一
三　國民黨政府行政院第十二次臨時會議通過關於反共反人民的《劃定綏靖區縣（市）標準案》之文件（1947.10.24）……一九
四　國民黨政府六省主席反共檢討會議關於提高所謂『綏靖區』司令官職權和加强軍政配合的決議案（1947.11）……二一

二、反共的『施政方針』與『總體戰』的策劃

一　國民黨政府行政院『綏靖區』政務委員會訂定關於《綏靖時期各部隊政治工作大綱》（1946.9）……二五
二　國民黨政府擬定反共的《綏靖區施政綱領》（1946.9）……三九
三　國民黨行政院『綏靖區』政委會擬制《對中共解放區目前工作大綱之研究與對策》（1946.10）……四五
四　國民黨第八『綏靖區』司令官夏威關於具體實施三民主義加强地方統治的建議（1946.11）……五一
五　白崇禧妄論反共前途要求屬下積極推行『綏靖措施』有關發言（1946.11）……六一
六　蔣介石在『綏靖區』政務會議上關於『綏靖區』的反共中心工作報告（1946.11.18）……六九
七　國民黨政府擬具《綏靖區各省設置示範縣辦法》（1946.12.19）……七五

八　國民黨政府行政院「綏靖區」政務委員會指示在「綏靖區」設置實驗縣加强愚民推行反動措施致江蘇山東河北省府電（1946.12.20）……七九
九　國民黨行政院爲了反共反人民製定的《綏靖區及東北九省臨時軍政措施辦法》（1947.1）……八一
一〇　國民黨「綏靖區」難民急振總隊部移送反人民團體關於加强控制河北省局勢的建議書致「綏靖區」政務委員會的代電（1947.4.1）……八七
一一　國民黨政府江蘇省如皋縣長簡滌初爲加緊進行反共擬請於「綏靖區」實行屯墾政策的意見書（1947.2.15）……九三
一二　國民黨鄭州「綏靖」公署關於强化轄區反動統治訂定的《黨政軍配合實施綏靖工作綱要》（1946.1—1947.2）……一〇一
一三　國民黨山東省政府《綏靖政務報告》關於民政土地設施部分謀圖改進之意見（1947.2）……一二七
一四　國民黨内政部暨陸軍總司令鄭州指揮部分别抄送和擬具關於中共邊沿區鬥争策略及其對策的代電（1947.3.8—1947.4.17）……一四三
一五　國民黨第五「綏靖區」司令部製訂的《總體戰政務部門單行法令》（1948.9）……一五一

三、「綏靖區」反共工作報告

一　國民黨第八「綏靖區」司令官夏威關於反共「綏靖政策」實施情况的報告（1946.11）……一七七
二　山東「綏靖」統一總指揮部關於一九四六年度反共的工作總報告書（1946.12.31）……一九一
三　國民黨特務夏益功抄送關於國民黨侵占區一般工作情形給「綏靖區」政務委員會的情報（1946.12.31）……二二三
四　江蘇啓東縣關於「綏靖」概况的報告（1946.10.30—1947.2.6）……二二五
五　國民黨政府行政院「綏靖區」政務委員會推行有關各項反動措施的工作報告（1946.10—1947.1）……二三五
六　國民黨河北省政府關於「綏靖工作」實施情况的報告書（1947.2.26）……二六七

七　國民黨軍第一『綏靖區』司令部《綏靖導報》關於蘇北反動政治設施與反動黨團活動概況介紹（1947.2）……二七五
八　國民黨鄭州『綏靖』公署有關黨務政治推行情況的報告（1946.1.1—1947.2.28）……二八七

四、破壞『善後救濟』物資送往解放區

一　中共代表周恩來與蔣廷黻關於釋放被國民黨軍第二十五軍扣留運往淮陰救濟物資及合理分配蘇北解放區救濟物資往來函（1946.6）……三〇三
二　國民黨政府行政院善後救濟總署總務處抄送中共通令保護善救工作人員及物資訓令致農業委會函（附訓令）（1946.9.30）……三〇七
三　聯合國善後救濟總署及行政院善後救濟總署與東北民主聯軍總司令林彪將軍簽訂關於聯總行總在東北解放區内救濟工作及物資分配之協定（1946.10.25）……三〇九
四　中共代表周恩來抗議國民黨飛機在淮陰王營鎮擊沉聯總物資民船并請制止破壞運河工程及其他聯總救濟事業致蔣廷黻函（1948.8.19）……三一三
五　國民黨中央執行委員會抄送七次二中全會關於暴露『善後救濟』内幕的質詢案（1946.3.9）……三一五
六　國民黨政府行政院善後救濟總署與魯青分署關於辦理運往解放區救濟物資須持有軍調部鄭介民簽證方准通行事往來文電（1946.6）……三一五
七　國民黨政府行政院善後救濟總署冀熱平津分署請示處理無軍調處政府委員許可救濟物資不得入解放區的代電（1946.6.5）……三一七
八　國民黨河北省政府報告滄縣查扣運往解放區物資經過的代電（1947.5.29）……三二一
九　國民黨政府行政院善後救濟總署請將已接收之聯總物資暫勿運往解放區致交通部公函（1947.8.26）……三二三

五、破壞中共領導進行的黃河堵口復堤

一　國民黨政府黃河水利委員會等與中共代表商討花園口堵口復堤座談會記録（1946.4.20）……三二七

二　國民黨政府行政院善後救濟總署抄送《范海寧視察黃河工程報告》及與中共代表水委會協議條款致河南分署訓令（1946.6.3）……三四一
三　國民黨政府行政院善後救濟總署爲黃河復堤工程與周恩來商定三項辦法致青島魯青分署代電（1946.7.19）……三四五
四　中共代表周恩來關於催發黃河故道居民救濟費事致蔣廷黻函（1946.8.19）……三四七
五　中共代表周恩來請速撥黃河堵口工程物資并催撥黃河故道居民救濟費事致蔣廷黻函（1946.9.13）……三四九
六　聯總行總與中共代表關於黃河堵口復堤會議記録（1947.1.11—1947.1.17）……三五一
七　黃河復堤工程混合委員會第一次會議記録（1947.7.7）……三七七

【八】專制獨裁與醜態百出的『國民大會』

一、競選辦法

一　國民黨國民政府關於公布國大代表選舉罷免法令文（附原呈法表）（1947.3.31）……三九七
二　國民黨政府内政部長張厲生呈送關於國民黨對國大監委及省市參議會議員競選意見及簽呈（1947.5.13）……四〇九
三　國民黨政府内政部檢送根據人口統計數變更的《國民大會區域代表名額分配表修正草案》（1947.5.28）……四一五
四　國民黨政府文官處關於國民黨軍警選舉技術問題之意見致行政院函（1947.7.11）……四二一
五　國民黨政府行政院院長張群廣播所謂《對於普選的希望》的草稿（1947.9）……四二七
六　國民黨國民政府文官處抄送選舉國大《政黨提名補充規定》致行政院公函（1947.12.2）……四三一
七　國民黨中常會與選舉指委會關於規定選舉事後限制辦法的聯合會議紀要（1947.12.10）……四三三

八　國民黨各省市參加國代立委監委競選黨員聯誼會關於國務會議通過變更國代及立委選舉罷免法案的八項意見呈文（1947.12.15）……四三七
九　全國職業團體聯誼會關於爭奪僞國大代表及立委名額議決辦法之代電（1947.7.26）……四三九
一〇　國民黨國民政府關於國民黨中常會審查立法委員候選人發生爭執經過情形報告（1947.12）……四四一
一一　國民黨政府内政部關於《監委選罷法及其施行條例注釋》的呈文（1947.12.19）……四四三

二、取消共産黨『國大』代表名額

一　國民黨國民政府取消中共國民大會代表國府委員保留名額及現任參議員的訓令（1947.7）……四六七

三、漢奸當選『國大』代表

一　各地檢舉漢奸當選僞國大代表有關文件（1947.12—1948.4）……四七一

四、民青兩黨對『國大』代表名額的分贜

一　國民黨中常會關於與民青兩黨商洽對立法委員名額分贜問題的會議紀要（1947.11—1947.12）……四七九
二　國民黨中央臨常會討論與民青兩黨互争國大代表名額問題的報告紀要（1947.11）……四八三
三　國民黨政府各省各級參議會反對民青兩黨以遴選方式參加候選意見之文電（1947.11—1947.12）……四八五
四　國民黨各地當選之國大代表反對退讓與民青兩黨辦法有關電文（1948.1—1948.5）……四九一
五　湖北省選民護憲會揭發民青兩黨要挾選舉國大代表情形電（1943.3.10）……四九九

五、競選醜劇

一　各省市參議會反對『大選』采取比例制有關文電（1947.9—1947.11）……五〇三
二　安徽省天長縣金集鎮民衆金元海等揭發代表陳士瑜偷襲選票情形之呈文（1947.7.1）……五〇五
三　四川富順縣趙化鎮公民龔俊臣趙承烈等揭露縣長張孟才庇縱鎮長高燭遐把持操縱武力迫選情形文件（1947.10）……五〇七
四　寧夏旅綏遠同鄉會控訴寧夏主席馬鴻逵包辦選舉指派爪牙冒籍競選之呈文（1947.10.1）……五一三

五　僞國大代表胡兆祥揭發永定縣長賴作梁利用職權威迫利誘活動選舉情形電（1947. 11. 24）…………五一五
六　倫敦留英中國學生總會抗議國民黨僞造民意之『國大』『立委』選舉有關文件（1947. 12）…………五一七
七　商城縣民衆代表曾澤溥陳商城民衆誓不承認國民黨政府圈定之國大代表電（1947. 11. 15）…………五二一
八　寧夏旅陝同鄉會控告寧夏主席馬鴻逵私自操縱包辦選舉及指派其族戚門下冒充國大代表候選人情形的文電（1947. 11—1947. 12）…………五二三
九　吴丕基控告金塔縣參議員雷聲昌把持選舉情形電（1947. 10. 17）…………五二五
一〇　江西省商聯會關於主持圈選人以私人關係選舉外省人爲代表的電（1947. 11. 1）…………五二七
一一　貴州旅蓉人士吴善祥等揭發貴州省府暨省參議會等聯合主持之選舉會報舞弊操縱選舉情形之呈文（1947. 11. 17）…………五二九
一二　國民黨政府飭行政院制止全國各地競選流弊之訓令（1947. 11. 20）…………五三一
一三　國民黨政府行政院新聞局揭露關於協助南京辦理國大代表普選投票中種種弊端的簽呈（1947. 12. 17）…五三三
一四　國民黨國民大會代表于榮岑魏毅生暴露關於副總統候選人賄選活動的臨時動議（1948. 4. 8）…………五四一
一五　皋蘭縣參議會爲群情憤激誓死反對指定僞國大候選人情形電（1948. 4. 9）…………五四三
一六　國民黨國民大會秘書處關於代表戴天球等質詢違法修改憲法囑谷正綱代爲解釋的函件（1948. 4. 20）…………五四五
一七　國民黨國民大會爲僞國大代表怕失業而打鬧會場情形的報告（1948. 4. 22）…………五四九
一八　國民黨國民大會廣東代表搗毀《救國日報》派系糾紛有關文件（1948. 4）…………五五一
一九　王況裴揭露衡陽市國民黨黨員廖云章違法舞弊搗亂逞凶矇騙爲僞國大代表情形函（1948. 4. 8）…………五五五
二〇　國民黨政府國民大會關於僞國大『簽署代表』集體絶食醜劇醜態文件（1948. 4）…………五五七
二一　國民黨『中央提名國代當選人聯誼會』關於和『簽署代表』唱對臺戲的摺呈（1948. 4. 10）…………五六一
二二　八十餘僞國大簽署代表遭蔣介石拖騙集議『以衝鋒方式占據大會主席臺使其無法開會』的情報（1948. 4. 17）…………五六三
二三　國民黨憲政督導委員會委員戴天球等關於揭露少數會員操縱會場擅改組織規程的代電（1948. 9. 30）……五六五

二四　國民黨政府内政部勞工司關於競選立委醜劇——私人調解各任期一半的簽呈（1949.7.4）……………五六七
二五　桂林唐觀成等請撤銷陳學澧等舞弊當選爲僞國大代表的資格電（1948.4.13）……………………五六九
二六　國民黨四川蒲江縣黨部書記杜亞東請制止毁法亂紀之汪沐龍濫冒出席僞國大的電（1948.4.15）…五七一
二七　綿陽縣何英等關於縣選所强迫民衆向指定人投選票等違法舞弊情形電（1948.2.27）……………五七三

第七十四册　原第四輯第九册—第十一册

國民黨反共反人民政治的覆滅

【九】加緊法西斯統治

一、所謂『憲政實施』與省縣參議會

一　國民黨政府財政部秘書處抄發行政院關於《憲政實施準備案》函及附件（1947.5.8）……………七
二　貴州省參議會請通令委派現任之鄉鎮長不得當選參議員以免競選糾紛代電（1945.11—1946.1）………九
三　國民黨憲政實施協進會關於湖南實施『行憲』困難情形的考察報告（1945.10.27）……………一一
四　國民黨憲政實施促進會考察四川省華陽等六縣民意機構設置及其弊端等情報告（1945.10.31）…………一五
五　國民黨憲政實施促進會關於江西吉安縣臨參會職權太小等於虚設及特殊勢力摧殘民權等情的考察報告
（1945.12.29）……………………………………………………………………………………二一
六　國民黨憲政促進會關於成都市參議員金錢選舉政府操縱選舉之弊的考察意見（1946.3.4）……………二五
七　國民黨憲政實施促進會關於滇省各級民意機關設置及黨政機關干涉選舉等情的考察報告
（1946.3.12）……………………………………………………………………………………二九
八　市民張雲龍陳述上海市第二區參議員選舉舞弊包辦行爲致内政部的呈文（1946.5.11）……………三一

九　閻錫山關於雲南省參議會言論違背反共政策予以解散的訓令（1949.9）……三三
一〇　國民黨政府行政院秘書處抄送河北省參議會關於擴大華北『剿匪』總部職權意見函（1948.11.26）……三五

二、特刑庭與特務横行

一　國民黨政府行政院關於特種刑事法庭組織及審判條例實施案之審查會記録（1948.4.15）……三九
二　國民黨政府行政院關於特種刑事法庭組織及審判條例實施案審查意見之公函（1948.4.20）……四七
三　蔣介石飭國民黨政府行政院核辦各地特種刑事法庭名稱駐地電（1948.3.22）……五一
四　國民黨政府司法行政部抄發國民政府公布《特種刑事法庭組織及審判條例》令的訓令（1948.4.19）……五五
五　國民黨政府司法行政部轉發《特刑庭與幹部會議之聯繫辦法及臨時寄押犯人辦法》之訓令及附件（1948.7.16）……六一
六　國民黨立法委員蕭覺天關於所提保障人民自由釋放政治犯的提案及箋函（1949.3）……六五
七　國民黨政府崩潰前夕軍警特務肆行捕殺人民涉及其立法委員的有關文件（1949.4）……六七

三、法西斯統治的鄉鎮保甲

一　國民黨政府徐州『綏靖』公署呈送《綏靖區鄉鎮保甲縱横連坐辦法》的代電（1946.11.3）……七三
二　國民黨南京市關於《發給國民身份證實施辦法》的文件（1946.4）……七七
三　國民黨政府内政部檢送關於『對解放區邊區各縣等反動統治』有關法規的代電（1946.11.6）……八一
四　國民黨政府『綏靖區政務委員會』第十二次會議關於《綏靖區鄉（鎮）保甲長縱横連坐辦法》的修正（1947.1.10）……八七
五　國民黨政府内政部關於『加强』對户政交通民訓言論等『管理』的意見（1947.6.27）……八九
六　國民黨江西省政府擬訂關於嚴密統治本省人民之各縣市國民身份證『總檢查實施辦法』（1947.5.22）……一〇九
七　國民黨政府文官處粘送天津市地方『自治』協進會理事長李廷玉關於辦理加强國民黨統治實行『自衛團丁』及『連保連坐』的公函（1947.7.10）……一一一

八　國民黨政府内政部報告關於『綏靖區』户口清查國民身份證頒發實施情況（1947.10.6）……　一一三
九　國民黨政府内政部公布《綏靖區各省市編查保甲户口辦法》（1948.6.4）……　一一七

四、横徵暴斂與反動團隊

一　國民黨政府内政部與國防部關於役齡青年『規避』兵役不報户籍或不實呈報者的『懲罰』請示行政院呈文（1947.1.8）……　一二五
二　國民黨政府行政院關於役齡青年不報户籍或不實呈報者『懲罰』的指令（1947.2.18）……　一二九
三　于鳴皋抄送中大進步學生反對國民黨在學校抽丁的情報致教育部函（1947.3.13）……　一三一
四　参政員王國源等八人關於請政府明令停止徵兵徵實的提案（1947.5）……　一三三
五　國民黨政府參軍處關於河南開封各校學生發起呼籲減免兵役徵糧運動的情報（1947.4.24）……　一三五
六　國民黨政府國防部摘抄關於江蘇寶山縣武裝拉捕壯丁虐待舞弊造成恐怖狀態致内政部公函（1948.3.26）……　一三七
七　國民黨國民大會浙江代表團提出關於賦税役政苛擾的提案（1948.4）……　一四五
八　《大晚報》關於國民黨政府于崇明抽丁重重黑幕的報導（1948.5.3）……　一四九
九　廣西省桂平縣穆樂鄉木圭村李學賀控訴國民黨政府將獨子患神經病人强行提充兵役電（1948.6.7）……　一五一
一〇　國民黨政府行政院秘書處抄送漢口市政府關於接兵部隊藉新兵逃亡索詐地方的代電給内政部通知（1948.6.11）……　一五三
一一　《紐約時報》記者黎勃曼自南京所發關於國民黨發動内戰中徵兵舞弊的新聞電訊（1948.9.30）……　一五五
一二　國民黨政府國防部擬定《人民服務總隊組織規程草案》（1946.9）……　一五七
一三　國民黨的《國防部人民服務總隊與民衆自衛隊及難民還鄉團聯繫辦法》（1946.11）……　一六一
一四　國民黨黨政軍聯席會報秘書處抄送關於豫北國民黨侵占區之混亂及地工還鄉隊殘殺暴行等情狀的代電（1946.12.5）……　一六三

一五　國民黨政府國防部新聞局轉達關於蘇北國民黨侵占區腐敗民心向背情狀致『綏靖區』政務委員會秘書處的代電（1946.12.17）……一六七
一六　國民黨政府國防部人民服務隊總隊第二總隊擬具工作意見妄圖擺脱『綏靖區』危機給『綏靖區』政務委員會督導團的簽呈（1947.3）……一六九
一七　太原『綏靖』公署製訂反動的俊義奮鬥法——自清自衛自治辦法（1947.5.25）……一七三
一八　國民黨政府行政院反共檢討會議關於《保安團及地方自衛隊加强方案》之決議文件（1947.11.13—1947.11.15）……一七九
一九　一個中學生爲内戰爆發人民不堪徵兵捐税種種痛苦致國民黨政府的一封信（1947.11.30）……一八五
二〇　國民黨政府行政院關於公布《各縣市民衆自衛隊組訓規程補充辦法》的令（1948.5.24）……一八九

【十】官僚貪污與政治腐敗

一、企圖挽救危局的『政治改革』

一　鄧飛黄參政員等二十一人爲時局嚴重人心不安切望政府痛下決心實行基本改革以挽救危局提案（1947.5）……二〇三
二　甲絨格西參政員等七人關於建議徹底澄清吏治的提案（1947.5）……二〇九
三　參政員蔣建白等九人爲請求政府急速樹立信用争取民心而固國本的提案（1947.5）……二一一
四　參政員陳其業等八人關於請政府澄清吏治以固國體的提案（1947.5）……二一三
五　參政員王立哉等十七人關於請政府迅速公布清查團清查結果并嚴懲貪污分子的提案（1947.5）……二一七
六　參政員潘朝英等五十二人爲瓊崖吏治腐敗民不聊生擬請速整頓以免重蹈臺灣覆轍的提案（1947.5）……二一九
七　參政員陸錫光等七人關於甘肅無丁可徵請求准予丁馬兼徵的提案（1947.5）……二二一
八　參政員李郁廷等六人關於國民黨軍隊軍紀敗壞强徵物資請求發還以蘇民困的提案（1947.5）……二二三
九　參政員桂芬等十二人關於請嚴禁攤派軍用糧秣用品禁止官兵占住民房提案（1947.5）……二二五

一〇　參政員余楠秋等八人關於糾正軍人强占民房以求安定社會的提案（1947. 5）……………………二二七
一一　東北人民自治會等爲瀋陽官史横行失去民心要求和平民主的陳情書（1948. 5）……………………二二九
一二　山東省參議會向國民黨政府建議須采取收拾人心有效辦法以利反共的代電（1948. 3. 4）……………二三三
一三　國民黨政府立法院委員鄒樹文等二十一人關於《政治改革綱要草案》之起草報告（1949. 3. 29）……………二三五
一四　國民黨政府立法院委員唐嗣堯等關於國民黨政治腐敗『革新』方案之意見（1949. 3. 29）……………二三九

二、暴政虐民

一　京滬區大中學安徽學生救鄉運動聯合會揭露李品仙暴政及要求嚴懲殴傷請願學生的武裝憲警有關文件（1948. 4）……………………二五三
二　山西旅陝同鄉請願團爲閻錫山禍國殃民請予制裁而蘇民命呈文（1946. 12. 25）……………………二五七
三　國民黨政府監察院關於因派系矛盾所引起彈劾安徽省主席李品仙暴政虐民案的文件（1947. 4—1948. 2）……………………二五九
四　國民黨國民政府參軍處關於『中大』學生發動反對李品仙并擴大反對各省主席運動的情報（1948. 4）……………………二九一
五　國民黨政府湖南湖北監察區監察使苗培成彈劾薛岳吴奇偉方日英等縱容新委汝城縣長劣豪胡鳳璋强迫接收縣政的呈文（1946. 3. 31）……………………二九三
六　國民黨行政院政治檢討會臺灣出席代表謝娥要求撤銷臺省長官制等特殊待遇的意見及其解答（1946. 12. 31）……………………三一九
七　厦門市華僑協會要求保護抗戰勝利後之歸國僑胞慘遭官方及地方惡勢力剥奪的有關文件（1946. 12）……三二一
八　天津《新星報》關於揭露國民黨立法院派系鬥争及其爲欺騙人民工具的報導（1948. 10. 15）……三二三
九　國民黨湖北省主席朱鼎卿與湘鄂邊區『綏靖』司令宋希濂互争職權及人民痛苦情形有關文件（1949. 7）……………………三二七

三、大小官僚貪污成風

一　國民黨司法院院長居正被控利用職權開脱貪官污吏的彈劾書（1946.1.3）……三四三
二　四川省珙縣王家鄉鄧烱章等控告鄉長楊國振違法貪污害民情形之呈文（1946.1）……三四七
三　四川省廣元縣曾家鄉全體民衆控告鄉長陳九魁及其養子張承烈貪污虐民情形之呈文（1946.3.10）……三五一
四　國民黨政府監察院彈劾湖北省政府主席王東原任用私人合流貪污等違法情形的呈文（1946.4）……三五五
五　四川省旺蒼縣東藩鄉周明通等舉發鄉長何世澤藉公肥私虐暴戾民情形呈文（1946.5.9）……三六一
六　國民黨政府監察院福建臺灣監察區監察使署關於福建省政府民政廳長高登艇等勾結私商利用公糧哄抬米價舞弊的呈文（1946.8.26）……三七一
七　國民黨政府監察委員王述曾關於新疆省前任主席盛世才假公營私貪污牟利的呈文（1947.1.28）……三七七
八　新疆省公民韓履忠等百餘人公訴盛世才禍國殃民罪惡之公稟（1947）……三八一
九　蔣介石密令司法機關對盛世才案件勿深究的代電（1947.2.28）……四〇三
一〇　國民黨政府最高法院檢察署關於對盛世才案件勿深究辦理經過情形的密呈（1947.3.17）……四〇五
一一　國民黨政府政務官懲戒委員會關於新疆省主席盛世才殘暴貪黷横徵暴斂罪惡勿深究之懲戒議决書（1947.5.22）……四〇九
一二　國民黨特務陳長青抄送關於國民黨軍進駐蘇北如臯後區鄉保長貪污勒索擾民情况的情報（1947.4）……四一三
一三　國民黨政府政務官懲戒委員會關於廣東省主席羅卓英等人違法失職之『懲戒』議决書（1947.5.15）……四一五
一四　國民黨政府政務官懲戒委員會關於廣東省主席羅卓英等人違法私自徵收護沙費的『懲戒』議决書（1947.5.15）……四二三
一五　曹漢奇關於東北分署署長劉廣沛大量貪污盗賣聯總救濟物資的調查報告（1947.5.27）……四二九
一六　國民黨政府行政院善後救濟總署江西分署稽核室爲調查該署總務組主任馬士則處理天河存煤營私舞弊的呈文（1947.11.8）……四四五

一七　倪愛棠等報告蘇北運河工程局沂沭河工賑工程工務所隊長盜賣大批聯總救濟麵粉剩餘麻袋的代電（1948. 7. 10）……四五三
一八　四川省富順縣戴寺鄉公民代表舒雨林等控告鄉長李晋槐仗權違法營私舞弊危害民衆情形呈文（1947. 7）……四五五
一九　四川省蒲江縣東北鎮鄉民代表會控告鎮長李學愷貪污瀆職情形呈文（1948. 4. 29）……四五九
二〇　陳丙控告湖北省主席萬耀煌貪污違法之呈文（1948. 10. 9）……四六三
二一　雲南省威信縣參議會張思齊等控訴縣長趙光斗貪污違法横行害民情形電（1948. 10. 13）……四六五
二二　馬鴻逵報告蘭州師大等四院學生發動打倒省主席郭寄嶠解散貪污集團省參議會運動電（1949. 4）……四六九
二三　美國記者牛頓叙述臺灣行政當局充滿腐敗貪污情形之報告（節録）（1946. 4. 23）……四七一

第七十五册　原第四輯第十二册—第十四册

國民黨反共反人民内戰軍事的慘敗

【一】蔣幫發動反共反人民内戰的反動措施

一、勾結美帝收編僞軍準備内戰

一　蔣介石當日寇宣告投降後勾結美帝派兵控制滬杭寧地區等情代電（1945. 8. 18）……二五
二　蔣介石電國民黨第五戰區搶占地區襲擊人民解放軍的反共命令（1945. 9. 15）……二七
三　國民黨軍委會擴充反共勢力收編僞軍龐炳勳等爲新編各路軍總司令電（1945. 9. 8）……二九
四　國民黨第十戰區收編僞軍充實反共内戰勢力致何應欽密電（1945. 10. 1）……三一
五　國民黨第五戰區劉匪峙電令搶占交通綫進行反共的計劃（1945. 10. 2）……三三

六　蔣介石部署第三六戰區國民黨軍反共的命令（1945.10.9）……………………三五

七　國民黨第五戰區劉匪峙企圖阻擊人民解放軍收復日寇占領區在魯山南召等地區部署反共兵力電（1945.10.12）……………………三七

八　蔣介石部署第八四軍等部在鄂東等地區反共的電文（1945.10.13）……………………三九

九　蔣介石令截擊浙西皖南新四軍北撤部隊電（1945.10.17）……………………四一

一〇　何應欽電飭圍擊江南新四軍北撤部隊的反共命令（1945.10.23）……………………四三

一一　國民黨第十戰區報告一九四五年十月份進犯人民解放軍情況電（1945.11.6）……………………四五

二、由戰略進攻失敗到垂死的挣扎

一　蔣介石爲發動反共反人民的内戰修改《剿匪手本》爲《剿匪戰術》和作戰教令第三十一號及其有關文件（1946.8）……………………四九

二　蔣介石在國共停戰協定和談期間密令大量印發《剿匪手本》（1946.8.19）……………………一四九

三　國民黨政府國防部爲加劇反共軍事製定的《西北行轅綏靖期間緊急軍運實施辦法》（1947.8.14）……………………一五一

四　蔣介石指示『晋陝綏署』及『陸軍總部』作戰地境劃分電（1947.12.14）……………………一五五

五　蔣介石指示華北反共内戰作戰地境劃分電（1947.12.21）……………………一五七

六　國民黨政府在人民解放軍轉爲戰略進攻前實施聯省反共軍事措施的概述（1948.1）……………………一五九

七　蔣匪幫堅持反共反人民内戰所頒布的徵兵要則及有關文件（1949.6.7）……………………一六三

八　國民黨政府國防部製訂騷擾解放區的《匪後全面游擊辦法》（1949.7）……………………一八五

九　國民黨空軍總司令部編解放戰爭中國民黨空軍出動架次及損失統計表（1949.8）……………………一八七

【二】蔣幫劫奪勝利果實阻撓解放軍收復失地

一、搶奪蘇皖鄂地區

一　國民黨江蘇省主席王懋功報告人民解放軍收復蘇省淪陷區各縣情况并請派正規軍掠奪等情電（1945.9.3）……一九九

二　國民黨江蘇省主席王懋功報告人民解放軍收復蘇北淮陰如皋等縣城據點經過情况電（1945.9—1945.10）……二〇一

三　國民黨政府江蘇省『保安』司令王懋功報告所屬部隊參加蘇南反共軍事部署代電（1945.12.14）……二一三

四　國民黨政府江蘇省『保安』司令王懋功報告所屬部隊在銅山東南後馬家據點潰竄經過情况電（1945.12.15）……二一五

五　國民黨政府第一『綏靖區』司令湯恩伯匪部進犯蘇省南北解放區軍事部署和戰况要報（1946.1）……二一七

六　國民黨政府江蘇省『保安』司令王懋功報告揚泰公路泰縣張家垻等據點被人民解放軍摧毀損傷慘重等情代電（1946.1.8）……二二五

七　國民黨政府江蘇省『保安』司令王懋功報告人民解放軍解放蘇北高郵縣城所有抗拒部隊人槍悉數被俘等情代電（1946.1.8）……二二七

八　國民黨政府江蘇省『保安』司令王懋功報告蘇北東海縣水牛莊川興莊等據點團隊被人民解放軍殲滅經過代電（1946.1.12）……二二九

九　國民黨政府江蘇省『保安』司令王懋功報告南通區各縣地方團隊劃歸正規軍指揮反共軍事部署情況代電（1946.1.16）……二三一

一〇　國民黨政府江蘇省『保安』司令王懋功報告人民解放軍摧毀沭陽宿遷等縣反共據點并向海州進展等情代電（1946.1.25）……二三三

一一　國民黨政府江蘇省『保安』司令王懋功報告江都縣屬郭莊據點被人民解放軍摧毀人槍被俘損耗等情代電（1946. 1. 27）……二三五
一二　國民黨政府江蘇省『保安』司令王懋功報告人民解放軍在蘇北徐海地區進展猛烈被迫潰竄等情代電（1946. 1. 29）……二三七
一三　國民黨政府江蘇省『保安』司令王懋功報告東海縣蔣集上房等據點被人民解放軍占領情況代電（1946. 2. 1）……二三九
一四　國民黨江蘇省主席王懋功報告蘇省南通及徐西一帶人民解放軍進展情況電（1946. 4. 29）……二四一
一五　國民黨政府江蘇省『保安』司令王懋功檢陳所屬部隊進犯蘇南各縣人民解放軍命令的代電（1946. 8. 27）……二四五
一六　國民黨匪軍在隴海綫蕭縣境内進犯解放區經過概要（摘録）（1946. 9）……二五一
一七　國民黨政府皖省主席李品仙報告自日寇投降後進犯該省已解放之縣城經過情況電（1946. 10. 13）……二六一
一八　國民黨政府皖省主席李品仙報告進犯皖東北已解放各縣經過情況電（1946. 8）……二六三
一九　國民黨政府湖北全省保安司令部報告新四軍李先念部收復鄂西棗陽向襄樊進展等情代電（1946. 11. 13）……二六七

二、搶奪華南地區

一　國民黨政府第七戰區司令長官部陣中日記有關反共軍事情況（摘録）（1945. 9—1945. 11）……二七一
二　國民黨政府第七戰區司令長官部機密日記有關反共軍事情況（摘録）（1945. 9—1945. 12）……三〇五
三　國民黨第二方面軍司令部陣中日記有關反共軍事情況（摘録）（1945. 10—1945. 12）……三三一
四　國民黨軍第三十六師李志鵬匪部進犯廣東東寶地區人民解放軍東江縱隊經過概況報告書摘要（1945. 12）……三七七

三、搶奪冀魯豫地區

一　國民黨政府河北省主席孫連仲報告自日寇投降後侵入該省解放區各縣經過情況及其對策的文件（1946. 1. 18）……四一一

二　陳岳齡呈請國民黨政府速派大軍抵制我軍活動的『護礦』呈文（1945 12. 5）……四二一

三　國民黨政府江蘇省『保安』司令王懋功轉報魯南滕縣縣城被解放經過詳情代電（1945. 12. 27）……四二三

四　國民黨政府河南全省保安司令劉茂恩報告豫省人民解放軍分布狀況及其反動對策的文件（1945. 8）……四二五

五　國民黨政府河南省主席劉茂恩報告人民解放軍收復豫南登封密縣等縣城經過情況電（1945. 8—1945. 9）……四三一

六　國民黨政府河南省主席劉茂恩報告人民解放軍收復豫北滑縣延津兩縣城及在該省其他地區進展情況電（1945. 9. 17）……四三五

七　國民黨政府河南省主席劉茂恩報告人民解放軍收復豫北沁陽等縣城經過情況電（1945. 9—1945. 10）……四三七

八　國民黨第三十一集團軍王仲廉匪部侵占豫北原武獲嘉輝縣解放區的陣中日記（1945. 10）……四四三

九　國民黨第八十五軍吴紹周匪部進犯豫北修武木欒店解放區的反共計劃（1945. 10）……四五三

一〇　國民黨第三十三集團軍馮治安匪部在豫鄂邊區部署反共兵力的機密作戰日記（1945. 10—1945. 11）……四五五

一一　國民黨政府河南省臨參會陳報豫南息縣光山等縣被解放經過情形代電（1946. 1. 8）……四六三

一二　國民黨政府河南省主席劉茂恩報告人民解放軍進攻豫東柘城亳縣經過情形電（1946. 7）……四六五

一三　國民黨政府河南省主席劉茂恩報告魯西人民解放軍向豫東隴海路開徐段進展威脅開封告急等情電（1946. 8）……四六七

一四　國民黨政府河南省第二區『自衛』隊關於隴海路柳河馬牧集等據點被解放經過的報告（摘録）（1946. 8）……四八九

四、搶奪西北地區

一　國民黨新編騎兵第六師吕紀化匪部企圖阻撓人民解放軍收復綏遠清水河等縣的作戰機密日記（1945.8—1945.9）……四九九
二　國民黨第三十五軍魯英麟匪部進犯陽高豐鎮凉城等解放區的陣中日記（1945.9）……五〇九
三　國民黨第三十二師魯英麟匪部進犯凉城解放區的戰鬥詳報（1945.9）……五二九

五、搶奪東北地區

一　國民黨匪軍第一九五師由美國軍艦護運至東北地區進行反共的陣中日記（1945.11）……五三五
二　國民黨第十三軍石覺匪部進犯臨榆錦州人民解放軍的戰鬥詳報（1945.11.1—1945.12.2）……五四三
三　國民黨第五十二軍趙公武匪部進犯我山海關錦州等地區人民解放軍的機密日記（1945.11.15—1945.11.29）……五六五
四　國民黨軍第二師劉玉章匪部進犯遼寧北鎮地區人民解放軍機密日記（1945.12）……五九三
五　國民黨第五十二軍趙公武匪部進犯我遼寧北鎮打虎山黑山等地區人民解放軍的機密日記（1945.12）……六〇九

第七十六册　原第四輯第十五册—第十七册

國民黨反共反人民内戰軍事的慘敗

【三】内戰全面爆發解放軍勝利與蔣軍潰敗

一、蔣軍戰略進攻與解放軍戰略防禦階段

（一）中原人民解放軍突圍戰鬥

一　蔣介石武漢行營關於圍攻鄂西漢川汈汊湖一帶我中原部隊戰鬥詳報（1946.6.26—1946.7.2）……七

二　國民黨軍第六『綏靖區』司令周岩匪部在豫鄂邊區進攻我中原部隊經過概要（1946.6—1946.8）……二一

三　國民黨軍整編第三師趙錫田匪部在豫鄂陝邊區地帶參加進攻我中原部隊戰役戰鬥詳報（1946.6—1946.8）……五七

四　國民黨軍整編第七十二師楊文瑔匪部在鄂豫邊區宣化店一帶進攻我中原部隊戰鬥詳報（1946.6—1946.11）……六七

五　國民黨軍整編第六十六師宋瑞珂匪部在鄂西北山地參加攻擊我中原部隊作戰經過概要（1946.6—1947.1）……一二七

六　國民黨湖北省政府報告人民解放軍在鄂西一帶繼續發展情況請補助該省反共經費有關文件（1946.12）……一三九

（二）解放軍蘇北阻擊戰的勝利

一　國民黨政府江蘇省保安司令王懋功報告進犯蘇北如皋泰興一帶解放區慘敗經過代電（1946.7—1946.8）……一四七

二　國民黨軍第四十九師七十九旅文禮匪部進犯蘇北如皋及其東南地區失敗的戰鬥詳報（1946. 7. 24）……一五七
三　國民黨軍第二十一師新編第七旅黃伯光匪部進犯蘇北如皋李堡等鎮失敗的戰鬥詳報（1946. 8. 10—1946. 8. 11）……一八九
四　國民黨政府江蘇省主席王懋功報告人民解放軍解放蘇北徐西碭山縣城經過電（1946. 8）……二〇一
五　國民黨政府江蘇省『保安』司令王懋功轉報在宿遷人和圩邵店之役被解放軍斃命師長及損失慘重等情代電（1947. 1）……二〇三
六　國民黨政府江蘇省『保安』司令王懋功報告南通三餘鎮海門聚興鎮等據點被解放傷亡慘重等情代電（1947. 3—1947. 4）……二〇五
七　國民黨政府江蘇省主席王懋功報告視察蘇北解放軍活動情況及其反動措施電（1947. 4）……二〇九
八　國民黨政府江蘇省『保安』司令王懋功報告寶應高郵黎城樊川等據點被解放損失慘重等情代電（1947. 4. 26）……二一三

（三）解放軍膠濟西段的反擊戰

一　國民黨第七十三軍韓濬匪部關於進犯我魯中軍區在膠濟西段失敗的戰鬥詳報（1946. 6—1946. 7）……二一九
二　國民黨『第二綏靖區』王耀武部關於山東淄博解放區失敗的作戰要報（1946. 7—1946. 8）……二九三
三　國民黨軍『第二綏靖區』司令王耀武匪部進犯我膠東解放區平度掖縣戰役戰鬥詳報（1946. 10—1946. 11）……三〇五
四　國民黨第八軍李彌匪部進犯我膠東解放區掖縣戰役戰鬥詳報（1946. 11）……三一七
五　國民黨第八軍李彌匪部於膠東掖沙地區竄逃被解放軍截擊潰敗經過戰鬥詳報（1947. 2）……三五五
六　國民黨第八軍李彌匪部於膠東掖沙地區竄逃被解放軍截擊潰敗檢討會議録摘要（1947. 3）……三九七
附：國民黨政府國防部請對一九四六年秋在山東考城曹縣間戰役斃命之整編第三師副旅長楊迺昌等褒揚代電（1948. 11. 3）……四四三

（四）蔣軍進犯魯省沂蒙山區的覆敗

一　國民黨政府『第二綏靖區』司令王耀武匪部參加進犯我魯南解放區臨沂戰役慘敗經過戰鬥詳報（1947.1—1947.2）…………四五一

二　國民黨政府陸軍總司令徐州司令顧祝同匪部在津浦路中段兩側進犯魯中解放地區作戰經過概要（1947.3—1947.4）…………四六三

三　國民黨匪軍第一兵團進犯魯中蒙陰山區敗退的戰鬥詳報（1947.4.21—1947.4.28）…………四七七

四　國民黨匪軍第一兵團在魯中蒙陰孟良崮地帶阻擊解放軍慘敗的戰鬥詳報（1947.5）…………四九五

五　國民黨陸軍總司令部徐州司令部關於在魯中與我解放軍第三期作戰經過概要（1947.6.24—1947.8.31）…………五二三

六　國民黨整編第二十五師黃伯韜匪部在魯中沂蒙山地解放區魯村附近戰役戰鬥詳報（1947.6）…………五四三

七　國民黨整編第六十四師黃國梁匪部關於我軍進攻魯中沂蒙山區南麻戰役戰鬥詳報（1947.7）…………五五五

八　國民黨整編第八師李彌匪部對人民解放軍攻擊魯中臨朐戰役作戰詳報（1947.7—1947.8）…………五六三

第七十七册　原第四輯第十八册—第二十册

國民黨反共反人民內戰軍事的慘敗

【三】內戰全面爆發解放軍勝利與蔣軍潰敗

一、蔣軍戰略進攻與解放軍戰略防禦階段

（五）解放軍在鄂境攻克蔣軍重要戰略據點

一　國民黨政府河南省第二區『自衛』隊關於豫東鹿邑地帶據點被解放的報告摘要（1947.1）…………七

二　國民黨政府鄭州『綏靖』公署關於在魯豫邊區民權附近與解放軍作戰經過概要（1947.1—1947.2）……九
三　劉伯龍關於人民解放軍占領蘭封之役劉汝明匪部潰竄開封附近經過的報告（1947.2）……三七
四　國民黨政府江蘇省『保安』司令王懋功報告所屬部隊在豫東夏邑胡橋附近被人民解放軍擊潰傷亡慘重等情代電（1947.4.11）……五一
五　國民黨政府河南省主席劉茂恩報告豫東尉氏縣城被解放情況電（1947.4.15）……五三
六　國民黨政府河南省主席劉茂恩報告安陽被解放湯陰温縣封丘等縣城戰鬥經過情況電（1947.4—1947.5）……五五
七　國民黨政府河南省主席劉茂恩轉報晋南平陸縣城及茅津渡被解放經過情況電（1947.5）……六五
八　國民黨政府河南省參議員李安關於豫北湯陰縣城被解放經過概述摘要（1947.5）……六七
九　國民黨政府皖省主席李品仙報告皖北亳縣渦陽縣城被解放經過情況電（1947.2）……六九
一〇　國民黨河北省政府報告冀南欒城井陘等縣城被解放經過情況電（1947.4—1947.5）……七三
一一　國民黨政府皖省主席李品仙報告皖北蒙城被解放經過情況電（1947.5.7）……七五
（六）解放軍解放晋省朔縣霍縣等縣地區
一　國民黨山西省主席閻錫山報告晋北朔縣山陰定襄等縣城被解放經過情況代電（1946.7—1946.8）……七九
二　閻錫山匪部對人民解放軍在晋北忻縣作戰經過報告（1946.7—1946.8）……八五
三　閻錫山匪部對人民解放軍解放晋中霍縣作戰經過概要（1946.7—1946.8）……九五
四　閻錫山匪部對人民解放軍在晋北大同作戰經過報告（1946.8—1946.9）……一〇九
五　國民黨軍暫編第三十八師韓步洲匪部對人民解放軍進攻晋北大同戰役戰鬥詳報（1947.8.30）……一二七
（七）蔣軍抗拒解放晋省的汾孝等戰役
一　國民黨第二戰區司令長官部對人民解放軍圍攻晋中汾孝作戰的機密日記（1947.1）……一六三
二　國民黨軍閻錫山匪總部對人民解放軍進攻晋中汾陽孝義戰役作戰經過概要（1947.1）……一九七
三　國民黨第六集團軍王靖國匪部對人民解放軍進攻晋中汾孝戰役戰鬥詳報（1947.1）……二一三

四　國民黨第七集團軍孫楚匪部對人民解放軍進攻晉中汾孝戰役戰鬥詳報（1947.1）……二三三
五　國民黨第八集團軍趙承綬匪部對人民解放軍進攻晉中汾孝戰役戰鬥詳報（1947.1）……二五一
六　國民黨政府『太原綏靖公署』對人民解放軍進攻晉南臨汾作戰的機密日記（1947.9）……二六三
七　國民黨政府『太原綏靖公署』對我人民解放軍解放晉南運城作戰經過的機密日記（1947.11—1947.12）……二七五

（八）蔣軍進犯陝北革命根據地區

一　蔣介石西北行轅關於進犯陝北解放區作戰指導方案（1947.4）……二八三
二　國民黨西安『綏靖』主任胡宗南匪部關於進犯革命聖地陝北延安戰役經過概要（1947.3）……二九五
三　國民黨西安『綏靖』主任胡宗南匪部關於進攻陝北解放區瓦窑堡戰役經過概要（1947.3—1947.4）……三〇五
四　國民黨西安『綏靖』主任胡宗南匪部關於進攻陝北解放區牡丹川戰役經過概要（1947.4）……三一五
五　國民黨第一軍董釗匪部右兵團進犯陝北延安作戰指導計劃及有關作戰命令（1947.3）……三二五
六　國民黨陝西省政府報告關於人民解放軍攻克栒邑圍攻宜川地區情形的資料（1947.5）……三三五
七　國民黨陝西省政府報告關於人民解放軍攻克白水韓城等縣情形的資料（1947.9—1947.10）……三三七

二、解放軍轉爲戰略進攻與蔣軍轉爲戰略防禦階段

（一）蔣軍在蘇皖豫魯等地區的潰敗

一　國民黨政府安徽全省保安司令部陳復皖北臨泉縣城被解放經過情況代電（1947.9）……三四五
二　國民黨政府安徽全省保安司令部擬呈對皖北反共軍事對策簡表及有關文件（1947.12）……三四七
三　國民黨政府皖全省保安司令李品仙報告皖北太和縣城被解放經過情況電（1948.3.13）……三五一
四　國民黨軍傘兵司令部第三快速縱隊匪部於蘇北銅山郝寨附近戰鬥詳報（1948.6）……三五三
五　國民黨第七兵團黃百韜匪部在蘇北沭陽附近反共戰報概要（1948.9）……三六一

六　國民黨軍炮兵第十團陸興善匪部第三營第七連隴海路柳河集之役覆没經過的作戰詳報（1947.12）……三七一
七　國民黨陸軍總司令鄭州指揮部報告人民解放軍解放魯西荷澤地區經過代電（1948.1）……三七五
八　國民黨『第五綏靖區』策應匪軍在豫東與解放軍作戰詳報（1948.6.29—1948.7.7）……三七七
九　國民黨軍整編第一二師第一一二旅王肇治匪部於魯中兖州濟寧等地竄逃徐西經過概要（1948.7）……三八五
一〇　國民黨軍第二快速縱隊陳玲匪部在豫中魯西阻擊解放軍敗潰鄭州的作戰詳報（1948.7）……三八七
一一　國民黨政府内政部請對一九四八年三月在察南蔚縣之役斃命之行政督察專員賴拂霆等褒揚呈文（1948.11）……三九七
一二　國民黨政府國防部請對一九四八年秋在平漢路北段定興之役斃命之整編第三十一師團長解云清等褒揚代電（1948.11.10）……三九九
（二）解放軍在鄂境攻克蔣軍重要戰略據點
一　國民黨政府對人民解放軍劉伯承部進展鄂境所采對策有關文電（1947.10）……四〇三
二　國民黨政府湖北全省保安司令部報告鄂省境内人民解放軍進展情況代電（1948.2—1948.3）……四〇五
三　國民黨政府華中『剿匪』總司令部關於在鄂西襄樊之役被人民解放軍擊敗損失慘重經過概要（1948.7）……四一五
（三）蔣軍侵犯鄂豫皖邊區大别山根據地及洛陽解放
一　國民黨政府國防部九江指揮部關於進犯鄂豫皖邊區大别山解放軍根據地經過報告書摘要（1947.11—1947.12）……四四三
二　國民黨軍第四十師李振清匪部一一五團竊踞許昌被我人民解放軍解放該城經過報告（1947.12.22）……四九一
三　國民黨軍整編第三師李楚瀛匪部豫南西平祝王砦之役被人民解放軍殲滅經過的作戰詳報（1947.12）……四九三
四　國民黨政府國防部新聞局鄧文儀摘陳整三師第二十旅新聞室西平祝王砦之役慘敗經過報告的呈文（1948.2.9）……五〇一

五　國民黨政府國防部新聞局鄧文儀摘陳整編第三師新聞處豫南西平祝王砦之役失敗原因檢討報告的呈文（1948.2.19）……五〇三
六　國民黨軍第二〇六師關於我華東野戰軍解放洛陽戰鬥經過報告書（1948.3.8—1948.3.16）……五〇七
七　國民黨軍整編第四七軍四一旅三七一團匪部在我軍收復洛陽戰役作戰詳報（1948.4）……五一五

第七十八册　原第四輯第二十一册—第二十三册

國民黨反共反人民内戰軍事的慘敗

【三】内戰全面爆發解放軍勝利與蔣軍潰敗
二、解放軍轉爲戰略進攻與蔣軍轉爲戰略防禦階段
（四）蔣軍進襲膠東平度萊陽解放區
一　國民黨軍整編第二十五師黄百韜匪部進犯我膠東解放區平度萊陽威海衛一帶戰役戰鬥詳報（1947.9—1947.10）……七
二　國民黨政府第十一『綏靖區』司令丁治磐匪部進攻我膠東解放區萊陽即墨地帶戰役作戰詳報（1948.4）……一九
（五）蔣軍在東北公主屯等地的潰敗
一　國民黨新編第五軍覃异之匪部在東北公主屯戰役潰敗情形的戰鬥詳報（1948.1.2—1948.1.7）……二九
二　國民黨政府國防部請對一九四七年冬在東北新邱之役斃命之暫編第五十一師師長唐保黄褒揚代電（1948.11.6）……三五

（六）解放軍收復陝北革命根據地區

一　國民黨第九十五軍黃隱匪部進犯陝北解放區黃龍山地帶經過概要（1948.2—1948.4）……三九

二　國民黨空軍第三軍區司令部關於我軍由禹門口渡黃河收復陝北宜川經過的機密日記（1948.2—1948.3）……四五

三　國民黨軍整編第九十一師第六十一旅楊蔭寰匪部關於我反攻部隊乘勝圍攻洛川及沿洛白公路進展各役戰鬥詳報（1948.3—1948.4）……五七

四　國民黨軍第五兵團司令裴昌會匪部在秦西隴東地帶對我反攻部隊作戰戰鬥詳報（1948.4—1948.5）……七一

五　國民黨甘肅省政府關於人民解放軍彭德懷部在隴東廣陽涇川地帶進展經過的報告概要（1948.4—1948.5）……八一

六　國民黨甘肅省政府關於人民解放軍在隴東慶陽地帶進展經過的報告概要（1948.6—1948.8）……八五

（七）解放晉中重要據點與太原爭奪戰

一　國民黨『太原綏靖公署』編《晉中會戰作戰經過概要》（1948.6.12—1948.7.31）……九五

二　國民黨政府『太原綏靖公署』對人民解放軍圍攻太原時的機密日記（1949.1）……一一九

國民黨政府財政金融的總崩潰

【一】反映總崩潰過程的政策措施

一、所謂『施政報告』

一　國民黨政府財政部對國民黨六屆二中全會財政金融口頭報告——『復員』財政政策部分（1946.3）……一八七

二　國民黨政府財政部秘書處抄送國民黨六屆二中全會《對於財政金融經濟報告之決議案》函及附件（1946.5.4）……一九一

三　國民黨政府行政院院長宋子文對國民黨中央監察委員會所作的政治活動報告——財政金融部分（1946.9.28）……一九九
四　國民黨政府行政院一九四七年度重大行政措施檢討報告——財政金融部分（1948）……二一一
五　國民黨政府財政部對國民大會施政報告——總述（1948.4.13）……二四三
六　國民黨政府財政部長兼中央銀行總裁徐堪財政金融報告（1949.7.16）……二四七

二、加緊掠奪剥削的各項方案辦法

一　國民黨政府財政收支系統法（1946.7.1）……二六一
二　國民黨政府財政收支系統法施行條例（1946）……二八九
三　國民黨政府行政院轉發《當前財政經濟措施之改進方案》飭擬具實施辦法令及附件（1946.8.30）……二九一
四　國民黨政府財政部秘書處檢送《綏靖區財政金融緊急措施》辦法函（1946.11.5）……二九五
五　國民黨政府《經濟緊急措施方案》（1947.2.17）……二九九
六　國民黨政府財政部關於在『綏靖區』實施經濟滲入的報告（1947.3）……三〇五
七　國民黨政府財政部秘書處轉送國民黨六届三中全會決議通過之《經濟改革方案》函及附件（1947.5.27）……三〇九
八　國民黨政府銀行業戰前存款清償條例（1947.12.26）……三三五
九　國民黨政府財政經濟緊急處分令（1948.8.19）……三三九
一〇　國民黨政府財政部部長王雲五《財政經濟緊急處分令》頒布後的談話（1948.8.19）……三五七
一一　蔣介石飭各省市嚴格執行《財政經濟緊急處分令》的手啓（1948.8.21）……三六三
一二　國民黨政府行政院院長翁文灝在立法院第二會期第一次秘密會議上所作的財政經濟緊急處分令實行情形的報告（1948.9.10）……三六五
一三　國民黨政府行政院恢復銀元本位發行銀元兑换券代電（1949.7.3）……三七三

【二】反共反人民内戰軍費重壓下的『國庫』與預算

一、收支懸殊的『國庫』

一 國民黨政府財政部對國民黨六屆二中全會財政金融口頭報告——『平衡國庫收支』問題部份（1946）……三八五

二 國民黨政府財政部對參政員趙雪峰在四屆二次大會上關於財政赤字詢問案的答復（1946）……三九一

三 國民黨政府行政院財政部關於處理緊急命令撥款問題的來往文件（1946.3.6—1946.3.26）……三九三

四 國民黨政府財政部國庫署幣制『改革』後『整理』財政計劃稿（1946.12.5）……三九五

五 國民黨政府財政部國庫署關於一九四七年度一至三月份『國庫』赤字及『平衡』預算以及『國庫出納會計制度』的缺點等問題的報告（1947.4.14）……四〇五

六 國民黨政府財政部國庫署預擬國民黨六屆三中全會問答材料稿——黨務經費撥發情況（1947.3）……四一七

七 國民黨政府財政部國庫署預擬國民黨六屆三中全會問答材料稿——軍費撥發情況（1947.3）……四一九

八 國民黨政府財政部國庫署預擬國民黨六屆三中全會問答材料稿——墊付美軍款項情況（1947.3）……四二一

九 國民黨政府全國經濟委員會關於經濟緊急措施方案處理敵僞產業——標售『剩餘物資』實施情形簡報（1948）……四二三

一〇 國民黨政府財政部對國民大會施政報告——國庫收支情況（1948.4.13）……四二五

一一 國民黨政府財政部對國民大會施政報告——物資運用之政策及其處理（1948.4.13）……四二七

一二 童季齡平衡國庫收支與利用美援問題（1948）……四三一

一三 國民黨政府國防部關於立法委員對於《財政經濟緊急處分令》書面意見答復——對孟雲橋關於軍費浩大意見的答復（1948.10）……四四一

一四 國民黨政府立法院秘書處檢送委員王廣慶等提議減少軍額緊縮開支案函（1949.3.19）……四四五

一五 國民黨政府財政部平衡收支二年計劃草案（1949.8.1）……四四九

二、無法執行的預算

一　國民黨政府歷年總預算數與物價增漲倍數比較（1948）……四六七
二　國民黨政府財政部秘書處檢送《一九四五年度國家總預算内容及其執行情形》致視察室函及附件（1945. 7. 12）……四六九
三　國民黨國防最高委員會財政專門委員會主任委員徐堪爲審編一九四六年度『國家』歲入歲出總預算案反建議事項的簽呈（1945. 12. 22）……四七九
四　國民黨政府財政部會計處抄送國防最高委員會財政專門委員會審核一九四六年度總預算建議事項函及附件（1946. 2. 25）……四九三
五　國民黨政府財政部會計處抄送國防最高委員會核定財政專門委員會對於立法院審議一九四六年度國家總預算意見之處理意見函及附件（1946. 5. 16）……四九九
六　國民黨國防最高委員會財政專門委員會主任委員徐堪關於一九四六年度黨務經費分別列於政府各部門主管之内已遵照指示辦理致蔣介石的密呈及附表（1945）……五〇九
七　國民黨政府主計處一九四六年度國家總預算案總説明及補充説明（1946）……五一五
八　國民黨政府一九四六年度『國家』總預算歲入總表（1946）……五一九
九　國民黨政府一九四六年度『國家』總預算歲出總表（1946）……五二一
一〇　徐堪編審一九四七年度『中央』政府歲入歲出總預算報告及附件（1947）……五二五
一一　國民黨政府立法院對於一九四七年度『中央政府』歲入歲出總預算案之審查意見（1947）……五四九
一二　國民黨政府財政部會商一九四七年度立法院《中央政府歲入歲出總預算案》審查意見記録（附原意見）（1947. 3. 17）……五五三
一三　國民黨政府一九四七年度『中央』政府總預算歲入總表（1947）……五五九
一四　國民黨政府一九四七年度『中央』政府總預算歲出總表（1947）……五六一
一五　國民黨政府財政部國庫署一九四七年度預算執行情形稿（1947. 12. 31）……五六五

一六　國民黨政府財政部對參政員王德興在四屆三次大會上關於教育經費詢問案的答復（1947）…………五六九
一七　國民黨政府全國經濟委員會關於經濟緊急措施方案緩發非迫切需要支出實施情形簡報（1948）……五七一

第七十九册　原第四輯第二十四册—第二十六册（上）

國民黨政府財政金融的總崩潰

【二】反共反人民內戰軍費重壓下的『國庫』與預算

二、無法執行的預算（續）

一八　國民黨政府財政部一九四八年度『中央政府』歲入總概算書總説明（1947.11.13）…………七
一九　國民黨政府財政部一九四八年上半年度『中央政府』歲入總概算總表（1947.11.27）…………一九
二〇　國民黨政府財政部一九四八年『中央政府』歲入概算及建議事項（1947.11.27）…………二一
二一　國民黨政府國民參政會駐會委員會審議一九四八年上半年度『中央政府』歲入歲出總預算草案報告內建議應行改革事項（摘録）（1948）…………二五
二二　國民黨政府行政院抄發立法院對於一九四八年上半年度『中央政府』歲入歲出總預算及特別歲入歲出總預算審查意見令（1948.3.31）…………二七
二三　國民黨政府一九四八年上半年度『中央政府』總預算歲入總表（1948）…………三三
二四　國民黨政府一九四八年上半年度『中央政府』總預算歲出總表（1948）…………三五
二五　國民黨政府一九四八年上半年度『中央政府』總預算特別歲入總表（1948）…………三九
二六　國民黨政府一九四八年上半年度『中央政府』總預算特別歲出總表（1948）…………四一

二七　國民黨政府行政院院長翁文灝在第一屆立法院第一會期第二次秘密會議上關於一九四八年度下半年度國家總預算編審概況的報告（1948.7.2）……四三
二八　國民黨政府財政部部長王雲五在第一屆立法院第一會期第二次秘密會議上關於一九四八年下半年度國家總預算歲出入概況的報告（1948.7.2）……四九
二九　國民黨政府立法委員尹述賢雷殷在第一屆立法院第一會期第二次秘密會議上對總預算編列的質詢（1948.7.2）……五三
三〇　國民黨政府行政院關於立法委員對翁内閣施政方針詢問案第一批答復——程滄波關於軍費與士兵待遇詢問案（1948.7.3）……五七
三一　國民黨政府行政院關於立法委員對翁内閣施政方針詢問案第一批答復——胡庶華關於教育經費爲普通預算百分之十五詢問案（1948.7.3）……五九
三二　國民黨政府主計部審編一九四八年下半年度『中央政府』總預算草案提請核議案稿（1948.6.24）……六一
三三　國民黨政府一九四八年下半年度『中央政府』總預算案説明書（1948）……七一
三四　國民黨政府一九四八年下半年度『中央政府』總預算歲入提要（1948）……九一
三五　國民黨政府一九四八年下半年度『中央政府』總預算歲出提要（1948）……九三
三六　國民黨政府財政部改編一九四八年下半年度『中央政府』總入總概算總説明（1948）……九七
三七　國民黨政府改編一九四八年下半年度『中央政府』總預算暨特別預算案説明書（1948.9）……一〇五
三八　國民黨政府改編一九四八年下半年度『中央政府』總預算歲入提要（1948.9）……一一七
三九　國民黨政府改編一九四八年下半年度『中央政府』總預算歲出提要（甲）（1948.9）……一一九
四〇　國民黨政府改編一九四八年下半年度『中央政府』特別預算歲入表（1948.9）……一二三
四一　國民黨政府改編一九四八年下半年度『中央政府』特別預算歲出提要（1948.9）……一二七
四二　國民黨政府財政部部長王雲五在立法院第二會期第一次秘密會議上所作的有關平衡預算問題的報告（1948.9.10）……一二九

四三　國民黨政府主計部檢送立法委員對於《財政經濟緊急處分令》有關預算執行與軍費問題的答復函及附件（1948. 9. 29）……二三七
四四　國民黨政府主計部一九四八年下半年度『中央政府』第一次追加預算説明書（1948）……二四三
四五　國民黨政府財政部一九四九年度『中央政府』歲入總概算總説明（1949）……二五五
四六　國民黨政府行政院『美援』運用委員會關於『美援』收支不列入總預算函（1949. 8. 24）……二六一
四七　國民黨政府主計部一九四九年度『中央政府』總預算案説明書（1948）……二六三
四八　國民黨政府主計部一九四九年度『中央政府』特别預算案説明書（1948）……二七一
四九　國民黨政府一九四九年度『中央政府』總預算歲入提要（1948）……二七五
五〇　國民黨政府一九四九年度『中央政府』總預算歲出提要（1948）……二七七
五一　國民黨政府主計部編送一九四九年下半年度『中央政府』總預算草案的簽呈（印件）（1949）……二八一
五二　國民黨政府一九四九年下半年度『中央政府』總預算歲入提要（1949）……二九五
五三　國民黨政府一九四九年下半年度『中央政府』總預算歲出提要（1949）……二九七

附：地方財政

一　國民黨政府財政部對國民黨六屆二中全會財政金融口頭報告——『充裕』地方財政問題部分（1946. 3）……三〇一
二　國民黨政府財政部對參政員李芝亭在四届二次大會上關於陝西省財政赤字詢問案的答復（1946）……三〇五
三　國民黨政府主計處抄送審計會計工作檢討會議所提各縣地方預算外之攤派應絶對禁止案函（1946. 9. 4）……三〇七
四　國民黨政府行政院《改進地方政財方案》交付審議令（1947. 6. 2）……三〇九
五　國民黨政府授權各省自行籌措反共臨時費的有關文件（1947. 6—1948. 4）……三一七
六　國民黨政府整理省市財政辦法（1947. 9. 20）……三二三
七　國民黨政府財政部擬具一九四八年度地方財政緊急措施辦法呈文（1947. 12. 28）……三二九

八 國民黨政府財政部地方財政司調整一九四八年度省及院轄市財政緊急措施（1947.12）……二三七
九 國民黨政府財政部地方財政司爲一九四八年度地方財政收支暫行調整辦法無需研議密呈（1948.2.27）……二三九
一〇 國民黨政府財政部對國民大會施政報告——地方財政之整理及其措施（1948.4.13）……二四一
一一 蔣介石抄發關於寧夏省政府主席馬鴻逵暴露苛稅擾民建議統收統支地方自治經費的代電（1947.8.1）……二四七

【三】竭澤而漁籌措反共反人民内戰軍費的税收

一、總項

一 國民黨政府財政部對國民黨六屆二中全會財政金融口頭報告——租税制度『改進』問題部分（1946.3）……二五五
二 國民黨政府財政部對國民黨六屆二中全會財政金融口頭報告——『整飭』税務人員風紀問題部分（1946.3）……二六一
三 國民黨政府財政部對參政員許德珩在第四届二次大會上關於税收田賦問題的答復（1946）……二六三
四 國民黨政府財政部《檢討税收及改善税收解庫辦法》會議記録（1946.3.15）……二六七
五 國民黨政府財政部税務署一九四六年度業務檢討報告（1946.12.21）……二七三
六 國民黨政府財政部國庫署等關於税課比額的資料（1947.4—1949.1）……二九七
七 國民黨政府全國經濟委員會關於經濟緊急措施方案整頓税收增闢新税實施情形簡報（1948）……三二五
八 國民黨政府財政部陳報授權整頓税收案擬定新措施辦法呈稿（1948.1.31）……三二九
九 國民黨政府財政部對國民大會施政報告——租税『改進』政策及措施（1948.4.13）……三三三

二、所謂『關税』

一 國民黨政府財政部抄陳《收復區關務緊急實施辦法》的呈文（1945.9.21）……三四一
二 國民黨政府財政部關務署一九四七年前四個月有關關政税則税收的工作報告（1947.4.21）……三四七

三　國民黨政府中央銀行總裁張嘉璈陳報與香港當局商討取締走私消滅外匯黑市原則經過的簽呈（1947.7.2）……三五五
四　國民黨政府行政院關於立法委員對翁内閣施政方針詢問案第一批答復——金鳴盛關於『偷漏關税與私運鹽斤』詢問案（1948.7.3）……三五九
五　國民黨政府與英國關於《中國海關與香港政府間關務協定之换文》（1948.1.12）……三六一
六　國民黨政府行政院對立法委員關於《財政經濟緊急處分令》質詢與補充書面意見答復稿——對陳紹賢關於關税與商業銀行調整資本問題質詢的答復（1948.10.30）……三六七
七　國民黨政府財政部『如何促進香港與中國對海關緝私及金融管制之合作』節略（1948.11.28）……三七一

三、『中央』與地方争奪的『國税』

一　時壽彰爲『財政改革』建議貨物税徵收實物或以實物作價繳納的摺呈（1949.3.2）……三八三
二　王粹存報告物貨税徵實滬各業醖釀反對等情况電（1949.3.4）……三八九
三　『中華民國』全國工業總會理事長劉鴻生反對貨物税改徵實物代電（1949.3.5）……三九一
四　國民黨政府財政部國税署頒發財政金融改革案關於直接貨物兩税部分實施辦法代電及附件（1949.5.6）……三九五
五　國民黨政府財政部鹽務總局國税署阻止長沙『綏靖』公署規定鹽税及直貨兩税改徵銀元并逕交省行省庫的簽呈稿（1949.5.7）……四〇七
六　國民黨政府調整印花税率公告稿（1949.5.9）……四〇九
七　國民黨政府財政部國税署關於所得税遺産税及洋啤酒火柴等税委托地方政府代徵的代電（1949.7.20）……四一一
八　國民黨政府財政部國税署評委會開列對税款改徵銀元意見函（1949.5.20）……四一七
九　國民黨政府等處理雲南省政府接收税局的來往文件（1949.5—1949.6）……四一九
一〇　國民黨政府財政部國税署擬定貨物税主要各税目税級的簽呈（1949.7.29）……四二五

一一　國民黨政府財政部關於直貨兩税收入應繳『國庫』不得逕繳省行省庫的代電稿（1949. 7. 29）……四三一
一二　國民黨政府財政部督徵各地直接税貨物税的有關文件（1949. 8. 31—1949. 10. 27）……四三三
一三　國民黨政府財政部抄發《清查國税及催繳辦法》令（1949. 11. 12）……四三七
附：『救濟特捐』
一　國民黨政府救濟特捐辦法（1948. 1. 23）……四四三
二　國民黨政府第十七次『國務會議』討論《建國特捐條例草案》發言記録（1948）……四四七
三　上海市商會關於反對國民黨政府增收臨時財産税代電（1948. 6. 12）……四五三
【四】憑藉暴力攤銷的内債和投靠美帝的外債
一、總項
一　國民黨政府財政部公債司一九四六年度業務檢討報告（1946. 12. 31）……四六三
二　國民黨政府財政部處理戰前發行内債及關鹽税擔保外債恢復償還案的有關文件（1946. 4. 20—1946. 6. 18）……四七三
二、内債
一　國民黨政府財政部公債司檢送有關内債各表請彙送聯合國秘書處函及附件（1949. 4. 17）……四八九
二　國民黨政府一九四七年短期庫券條例（1947. 3. 29）……四九三
三　國民黨政府一九四七年美金公債條例（1947. 3. 29）……四九五
四　國民黨政府關於被迫將一九四七年度美金短期庫券照牌價還本付息之文件（1947. 8）……四九七
五　國民黨政府『政府法幣』債券處理辦法（1948. 9. 6）……五〇七
六　國民黨政府『政府外幣』債券處理辦法（1948. 9. 6）……五一一
七　國民黨政府立法院等處理立法委員楊公達等所提整理公債辦法質詢案有關文件（1948. 10. 1—1948. 10. 14）……五一五

八　國民黨政府總統抄送一九四九年黃金短期公債條例咨及附件（1949. 1. 19）……………………五二三
九　國民黨政府行政院抄送修正一九四九年黃金短期公債條例第三條第六條文咨及附件（1949. 2. 28）………五二七
一〇　國民黨政府一九四九年『愛國』公債條例（1949. 7. 23）………………………………五二九
一一　閻錫山在愛國公債籌募委員會第一次委員會議上的講話（1949）…………………………五三一
三、外債
一　國民黨政府財政部公債司檢送有關外債各表請彙送聯合國秘書處代電及附件（1949. 4. 14）………五三九
二　國民黨政府關於外債恢復償付的文件（1946. 10—1946. 12）………………………………五四三
三　國民黨政府財政部公債司國庫署等有關反駁五月二十九日上海密勒氏評論報刊載《論美國援華》一文的文件（1948. 6—1948. 7）……………………………………五五一

第八十册　原第四輯第二十六册（下）—第二十八册（上）

國民黨政府財政金融的總崩潰

【五】天怒人怨的『糧政』

一、總項
一　國民黨政府糧食部部長徐堪關於糧價波動與采用之措施以及敵僞糧食與加工工廠之接收管理等問題在國民黨六届二中全會上的口頭報告（1946. 3）……………………………………三
二　國民黨政府糧食部關於一九四七年度糧政報告（1948. 2. 16）……………………………一九
三　國民黨政府糧食部陳送一九四八年度徵集糧食辦法的呈文及附件（1948. 5. 7）………………二七

二、徵實徵借徵購

一 湖北省英山縣王彥堂陳述徵實弊端的呈文（1946. 7. 1）…… 四五
二 國民黨政府江浙區徵糧督導區提出『改進』徵糧建議事項的代電稿（1947. 4. 29）…… 四七
三 國民黨政府糧食部一九四六年度徵實徵借工作辦理情況（1947）…… 五三
四 國民黨政府行政院催徵田賦催購糧食的代電（1947. 10. 17）…… 五五
五 國民黨政府糧食部一九四七年度上半年年糧徵實徵借的工作實施與檢討（1947）…… 五九
六 國民黨政府行政院關於立法委員對翁內閣施政方針糧食部分質詢案的答復稿（1948. 7）…… 六一
七 國民黨政府糧食部田賦署一九四七年度田賦徵實徵借收起數額比較表（1948. 10. 31）…… 七一
八 國民黨政府糧食部陳述徵實徵借數額巨大各省要求減繳請責成各省主席督徵的簽呈（1948. 9. 7）…… 七三
九 國民黨政府糧食部陳送修正一九四八年度田賦徵實徵借實施要點的呈文（1948. 11. 13）…… 七七
一〇 國民黨政府財政部一九四九年度田賦徵實徵借籌辦節略（印件）（1949）…… 七九
一一 國民黨政府行政院轉發財政部所擬一九四九年度《田賦徵實徵借期收齊撥交足額辦法》代電（1949. 9. 23）…… 八三
一二 國民黨川康滇黔四省一九四九年度田賦徵實徵借商談節略（1949）…… 八七
一三 國民黨政府財政部國庫署等擬定掠奪民財的一九四一至一九四八年度《民欠賦糧改徵銀元辦法》的簽呈及附件（1949. 8. 9）…… 八九
一四 國民黨政府行政院爲加緊掠奪糧食令各省區督徵田賦的代電（財政部代擬）（1949. 9）…… 九三
一五 國民黨政府財政部一九四九年度田賦徵實徵借糧食宣傳督導催徵辦法（1949）…… 九五

附：『軍糧供應』『民食調配』

一 國民黨政府關於所謂各省收復區免賦期間籌購軍糧的辦法（1946. 3. 30）…… 一〇七
二 國民黨政府財政部督導專員鄧亮關於蕪湖繁昌兩縣攤派軍糧的報告（1946. 3. 16）…… 一〇九

三　國民黨政府行政院關於合肥軍民合作站苛擾人民的訓令（1947.11.25）……一一五
四　國民黨政府糧食部一九四六年度軍糧工作辦理情形（1947）……一一七
五　國民黨政府糧食部一九四七年度上半年軍糧供應的工作實施與檢討（1947）……一一九
六　國民黨政府行政院抄發《長春軍糧票發行及使用辦法》密令（1948.9.22）……一二三
七　國民黨政府糧食部一九四七年度上半年所謂『民食調劑』的工作實施與檢討（1947）……一二七

三、搶奪解放區糧食

一　國民黨政府企圖攫取解放區糧食所采措施有關電文（1945）……一三三
二　國民黨國民政府等搶購臨近解放區各地糧食的來往代電（1946.10.4—1946.10.19）……一三七
三　國民黨政府四行聯合辦事總處第三六五次理事會議關於核撥搶購『綏靖區』糧食價款的報告（1948.6.10）……一三九

四、所謂『國際糧食合作』

一　國民黨政府糧食部一九四七年度上半年參加國際糧食組織的工作實施與檢討（1947）……一四三
二　國際小麥協定（1948.3.5）……一四五

【六】四大家族壟斷下的金融

一、金融機購

一　國民黨政府行政院等四行兩局總行局總管理處在上海者限期遷南京的有關文件（1947.7.30—1947.10.30）……一八九
二　國民黨政府立法委員趙惠謨等咨請行政院嚴令財政金融當局呈報其私人財產案（1948.6.15）……一九五
三　國民黨政府立法委員段劍岷在立法院第二會期第二次秘密會議上所提出的關於豪門不肯兌換金銀外幣以及中央銀行爲豪門所操縱等問題的質詢（1948.9.13）……一九七

四　國民黨政府四行聯合辦事總處代擬行政院對立法委員關於《財政經濟緊急處分令》書面意見的答復稿——對易伯堅關於取消四聯總處書面意見的答復（1948.9.29）……一九九
五　國民黨政府四行聯合辦事總處代擬行政院對立法委員關於《財政經濟緊急處分令》書面意見的答復稿——對易伯堅關於收回小四行及省銀行公股等問題書面意見的答復（1948.9.29）……二〇一
六　國民黨政府財政部錢幣司檢送有關官營官商合營銀行業務範圍資本額及政府投資等項資料請彙送聯合國秘書處函及附件（1949.5.24）……二〇三
七　國民黨政府財政部阻止中國銀行國外各地分支行處接受中央命令的密代電（1949.7.2）……二一一
八　國民黨政府財政部部長徐堪關於所謂國家行局遷渝留港及在臺設辦事處的指示（1949.8.19）……二一三

二、所謂『金融管制』

一　國民黨政府財政部對國民黨六届二中全會財政金融口頭報告——金融管制問題部分（1946.3）……二一七
二　國民黨政府全國經濟委員會關於經濟緊急措施方案加强金融管制實施情形簡報（1948）……二二一
三　國民黨政府財政部轉發《加强金融業務管制辦法》令（1948.1.7）……二二九
四　國民黨政府財政部對國民大會施政報告——金融管理之政策及其措施（1948.4.13）……二三三
五　國民黨政府商業銀行調整資本辦法（1948.9.6）……二三七
六　國民黨政府廣東省參議會請取消擾民之金融管理局建議案（1949.2）……二四一

三、黄金與外滙

一　國民黨政府外交部等處理國民黨六全大會何應欽等所提之所謂徵借『人民』外匯資産案的有關文件（1945.8—1946.2）……二四五
二　國民黨政府軍政部主管預算外墊撥外匯數額表（1946.1.1—1946.5.15）……二五一
三　國民黨政府財政部重申銀錢行莊不得接受以金類爲押品令（1946.1.23）……二五三
四　國民黨政府財政部對參政員陸錫光在四届二次大會上關於『黄金運用』詢問案的答復（1946）……二五五

五　國民黨政府立法院抄發立法院委員劉不同等建議封閉黃金市場停止買賣黃金收歸國有原提案飭審查令稿（1947. 2. 19）……二五七
六　國民黨監察委員對宋子文操縱黃金政策舞弊案的彈劾書及其審查報告（1947. 3）……二五九
七　國民黨政府實施《黃金政策》破産追查責任有關文件（1947）……二六三
八　國民黨政府財政部呈報處理上海東南信托公司等買賣大量金鈔制造金融風潮案件的代電及附件（1947. 4. 9）……二八九
九　國民黨政府財政部對參政員梁上棟在四届三次大會上關於外匯黃金美國存款等問題詢問案的答復（1947）……二九七
一〇　中國進出口貿易協會雲南分會爲結匯牌價過低影響出口商業代電（1947. 5. 27）……二九九
一一　國民黨政府財政部擬外人在華投資工業所得利潤匯回本國辦法草案（1947. 7）……三〇一
一二　國民黨政府四川省政府轉陳省參議會要求變更外匯管制政策放弃收購政策案的呈文（1947. 9. 16）……三〇五
一三　國民黨政府財政部錢幣司庫存黃金白銀資料（1948）……三〇九
一四　國民黨政府全國經濟委員會關於經濟緊急措施方案禁止黃金外幣買賣流通實施情形簡報（1948）……三一三
一五　國民黨政府財政部對國民大會施政報告——國際貿易及外匯管理之政策及其措施（1948. 4. 13）……三二一
一六　國民黨政府中央銀行外幣外匯存款支付辦法（1948. 8. 26）……三二五
一七　國民黨政府立法委員董微在立法院第二會期第二次秘密會議上提出關於豪門富商藏儲金銀外幣銀錢行莊破壞金融問題的質詢（1948. 9. 13）……三三一
一八　國民黨政府中央銀行報告本年十月三十一日以前收兑金銀外幣數字密電（1948. 11. 27）……三三五
一九　國民黨政府財政部次長梁穎文擬具平抑港幣黑市辦法的簽呈稿（1949. 2. 16）……三三七
二〇　國民黨政府財政部上海金融管理局陳報上海中國中農中信三行局在中央銀行緊縮信用期間交换差出甚巨的呈文（1949. 3. 24）……三四一
二一　國民黨政府財政部關於銀錢行莊可作黃金買賣的代電（1949. 9. 15）……三四三

四、存放（貸）款
一 國民黨政府四聯總處核定放款分類統計表（按省市分類）——一九四七年份……三四七
二 國民黨政府四聯總處核定放款分類統計表（按省市分類）——一九四七年截至五月底止……三四九
三 國民黨政府四行聯合辦事總處轉達蔣介石停放貸款令的代電（1947.12.4—1947.12.22）……三五一
四 國民黨政府一九四八年度生産事業貸款方針（1948.2.21）……三五三
五 國民黨政府一九四八年生産事業貸款方針之補充辦法（1948.3.11）……三五七
六 國民黨政府四聯總處貸款業務處理方案（1948.4.8）……三五九
七 國民黨政府一九四八年度農業土地金融貸款計劃書（1948）……三六一
八 國民黨政府立法院秘書處録送委員劉友琛等提議設立中央金融督導委員會決定全國農工貸款政策及數額案函（1948.7.10）……三六七
九 國民黨政府銀行錢莊存放款利率限制辦法（1948.8.26）……三六九
一〇 國民黨政府四行聯合辦事總處代擬行政院對立法委員關於《財政經濟緊急處分令》書面意見的答復稿——對易伯堅關於中央銀行貸款弊端書面意見的答復（1948.9.29）……三七一
一一 國民黨政府中央銀行財政部辦理一九四九年度農貸來往文件（1949.3）……三七七
五、投資與易貨
一 國民黨政府財政部關於中國交通農民三行及中信局認購中國鹽業公司股份的文件（1947.10.31—1947.11.21）……四三一
二 徐達文楊本泰等關於中央信託局對外易貨情形的考查報告（1947.11.19）……四三三
【七】通貨惡性膨脹與財政金融的宣告總崩潰
一、『幣制整理』與四大家族的飽掠
一 國民黨政府財政部陳報規定《僞中央儲備銀行鈔票收換辦法》的代電（1945.9.26）……四四五

二　國民黨政府處理『中儲券』『聯銀券』及接收敵僞金融機關的有關文件（1945.8—1945.11）……四四七
三　國民黨政府行政院等關於陳儀拒絕中央銀行在臺灣發行流通券案的文件（1945.11.8—1946.2.15）……四五七
四　國民黨政府財政部公布東北九省流通券發行辦法令及附件（1945.11.2）……四六七
五　國民黨政府財政部公布東北九省匯兑管理辦法令及附件（1945.11.2）……四六九
六　國民黨政府財政部駐東北區財政金融特派員陳公亮請示『接收』東北財政金融辦法的簽呈（1945.12.20）……四七一
七　國民黨政府財政部錢幣司關於東北流通券與『法幣』匯率問題的簽呈（1946.1.22）……四七七
八　國民黨政府國民政府主席東北行轅經濟委員會主任委員張嘉璈解釋各方對東北流通券所提批評函及附件（1946.1.22）……四八一
九　國民黨政府財政部對參政員王寒生在四届二次大會上關於東北流通券等問題詢問案的答復（1946）……四八七
一〇　國民黨政府行政院秘書處轉送關於東北流通券膨脹等情報通知（1947.6.6）……四八九
一一　國民黨政府長春市參議會爲本票充斥糧價奇貴要求停發本票空投糧食電（1948.9.1）……四九一
一二　國民黨政府行政院秘書處轉送莫德惠請宣布東北流通券與法幣换算定值案的通知（1946.12.23）……四九三
一三　熊光前檢送《關於東北金融問題節略》的簽呈（1947.8）……四九五
附：『新臺幣』
一　國民黨政府臺灣省『幣制改革』方案（1949.6.15）……五〇七
二　國民黨政府財政部『新臺幣』發行辦法（1949.6.15）……五一三
三　國民黨政府臺灣省財政廳轉陳臺灣券行兑换狀况的代電及附件（1949.6）……五一七
二、『法幣』的垮臺
一　國民黨政府財政部對國民黨六届二中全會財政金融口頭報告——『穩定』幣值問題部分（1946.3）……五二一
二　國民黨政府財政部對參政員廖競天在四届二次大會上關於貨幣發行詢問案的答復（1946）……五二五

三 國民黨政府財政部對參政員張守約在四屆二次大會上關於通貨膨脹改變貨幣直接税與貨物税合并等問題詢問案的答復（1946）……五二七
四 國民黨政府財政部對參政員周炳琳在四屆二次大會上關於收入預算與貨幣發行等問題詢問案的答復（1946）……五二九
五 國民黨政府財政部對參政員吴健陶在四屆二次大會上關於發行與財政收支等問題詢問案的答復（1946）……五三一
六 國民黨政府財政部對參政員朱惠清在四屆二次大會上關於發行與預算等問題詢問案的答復（1946）……五三五
七 國民黨政府財政部廢止關金含金量通告稿（1946.5.2）……五三九
八 國民黨政府行政院爲控制紙幣惡性循環設立財政安定緊急會議的簽呈（1946.6.4）……五四一
九 國民黨中央調查統計局大額關金券發行後成都物價暴漲的情報（1947.2.1）……五四五
一〇 國民黨政府財政部對參政員胡運鴻在四屆三次大會上關於發行數字『國庫』收支等問題詢問案的答復（1947）……五四七
一一 國民黨政府財政部等大量發行鈔票支應軍政各費的有關文件（1947.3—1947.9）……五四九
一二 國民黨政府行政院院長翁文灝中央銀行總裁俞鴻鈞在第一屆立法院第一會期第二次秘密會議上對關於物價問題質詢的答復（1948.7.2）……五六三
一三 國民黨政府中央銀行總裁俞鴻鈞在第一届立法院第一會期第二次秘密會議上關於中央銀行主管業務與物價問題的報告（1948.7.2）……五六九
一四 國民黨政府行政院院長翁文灝在第一届立法院第一會期第二次秘密會議上關於物價問題的報告（1948.7.2）……五七七
一五 國民黨政府立法委員王普涵等在第一届立法院第一會期第二次秘密會議上關於物價問題的質詢（1948.7.2）……五八一

一六 國民黨政府行政院關於立法委員對翁内閣施政方針詢問案第一批答復——馮均璉關於以發行彌補赤字詢問案（1948.7.3）…………五八七
一七 國民黨政府行政院秘書處等處理立法委員皮德中等請説明增發巨額大鈔理由及穩定幣值安定物價對策緊急動議案有關文件（1948.7.23—1948.7.24）…………五八九

第八十一册　原第四輯第二十八册（下）—第三十册（上）

國民黨政府財政金融的總崩潰

【七】通貨惡性膨脹與財政金融的宣告總崩潰

三、『金圓券』的破産

一 國民黨政府發行『金圓券』的所謂財政經濟緊急處分令（1949.8.19）——文見《各項方案辦法》
二 國民黨政府中央銀行總裁俞鴻鈞在立法院第二會期第一次秘密會議上所作的有關金圓券發行與兑换金銀外幣業務的報告（1948.9.10）…………三
三 國民黨政府立法委員沈重宇在立法院第二會期第二次秘密會議上所提出的關於金圓券發行後宋子文在廣州各種措施的質詢（1948.9.13）…………九
四 國民黨政府立法委員皮德中在立法院第二會期第二次秘密會議上所提出的關於發行金圓券通貨膨脹預算執行行莊興風作浪外匯管制等問題的質詢（1948.9.13）…………一三
五 國民黨政府行政院院長翁文灝在立法院第二會期第二次秘密會議上對立法委員所提出的財政泄密都市配糧出賣敵僞産業在外資産處理兑换金銀外幣等質詢的口頭答復（1948.9.13）…………一七

六　國民黨政府財政部部長王雲五在立法院第二會期第二次秘密會議上對立法委員所提出的預算執行金圓券發行軍糧鹽稅公教人員待遇財政部泄密等質詢的口頭答復（1948. 9. 13）……二三
七　國民黨政府中央銀行總裁俞鴻鈞在立法院第二會期第二次秘密會議上對立法委員所提出的銀行利率發行本票金圓券發行情況外匯工商貸款美援等問題質詢的答復（1948. 9. 13）……二七
八　國民黨行政院新聞局關於美報對蔣經國在滬强制執行所謂經濟改革措施的反映譯輯的報導（譯文）（1948. 9）……三一
九　國民黨政府行政院立法委員關於《財政經濟緊急處分令》書面意見的答復稿——對孟雲橋關於物價軍費預算等問題書面意見的答復（1948. 10. 8）……三九
一〇　國民黨政府行政院對立法委員關於《財政經濟緊急處分令》書面意見答復稿——對胡純俞關於財政部主任秘書徐百齊泄漏機密罪與商務印書館提高價碼與拋售股票的答復（1948. 10. 8）……四三
一一　國民黨行政院新聞局北平辦事處關於北平市場急趨嚴重變化的報告（附黑市物價表）（1948. 10. 8）……四五
一二　北平市各報有關平市物價急劇惡化的社論（1948. 10. 16）……四九
一三　國民黨政府立法委員林炳康關於穩定幣值及向豪門借用外幣黃金問題在立法院第二會期第三次秘密會議上的質詢（1948. 10. 18）……五五
一四　國民黨政府立法委員黃元彬關於金圓券發行預算執行與物價問題在立法院第二會期第三次秘密會議上的質詢（1948. 10. 18）……五九
一五　國民黨政府立法委員謝建華關於金圓券發行預算赤字游資充斥問題在立法院第二會期第三次秘密會議上的質詢（1948. 10. 18）……六三
一六　國民黨政府立法委員武誓彭關於延長金圓券兑換期限上海搶購物資陶啓明泄密等問題在立法院第二會期第三次秘密會議上的質詢（1948. 10. 18）……六五
一七　國民黨政府立法委員張慶楨關於軍警搜查金銀金鈔强迫兑換金圓券在立法院第二會期第三次秘密會議上的質詢（1948. 10. 18）……六七

一八　國民黨政府立法委員劉明揚關於金圓券發行與物價問題在立法院第二會期第三次秘密會議上的質詢（1948. 10. 18）……六九
一九　國民黨政府立法委員皮德中關於通貨大量發行孔令侃囤積物資等問題在立法院第二會期第三次秘密會議上的質詢（1948. 10. 18）……七一
二〇　國民黨政府工商部關於立法委員對於《財政經濟緊急處分令》口頭質詢記録答復——對劉友琛關於幣值物價等問題質詢案之答復（1948. 10. 19）……七三
二一　國民黨政府立法院檢送立法委員羅衡等以『八一九』經濟改革失敗各地物資逃避搶購搶糧風潮迭起所提之『爲安定人心挽救危局質詢案』咨及附件（1948. 11. 29）……七九
二二　國民黨政府行政院對立法委員關於《財政經濟緊急處分令》質詢與補充書面意見答復稿——對王德箴關於金圓券發行準備發行數額等問題質詢的答復（1948. 10. 30）……八五
二三　國民黨政府行政院對立法委員關於《財政經濟緊急處分令》質詢與補充書面意見答復稿——對高廷梓關於支出預算發行增税等問題質詢的答復（1948. 10. 30）……八七
二四　國民黨政府行政院對立法委員關於《財政經濟緊急處分令》質詢與補充書面意見答復稿——對羅衡關於增加鹽税質詢的答復（1948. 10. 30）……八九
二五　魏景蒙向蔣經國報告執行『改革幣制』以來國内外形勢函（1948. 11）……九一
二六　國民黨政府截至一九四九年四月底金圓券發行數額表（稿）（1949）……九三
二七　國民黨政府金圓券發行準備監理委員會檢送第三次檢查公告副本函及附件（1948. 11. 4）……九五
二八　國民黨政府中央銀行關於濫發金圓券應付軍政各費的電文（1948. 11—1949. 5）……九九
二九　國民黨政府財政部等關於處理金圓券大量發行準備金不足的有關文件（1948. 12—1949. 1）……一〇七
三〇　國民黨政府中央銀行爲應付庫支發行大額金圓券代電（1949. 3. 1）……一一一
三一　國民黨政府中央銀行爲庫支浩繁擬加發金圓券一千億元密代電（1949. 4. 7）……一一三
三二　國民黨政府中央銀行爲庫支浩繁擬加發金圓券三千億元密代電（1949. 4. 11）……一一五

三三　國民黨政府中央銀行爲庫支浩繁擬加發金圓券八千億元密代電（1949.4.30）……一一七
三四　國民黨政府行政院抄發金圓券存款兑現辦法令（1948.12.15）……一一九
三五　畢德林報告上海金圓券存兑情況呈（1948.12.12）……一二三
三六　國民黨政府雲南省政府主席盧漢爲昆明發生擠兑五十元僞鈔搗毁中央銀行案件鎮壓市民廿一人的密電（1949.2.13）……一二五
三七　國民黨政府財政部等依據財政金融改革案設立金銀平準委員會的有關文件（1949.3.4—1949.6.7）……一二七
三八　國民黨政府行政院秘書處轉送四川省政府拒絶金圓券入川案的通知及附件（1949.5.27）……一三一
三九　國民黨政府行政院規定以金圓券五億元兑換銀元一元密代電（1949.6.25）……一三三
四〇　國民黨政府行政院秘書處檢送監察院關於各地拒用金圓券糾正案的通知及附件（1949.6.25）……一三五

四、所謂『銀元兑換券』

一　國民黨政府行政院恢復銀元本位發行銀元兑換券代電（1949.7.3）——文見《各項方案辦法》
二　國民黨政府財政部報告鎳幣行使朝令夕改經過的呈文稿（1949.8.15）……一四一
三　國民黨政府財政部處理廣東省政府發行大洋票及輔幣券案有關文件（1949.6—1949.7）……一四五

國民黨統治區經濟的全面破産

【二】蔣幫發動反共反人民内戰的經濟活動與設施

一、官僚資本的獨占活動

（一）對收復區工礦企業的劫收

一　國民黨政府經濟部收復區工礦事業接收整理辦法（1945.8.20）……一八七
二　國民黨政府行政院收復區重要工礦事業處理辦法（1945.8.21）……一八九
三　國民黨政府經濟部收復區敵國資産處理辦法（1945.8.29）……一九一

四　國民黨政府經濟部收復區工礦事業整理委員會組織規程（1945.8.1）…………一九三
五　國民黨政府經濟部戰時生產局各收復區特派員辦公處組織規程（1945.8）…………一九五
六　國民黨政府資源委員會特派員孫越崎籌辦接收東北等地敵僞工礦事業有關電報（1945.12—1946.5）……一九九
七　國民黨政府資源委員會關於臺灣工礦業概況及接收計劃的報告（1946.2）…………二〇五
八　國民黨政府資源委員會接收敵僞産業經過概況一覽表（1946）…………二一九
九　國民黨政府經濟部統計處編：接收處理敵僞産業初步統計報告（1946.11）…………二四三
一〇　國民黨中統局關於湖南零陵標賣敵産内幕的情報（1945.11.23）…………二七五
一一　黄炎培要求國民黨政府從速恢復收復區工廠并徹究公布日本戰犯的提案（1945.12）…………二七七
一二　青島國民黨軍政各系統因争奪接收敵僞資産情形有關文電（1945.10—1946.11）…………二七九
一三　上海市商會建議國民黨政府將接收被敵僞占奪之民營工廠發還原主的文電（1946.5）…………二八三
（二）所謂經濟『復員』與官僚資本獨占勢力的擴張
一　國民黨政府準備戰後加强壟斷經濟事業的有關文電（［1945］）…………二八七
二　國民黨政府資源委員會鄭家覺張承祜等關於《電器工業復員計劃之研究》中擬全國性的管理及營業機構采用德國康采侖組織方式的報告節略（1945.7）…………二九五
三　國民黨政府戰時生産局關於杰克遜對戰後壟斷工業生産及繼續維持戰時生産局職權的意見致蔣介石簽呈（1945.8.28）…………二九九
四　蔣介石關於肯納遜對中國戰後『經濟建設』之意見給宋子文電（1945.12.9）…………三〇五
五　國民黨政府經濟部擴大工礦商貿獨占網的一九四六年度『復員』實施辦法（1946）…………三〇七
六　國民黨政府經濟部關於戰後加强工礦商貿獨占設施的工作報告（1946.3）…………三一九
七　國民黨政府經濟部關於戰後『國營』獨占事業概況的報告（1946.3）…………三三三
八　國民黨政府資源委員會戰後工礦獨占事業單位名稱統計表（1947.2）…………三五一

九　國民黨政府璧山縣商會關於中國紡織建設公司專利壟斷違約欺騙商民致四川省商會聯合會代電（1946. 7. 20）……三六一
一〇　國民黨政府經濟部統計處關於中國紡織建設公司所屬各廠概況的報告（1946. 12）……三六五
一一　國民黨湖北省政府呈復行政院秘書處關於興秭煤礦管理處壟斷生產的函件（1946. 8. 16）……三六九
一二　國民黨政府資源委員會關於煤業壟斷組織的沿革及生產狀況的報告（1947. 4）……三七五
一三　國民黨政府資源委員會關於鋼鐵業壟斷組織的沿革及生產狀況的報告（1947. 4）……三七九
一四　國民黨政府資源委員會關於石油壟斷組織的沿革及生產狀況的報告（1947. 4）……三八三
一五　國民黨政府資源委員會關於金屬礦壟斷組織的沿革及生產狀況的報告（1947. 4）……三八七
一六　國民黨政府資源委員會關於電力壟斷組織的沿革及生產狀況的報告（1947. 4）……三九三
一七　國民黨政府資源委員會關於電工器材業壟斷組織的沿革及生產狀況的報告（1947. 4）……三九七
一八　國民黨政府資源委員會關於機械業壟斷組織的沿革及生產狀況的報告（1947. 4）……四〇一
一九　國民黨政府資源委員會關於化學工業壟斷組織的沿革及生產狀況的報告（1947. 4）……四〇五
二〇　國民黨政府資源委員會關於水泥業壟斷組織的沿革及生產狀況的報告（1947. 4）……四〇七
二一　國民黨政府資源委員會關於糖業壟斷組織的沿革及生產狀況的報告（1947. 4）……四一三
二二　國民黨政府資源委員會關於紙業壟斷組織的沿革及生產狀況的報告（1947. 4）……四一七
二三　國民黨政府資源委員會：臺灣紙粕及造紙工業考察報告（1947. 2）……四二一
二四　中國植物油料廠關於戰後壟斷食油生產及獨占市場情形的報告（1947. 4）……四二五
二五　國民黨政府中央信托局關於接收復興公司工作概況的報告（1947. 4）……四三一
二六　國民黨政府經濟部中華烟草公司報告壟斷捲烟商銷情形的呈文（1947. 7. 31）……四四三
二七　國民黨政府資源委員會關於『復員』以來進一步壟斷工礦業生產情形的工作述要（1948. 1）……四五五
二八　國民黨政府經濟部關於一九四七年度扼制民營事業交結外資壟斷產銷等重要行政措施的檢討報告（1948. 2）……五三一

二九 國民黨政府資源委員會關於一九四八年所屬各廠礦生產狀況的報告（1948.10.31）……五七五
三〇 國民黨政府資源委員會一九四九年度加緊掠奪國家資源的概算及施政計劃（1948）……五九五
三一 國民黨政府工商部抄送投資事業概況表請彙送聯合國秘書處代電（1949.3.22）……六〇七
三二 國民黨政府財政部關於國民參政會建議『嚴厲清除官僚資本』的訓令（1946.8.20）……六一五

第八十二册　原第四輯第三十册（下）—第三十二册

國民黨統治區經濟的全面破産

【一】蔣幫發動反共反人民内戰的經濟活動與設施

一、官僚資本的獨占活動

（三）頒發獨占法規調整獨占組織

一 國民黨政府約制民族工商業交結外資鞏固官僚資本獨占權益的『公司法』（1946.4.12）……三
二 國民黨政府扼制民族工業的『工業會法』（1947.10.27）……七七
三 國民黨政府資源委員會組織法（1946.9.12）……九七
四 國民黨政府全國經濟委員會組織條例（1947.5.7）……一〇一
五 國民黨政府全國經濟委員會物價委員會組織規程草案（1947.3）……一〇三
六 國民黨政府經濟部工商督導處組織條例（1947）……一〇五
七 國民黨政府行政院經濟管制委員會組織規程（1948.8.20）……一〇七
八 國民黨政府行政院關於各省省營企業整理辦法的訓令（1947.10.23）……一〇九

二、投靠美帝出賣工礦農商利權

一　國民黨政府軍令部關於戰後《美國開發新疆估計情報》給經濟部代電（［1945］）……一一七

二　鄭家覺等關於《電器工業復員計劃之研究》中美國某大電工企業來華投資之影響的報告節略（1945.7）……一一九

三　國民黨政府《石油事業建設計劃概況》中關於美孚亞細亞德士古三大公司壟斷中國石油市場情形的報告（1946.2）……一二一

四　國民黨政府資源委員會與美國雷諾公司合作經營我國鋁業合約大綱草案（1946）……一二九

五　國民黨政府資源會與農林部報告與美國墾務局簽訂開發三峽計劃設計合約并派員赴美參加設計的呈文（1946.11）……一三五

六　國民黨政府答復美國大使館徵詢美商在華投資問題之文件（1947.7.17）……一三七

七　國民黨政府經濟部節抄全國經濟委員會關於『美國投資中國問題』的代電（1948）……一四一

八　國民黨政府一九四八年『中美技術合作』計劃方案節略（1947）……一四五

九　國民黨政府全國經濟委員會關於《中美農業技術合作草案》討論會的綜合意見摘要（附《中美農業技術合作草案》摘要）（1948）……一七一

一〇　國民黨政府行政院物資供應委員會交結美帝壟斷物資的工作報告（1948.9）……一七九

一一　國民黨政府行政院長張群關於外商來華投資及『技術合作』問題的特別聲明（1948.12.13）……一九五

三、反共反人民内戰的經濟設施

一　國民黨政府行政院『綏靖區』政務委員會訂定《綏靖區經濟設施綱要》（1946.9）……二〇一

二　國民黨政府行政院頒行『綏靖區』合作事業實施辦法的訓令（1946.11.28）……二〇五

三　國民黨政府『綏靖區』政務委員會『綏靖區』糧食緊急措施（1946.11）……二一一

四　蔣介石關於對共經濟作戰方策致行政院代電（1946.10.19）……二一五

五　國民黨政府『綏靖區』政務會議關於對共經濟對策議案處理辦法的簽呈（1946.12.5）……二一九
六　國民黨政府經濟部轉頒『匪區』交通經濟封鎖辦法（1947.2.6）……二二三
七　國民黨政府經濟部轉頒處理禁運『匪區』物品辦法（1947.3.12）……二二七
八　蔣介石令財政部轉飭有關機關徹底斷絕解放區海上交通供應辦法的代電（副稿）（1947.6.19）……二二九
九　國民黨政府經濟部轉頒處理海上禁運『匪區』物品船隻辦法（1947.6）……二三一
一〇　國民黨政府經濟部轉頒『匪區』交通經濟封鎖補充辦法（1947.7.28）……二三三
一一　國民黨政府第五『綏靖區』司令部推行反共總體戰經濟部門的單行法令（1948.9.7）……二三五
一二　國民黨政府東北『剿匪』總司令部封鎖解放區經濟的各項反動單行法規（1948.10.2）……二五三
一三　國民黨政府司法行政部呈復行政院關於核議『綏靖區』管制物資實施注意事項的文件（1948.11.27）……二六一
一四　國民黨政府行政院頒布『匪區』交通經濟封鎖辦法實施細則的訓令（1949.1.7）……二六九
一五　國民黨政府上海航政局覆交通部關於海軍總部封鎖解放區輪船交通方略問題的呈文（1949.4.2）……二七三
一六　國民黨政府交通部關於行政院決議停止對中共通郵電匯兌致財政部公函（1949.5.20）……二七五
一七　國民黨政府行政院通知經濟部關於封鎖自閩江口起沿領海北至遼河口止等地區的代電（1949.6.18）……二七七
一八　國民黨政府行政院頒布截斷『匪區』海上交通辦法的代電（1949.7.5）……二七九

【二】四大家族與美帝國主義摧殘下的工商業全面破産

一、戰後工商業危機概觀

一　陝西省廠商聯合會等建議挽救工商業危難辦法電（1945.8.25）……二八九
二　國民黨政府社會部關於重慶市商會請保護固定工商業以杜投機案（1946.2.19）……二九一
三　浙江全省商會聯合會瀝陳工商業危機原因及挽救意見致經濟部呈文（1946.9.5）……二九三

四　國民黨政府上海市參議會爲『國家』經濟政策違反民望民怨沸騰建議解救財政經濟危機方策的代電及有關決議案件（1946.9.27）……………………二九七
五　熊式輝關於頒行東北經濟緊急措施辦法致行政院代電（1947.5.10）……………………三一五
六　李熙照關於國民黨官僚資本接受貪污所造成經濟危機提出平抑物價的建議書（1947.8.31）……………………三二三
七　國民黨政府參政員王冠英等爲經濟危機日益加深建議實行最低經濟改革方案的提案（1947）……………………三三一
八　國民黨政府《經濟緊急措施方案》（1947）（見財政）
九　國民黨政府《經濟改革方案》（1948.1）（見財政）
一〇　國民黨政府行政院關於立法委員對翁內閣工礦業施政方針質詢案的答復（1948.7.3）……………………三三三
一一　蘇聯《新時代雜志》評國民黨的經濟改革（1948）……………………三四三
一二　附：國民黨逃亡時期成都市商會請確立具體經濟政策搶救工商業危機的呈文（1949.10.5）……………………三四九

二、商業貿易的危機

（一）物價狂漲

一　國民黨政府全國經濟委員會『平抑』物價方案（1947）……………………三五五
二　國民黨政府評議物價實施辦法（1947.9）……………………三五九
三　國民黨政府行政院飭各省市政府嚴格執行限價之電令（1948.8.21）……………………三六三
四　國民黨政府《取締違反限價條例實施辦法》（1948.9.15）……………………三六五
五　蔣介石關於昆明物價回漲原因給行政院財政部代電（1945.10.15）……………………三六九
六　國民黨政府各省市參議會等請制止『國營事業』任意加價領導物價上漲的有關文電（1945.10—1948.6）……………………三七一
七　國民黨政府經濟部統計處關於全國六大重要城市物價狂漲情形的統計報告（1946.12）……………………三七九

八　國民黨政府主計部統計局關於全國躉零售物價及公務員生活費總指數增漲情形的報告（1946.1—1947.12）……三八七
九　國民黨政府吉林省新聞處長葉顯鋭關於平抑物價方法的檢討及建議書（1947.2.15）……四一一
一〇　國民黨政府經濟部彙報各省市暴力執行《經濟緊急措施方案》情形的呈文（1947.4.5）……四二五
一一　國民黨政府文官處政務局關於蔣介石交下經濟緊急措施方案實行後上海市物價波動原因的密報致物價委員會函（1947.4）……四三一
一二　蔣介石轉交關於執行物價管制辦法及物價波動對策問題的代電（1947.4.26）……四四一
一三　國民黨政府文官處政務局關於蔣介石交下《檢討棉紗漲價之原因及今後政府應有之措置》密文致全國經濟委員會函（1947.5.6）……四四九
一四　國民黨政府全國經濟委員會關於一九四七年度物價波動概況的報告（1947.12）……四五三
一五　國民黨政府河南省參議會關於通過提請配合動員『戡亂』政策建立物價管制機構案致蔣介石代電（1947.12）……四五九
一六　國民黨政府全國經濟委員會關於一九四八年一至五月份物價波動概況的報告（1948）……四六一
一七　國民黨政府社會部統計局編：各重要城市工人生活指數與戰時工人生活指數比較表（1948.2）……四六七
一八　國民黨政府全國經濟委員會關於經濟緊急措施方案物價工資事項實施情形簡報（1948）……四七五
一九　國民黨政府全國經濟委員會關於戰後物價猛漲情形的分析報告（1948）……四八一
二〇　王懋功報告江蘇省各地物價激漲無法制止電（1948.6.26）……四八七
二一　國民黨政府行政院對立法委員方志超劉百閔關於《財政經濟緊急處分令》——停止『國營』事業加價等書面意見的答復（1948.9.29）……四八九
（二）美貨泛濫
一　上海市工業協會轉呈第四區針織工業同業公會請求禁止美貨尼隆絲襪大量走私進口文（1947.9.1）……四九五
二　中央汽水廠等反對美國奢侈飲料進口傾銷的呈文（1948.7.19）……四九七

三　上海儀器文具業同業工會因外貨充斥市場請禁止外國自來水筆輸入以維國産工業電（1948. 10. 4）……四九九
四　上海商會反對美國烟葉在借款形式下任意輸入的代電（抄件）（1947. 11. 14）……五〇一

第八十三册　原第四輯第三十三册—第三十四册

國民黨統治區經濟的全面破産

【二】四大家族與美帝國主義摧殘下的工商業全面破産

二、商業貿易的危機

（三）四大家族對物資的管制與商業貿易的被扼殺

管制物資

一　國民黨政府財政部對國民黨六届二中全會財政金融口頭報告——變更物資管制問題部分（1946. 3）……七
二　國民黨政府《實施取締日用重要物品囤積居奇辦法補充要點》（1948. 9. 9）……九
三　國民黨政府全國經濟委員會關於經濟緊急措施方案日用品供應事項實施情形簡報（1948）……一七
四　國民黨政府上海燃料管理委員會南京辦事處抄發防止煤荒實施辦法的訓令（1947. 10）……二五
五　國民黨政府全國經濟委員會關於煤之生産及刼運情形的報告（1947. 12）……二九
六　國民黨政府經濟部壟斷花紗布購銷情形簡報（1947. 12）……三三
七　國民黨政府經濟部爲獨占市場壟斷紗布産銷擬定《發展紡織工業調節紗布供需實施方案》致行政院呈文（抄件）（1947）……四一
八　國民黨政府全國經濟委員會關於棉紗布『調節』意見書（1947）……四九
九　國民黨政府全國經濟委員會管制花紗布産銷情形的報告（1947. 12）……五五

一〇　國民黨政府全國經濟委員會《平衡購棉外匯解救棉荒辦法》（1948）……六三
一一　上海市土布商業同業公會請配售棉紗以維生産的代電（1948. 4. 27）……六七
一二　上海市各織造同業公會爲花紗布管制政策窒息生産及中國紡織建設公司摧毀民營企業請改訂花紗布管理章制致行政院呈文（1948. 6—1948. 12）……六九
一三　國民黨政府交通工商二部關於審查輪船商業公會全國聯合會請《恢復華北航綫争取華北物資》案意見致行政院文件（1949. 1. 21）……七五
一四　國民黨政府航業界代表報告與華北人民政府會談南北通航問題經過情形及商定辦法的各項文件（1949. 3. 18）……七九
一五　中華民國輪船商業公會全國聯合會報告解放區爲保護民族工商業准許國産貨物免税進出交流的代電（1949. 4. 16）……九五

扼殺商業貿易

一　武昌市商會因物價劇漲及銀團壓迫商情奇困請求救濟代電（1947. 2）……九九
二　國民黨政府全國經濟委員會關於中信局中蠶公司等壟斷蠶絲産銷實況的報告（1947）……一〇一
三　漢口市進出口商業同業公會爲中信局壟斷市場殺價收購外銷物資請改善收購政策的代電（1947. 6. 23）……一〇九
四　上海杭州等絲織業同業公會請處置中央信托局猛抬原料配價危害民族工業呈文（節略）（1947. 8. 13）……一一一
五　國民黨政府行政院頒行蠶絲人絲聯合産製購銷實施辦法草案（1948）……一一三
六　國民黨政府全國經濟委員會調查中央信托局搜括外銷物資情形的報告摘要（1948）……一二九
七　廣州市商會請解除工商困苦撤銷輸管制度及商品檢驗局金融管理局等致工商部呈文（1949. 2. 15）……一三三
八　附：國民黨逃亡時期重慶市商會因猪鬃皮漆等山貨出口困難請經濟部迅采救助辦法的呈文（1949. 10. 12）……一四三

（四）四大家族對出口貿易的獨占與對外貿易的破産

獨占進出口貿易的措施

一　國民黨政府修正進出口貿易暫行辦法（1946.11.17）……一四七
二　國民黨政府工商輔導工作考核委員會爲加强壟斷對外貿易擬具《推進國際貿易方案草案》經過情形致經濟部長簽呈（1947.8）……一五五
三　國民黨政府《進出口貿易辦法》（1947.8.17）……一五九
四　國民黨政府懲治走私條例（1948.3.11）……一七七
五　國民黨臺灣省政府擬具《臺灣省對韓國貿易及通航暫行辦法草案》致行政院代電（1949.4.18）……一七九
六　童季齡擬呈孔祥熙關於戰後獨占對外貿易的五年計劃大綱（1945.2.24）……一八三
七　國民黨政府四川省自貢市參議會請撤銷物價管制恢復貿易自由的提案（1946.7）……一九七
八　中華國産廠商聯合會關於《國際貿易應采用保護扶助及合作政策》的提案（1946.12）……一九九
九　壽景偉張禹九關於出口貿易與收購政策之商榷文（1947）……二〇三
一〇　張焕章建議進出口聯營制度組織中國進出口聯營公司致蔣介石呈文（1947.8.11）……二〇七
一一　國民黨政府財政部秘書處資料室與視察室研討『進出口貿易聯鎖制』及『出口簽證制』問題的文件（1947.11—1947.12）……二一三
一二　國民黨政府財政部各會局關於棉花米麥麵粉應否依官價結匯案的意見（1947.12.10）……二三七
一三　國民黨政府全國經濟委員會關於農産品輸出入及收購案件審核情形的報告（1947.12）……二四五
一四　國民黨政府全國經濟委員會關於經濟緊急措施方案貿易事項實施情形簡報（1948）……二四九

對外貿易的嚴重入超

一　國民黨政府財政部關務署一九四五年第三季度進出口貨物净值報告表（1945）……二五五
二　國民黨政府經濟部統計處關於一九四六年中國對外貿易概况的報告（1946.12）……二五九
三　國民黨政府中央銀行總裁貝祖貽關於上海進出口貿易入超實情覆宋子文函（1947.1.27）……二六三

四　國民黨政府全國經濟委員會關於一九四七年壟斷國内外貿易情形的工作報告（1947.12）…………二六七
五　國民黨政府經濟部紡織事業調節委員會歷年棉花進出口數量與國内棉紗産量比較表（1947）…………二八九
六　國民黨政府海關總税務司署一九四七年度進出口貨物價值報告表（1947）…………二九一
七　國民黨政府全國經濟委員會關於一九四八年一至五月壟斷國内外貿易情形的工作報告（1948）……二九五
八　國民黨政府海關總税務司署一九四八年一至七月進出口貨物價值報告表（1948）…………三二一
九　一九三七年至一九四八年歷年進出口貿易净值折合美金價值統計表節略（1948）…………三二五

三、工業危機

（一）工業狀况概述

一　國民黨政府經濟部主計處全國登記工廠概况報告（1946.12）…………三三三
二　國民黨政府經濟部統計處全國公司登記及商標注册統計報告（1946.12）…………三三九
三　國民黨政府經濟部統計處全國電氣事業統計報告（1946.12）…………三四三
四　國民黨政府全國經濟調查委員會編：全國主要都市工業調查初步報告提要（1948.4）…………三四七

（二）四大家族直接控制下的『國營』工業危機

一　國民黨政府資源委員會天津機器廠受美貨傾銷影響擬具緊縮方案的呈文（1946.8.10）…………三七九
二　國民黨政府資源委員會鮑國寶等請挽救華北『國營工業』危機的有關文件（1948.3）…………三八三
三　中國興業公司關於戰後工業蕭條生産日縮請政府收購成品及補助經費的有關文件（1949）…………三九一
四　錢昌照：『十五年重工業建設的回顧』——一個黄金時代的錯過（1949.3）…………三九五
五　國民黨政府資源委員會標售『國營』廠礦辦法（［1945］）…………四〇五
六　國民黨政府全國經濟委員會關於『國營』生産事業情形的報告（1947.12）…………四〇七
七　國民黨政府全國經濟委員會關於經濟緊急措施方案出售國營事業實施情形簡報（1948）…………四一一

八　國民黨政府行政院對立法委員丘漢平關於《財政經濟緊急處分令》——拋售『國營』事業招商局等股票意見的答復（1948.9.29）……四一五
九　國民黨政府財政部等關於『國營』事業股票發行及滯銷的文件（1948.9—1948.10）……四二一
一〇　國民黨政府立法委員薛明劍關於出賣國營經濟事業增加生產問題在立法院第二會期第三次秘密會議上的質詢（1948.10.18）……四二七
一一　國民黨政府山西河北二省參議會反對中紡公司售與美日及國內豪門的代電（1948.5—1948.6）……四二九

（三）民族工業破産

各地區

一　國民黨政府行政院秘書處通知經濟部關於雲南省公私工廠陸續倒閉工業界準備擴大請願的情報（1945.12.11）……四三三
二　國民黨江西省政府關於民營工業受外貨傾銷及物價影響陷於絶境請予貸款電（1946.10.5）……四三五
三　國民黨政府中央調查統計局關於貴陽廠商倒閉情形的情報（1947.1）……四三七
四　蔣介石關於滬渝昆穗等地工廠倒閉情形的密報給行政院代電（1947.2.11）……四三九
五　國民黨政府汕頭市參議會關於汕頭市工業外受舶來品打擊内受地方勢力摧殘將陷於絶境請予維護的代電（1947.7.8）……四四三
六　國民黨政府經濟部天津工商輔導處轉報民營中小型工業遭遇各種困難將被迫停工請求救濟的呈文（1947.8.22）……四四五
七　上海市工業協會請放寬工廠用煤氣限度并減低超限罰款倍數以維生産的電呈（1947.8.18）……四四七
八　上海市國貨工廠聯合會因物價遞漲原料缺乏各廠商産銷停滯請求救濟的代電（1948.6.15）……四四九
九　上海市工業會陳述滬市工廠被迫停工原因并請施行有關救濟工業四事的代電（1949.3.22）……四五三
一〇　國民黨國民政府參軍處軍務局函送行政院關於山東省博山民營煤礦陷於絶境的情報（1948.2.7）……四五七
一一　開灤煤礦公司編：開灤困難問題舉要（1948.7）……四五九

一二　四川省綦江區金屬品冶製工業同業公會因綦江區民營冶鐵廠被迫全部停業請予救濟的呈文（1949. 9. 19）……四六五

各行業

一　國民黨政府行政院善後救濟總署致經濟部關於重慶市小本織户停業破産請求救濟的代電（1946. 1. 28）……四六九
二　國民黨政府國防最高委員會秘書處轉報四川省華陽縣棉織業工廠受花紗布管制局欺詐及扣工扣紗等損失而失業倒閉的公函（1946. 5. 11）……四七三
三　虞銘甫因常州無錫二百餘家布廠將被迫停工請行政院迅速解除紗布停運令電（1947. 5. 10）……四七九
四　廣州市織布工業同業公會爲各廠受結匯影響停閉請求土布出口准免結匯的呈文（1947. 6）……四八一
五　劉仁庵關於四川省樂山絲業受物價市場劇變影響將相繼崩潰請行政院飭予救濟代電（1945. 9. 8）……四八三
六　國民參政會參政員薛明劍等建議迅速挽救絲業危機的提案（1946. 7）……四八五
七　國民黨江蘇省政府關於參議員馮振亞等建議拯救蠶絲業案致行政院代電（1946. 7. 22）……四八七
八　江蘇省無錫縣繅絲業産業工會因各絲廠原料缺乏相率停閉工人失業請行政院轉飭中蠶公司把所存原料配給各廠以維生産的代電（1946. 11. 28）……四九一
九　杭州市絲織業同業公會爲各廠倒閉過半建議行政院緊急救濟辦法及計劃的代電（1946. 5. 5）……四九三
一〇　國民黨政府行政院秘書處抄交經濟部關於杭州市絲綢工業將趨於崩潰的情報（1947. 7. 31）……四九九
一一　國民黨政府天津市社會局報告和豐等綢廠因原料斷絶停工的呈文（1948. 6. 30）……五〇一
一二　山西省運城路綱産鹽公會陳述鹽業倒閉工人流亡情形請求救濟的呈文（1946. 2）……五〇三
一三　重慶市麵粉工業同業聯誼會爲各廠被迫停工減産請求救濟的呈文（1946. 4）……五〇七
一四　安君贊等關於中國糖業概況及歷年外糖侵銷情形的報告摘要（1947. 2）……五一一
一五　中華民國火柴工業同業公會全國聯合會關於火柴業産銷萎縮擬訂救濟方案致經濟部呈文（1949. 4. 15）……五二五

一六　國民黨政府重慶市社會局關於重慶牙刷工廠被迫陸續倒閉請經濟部核示救濟的代電（1949.9.22）……五四三
一七　國民黨政府行政院秘書處給經濟部關於浙江鎔瑞機器鐵工廠因受戰災損失及外貨傾銷影響將被迫停工電請救濟的通知（1947.11.13）……五四五
一八　四川省重慶區機器工業同業公會關於幣制改革後各廠艱窘轉重不能繼續生產請求經濟部轉飭中央銀行繼續辦理收購成品及小型貸款的呈文（1949.8.31）……五五一
一九　全國水泥公會請求舉行水泥業危機挽救會議意見書（1949）……五五三
（四）工人失業流離
一　國民黨政府社會部抄送有關隴海鐵路職工生活慘狀情報給經濟部代電（1945.8.25）……五六一
二　國民黨政府重慶市社會局報告工人請願團要求救濟失業工人及保障工人生活的呈文（1945.10.17）……五六三
三　粵漢鐵路工會請救濟失業流離工人致善後救濟總署電（1946.12.15）……五六七
四　國民黨政府社會部致經濟部關於後方失業工人代表團請求復工的公函（1947.1.31）……五六九
五　國民黨政府中央農工部關於胡香九等請救濟長衡兩市失業勞工意見書給鄭道儒箋（1947.7.18）……五七三

第八十四册　原第四輯第三十五册—第三十七册

國民黨統治區經濟的全面破産

【三】戰後農村經濟的破産與租佃制度的崩潰

一、農村經濟破産與水旱災荒的蔓延

一　國民黨政府行政院善後救濟總署編：黄泛區損失統計表（1946）……七

二 國民黨國民政府文官處政務局函送行政院秘書處關於淮河上游各堤潰決及各縣受災情形密報（1946. 9. 28）…………………………一三
三 豫北『民衆代表』馬庭松等陳述豫北遭受日寇蹂躪及國民黨反共内戰和年年水旱蝗災造成田園荒蕪人相食的代電（1946. 2）…………………………一五
四 國民黨政府行政院善後救濟總署河南分署呈報轄區災情概況代電（1947. 4. 7）…………………………二一
五 國民黨江蘇省政府因民力凋敝蘇北運河及沂沭堵口復堤工程浩大請迅撥糧款補助代電（1947. 2. 21）…………二七
六 國民黨政府行政院善後救濟總署蘇寧分署呈報轄區災情概況代電（1947. 7. 5）…………………………二九
七 國民黨政府行政院善後救濟總署浙江分署報告轄區災情概況代電（1947. 6. 25）…………………………三三
八 蔡孟堅江西災情報告（附一九四六年江西各縣災情調查統計表）（1946. 8）…………………………三七
九 國民黨政府善後救濟總署湖南分署呈報李蕖芝調查安北茶業災情的代電（1946. 2. 5）…………………………五七
一〇 國民黨湖南省政府社會處編：湘災實録——各縣災情簡報（1946. 7）…………………………六三
一一 國民黨政府行政院善後救濟總署湖北分署電呈轄區災情報表（1947. 7. 29）…………………………七九
一二 吴景超關於築柳途中災情及救濟工作的視察報告（1946. 5. 30）…………………………九一
一三 吴景超廣西災情視察報告（1946. 6. 14）…………………………九七
一四 國民黨政府行政院善後救濟總署廣西分署報告轄區災情代電（1947. 6. 27）…………………………一〇七
一五 廣東省參議會請速圖搶救省内東西北韓各江嚴重水患代電（1947. 6. 20）…………………………一一一
一六 國民黨政府行政院善後救濟總署廣東分署報告轄區災情代電（1947. 7. 12）…………………………一一三
一七 國民黨政府行政院善後救濟分署魯青分署呈報轄區災情代電（1947. 6. 23）…………………………一一九
一八 國民黨政府行政院善後救濟分署烟臺辦事處關於轄區災情與救濟工作的報告（1947. 7. 21）…………一二三
一九 國民黨政府行政院善後救濟總署冀熱平津分署呈報河北熱河等省災情代電（附災情統計表）（1947. 7）…………………………一二九
二〇 國民黨政府行政院善後救濟總署晋綏察分署呈報轄區災情概況的文件（1947. 7. 26）…………………………一三七

二一　國民黨政府立法委員劉世英等因甘肅省農村破産哀鴻遍野建議緊急救濟及速撥水利貸款的書面意見（1948.11）……一四五
二二　國民黨政府全國經濟委員會關於各省水災調查報告（1948）……一四七

二、四大家庭摧殘下農業生産的癱瘓與漁業的衰落

（一）農業生産癱瘓

一　傅作義請資助察哈爾省復耕荒地的簽呈（1947.3.1）……一五三
二　伍信孚建議救濟農村經濟枯竭辦法的呈文（1947.7.8）……一五五
三　國民黨政府浙江監察使朱宗良糾正蠶絲産銷協導會摧殘江浙蠶農的建議書（1947.11.25）……一五九
四　國民黨政府全國經濟委員會編：戰前戰時及戰後二十二省重要糧食作物面積及産量比較表（1947.12）……一六三
五　國民黨政府全國經濟委員會編：全國主要農産戰前戰時及戰後之比較表（1948.5）……一六五
六　國民黨政府全國經濟委員會關於一九四八年度棉花烟葉茶葉蔗糖桐油蠶絲羊毛漁業等生産概況報告（1948）……一七三
七　國民黨政府行政院關於立法委員對翁内閣農業施政方針質詢案的答復（1948.7.3）……一七七
八　『國民大會』代表施奎齡等建議促進河北農業生産以利『戡亂工作』的提案（1948.8）……一八一

（二）漁業衰落

一　山東福建江蘇湖北等省區爲戰時漁業損失嚴重請求救濟的有關文電（1945—1947）……一八五
二　國民黨政府僑務委員會關於中國僑港漁民備受摧殘壓迫請予救濟的公函（1946.3.9）……一八九
三　黄華關於廣東省陸豐縣漁民破産失業情形的報告（1946.6.18）……一九一
四　李華業關於合浦縣北海漁會請制止乾體十五户藉墾海權勒收租金的簽呈（1946.8.16）……一九三
五　浙江省臨時參議會爲沿海各縣漁業衰落請撥款救濟案（1946）……一九七

三、封建的租佃制度與欺騙性的土地政策

一　國民黨政府地政署修訂《扶植自耕農實施辦法草案》的呈文（1945.10.16）……二〇五

二　國民黨政府修正《土地法》草案（1946.4.29）……二一五

三　國民黨政府「綏靖區」土地處理辦法（1946.10.25）……二六九

四　國民黨政府行政院「綏靖區」政務委員會爲抵制中共土地政策創設合作農場的有關函件（1946.12—1947.1）……二七三

五　國民黨政府《農地改革法草案》（1948）……二八三

六　國民黨政府第八「綏靖區」司令部關於收復區地主還鄉清租倒算影響「綏靖工作」的代電（1946.12.5）……二八九

七　國民黨政府湖南省地政局長董中生簽請《綏靖區處理地權扶植自耕農》以抵制中共土地政策的意見書（1946.12.10）……二九一

八　國民黨政府行政院關於立法委員對翁內閣土地問題施政方針質詢案的答復（1948.7.3）……三二五

九　國民黨政府行政院對立法委員于汝洲黃通關於《財政經濟緊急處分令》——「平均地權」及「實行市地公有耕地農有」等書面意見的答復（1948.9.30）……三三一

一〇　國民黨政府國民大會代表劉桂等建議限期實行「耕者有其田」等進行全面反共的提案（1948.12）……三三五

一一　黃康衢陳述四川省農村租佃問題及農民生活狀況的呈文（1946.10）……三四一

一二　「中美農業技術合作團」北碚「扶植自耕農」示範區視察報告（1946）……三四七

一三　國民黨政府農林部關於蘇豫皖三省租佃制度及推行「二五減租」情形的調查報告（1946）……三六一

一四　國民黨政府農林部關於浙贛鄂三省租佃制度及推行「二五減租」情形的調查報告（1946）……三七九

一五　國民黨政府農林部關於粵桂湘三省租佃制度及推行「二五減租」情形的調查報告（1946）……四〇七

一六　國民黨政府福建省龍岩地權調整辦事處關於龍岩土地問題及「扶植自耕農」工作情形的報告（附：福建省「扶植自耕農」暫行辦法）（1948）……四八一

第八十五册　原第四輯第三十八册—第四十册

國民黨統治區經濟的全面破産

【四】蔣幫反共反人民内戰的交通設施與民運的停頓

一、反共反人民内戰的交通設施

一　國民黨政府交通部鐵道航運郵政電信等『復員』緊急措施綱要（1945）……七
二　國民黨政府交通部關於鐵路公路水運空運郵電等『復員』工作報告（1946.9）……一九
三　國民黨政府資源委員會運務處處長莫衡擬具建立運輸據點壟斷礦産品産銷的戰後運輸計劃草案（1945）……四一
四　俞飛鵬關於何應欽召集交通運輸補給會議建議交通運輸配合新『綏靖』計劃等情致行政院函呈（1945.12.3）……四九
五　國民黨政府軍事委員會與各部局商討軍統局戴笠關於《全國交通綫交通警察憲兵與海關人員聯繫服務辦法》報告的有關文件（1946.3）……六七
六　國民黨政府臺灣全省警備司令部訂臺灣省交通通信管制計劃腹案（1947.6.13）……七三
七　國民黨政府交通部擬：『交通建設』專題報告（1946.4）……八一
八　關於『五十年來中國公路概況』之資料（1946）……九三
九　國民黨河南省政府爲配合反共軍事運輸請撥發『綏靖區』各縣公路修築工款的呈文（1947.4.6）……一一七
一〇　國民黨政府交通部請行政院核撥《魯北綏靖作戰交通整備計劃》專款的呈文（1947.10.2）……一二一

一一　章祐就蔣管區經濟病態建議確立新的交通政策及全國鐵道運輸網致交通部次長函（1947.8.1）……一二七
一二　國民黨政府交通部關於全國交通概況的報告（1948.4.13）……一三五
一三　國民黨政府交通部關於新疆省交通情形的報告（1948.4.17）……一四三
一四　國民黨政府交通部關於逃亡時疏散及徹底破壞交通器材設備的密代電（1948.11.6）……一四七

二、交通界的腐敗與民運的停頓

一　國民黨政府交通部對國民參政會四届二次大會參政員王普涵翟倉陸關於交通政策及交通界腐敗問題等口頭詢問案的答復（1946.3）……一五一
二　國民黨政府交通部對國民參政會四届二次大會參政員彭革陳劉真如關於戰後人民復員問題及拆修京蕪津浦鐵路等詢問案的答復（1946.3）……一五七
三　上海市輪船業同業公會爲抗戰損失嚴重請求維護内河航權及貸款救濟調整運價電（1946.3.1）……一六一
四　國民黨政府交通部對國民參政會四届二次會議參政員李中襄關於如何賠償戰時徵用民船損失之詢問案的答復（1946.3）……一六三
五　重慶市輪船商業同業公會因受限價虧損請求補貼的呈文（1946.8.27）……一六五
六　廣東省汽車商業同業公會等爲善後救濟總署汽車攬奪商運民營運輸業陷於停頓狀態致行政院代電（1946.9.12）……一六七
七　江浙京滬民營長途汽車公司聯合會請取消公路專營權的呈文（1946.9.23）……一七一
八　國民黨政府交通部對國民參政會四届三次大會參政員潘朝英關於交通事業管理問題之詢問案的答復（1947.5）……一七七
九　國民黨政府交通部對國民參政會四届三次大會參政員胡運明關於長江輪運營私及『國營』與『省營』路局争奪路綫營業之詢問案的答復（1947.5）……一七九

一〇　國民黨政府行政院對立法委員蔣肇周何佐治胡恭先等關於翁内閣交通部分施政方針詢問案的答復（1948.7.3）……一八一
一一　國民黨政府交通部關於路電困難交通事業已瀕絶境的報告（1949.5.21）……一八三

國民黨政府殖民地化的外交活動

【二】戰後對於日本的處置與美帝扶植日本侵略勢力

一、抗戰損失與賠償問題

一　葉劍英報告解放區抗戰損失并請協助解放區救濟與恢復工作致善後救濟總署冀熱平津區救濟分署函（1946.1.30）……二一一
二　中國解放區臨時救濟委員會晋綏分會報告晋綏邊區抗戰損失并請速予救濟致善後救濟總署冀熱平津分署署長童冠賢公函（1946.4.26）……二一三
三　國民黨政府行政院善後救濟總署爲中共蘇皖邊區政府請求救濟解放區人民指示辦法并抄送《蘇皖邊區政府致聯合國善後救濟總署上海辦事處附件》致河南分署訓令及附件（1946.5.23）……二一九
四　國民黨政府行政院善後救濟總署晋綏察分署檢送《日本法西斯八年來在邊區的暴行》暨《晋察冀邊區受灾説明圖》致善後救濟總署呈文及附件（1946.6.22）……二五三
五　中國解放區救濟委員會主任董必武報告解放區八年抗戰損失并請迅速采取適當措施救濟解放區人民致蔣廷黻函（1946.6.30）……三一一
六　中共代表伍云甫與蔣廷黻關於延安市各界人民團體呈報抗戰損失并申請救濟往來函（1946.9）……三一九
七　國民黨政府行政院關於抗戰期間公私損失調查報告（1946.2—1947.1）……三二三
八　國民黨政府行政院關於抗戰損失專案調查報告（1946.2—1947.1）……三二七

九　國民黨政府外交部抄送抗戰期間《人口傷亡報告表》《財産損失報告表》暨《難民及流離人民總數表》致駐外使領館代電及附表（1946.3.26）……三二九
一〇　我國海外華僑戰時損失統計表（1945.11.24）……三三九
一一　國民黨政府交通部暨附屬機關員工財産損失及人員傷亡總表（1945.11—1947.1）……三四三
一二　王炳文所擬之《中國抗戰損失説帖》（1946）……三五一
一三　惲震關於與美國賠償調查團副團長MT. H. D. Max Well等晤談情形之節略（1945.12.29）……三六五
一四　國民黨政府抄轉魏德邁一月八日關於日本戰争賠償之意見備忘録并請迅速辦理的代電（附備忘録）（1946.1.24）……三六七
一五　國民黨政府行政院關於對日賠償問題之處理報告（1946.2—1947.1）……三六九
一六　國民黨政府軍政部關於修正《抗戰軍事損失要求日本賠償備忘録》的呈文（附備忘録）（1946.7.15）……三七九
一七　國民黨政府外交部抄送美國大使館關於處置日本國外資産意見的代電（附照會）（1946.7.17）……三八九
一八　國民黨政府外交部抄送《對日賠償問題中國提案綱領》七條致行政院呈文（附綱領）（1946.9.6）……三九一
一九　孫慎經所擬之《關於歸還劫物問題》附節略（1946）……三九五
二〇　關於先期拆遷日本賠償工廠問題有關文件（1947.2—1947.4）……四〇九
二一　鮑萊賠償計劃書節略（1947.2.12）……四一三
二二　國民黨政府駐日代表團日本賠償及歸還物資接收委員會報告盟總賠償技術顧問委員會第三次會議情形致外交部電（1947.7.4）……四一九
二三　孫慎經所擬之《遠東委員會各項議案及我方主張》（1947.9.27）……四二一
二四　國民黨政府資源委員會關於準備接受日本先期拆遷賠償物資概述（1947.9.30）……四四一

二五　國民黨政府行政院賠償委員會檢送駐日代表團致海外顧問公司關於我國對賠償需要情形備忘録致交通部公函（1947.11.8）……四六七
二六　國民黨政府所擬提《限制日本工業生産水準表》（1947）……四七七
二七　國民黨政府資源委員會日本賠償拆遷委員會一九四七年度工作報告（1948.1.7）……四八一
二八　國民黨政府駐日代表團日本賠償及歸還物資接收委員會報告盟總賠償技術顧問委員會第二十六次會議情形致外交部等電（1948.5.20）……四九五

第八十六册　原第四輯第四十一册—第四十三册

國民黨統治區經濟的全面破産

【一】戰後對於日本的處置與美帝扶植日本侵略勢力

二、日俘日僑之徵用

一　國民黨政府陸軍總司令部關於頒布《中國境内日僑集中管理辦法》《日本人在中國私人産業暫行處理辦法》及《中國境内日籍員工暫行徵用通則》的代電（附辦法及通則）（1945.9.30）……七
二　日本戰犯岡村寧次請采納關於徵用日本戰俘管理意見的呈文（1945.11.15）……一三
三　國民黨政府陸軍總司令部關於《中國境内日籍員工暫行徵用通則》補充規定的通電（1945.12.20）……一五
四　國民黨政府軍事委員會關於規定雇用日人原則三項的訓令（1945.1.10）……一七
五　蔣介石關於修正日俘徵服勞役與徵用日籍技術人員辦法的代電（1946.3.11）……一九
六　國民黨政府憲兵司令部關於徵用京滬及北京等地日俘的呈文（1946.3.30）……二一

七　日本戰犯岡村寧次請解除徵用原日籍特種電訊偵察隊員的呈文（1946. 4. 7）……………… 二七
八　國民黨政府各戰區徵用日俘日僑概況調查表（1946. 5. 28）……………… 二九
九　國民黨政府軍令部第二廳日籍研究員佐藤要求遣返回國的呈文（1946. 6. 8）……………… 三七
一〇　國民黨統治區徵用日俘日僑調查統計表（1946. 10. 17）……………… 三九
一一　國民黨政府國防部召開徵用日籍技術人員討論會議記録（1946. 10. 20）……………… 五五
一二　日本戰犯岡村寧次請轉飭調往華北第四方面軍遣返所徵用的日俘的呈文（1946. 11. 20）……………… 六一
一三　日本戰犯岡村寧次請轉飭九江地區第一集團軍遣返日俘二五四八名的呈文（1946. 11. 26）……………… 六三
一四　國民黨政府國防部第二廳關於蔣管區機關工廠徵用日籍技術員人數暨技術種類統計表（1946. 12）… 六五

三、日本戰犯之審查

一　國民黨政府軍令部所擬之《日本第一批主要戰犯名單》（1945. 10. 2）……………… 一〇七
二　國民黨政府軍令部所擬之《日本第二批主要戰犯名單》（1945. 10. 9）……………… 一二五
三　國民黨政府外交部關於審議《處理戰犯綱要草案》并檢送《處理戰犯綱要草案修正稿》的公函（附修正稿）（1946. 8. 17）……………… 一六九
四　國民黨政府外交部檢送《遠東及太平洋戰罪犯審查分會簡明報告》的公函附報告（1947. 3. 28）……………… 一七五

四、對日和約之意見

一　陳光輝編：對日和約美國各方意見輯要（1947. 3—1947. 7）……………… 一八五
二　國民黨政府財政部檢送《準備對日和約有關債務方面資料》致外交部代電及附表（1947. 9. 10）……………… 一九七
三　國民黨中國紡織業聯合會關於對日和約提出四點意見的代電（1947. 9. 25）……………… 二二五
四　國民黨上海市總工會關於對日和約提出七項建議的代電（1947. 9. 30）……………… 二二七

五、關於保留日本工業水準開放貿易與美帝扶日片段資料

一　國民黨政府駐日代表團關於日本工業水準之資料及意見初稿（1947. 6. 23）……………… 二三一

二 國民黨政府外交部轉報關於日本造船鋼鐵化工三種工業情況之意見致資源委員會代電（1947.10.7）……二四三
三 國民黨政府行政院秘書處抄送我國擬提限制日本戰後工業生產水準表致資源委員會公函（1947.12.25）……二四七
四 國民黨政府財政部關於續辦津青餘鹽輸日交換物資的代電（1946.3.22）……二五五
五 中國全國工業協會雲南省分會要求停止粗鹽輸日的代電（1947.3.13）……二五七
六 福州市商會等請拒絕開放對日貿易的代電（1947.7.29）……二五九
七 關於美菲在馬尼拉會商擴大菲日貿易的情報（1948.6.3）……二六一
八 關於英鎊集團與日本進行易貨貿易的情報（1948.6.23）……二六三
九 美帝擴大日本漁區範圍提出日本漁區新草案被蘇聯否決有關文件（1949.3—1949.10）……二六五
一〇 國民黨政府海軍總司令部請解釋《日本漁船越界捕魚處理辦法》致司法行政部代電（1949.8.25）……二六九

【二】中蘇關係

一 國民黨政府外交部請撤銷蘇聯駐昆明商務代表分處有關電文（1945.5—1945.12）……二七五
二 國民黨政府國庫署署長楊綿仲與外交部亞西司長寗商蘇軍進入東三省後的財政問題的簽報（1945.9.2）……二七七
三 國民黨政府行政院與農林部關於蘇聯駐華商務代表申請購買中國黃絲蠶種的令文（1945.11.3）……二七九
四 關於中蘇共同對日作戰蘇軍進入中國東三省後之財政事項協定的文件（1945.12）……二八一
五 國民黨政府經濟部資源委員會與蘇聯駐華商務代表處簽訂關於以礦產品償還借款合同（譯件）（1946.1.19）……二八三
六 國民黨政府交通部關於中蘇航空公司成立經過及組織狀況節略原稿（1946.11.22）……二八五
七 國民黨天津市政府關於處理蔣軍搗亂蘇聯領事館的呈文及附件（1947.10.20）……二八九
八 國民黨善後救濟總署關於解雇蘇籍員工密函（1948.8.6）……二九三

【三】奴役中國的美蔣勾結

一、美蔣相互勾結加緊控制中國

（一）損害主權與支持蔣介石進行内戰的美國經濟軍事援助

一　國民黨政府駐美中國物資供應委員會工作報告（1945.9—1946.12）……三〇一
二　國民黨政府資源委員會運務處重慶區辦事處關於調查接收及儲運美軍物資的報告（1946.1）……三二五
三　國民黨政府外交部轉報駐美大使魏道明關於美國經馬歇爾建議對華貸款五億美元擬對報界發表聲明致行政院代電及附件（1946.4.17）……三三五
四　國民黨政府與美國訂立讓售軍用剩餘物資合同（譯文）（1946.8.30）……三三九
五　國民黨政府國防部請撥美金一八〇萬元訂購美軍汽車配件呈文附備忘録及合同草案各一件（1946.12.17）……三四九
六　國民黨政府資源委員會駐美代表辦事處一九四六年度工作報告（1947.1.15）……三五五
七　國民黨政府行政院關於改善吉林小豐滿水力發電廠堤壩工程令向美國進出口銀行借款捌百萬美元的指令（1947.2.8）……三八三
八　國民黨政府外交部檢送關於美國政府擬撥剩餘物資售款從事議定中美教育合作修正協定草案呈文（1947.11）……三八五
九　國民黨政府資源委員會駐美代表辦事處一九四七年度工作報告（1948.2）……三九一
一〇　國民黨政府行政院長張群關於美國援華問題的聲明（1948.1.28）……四二五
一一　國民黨政府駐美大使顧維鈞與美國務卿馬歇爾關於援華法案的换文（1948.4.30）……四二七
一二　國民黨政府内政部禁烟委員會關於調查美援物資挾帶烟毒情形致上海海關總税務司公函（1947.3.20）……四三三
一三　美參院外交委員會發表援華修正案報告摘要（1948.6.3）……四三五

一四　國民黨政府駐美大使顧維鈞報告美上院撥款委員會討論援華情形有關電文（1948. 6. 14）……………四五一
一五　國民黨政府與美國簽訂關於《經濟援助之協定》（1948. 7. 3）……………四五三
一六　國民黨政府經濟部次長童季齡利用美援方案意見書（機密）（1948）……………四六七
一七　國民黨政府行政院美援運用委員會關於美援物資狀况報告（1943. 7）……………五一九
一八　國民黨政府與美國關於設立『中國農村復興委員會』之换文（1948. 8. 5）……………五二九
一九　國民黨政府外交部美洲司抄送國防部長何應欽與美國魏德邁將軍關於從速撥運美械彈藥并請由美海軍免費代運來往電致行政院箋呈及附件（1948. 10. 12）……………五三七
二〇　國民黨政府行政院院長翁文灝轉報關於美國藉口蔣軍作戰不力軍援運用不善擬派高級將領來華常駐致駐法大使館王雪艇函稿（1948. 10. 14）……………五三九
二一　第一批自東京運來美援步兵輕武器及彈藥接收報告表（1948. 11）……………五四一
二二　第二批自美運來美援彈藥統計單（1948）……………五四三
二三　國民黨政府駐美大使電告賴樸漢謁杜總統後對記者談美軍事援華運用問題有關密電（1948）……………五四五
二四　葉公超爲禁止新購買美之船三十三艘駛往解放區致交通部電（1949. 4. 18）……………五四七

第八十七册　原第四辑第四十四册—第四十六册

國民黨統治區經濟的全面破産

【三】奴役中國的美蔣勾結

一、美蔣相互勾結加緊控制中國

（二）美帝幫助蔣介石訓練空軍與控制空運

一　國民黨政府交通部與汎美航空公司合組中國航空股份有限公司合同（1945. 12. 20）……七

二　國民黨政府交通部部長俞飛鵬關於修改美帝訓練中國航空人員計劃的簽呈（1946. 5. 1）……二五

三　蔣介石指示《中美空運協定》中開放瀋陽等地具體辦法的代電（1946. 11. 29）……二九

四　國民黨政府與美國簽訂《空中運輸協定》（1946. 12. 20）……三一

五　國民黨政府駐美大使顧維鈞關於美帝幫助國民黨建立《八又三分之一隊空軍計劃》交涉情形電（1948. 6. 16）……四五

六　美帝侵略分子陳納德企圖控制雲南空運擬具航空計劃致盧漢函（1949. 1. 25）……四七

（三）東北解放前夕幫助國民黨撤退廠礦員眷

一　夏憲講祝福康報告與陳納德續商派機空運撤退東北各廠礦員眷情形致馬師亮等函（1948. 1. 7）……五三

二　夏憲講等轉報行總空運合約要點致謝濟生等函（1948. 1. 10）……五七

三　孫越崎轉報與陳納德簽訂派機空運撤退東北各廠礦員眷合約并請撥付運費致吳兆洪密電（1948. 1. 14）……五九

四　夏憲講報告陳納德空運大隊開始撤退東北各廠礦員眷并請續撥第二次約款致吳兆洪電（1948. 1. 15）……六一
五　吳兆洪關於撥付空運大隊第一二兩次運費覆夏憲講電（1948. 1. 17）……六三
六　吳兆洪關於準備撥付第二次撤運東北各廠礦員眷運費覆孫越崎電（1948. 1. 24）……六五

二、享受種種非法特權

一　駐華美國大使館根據《中美轉讓剩餘物資合約》特權要求免徵購買中國房地產之各項稅捐有關文件（1946. 12—1947. 4）……六九
二　駐華美國大使館拒絕向上海市政府繳納地價稅有關文件（1947. 5—1947. 11）……七三
三　駐華美國大使館根據一九四三年中美條約要求保護美人在華既得地權有關文件（1947. 6—1947. 7）……七七
四　國民黨政府中央信託局吳任滄根據《中美讓售剩餘物資合約》代美方購買房地產致行政院長張群函及附件（1947. 9. 19）……八一
五　國民黨政府外交部與地政部關於美使館要求根據一九四三年中美條約處理在華美籍人員間地產移轉往來電（1949. 2—1949. 3）……八三
六　國民黨政府財政部關於查禁商人運售美軍軍用捲烟酌訂查禁辦法呈文（1946. 2. 8）……八七
七　國民黨政府經濟部關於上海美商電力公司擬訂有關損害中國主權蔑視華工利益整頓計劃的呈文（1946. 2. 13）……八九
八　蔣介石與司法行政部部長謝冠生關於修正《處理在華美軍人員刑事案件條例》往來電（1946. 9. 20—1946. 9. 28）……九一
九　國民黨政府司法行政部關於駐華美軍違反國際慣例直接逮捕審理在中國之戰犯及戰爭罪犯令飭由外交途徑辦理的訓令（1946. 10. 18）……九三
一〇　國民黨政府行政院善後救濟總署與上海市財政局關於豁免陳納德空運大隊成員在上海市各餐館用膳筵席捐往來函（1946. 12）……九五

一一　國民黨政府行政院善後救濟總署與上海市財政局關於豁免陳納德旅棧捐往來函（1946.11—1946.12）……九七
一二　國民黨政府廣東高等法院請通令禁止美人柯蘇在中國機關服務用外文行文及擅押人犯以免損害主權的呈文（1947.3.27）……九九
一三　美軍在華暴行所引起之賠償問題有關文件（1947.4—1948.3）……一〇一
一四　國民黨政府司法行政部抄發關於《防止美軍人員刑事案件發生及確謀受害人獲致公允裁判注意事項》的訓令（1948.10.25）……一〇七

三、美帝及其他帝國主義侵犯領海與内河航行權

一　一九四六年四至七月份外艦侵入塘沽港口情況統計表（1946.6）……一一一
二　一九四六年十至十二月份外艦侵入上海吳淞港口統計表（1946.11—1947.1）……一一三
三　一九四六年一二三五七八九十一十二月份外艦侵入中國各港口統計表（1947.2—1947.12）……一三三
四　國民黨政府行政院善後救濟總署轉知開放上海寧波永嘉等十八處港口的訓令（1946.4.8）……一五九
五　國民黨政府行政院關於開放青島准許美輪自由出入港口的公函（1947.1.11）……一六一
六　國民黨政府行政院爲核準外輪裝運物資辦法三項致交通部訓令（1949.2.21）……一六三
七　國民黨政府行政院爲准許雇用美輪裝運物資行駛中國各口岸致交通部代電（1949.3.12）……一六五

四、美軍在華暴行片段資料

一　關於美軍水兵在青島槍殺商販王鳳英案竟由美軍部處理有關電文（1946.3—1946.4）……一六九
二　上海市總工會關於美籍水手在滬慘殺三輪車工人程永芳請提抗議并嚴予交涉的代電（1947.1.6）……一七一
三　國民黨政府善後救濟總署漢口物資儲運局關於美國水兵盜賣善後救濟物資請轉聯總與美海軍當局商議制止的代電（1946.6.6）……一七三

【四】英國對華侵略活動

一、英帝侵略雲南邊境

一　國民黨政府雲南省民政廳密報英帝派高理伯倫上校赴臘撤垻尾等地進行陰謀活動并請設立雲南邊疆建設委員會的呈文（1945.12.27）……………………一八一

二　國民黨政府雲南省民政廳轉報關於派員調查英帝侵占卡瓦山情形的呈文（1946.8.14）……………………一八三

三　國民黨雲南省警備總司令部關於英人在新地方等地各要隘路口設立檢查站扣押我國商人并殺害馬國品等人的代電（1947.7.22）……………………一八五

四　國民黨國民政府主席重慶行轅關於英帝派人潛入雲南邊區邦嶺乍多山頭住區假借宗教神權進行陰謀活動的代電（1947.9.23）……………………一八七

五　國民黨政府雲南滄源設治局報告美籍教士永文森假傳教名義爲英人作間諜活動并轉請吊銷護照驅逐出境致雲南省政府代電（1948.1.19）……………………一八九

六　國民黨政府雲南省警保處處長邱開基關於卡瓦山區人民反對英人傳教斃英教士的情報（1948.1.27）……一九三

七　國民黨雲南省政府抄送關於《英人在我國邊境對土司夷人活動情形擬具意見三項》并另飭查明議復致該省民政廳的密令及附件（1948.3.4）……………………一九五

八　國民黨政府外交部駐雲南特派員公署轉報雲南卡瓦山區民衆群起抗英擊斃英牧師與親英老元頭目多人及英軍鎮壓等情請飭查復致雲南省政府代電（1948.3.24）……………………一九九

二、英帝侵犯航權與控制中國電訊航空業

一　國民黨政府文官處關於英國擬派鮑爾温來華活動中英合作經營民用航空業的公函（1945.10.22）……二〇三

二　國民黨政府與英國簽訂《空中運輸協定》（1947.7.23）……………………二〇五

三　國民黨政府交通部第六區電信管理局與香港英國水綫無綫電公司簽訂廣州香港間長途電話合同（1948.1.10）……………………二一三

四　中國輪船商業同業公會聯合會關於反對國民黨政府前行政院院長孫科准許外輪侵奪航權及開放梧州爲對外貿易口岸的代電（1949.3.19）……二三七

三、英帝軍警在華暴行與非法要求片段資料

一　國民黨廣東省政府轉報關於英軍越境槍殺寶安縣縣民張添祥經過情形致行政院代電（1946.12.19）……二四三
二　國民黨北平市參議會抗議香港英警槍殺華人暴行的代電（1948.1.13）……二五一
三　關於駐華英國海軍請援美軍例豁免英軍娛樂捐有關文電（1946.8—1946.10）……二五三
四　英國駐滇總領事署要求阻止華人進入昆明城北『英國花園』的公函（1948.5—1948.11）……二五七

【五】中國與法德意泰等國的關係

一、中法關係

一　國民黨政府與法國臨時政府簽訂《交收廣州灣租借地專約》（1945.8.18）……二六一
二　國民黨政府與法國簽訂關於《中越關係之協定》（1946.2.28）……二六五
三　國民黨政府與法國臨時政府簽訂關於《法國放弃在華治外法權及其有關特權條約》（1946.2.28）……二六九
四　國民黨政府與法國關於『中國駐越北軍隊由法國軍隊接防』之換文（1946.2.28）……二七七
五　國民黨政府國防部轉告法人格羅波瓦在上海計劃實施對中國人進行親法教育等文教工作公函（1946.12.30）……二七九
六　國民黨政府與法國關於《中越航空綫臨時辦法換文》（1946.12.14）……二八一
七　國民黨政府國防部關於法艦企圖侵占西沙群島請向法方提嚴重抗議致行政院代電（1947.1.21）……二八五
八　廣西龍津縣水口鄉鄉民代表謝富球等關於法機侵入縣境擊斃軍民請向法方提出嚴重抗議并賠償損失的代電（1947.5.21）……二八七
九　國民黨政府與法國關於《修增中越航空綫臨時辦法換文》（1947.6.28）……二八九
一〇　國民黨政府與法國關於《補充中越間航空綫臨時辦法增闢昆明河内綫換文》（1948.5.10）……二九三

二、中德中意關係

一　國民黨政府交通部爲抄送德僑處理辦法暨德僑在華私人産業處理辦法致重慶船舶修配廠訓令（1947. 1. 30）……二九九
二　國民黨政府行政院善後救濟總署關於抄發修正意大利在華人民財産暫行處理辦法的訓令（附辦法）（1946. 3. 2）……三〇五
三　國民黨政府與意大利關於《解决由戰争所引起之損害賠償問題换文》（1947. 7. 30）……三〇七
四　國民黨政府與意大利關於《處理在華意國若干官産及意僑産業换文》（1947. 7. 30）……三一一

三、中泰（暹羅）關係

一　旅暹華僑陳鎮華關於暹羅政府施行排華政策慘殺僑胞的報告書（1945. 10. 11）……三一七
二　國民黨政府與暹羅王國簽訂《友好條約》（1946. 1. 23）……三二七
三　國民黨政府外交部關於暹羅政府限制華僑移民交涉經過情形呈文（1947. 5. 16）……三三三
四　國民黨政府外交部請核辦關於暹羅根據中暹航空協定要求增設曼谷香港臺北等航綫致交通部代電（1949. 11. 26）……三三五

四、中國與加葡丹荷瑞厄等國的關係

一　國民黨政府與加拿大關於《通商暫行辦法换文》（1946. 9. 26）……三三九
二　國民黨政府軍政部向加拿大購買軍火有關文件（1945. 8—1945. 10）……三四三
三　國民黨政府行政院物資供應委員會檢送《加拿大蚊式飛機訂購合同》的呈文（附合同）（1948. 1. 30）……三四七
四　國民黨政府與葡萄牙關於《取消葡萄牙在華領事裁判權及處理其他事項之换文》（1947. 4. 1）……三五五
五　劉襄漢關於澳門葡警毆斃華僑朱文彬的報告（1947. 8. 12）……三五九
六　國民黨政府與丹麥簽訂關於《取消丹麥在華治外法權及處理有關問題條約》（1946. 5. 20）……三六一

七　國民黨政府與荷蘭簽訂《空中運輸協定》（1947. 12. 6）……三七一
八　國民黨政府與瑞士政府關於《瑞士放弃在華領事裁判權及其有關特權換文》（1946. 3. 13）……三八五
九　中厄友好條約（1946. 1. 6）……三八九

國民黨反共反人民的教育文化

【二】反共反人民的教育

一、反動的教育法令與措施

（一）反共反人民的教育計劃
一　國民黨一九四八年度各省市教育工作計劃編制要點（1947. 10）……四二三
二　國民黨政府教育部企圖繼續統治學生『會商戰時教育問題記録』（1949. 5. 23）……四二九
（二）『强迫反共教育』
一　國民黨政府教育部爲發動特務學生等進行反共宣傳頒發《戡亂宣傳綱領》及實施辦法的訓令（1948. 1. 7）……四三七
二　國民黨政府教育部爲實施强迫反共教育抄發《加强實施愛民擁軍教育方案》的訓令（1948. 7. 27）……四四五
三　國民黨中央宣傳委員會關於『反共教育宣傳標語』（1949. 9. 13）……四四九
四　國民黨政府行政院秘書處等關於破壞及制止留美學生進行革命活動有關文件（1948. 9—1948. 11）……四五一
（三）控制青年學生的組織與措施
一　國民黨政府教育部《青年復學就業輔導委員會組織規程》（1945. 12. 3）……四五七
二　國民黨政府教育部青年復學就業輔導委員會檢送處置『綏靖區』失學失業青年情形箋函（1946. 10. 30）……四五九

三　國民黨政府教育部《青年復學就業輔導委員會所屬各校班所處理訓練業務應注意事項》（1946.1）……四六一
四　國民黨政府教育部青年復學就業輔導委員會《各省市青年輔導處失學失業青年登記辦法》（1946.1.28）……四六五
五　國民黨政府教育部青年復學就業輔導委員會關於改中學進修班爲青年訓導班并頒發設置收訓辦法等代電（1947.8.27）……四六九
六　國民黨政府教育部青年復學就業輔導委員會頒發《青年訓導班訓導綱要》訓令（1947.9.6）……四七一
七　國民黨政府教育部青年復學就業輔導委員會《師資訓練所訓練綱要》（1946.1.28）……四七三
八　國民黨政府教育部青年復學就業輔導委員會《各省（市）教育復員師資訓練所設置辦法》（1946.1.28）……四七五
九　國民黨政府教育部修訂《青年復學就業輔導委員會師資訓練所辦法》呈文（1947.9.16）……四七七
一〇　國民黨政府行政院關於所謂《解決大中學生畢業後失業問題辦法》的訓令（1947.1.31）……四八一
（四）甄别敵僞師生
一　國民黨政府教育部關於《修正收復區中等學校教職員甄審辦法》（1946.1）……四八五
二　國民黨政府教育部抗戰期間留日學生資格甄審委員會第二次會議記録（1948.1.23）……四八七
三　國民黨政府教育部留日學生資格甄審委員會第三次會議記録（1948.9.28）……四八九
四　國民黨政府教育部公布《各省市臨時中學與聯合中學學生入學登記甄審暫行辦法》令（1948.11.17）……四九一

二、加强學校法西斯化的教育

（一）『訓導』
一　國民黨三青團團部與教育部爲安插各大學臨時補習班及國立臨時中學訓導人員等往來代電（1945.11—1946.2）……四九七
二　國民黨政府教育部頒發《專科以上學校訓育委員會組織要點》訓令（1946.12.11）……四九九

三　朱學權擬定一九四七年加增學校訓導機構等爲教育中心工作項目及實施計劃的密函（1947. 1. 21）……五〇一
四　國民黨政府教育部等爲對各大中學校訓導人員一律由國民黨黨員擔任往來函件（1947. 2—1947. 3）……五〇三
五　國民黨湖南省教育廳爲實行法西斯統治議訂《湖南省公私立中等學校訓導實施注意事項》呈文（1947. 5. 7）……五〇五
六　國民黨政府教育部檢送《東北各省市中等學校訓育人員調訓辦法》代電稿（1947. 6. 27）……五一一
七　國民黨政府教育部爲進一步監視學生言行各校訓導人員不得在校外兼職須與學生共生活訓令（1948. 7. 24）……五一三
八　羅良鑄爲擴大訓育委員會組織擬訂加强控制學生辦法七條密簽呈（1948. 9. 17）……五一五
九　國民黨首都警察廳與教育部爲破壞學運擬具《加强學校訓導管理意見》往來函件（1947. 10）……五一七

（二）反共反人民的軍訓

一　陳誠抄送《高中及同等學校軍事教育計劃大綱》代電（1947. 4. 23）……五二三
二　國民黨政府教育部調查貴陽戰時中學中共黨員拒絶『軍訓』的密代電（1945. 11. 7）……五二五
三　國民黨政府教育部國防部關於頒發《高中及同等學校學生在校軍訓學分證書辦法》代電（1947. 7. 2）……五二七
四　胡雲山轉呈加强大中學校軍訓及令東北各省教育廳飭各校與訓育主任必配合進行反共密函（1948. 7. 30）……五二九
五　國民黨上海市立師專教官饒中文等爲鎮壓中共領導學運請加强滬市學校軍訓呈文（1948. 7. 31）……五三一
六　國民黨西康省教育廳轉送西康軍區一九四八年度第一學期學校軍訓工作計劃呈文（1948. 9. 20）……五三三
七　國民黨四川省教育廳轉報各學校對實施『軍訓』利弊得失意見呈文（1948. 9. 28）……五三七
八　國民黨廣西省政府轉報各學校對實施『軍訓』利弊得失意見代電（1948. 9. 29）……五四一
九　國民黨山西省會（太原）警察局特設青年『感訓』隊積極反共的有關文電（1948. 2—1948. 3）……五四三

一〇 國民黨熱河省教育廳爲配合軍事反共實施中等學校學生集訓并檢送集訓辦法呈文（1948. 5. 1）……五四七
一一 詹明遠關於瀋陽中學進修班學生紛紛退學反對改爲青年訓導班等情形密報（1948. 3. 19）……五五九

第八十八册 原第四輯第四十七册—第四十九册（上）

國民黨反共反人民的教育文化

【一】反共反人民的教育

二、加强學校法西斯化的教育

（三）阻撓和破壞進步學生升學

一 蔣介石關於防止復旦大學中共學生收聽及傳播延安新聞密代電（1945. 2. 25）……七
二 國民黨中央黨部對中共發動知識青年深入農村的對策及其實施步驟（1945. 10. 18）……九
三 國民黨政府教育部爲阻礙中共發動知識青年深入農村進行革命活動製訂破壞辦法與實施步驟有關密函（1945. 11—1946. 1）……三五
四 國民黨政府教育部關於嚴防滬育才中學進步學生至學校附近農村對農民作反內戰等宣傳密代電（1948. 1. 10）……三七
五 國民黨政府教育部嚴防滬光華等大學學生擬辦短期教育班乘寒假期間分赴農村進行革命活動密代電（1948. 2. 21）……三九
六 國民黨政府教育部嚴防江蘇醫學院學生王平宇撰文責罵國民黨發動內戰等密訓令（1946. 1. 24）……四一

七　國民黨政府教育部查辦廣西萬崗國民中學中共教員將國民黨禍國殃民罪迹編爲教材對學生進行宣傳等情形密訓令稿（1946. 8. 9）……四三
八　國民黨政府教育部查辦廣西博白中學進步學生宣傳閱讀中共或民盟刊物等情形密訓令稿（1946. 8. 30）……四七
九　國民黨政府教育部爲查明注意中共黨員王宗伊領導私立南通學院學生進行民主活動密代電（1946. 12. 6）……四九
一〇　國民黨政府教育部嚴防四川國立梓潼師範學校學生張貼壁報反對徵兵宣傳活動等密代電（1947. 3. 31）……五一
一一　國民黨政府教育部嚴防滬專科以上學校進步學生利用暑假分赴各地舉辦補習班等進行愛國宣傳密代電稿（1947. 8. 9）……五三
一二　詹明遠關於清華大學中共學生舉辦識字班進行革命宣傳密報（1947. 10. 23）……五五
一三　詹明遠關於澳門中共組訓工人學生等活動致國民黨政府教育部密報（1948. 6. 2）……五七
一四　國民黨政府教育部嚴防各大學應届畢業生的中共黨員被選赴空軍總司令部及各機關服務密代電稿（1948. 6. 23）……五九
一五　國立西北師範學院關於甘籍學生請願反對甘省府發行建設公債及被迫宣布停募代電（1949. 5. 11）……六一
一六　國民黨政府爲棉蘭華僑中學壁報轉載中共揭發蔣介石賣國罪行及被嚴限學生回國升學等經過情形往來代電（1946. 12）……六三
一七　國民黨政府教育部關於嚴格甄審中共所辦馬尼剌華僑聯合中學被迫停辦的轉學學生代電（1947. 12. 13）……六七
一八　國民黨政府外交部關於未能阻止留英學生中共黨員王安民已領出國旅行臨時證經過情形密代電（1948. 1. 12）……六九
一九　詹明遠爲調查留美醫務人員考試中有無中共黨員韓秋雁或韓肖康密特速函（1947. 3. 18）……七一

（四）布置特務學生

一　吴紹澍擬在滬臨時大學補習班籌設三青團分團部進行破壞學運的特務活動密電（1946. 2. 15）……七五

二　國民黨政府教育部關於滬臨大補習班已由國民黨三青團中央團部命令成立直屬分團籌備處的覆代電（1946. 4. 8）……七七

三　詹明遠關於中央大學學生反對包送青年軍入學等『三反』運動密報（1947. 10. 13）……七九

（五）對逃亡學生的控制與利用

一　國民黨政府教育部爲配合反共軍事等擬訂《流亡學生失業青年輔導救濟辦法》呈文（1947. 8. 25）……八三

二　國民黨《各省市公私立中等學校一九四八年上期應届畢業流亡學生學力測驗辦法》（1948. 10. 5）……八七

三　國民黨政府教育部檢送《各省市臨時中學暨聯合中學收容流亡學生救濟暫行辦法》呈文（1948. 10. 20）……八九

四　國民黨政府教育部《戡亂期間中等以上學校及其流亡學生處理辦法大綱》（1947）……九一

五　國民黨政府教育部安置中等學校流亡學生暫行辦法（1947）……九三

六　國民黨政府國防部青年救國團爲加强對流亡學生的特務訓練檢送《各聯合中學及臨時中學學生組訓辦法》代電（1949. 2. 4）……九七

七　國民黨政府《教育部安置流亡學生報告書》（1948）……九九

八　翟韶武爲控制學生思想言行擬訂《河南南來員生安置委員會組織規程》呈文（1949. 7. 23）……一〇五

九　國民黨首都警察廳爲轉飭嚴防中共領導豫籍流亡學生進行請願及設法破壞密代電（1948. 7. 24）……一〇七

一〇　國民黨政府國防部防止豫籍流亡學生受到中共愛國宣傳轉陳會商籌設南京市夏令營脅迫收訓代電（1948. 7. 21）……一〇九

一一　國民黨政府教育部擬具實施集訓培植反共幹部等爲處理解放區流亡學生簽呈（1948. 8. 5）……一一三

一二　國民黨首都衛戍司令部等關於擬定管理豫魯流亡來京學生處理臨時辦法往來代電（1948. 9）……一一五

一三　國民黨首都警察廳爲防止魯中流亡學生等來寧預籌五項應付辦法代電（1948. 10. 11）……一一九

一四　國民黨衢州『綏靖』公署爲擬成立教導師集中流亡學生訓練代電（1949.1.12）……一二一
一五　國民黨浙江金華縣政府關於河南流亡中學生沿門求乞慘狀及請撥米救濟代電（1949.3.3）……一二三
一六　黄少谷關於東北流亡來穗中學生史福慶等爲生命垂危請予衣食醫藥救濟案通知單（1949.5.7）……一二五

三、反人民内戰下的教育危機

（一）教育的腐敗

一　國民黨教育部長朱家驊貪污舞弊被檢舉的傳單（1947.7）……一二九
二　河南教育協進會代表陳立人等控訴教育廳長王公度違法貪污并請撤懲呈文（1947.3.26）……一三三
三　國民黨政府監察院派員會查安徽教育廳長汪少倫貪污案公函（1947.10.6）……一三七
四　張大公控訴南京市教育局長摧殘教育包辦選舉等情形呈文（1946.8.19）……一三九
五　重慶市中小學教職員印發《請看本市教育局長任覺五之黑幕》告各界人士書（1946.10）……一四三
六　穆宗敬等爲查辦渝市教育局主任秘書喬誠貪污舞弊違法瀆職等情形呈文（1947.5.26）……一四七
七　巢國棟等密陳江西宜豐縣教育科長胡師文劣迹及要求撤辦呈文（1947.9.9）……一四九
八　舒盛昱等檢舉安徽六安縣教育科長馮鑄堂僞造學歷證件及請嚴懲呈文（1946.11）……一五三
九　安徽學院教授臚列院長發表聯合宣言貪污等劣迹（1947.2.10）……一五五
一〇　國民黨憲兵司令部轉送重慶東北法商學院學生反對院長無能及校政黑暗并要求撤換情報的代電（1948.5.27）……一五九
一一　關於龍陵師範學生列舉校長貪污案發起護校運動提出維持員生生活等要求及繳獲派往鎮壓國民黨兵槍械情形有關電文（1948.1—1948.7）……一六一
一二　國立第七中學學生自治會控訴校長李德和弃職停頓校政及貪污學生膳費代電（1948.7.14）……一六七
一三　國民黨政府教育部青年復學就業輔導委員會爲懲辦豫省立一臨中校長在南京率學生辦理登記認爲不公搗毁工作隊代電（1948.10.26）……一六九

一四　天津東北四臨中校長張曾銘爲教員五個月未領工薪要求撥發各項經費電（1948. 10. 28）……一七一
一五　國民黨各省政府爲庫存如洗無法接濟各邊校糧款覆教育部有關電文（1949. 5—1949. 6）……一七三
（二）摧殘教育
一　國民黨政府教育部關於嚴防滬進步教師團體爲保障私立學校教師職業發起職業保障運動密訓令（1946. 8. 3）……一七七
二　國民黨政府教育部關於嚴防滬南洋模範等中學學生爲反對增加學費組織『上海市學生學業保障委員會』情形密代電（1947. 3. 1）……一七九
三　華北學生憲兵司令部等聯合會關於力争教育經費改善教員待遇等意見函（1947. 8. 15）……一八三
四　國民黨關於滬私立大中學校學生爲推動助學反對增加學費等組織『上海市學生學業保障委員會』有關文件（1947. 9）……一八五
五　國民黨政府社會部轉送滬學生保障學業聯合會提出改善教職員待遇等六項要求的代電（1947. 10. 16）……一九三
六　國民黨憲兵司令部檢送江蘇學院醞釀罷課提出校方經濟公開的要求情報致教育部代電（1948. 4. 1）……一九五
七　詹明遠關於滬市各界搶救教育危機聯合會印發要求改善待遇傳單有關密報（1948. 3）……一九七
八　國民黨政府教育部嚴防北京清華兩大學自治會組織類似滬市搶救教育家長會活動密代電（1948. 3. 22）……一九九
九　詹明遠關於國立北平鐵道學院中共組織搶救教育危機委員會要求改善教職員生待遇密報（1948. 4. 13）……二〇一
一〇　私立光華大學請改國立運動委員會爲挽救失學危機要求改國立大學呈文（1948. 6）……二〇三
一一　大夏大學國立促進委員會爲搶救失學危機要求改國立大學呈文（1948. 6. 21）……二〇五

一二　私立武昌中華大學申請改制委員會爲挽救失學危機全體學生停課要求更改國立大學代電（1948. 6. 23）…………二〇七

一三　朱家驊關於制止及嚴懲江蘇省立江蘇學院學生來南京請願要求改爲國立大學有關函電（1947. 6. 23）……二〇九

一四　國民黨政府教育部關於制止滬光華等三大學學生罷課請願發表宣言要求改爲國立并嚴懲爲首學生訓令（1948. 7. 7）…………二一一

一五　詹明遠關於民盟支持陳鶴琴反對改國立幼專爲市立的密報（1948. 6. 2）…………二一三

一六　國民黨中統局關於滬中法大學學生反對法籍教師藉故體罰學生及迫使校方接收徹底改革校制等有關密報（1946. 1—1946. 2）…………二一五

一七　國民黨政府教育部青年復學就業輔導委員會關於轉飭所屬防範中共發動學生要求對公私立學校同等待遇等情形密代電（1946. 7. 30）…………二一七

一八　國民黨青島市長李先良等爲教員被槍殺及學生罷課反對甄審情形密電（1945. 12. 18）…………二一九

一九　丁伯誠關於南京上海大中學校學生罷課請願反對會考的情報（1947. 5. 19）…………二二一

二〇　國民黨政府教育部爲飭屬保護東北大學四院校聯合對東北私立院校進行編級考試電（1948. 10. 16）…………二二三

二一　詹明遠關於滬教授會等慰問及邀請留德學生馬聳雲分赴各校講述因失業自殺未遂緣由密報（1947. 12. 3）…………二二五

二二　商行義抄送民主同盟在港創辦達德學院情形的密報（1946. 11. 27）…………二二七

二三　詹明遠關於郭沫若等爲紀念陶行知在香港籌辦中業學院進行革命活動密報（1948. 8. 4）…………二二九

（三）破壞青年學生奔赴解放區

一　國民黨政府教育部嚴防中共在濟南領導學運及招收青年學生赴解放區求學密訓令稿（1946. 10. 11）……二三三

二　國民黨政府教育部對待解放區學校與學生的報告（1947. 11）…………二三五

三　國民黨政府教育部防止中共歡迎工人及各大專學校學生等前往張家口參觀密代電（1946. 7. 6）……二三七

四　國民黨政府青年復學就業輔導委員會爲開展破壞中共在張垣吸收青年等密急電（1946.9.28）……二三九
五　郝任夫擬訂制止平津貧苦學生逃往解放區滄縣山東省立渤海公學辦法覆呈文（1947.1.28）……二四一
六　國民黨政府教育部關於嚴防中共在渝組織『職業青年社』將出版刊物并介紹各校進步學生等設法赴延安密代電（1947.2.13）……二四三
七　詹明遠爲蘇聯駐華領事向大使館報告平津將有大批青年學生反對國民黨破壞和平奔赴解放區密報（1947.7.15）……二四五
八　國民黨關於嚴防長春大學學生奔赴解放區有關文件（1948.1—1948.3）……二四七
九　詹明遠關於平津學生紛赴解放區就讀情形的情報（1948.3.8）……二五一
一〇　國民黨特務李育爲設法破壞中共在魯省各地成立招待站歡迎被裁及失學人員至解放區工作函（1948.3.26）……二五三
一一　丁伯誠關於嚴防瀋陽各大中學校學生奔赴解放區情形密報（1948.7.27）……二五五
一二　關於開封解放大批青年學生赴解放區後方求學情形有關文件（1948.7—1948.8）……二五七
一三　詹明遠關於中共吸收香港新界學校進步學生赴解放區工作密報（1948.8.4）……二五九
一四　國民黨政府國防部二廳等關於長春大學代理校長張德馨赴解放區經過有關文件（1948.9）……二六一

【二】反共反人民的文化

一、反共宣傳辦法及實施狀況

一　國民黨政府行政院新聞局爲加强報刊電影等反共宣傳的《戡亂剿匪宣傳第三次工作報告》（1947.2.15—1947.2.28）……二六九
二　董顯光李惟果爲蔣介石手令進行國内外反共宣傳擬具《宣傳研究小組實施辦法》呈文稿（1947.9.1）……二七三
三　國民黨政府行政院新聞局關於檢送反共『宣傳綱領』并廣爲運用宣傳代電（1948.2.12）……二七五
四　國民黨中央廣播事業管理處爲騷擾中共播音『透視共匪的廣播宣傳』備用密函（1948.10.15）……二八七

五　國民黨三青團中央幹事會已令航寄反動宣傳書刊及撥送經費進行破壞廣州學運密函（1946.7.20）……三〇一
六　國民黨政府行政院新聞局等擬用『新世紀出版社』名義出版書刊掩護反共宣傳往來密函（1947.1—1947.12）……三〇三
七　關於國民黨江蘇省蘇錫常三地報社維護反動法令登載阻礙學運新聞引起學生不滿進行搗毀有關文件（1947.4）……三〇五
八　國民黨中央執行委員會爲加强反共廣播宣傳代電（1948.8.17）……三〇九

二、强制檢查郵電

一　國民黨政府行政院爲修正《郵寄極機密文件辦法》的訓令（1948.2.16）……三一三
二　關於國民黨各地黨政軍機關强制檢查郵件及電信有關文件（1946.11—1947.1）……三一五
三　國民黨首都衛戍總部請於衛戍區内各重要城鎮實施郵電檢查以弭『匪患』案審查會（1948.5.7）……三一九

三、查禁進步的電影歌劇漫畫新文字

一　國民黨政府行政院秘書處轉送核議關於内政部修正電影檢查法草案及各條修正理由説明的通知單（1948.2.4）……三二三
二　國民黨政府内政部關於僞憲行將實施嚴格檢查電影及由各省市政府轉飭嚴密注意戲劇話劇公函（1947.5.22）……三二三
三　國民黨政府内政部防止電影反映國民黨政府實施反動措施嚴格檢查電影的訓令（1947.5.22）……三二五
四　于鳴臯爲密請注意蘇聯駐華大使館新聞處放映影片招待南京各校學生并定以後招待辦法函（1947.9.9）……三二七
五　國民黨政府教育部爲嚴防南開大學等三院校學生自治會請蘇聯領館派員至各校放映電影及供售馬列主義書籍密代電（1948.5.5）……三二九

六 國民黨政府内政部關於各國非營業影片必經檢查領准演執照方得映演尤禁蘇聯借影片與北京學校宣傳共産主義代電（1948.5.8）……三四一
七 國民黨政府教育部關於編擬各種凱歌選辭句應避免引起日人反感爲準訓令（1946.4.25）……三四三
八 國民黨中統局檢扣的進步歌曲《五塊錢》《怎得了》《爲什麽》暨《茶館小調》及有關公函（1946.5）……三四五
九 國民黨政府教育部關於查禁革命性的流行歌曲密令（1947.7.17）……三四七
一〇 國民黨政府教育部關於重申查禁革命性的童謡歌曲密令（1947.7.25）……三四九
一一 國民黨政府教育部關於查禁嚴懲中共利用漫畫音樂等方式進行革命性的宣傳密急電（1948.5.18）……三五一
一二 詹明遠關於中共在港成立新文字學會提倡拉丁化文字運動密報（1947.12.20）……三五三
一三 國民黨政府教育部嚴禁使用解放區的簡體文字密代電（1947.8.30）……三五五

四、查禁進步報刊

（一）統制新聞出版發行的反動辦法

一 國民黨政府行政院頒發《管理收復區報紙通訊社雜志電影廣播事業暫行辦法》訓令（1945.9.27）……三五九
二 國民黨中央宣傳部檢送修正通過《廢除出版檢查制度辦法》密公函（1945.9.27）……三六三
三 國民黨政府教育部青年復學就業輔導委員會各省市青年輔導處出版《青年輔導刊物辦法》（1946.1）……三六五
四 國民黨政府内政部繕具《出版法修正案檢討意見》呈文（1947.12.12）……三六七
五 國民黨政府爲統治新聞事業擬具《國民新聞公司組織綱要草案》（1948.3.9）……三七一
六 國民黨甘肅省政府等關於規定各報社通訊社將每日發布的新聞呈送審查往來公函（1949.7—1949.8）……三七五
七 國民黨政府内政部爲嚴格統治平津等地解放區遷粤發行的報社通訊社及雜志社公函（1949.10.5）……三七七
八 國民黨政府行政院關於修正通過《動員戡亂期間新聞采訪發布辦法》密訓令（1948.6.25）……三七九

九　鄭忠華關於復旦大學壁報社團學會團體發表拒絕新聞書刊檢查宣言并反對校方公布《學生言論規約》的密報（1945.10.20）……………………三八三
一〇　國民黨政府行政院『綏靖區』政務委員會爲打擊與禁止各報刊載公正言論提出四點管理新聞措施密代電稿（1947.2.14）……………………三八五
一一　國民黨政府國防部關於統制檢查瀋陽新聞電訊案代電及抄件（1948.2.2）……………………三八七
一二　國民黨鉗制與論控制書報業所需用的白報紙擬訂《白報紙配給之標準》（1947.12.6）……………………三八九
（二）迫害《新華日報》《解放日報》
一　國民黨重慶衛戍總司令部檢送否認『中央社』披露暴徒受指揮搗毀《新華日報》社經過新聞稿致各報社箋函（1946.2.23）……………………三九三
二　國民黨發動各地參議會要求制裁延安《解放日報》重慶《新華日報》登載革命言論有關電文（1946.5—1946.7）……………………三九五
三　國民黨雲南省主席盧漢藉詞鉗制真實輿論無理查封《新華日報》昆明分銷處致行政院的文電（1947.3.4）……………………三九七
（三）查封革命刊物
一　國民黨中統局關於昆明當局決定迫害《中國周報》等進步刊物的辦法情報（1946.1.30）……………………四〇一
二　國民黨政府教育部等關於查禁香港海洋書屋印刷革命書刊廣告往來密電（1948.1）……………………四〇三
三　曾虛白等爲交涉破壞新華社在倫敦發行『周報』往來函件（1948.1）……………………四〇五
四　國民黨政府國防部政工局關於密請注意蘇聯使館新聞處印發《蘇聯類編》經常報導蘇聯各項建設代電（1948.9.8）……………………四〇七

（四）迫害報社
一　國民黨淞滬警備司令部關於强迫《文彙報》《聯合日報晚刊》及《新民晚報》停刊的軍令（1947.5.24）……四一一
二　國民黨政府鉗制輿論迫令南京《新民報》永遠停刊有關文件（1948.8—1948.10）……四一三
三　國民黨上海市政府轉陳擬封閉蘇聯《時代日報》載登公正言論公函（1948.3.13）……四五一
四　國民黨臺灣省政府關於《臺北晚報》載《公教人員的哀鳴》一文被勒令停刊經過情形代電（1949.5.27）……四五五
五　國民黨四川省政府等爲成都《新民報》破壞反共宣傳被查封經過往來文電（1949.7—1949.8）……四五七
（五）殺害記者
一　上海市新聞記者公會爲保障新聞業務及從業人員的安全代電（1947.9.15）……四六一
二　王懋功關於飾詞殺害南通縣《新通日報》記者及迫害文協理事等案經過情形電（1946.4.15）……四六三
（六）查禁各學校壁報
一　國民黨重慶市政府爲轉飭注意中央大學『野馬社』用紅色封面紀念該校『一二五』運動的公函（1946.4.27）……四六七
二　國民黨政府教育部關於嚴防渝市立二中中共學生聯合組織『五月詩學社』等轉載《新華日報》新聞密代電（1947.3.26）……四六九
三　詹明遠關於滬學聯決定改進學生報辦法的情報（1947.10.4）……四七一
四　國民黨政府内政部關於轉飭《中大新聞》禁載全國學聯爲魏德邁來華發表反美帝干涉中國内政之密函（1947.9.30）……四七三
五　孫連仲爲禁止中央大學《太公》等壁報進行愛國宣傳代電（1943.4.2）……四七五

六　國民黨政府教育部爲注意江蘇醫學院教授邵象伊及繪圖員邵恒秋撰寫文畫諷刺當局的密訓令（1946. 2. 7）……四七七

五、破壞進步文化組織活動

一　國民黨社會部關於干涉昆明市文化界慶祝勝利大會發表要求真正民主團結言論的電文（1945. 9）……四八一
二　國民黨教育部防制昆明各文化團體迎接勝利反對内戰活動有關文件（附原通電）（1945. 9）……四八五

六、中共保護文物古迹與國民黨盜竊破壞

（一）中共保護文物古迹

一　國民黨中央宣傳部抄送中共西北中央局等聯合布告保護西北文物古迹的情報代電（1948. 6. 7）……四九三

（二）日德意各帝國主義對文物的劫奪

一　國民黨政府《教育部清理戰時文物損失委員會組織規程》（1946. 2. 23）……四九七
二　國民黨國立北平故宫博物院關於接收溥儀携出文物經過情形公函（1945. 7. 27）……四九九
三　章斗航爲調查抗戰日寇掠奪各省文物情形及建設羅致金石書畫專家隨軍派日搜索函（1945. 8. 24）……五〇一
四　國民黨政府教育部關於日本應歸還及應抵償我國文物損失的公函（1945. 10. 15）……五〇三
五　國民黨政府教育部清理戰時文物損失委員會關於會同内政部轉函各省市公告登記文物損失辦法呈文（1945. 10. 26）……五〇七
六　國民黨政府考選委員會轉請追還日寇掠劫古物宋銅人腧穴像公函（1945. 12. 25）……五〇九
七　國民黨政府教育部關於轉飭向法國交涉收回被劫文物古銅鼎等件案公函（1946. 3. 16）……五一一
八　國民黨政府外交部關於辦理追還在香港被日寇劫取中央圖書館善本書籍案經過代電（1946. 3. 28）……五一三
九　國民黨政府教育部轉報追查日寇掠奪餘姚龍山王陽明先生石像呈文（1946. 5. 3）……五一五
一〇　國民黨國立北平故宫博物院接收中央銀行長春分行運北京古物經過情形呈文（1946. 12. 9）……五一七

一一　國民黨政府行政院賠償委員會關於延期歸還日人在山東曲阜漢靈光殿遺址盜掘的古物代電（1949. 6. 23）……五一九
一二　國民黨政府行政院抄發《接收敵僞逆文物審核委員會組織規程》的訓令（1948. 3. 9）……五二一
一三　國民黨政府外交部轉告無法追究日寇劫奪齊魯大學鐳針代電（1949. 1. 1）……五二三
一四　中國戰時文物損失數量凡例及估價總目（1949. 1. 24）……五二五
一五　中國駐日代表團賠償及歸還物資接收委員會關於接收嶺南大學等書籍情形代電（1949. 3. 1）……五二七
一六　國民黨政府行政院秘書處查復江蘇省被日寇劫掠古物寶應縣漢射陽石門畫像等詳情公函（1949. 3. 23）……五二九
一七　國民黨政府行政院賠償委員會關於繼續追查王星拱在武昌被日寇劫奪書籍古物案代電（1949. 7. 25）……五三一
一八　國民黨政府教育部轉飭查詢抗戰前存德使陶德曼處油畫等下落訓令（1945. 10. 2）……五三三
一九　國民黨政府教育部與外交部爲調查意大利庚子年掠奪我國文古案往來公函（1945. 9—1946. 1）……五三五
附：四川大足石刻古迹的報告書
一　李石曾檢送關於四川大足石刻報告書摘要請迅籌保存該處古迹辦法函（1946. 12. 31）……五四三

愛國民主鬥争的工農學生運動

【一】工人運動

一、國民黨鎮壓工人運動的陰謀辦法

一　國民黨政府社會部破壞工人運動第一次會議記録（1945. 7. 20）……六〇九
二　國民黨重慶衛戍總司令部爲防止工人罷工請印發布告致戰時生産局代電（1945. 9. 1）……六一三
三　國民黨政府財政部人事處抄送《後方區廠礦停工減工處理辦法會議記録》公函（1945. 9. 28）……六一五
四　國民黨重慶衛戍總司令部爲再發生工人運動請轉告鎮壓代電（1945. 10. 30）……六一九

五　蔣介石限期擬訂破壞工人學生運動辦法的手令（1946. 2. 8）……六二一
六　國民黨政府司法行政部轉飭鎮壓中共領導工人運動案訓令（1946. 2. 15）……六二三
七　國民黨政府交通部等會商關於監視各廠礦工人及破壞工運策略的會議記録（1947. 5. 16）……六二五
八　谷正綱檢送《上海市失業工人輔導委員會資遣工人回籍辦法》及該會《遣散來滬失業工人臨時招待所辦法》呈文（1947. 10. 30）……六二七
九　國民黨政府《加强全國總工會及各業工會聯合會組織辦法》（1948. 7. 26）……六三一

第八十九册　原第四輯第四十九册（下）—第五十二册（上）

愛國民主鬥争的工農學生運動

【一】工人運動

二、國民黨準備發動反人民内戰期間的工人運動

（一）川滇等地的工人運動

一　國民黨國民政府主席重慶行轅民事處編印《重慶區一年來的工潮》（1945. 10—1946. 12）……三
二　中國興業公司爲所屬製鋼機器窑業三廠工人罷工要求增加工資及不得無故開除工人等情形代電（1945. 11. 15）……五五
三　豫豐紗廠重慶分廠爲破壞工人罷工運動請求武力遣散工人代電（1945. 8. 29）……五七
四　國民黨中統局關於鎮壓重慶裕華申新兩紗廠工人罷工鬥争情形的情報（1946. 2）……五九
五　國民黨中統局關於鎮壓重慶裕華紗廠工人罷工要求發給年終紅利等情形情報（1946. 2）……六一

六　國民黨中統局關於重慶裕華紗廠工人罷工鬥争勝利結束經過情形情報（1946. 3. 9）……………………六三
七　國民黨政府軍委會政治部關於花紗布管制局重慶工廠藉故開除工人引起工人罷工反對情形公函（1945. 10. 27）……………………六五
八　國民黨中統局關於重慶中國毛紡織廠工人罷工要求增加工資等情形的情報（1946. 2. 27）……………………六九
九　關於新中工程公司重慶李家沱分廠工人罷工請願反對無故開除工人及要求增加工資等經過情形有關文件（1945. 10）……………………七一
一〇　國民黨政府戰時生産局爲破壞工人罷工運動轉飭重慶李家沱各工廠自行製訂管理規則代電（1945. 11. 6）……………………七七
一一　中國糧食工業公司農化工廠報告全廠工人罷工要求增加工資呈文（1945. 11. 7）……………………七九
一二　國民黨重慶衛戍總司令部等關於鎮壓三才生煤礦公司運輸工人罷工要求發給勝利獎金等情形往來代電（1945. 10—1945. 11）……………………八一
一三　國民黨中央造紙廠請求鎮壓工人罷工要求合理待遇等情形致戰時生産局有關呈文（1945. 11）……………………八三
一四　關於鎮壓重慶大川實業公司石棉製針兩廠工人罷工提出增加工資等七項要求有關文件（1945. 11）……………………八七
一五　國民黨中國植物油料廠鐵工廠關於强迫遣散破壞工人罷工反對藉故開除工人函（1945. 10. 17）……………………九三
一六　國民黨中統局關於重慶南岸等地猪鬃工人進行鬥争要求發給遣散費情形的有關情報（1946. 1—1946. 2）……………………九五
一七　國民黨中統局關於重慶華南印刷廠工人罷工請願要求發給年終紅利等情形的情報（1946. 2. 1）……………………九七
一八　國民黨中統局關於重慶電信局職工罷工要求發給年終津貼等情形的情報（1946. 3. 1）……………………九九
一九　國民黨巴縣縣政府關於慶華顔料廠工人罷工要求改善待遇等經過代電（1945. 10. 17）……………………一〇一
二〇　四川巴縣恒順機器廠報告破壞工人罷工要求取消包工制等經過情形呈文（1945. 10. 25）……………………一〇三
二一　國民黨中統局關於中共領導自貢市工人進行罷工組織活動情報（1945. 11. 27）……………………一一三
二二　國民黨中統局關於中共領導昆明中央機器廠工人罷工提出行政公開等四項要求情報（1946. 2. 9）……………………一一五

二三　國民黨中統局關於滇緬路局昆明修理廠工人要求發放勝利獎金等進行鬥争情報（1946.3.5）……一一七
二四　國民黨中統局關於渝蓉昆三地電信局職工罷工請願要求調整待遇情形的情報（1946.3.7）……一一九
二五　國民黨中統局關於西安紅興紗廠工人罷工要求提高待遇等情形情報（1946.3.9）……一二一
二六　國民黨重慶地方法院檢察處爲泥水工人張德成高呼革命口號被誣『危害民國』罪有關文件（1946.10—1946.11）……一二三

（二）『劫收』地區的工人運動

一　谷正綱爲破壞中共領導上海工人罷工鬥争情形致蔣介石的有關文電（1945.10—1945.11）……一三三
二　國民黨政府社會部爲破壞滬日資工廠工運擬訂四點意見及實施經過有關文件（1945.10—1945.12）……一三五
三　工人請願團朱同康等提出『四要』『三不』請求緊急救濟失業工人呈文（1945.10.15）……一三九
四　谷正綱關於鎮壓滬工人運動辦法密電（1945.11.11）……一四一
五　蔣介石關於鎮壓上海郵電及新新等六大公司工人罷工案經過情形電（1945.11.15）……一四三
六　張茲闓爲破壞上海工人罷工經過及建議鎮壓辦法呈復國民黨政府經濟部文（1945.12.12）……一四五
七　張茲闓爲鎮壓中華烟草公司及華中礦業公司馬鞍山等礦區工人要求發給遣散費鬥争情形代電（1945.12.13）……一四七
八　錢大鈞關於滬法商電車公司拒絶職工提出六項合理待遇要求并停電停車要挾致蔣介石密電（1946.1.17）……一四九
九　蔣介石關於上海製造業工人游行請願要求復工組織工會遭美軍干涉屠殺情形代電（1946.2.1）……一五一
一〇　上海市銀錢業失業同人聯合會爲請救濟停業行莊遣散員工并條陳三項辦法呈文（1946.2.14）……一五三
一一　國民黨政府軍委會關於上海水木工人罷工要求調整待遇被保衛團槍殺情形有關代電（1946.3）……一五五
一二　國民黨政府參軍處爲上海復員機械工人請願要求分發工作情形致經濟部函（1946.4.1）……一五七
一三　上海英美烟公司第一廠失業工人代表姚天祥等要求復廠開工并臚列緣由呈文（1946.4.8）……一五九

一四　吴聞天轉報鎮壓蘇州鴻生火柴廠工人罷工要求增加工資呈文（1946.3.3）……一六一
一五　國民黨天津市長張廷諤等關於東亞毛織等公司工人請願要求改善待遇增加物資及被破壞經過情形代電（1946.1.19）……一六三
一六　國民黨開灤礦務總局爲林西唐家莊煤礦工人罷工要求改善待遇經過情形呈文（1946.4.11）……一六五

附：新疆築路工人反對迫害的鬥争

一　國民黨政府國防部新聞局等關於南疆公路局工程處虐待及槍殺民工情形往來文件（1946.2—1946.3）……一七三

三、國民黨反人民内戰敗潰期間的工人運動

（一）各地的工人運動

一　國民黨天津市長張廷諤等爲防止工人罷工請飭轉令各公私民營工廠籌組勞資糾紛處理委員會有關電文（1946.7.1）……一七七
二　國民黨政府水利委員會關於鎮壓天津海河工程局工人罷工要求改善待遇等經過案致行政院有關文件（1946.7）……一七九
三　國民黨陝西省政府鎮壓西安大華紗廠工人要求增加工資罷工情形（1C46.8）……一八九
四　滬皮鞋業工人總罷工要求按生活指數發給工資（1947.6.14）……一九三
五　漢口市各染織工廠工人代表不服國民黨漢口市政府處分評斷工資争執主張廢除不公部分提起訴願呈文（1947.12.12）……一九五
六　關於南京屠宰工人要求小腸歸工人被拒絶罷工及國民黨派兵干涉并槍傷工人情形有關文件（1948.8—1948.9）……一九九
七　國民黨政府行政院秘書處轉告津浦鐵路工人抗繳『綏靖』臨時費及搗毁區公所等情形案公函（1948.8.18）……二〇三
八　中國紡織公司報告鎮壓所屬各廠工人罷工要求改善待遇等經過情形有關呈文（1949.1）……二〇七

九　中華烟草公司爲被撤換職工抗議公司無理行爲及要求發給遣散費情形呈文（1949.2.3）……二一七
一〇　國民黨四川省政府社會處爲犍樂鹽場鹽工反對强迫解雇鬥争案經過呈復内政部文（1949.4）……二一九
（二）王孝和慘案
一　國民黨上海高等特種刑事法庭殺害王孝和烈士等秘密『判决書』有關文件（1948.6.30）……二二五
四、國民黨逃亡廣州期間妄圖掙扎破壞的陰謀
一　郭懺爲防範各軍需工廠工人罷工辦法的呈文（1949.5.14）……二三五
二　國民黨政府内政部企圖破壞中共領導工人運動規定四項辦法致各省市政府代電（1949.6.15）……二三七
三　國民黨政府内政部妄想破壞工運擬組織特務機構的《非常時期全國工運實施方案》草稿（1949.7）……二三九
四　國民黨政府内政部妄想破壞工運擬訂的《加强全國工運實施方案》（1949.7）……二四五
五　國民黨政府内政部企圖在解放區進行破壞工運特務活動的《戡亂時期敵後工運實施辦法》（1949.7）……二五五
六　國民黨政府破壞海員工運黨務工作要點（1949.7.26）……二五九
【二】農民運動
一、川陝邊區及河南省農民的反抗鬥争與國民黨的鎮壓
一　國民黨政府主席重慶行轅轉呈屠殺川陝邊區六八道河等地農民被迫種烟經過有關文件（1946.6—1946.7）……二六三
二　關於河南新蔡農民反抗壓迫武裝圍攻國民黨軍暫五軍預八師團師部等情形電（1946.9.6）……二七一
附：南京杭州市民搶米風潮
一　方超等關於糧食恐慌南京發生搶米風潮的報告（1948.11.11）……二七五
二　謝昆清關於鎮壓南京難民等争掃運漏軍糧被栽誣搶米經過報告（1948.10.13）……二七七
三　賈知時關於調查杭州市搶米風潮情况的報告（1947.5.9）……二七九
四　余仲箎關於鎮壓南京市民搶購麵粉情形報告（1948.5.7）……二八三

【三】學生運動

一、國民黨鎮壓學運的反動措施

（一）反動法令與辦法

一　國民黨中央黨政軍聯席會秘書處關於修改鎮壓學運方案的密函（1947.2）……二九一

二　國民黨行政院秘書處關於壓制學生請願二項決議的公函（1947.5.16）……二九三

三　國民黨政府内政部爲鎮壓工人罷工學生罷課請願游行訓令（附件）（1947.5.17）……二九五

四　國民黨政府剥奪人民罷工罷課請願自由製訂《維持社會秩序臨時辦法》（1947.5）……二九九

五　丁伯誠檢送鎮壓學校中共地下工作人員并宣傳如何配合辦法密函（1948.3.24）……三〇一

六　國民黨中央青年部爲破壞學運檢送『配合學校肅奸工作宣傳實施談話會』記録及『宣傳實施計劃』密函（1948.6.15）……三〇三

七　國民黨政府教育部通飭全國公私立專科以上學校查明中共及愛國學生立即開除學籍等嚴懲密代電（1948.6.26）……三〇九

八　國民黨中央黨政軍幹部聯席會議秘書處請飭特刑庭不得保釋被捕學生代電（1948.11.26）……三一一

九　國民黨中央宣傳委員會妄想控制學生進行愛國活動的《加强學校政治教育辦法》（1949.9.13）……三一三

一〇　國民黨防止四川國立第二華僑中學進步學生活動有關文件（1945）……三一五

一一　國民黨政府教育部爲迅速破壞中共領導學生運動使用代名傳遞情報的密函（1946.12.19）……三三一

一二　國民黨浙江教育廳報告對有關學運文件請使用代號的代電（1947.3.5）……三三三

附：國民黨破壞學生運動進行特務活動各機關化名考證表……三三五

一三　國民黨湖北教育廳報告關於武漢市破壞學運的青運小組會議情況的呈文（1947.6.2）……三三九

一四　國民黨關於天津教育局索取鎮壓學運辦法的方案及市府撥給活動費等情的密呈（1947.6.28）……三四九

一五　國民黨剥奪人民通訊自由非法檢扣信件并擬迫害進步人士密函件（1947.7.17）……三五一

一六 國民黨教育部用反動教育措施阻撓各校學運活動函（1947. 12. 26）……………………… 三五三
一七 詹明遠關於上海《學生報》指責國民黨『户籍連環保結』反動措施情報（1948. 3. 30）……………… 三五五
一八 國民黨增援大批經費來鎮壓學生争取民主自由的運動（1948. 6—1948. 7）…………………… 三五七
一九 中央大學校長室奉頒國民黨爲鎮壓學運的代電抄致訓導長密函（1948. 8. 23）………………… 三五九
二〇 國民黨政府首都衛戍司令部關於逃亡前夕組織黨軍警憲聯合鎮壓學運小組公函（1949. 4. 9）…… 三六一
二一 長沙善後救濟分署向大光對當局黨政軍警對付學運方式提出幾點意見函（1947. 4. 8）………… 三六五
二二 國民黨北平教育局王季高建議形勢危急要大力迫害進步學生電（1948. 2. 14）………………… 三七一

（二）『黨』『團』特務破壞學運的活動

一 關於國民黨退伍青年軍在海疆學校組織情報組并糾衆滋事的文件（1947. 1. 7）………………… 三七五
二 陳長青抄送國民黨黨徒三青團反共反蘇游行失敗情報的函（1947. 4. 2）…………………… 三七九
三 國民黨指示三青團特務秘密破壞學運暴露面目者設法掩護或轉學密函（1947. 6. 9）……………… 三八一
四 胡雲山等關於轉學離校金陵大學特務學生仍准回校繼續進行破壞學運活動往來密函（1948. 3）…… 三八三
五 詹明遠關於昆明警備總部派特務潛入中山中學抄學生競選會上黑名單被拿獲的情報（1948. 4. 13）…… 三八五
六 胡雲山抄送中大學生要求公費的活動及暨大特務學生糾夥校外特務流氓槍殺進步學生情報
（1948. 4. 15）……………………………………………………………………… 三八七
七 北大等校關於嚴令追究武裝特務竄入北平師範學院綁架及毆傷學生并搗毀搶劫財物有關電文
（1948. 4）…………………………………………………………………………… 三八九
八 詹明遠關於中正大學三青團青年軍學生在校行凶引起同學罷課抗議的情報（1948. 5）………… 三九一
九 國民黨用黨棍特務打入唐山工學院以達破壞該校學運密函（1948. 6. 19）………………… 三九三
一〇 國民黨特務在齊魯大學破壞『二月學運』被揭發後又設法轉入中大繼續破壞學運密函（1948. 8. 10）…… 三九五
一一 國民黨三青團特務在川大積極活動并要求當局撥發破壞學運經費電（1948. 12. 30）………… 三九七

一二　國民黨特務密報在川大華大活動情況電（1949. 1. 4）……三九九
（三）非法破壞學生自治會
一　國民黨政府爲破壞學運嚴防各校學生自治會進行革命活動密訓令（1945. 9）……四〇三
二　國民黨關於加强破壞專科以上學校學生運動應嚴密訓導控制學生自治會等活動往來函件（1945. 12—1946. 2）……四〇五
三　國民黨政府教育部關於中華工商專科學校學生楊榴英被選爲上海『學聯會』領導人應即開除學籍密代電（1946. 9. 18）……四〇九
四　國民黨政府教育部等擬以『三青團』組織各種學生研究會進行破壞中共領導各校學生自治會活動往來文件（1946. 12—1947. 1）……四一一
五　國民黨上海市教育局關於三青團控制大同大學學生自治會密呈（1946. 12. 14）……四一三
六　國民黨政府教育部頒發《學生自治會修正規則》訓令（1947. 12. 6）……四一五
七　關於國民黨特務學生在中央大學破壞學生自治會改選身份暴露開除後當局又設法更名打入其他院校密函（1947. 12. 10）……四一九
八　詹明遠關於中大進步學生反對教部改訂之學生自治會組織法的情報（1947. 12. 16）……四二一
九　詹明遠關於中大學生選舉學生自治會對中外記者發表聲明的情報（1948. 1. 7）……四二三
一〇　國民黨首都警察廳關於中大學生反對校方一手包辦自治會組織的代電（1948. 2. 26）……四二五
一一　武漢大學學生對國民黨教育部修改學生自治會規則提出抗議的代電（1948. 2. 4）……四二七
一二　國民黨政府教育部關於防止北大北洋等院校學生組織七大學聯盟反對部頒修正自治會章程等密電（1948. 2. 13）……四三一
一三　國民黨首都警察廳關於中大學生反對教育部頒布《大學自治會組織法》等運動的代電（1948. 2. 29）……四三三

一四　詹明遠關於私立華北文法學院自治會選舉國民黨特務學生失敗後橫暴情形致教育部密報（1948.4.19）……四三五
一五　詹明遠關於私立華北文法學院進步學生發起成立福利委員會計劃舉辦各種福利事項等情形密報（1948.5.18）……四三七

二、國民黨破壞學聯領導各學運的鬥争

一　天津市學生聯合會成立宣言（1946.1.20）……四四一
二　昆明學聯發表對時局宣言（1946.7）……四四七
三　易同歐關於中共領導上海學聯繼續舉辦助學金勸募運動的情報（1946.8.20）……四四九
四　國民黨上海市教育局關於破壞學聯領導助學金運動呈文（1946.9）……四五一
五　于鳴皋抄送國民黨非法解散上海學聯會該會被迫轉入秘密工作情報致教育部函（1947.6.28）……四五三
六　于鳴皋抄送沈鈞儒等主持成立上海國立學校學生聯合會密報（1947.9.10）……四五五
七　國民黨非法取締南京『區學聯』組織并對其負責人實行迫害的有關文件（1947.8—1947.10）……四五七
八　國民黨特務關於昆明學聯發起助學基金運動密報（1947.11.16）……四六三
九　詹明遠關於上海學聯領導各校進行『救饑救寒』運動情報（1948.1.8）……四六九
一〇　于鳴皋抄送北京華北學聯活動的情報致教育部函（1948.1.21）……四七一
一一　詹明遠關於北京學聯被迫解散後的活動及青年學生紛紛參加的情報（1948.1.24）……四七三
一二　關於中央大學學生否認國民黨所圈定三青團學生爲學生會中國代表出席亞洲學生會議的情報（1947.2）……四七五
一三　詹明遠關於上海《學生報》報導全國學運消息情報（1948.4.27）……四七九
一四　胡雲山請限制全國學聯代表在國外活動致教育部函（1948.6.10）……四八一
一五　詹明遠關於中國『學聯』對雲大自治會之工作指示的情報（1948.10.6）……四八三

三、國民黨鎮壓反内戰反饑餓爭取民主的運動

（一）『一二·一』運動

一　西南聯大爲當地軍警放槍炮斷絶交通威脅學生會場而舉行罷課抗議電（1945.11.26）……四九一
二　雲南大學熊慶來報告聯大等四校學生開會因有槍聲威脅而舉行罷課表示抗議的電（1945.11.26）……四九三
三　國民黨中統局關於昆明聯大雲大等校『反内戰要民主』運動活動情報（1945.12.7）……四九五
四　鄭中華抄送關麟征爲『一二·一』慘案凶手狡辯并極力誣衊中共情報的函（1945.12.18）……五〇一
五　昆明周鴻經關於國民黨利用暴徒闖入聯大槍殺學生造成『一二·一』慘案經過電（1945.12.1）……五〇五
六　國民黨政府參軍處抄送中央大學響應『一二·一』慘案聲援受難者并向當局提出抗議情報的函（1945.12.15）……五〇七
七　蔣介石密派三青團團員會同軍警阻撓上海聖約翰大學『一二·一』學運代電（1945.12.18）……五〇九
八　國民黨三青團呈報成都各大學追悼『一二·一』死難同學游行文件（1945.12.26）……五一一
九　國民黨政府教育部派員赴成都視察并破壞各大中學校響應『一二·一』運動經過的簽呈（1946.1.16）……五一九
一〇　國民黨中統局關於天津學生游行反對甄審并追悼昆明死難學生的情報（1946.1.29）……五二一
一一　陳策報告破壞廣州市學生示威游行電（1946.2.13）……五二三
一二　盧漢關於國民大會開會時要聯大遷校分立并企圖收買『一二·一』死難同學家屬電（1946.2.4）……五二五
一三　盧漢預訂破壞昆市學聯舉行反内戰爲死難同學出殯五項辦法電（1946.3.16）……五二七
一四　盧漢關於破壞『一二·一』死難同學出殯電（1946.3.16）……五二九
一五　國民黨中央調查局關於昆明各學校反對任用李宗黄舉行罷課的情報（1946.3.6）……五三一
一六　國民黨血腥鎮壓昆明『一二·一』學生運動并誣衊中共經過的函件（1946.7.17）……五三三

（二）『五二〇』運動

一　中央大學學生對所謂《維持社會秩序臨時辦法》抗議書（1947.5.20）……五四三

二　京滬蘇杭十八校學聯會爲『五二〇』血案告全國同胞書（1947.5.22）……五四五

三　中大『五二〇』血案處理委員會關於『五二〇』血案紀實報告（1947.5.22）……五四七

四　關於『五二〇』慘案珠江路紀實（1947.5）……五五五

五　關於『五二〇』血案至珠江路口之詳情（1947.5）……五五七

六　中央大學學生爲『五二〇』血案告全國同學書（1947.5）……五五九

七　中大『五二〇』血案處委會告全市民書（1947.5）……五六一

八　藥專學校學生爲『五二〇』血案抗議書（1947.5.21）……五六三

九　金陵女子文理學院爲聲援『五二〇』事件宣言（1947.5）……五六五

一〇　中央大學教授會對『五二〇』血案決議案（1947.5.24）……五六七

一一　中央大學學生自治會印發爲『五二〇』血案提出要求文（1947.5.27）……五六九

一二　金陵大學自治會爲『五二〇』血案告同胞書（1947.5.27）……五七一

一三　國民黨政府青年復學就業輔導委員會關於進一步研究破壞學生運動密電（1947.5.23）……五七三

一四　詹明遠關於中大學生『五二〇』運動繼續活動的情報（1947.6.11）……五七五

一五　國民黨中政會吳煉才抄送中政會委員對處理『五二〇』學運意見摘要致教育部函件
（1947.6.19）……五七七

一六　國民黨政府教育部爲大批開除參加『五二〇』紀念會學生代電（1948.5.31）……五八三

一七　國民黨秘密派遣特務在金大破壞『五二〇』運動暴露面目後又設法轉學密函（1948.8.7）……五八五

（三）『六一』『六二』運動

一　詹明遠關於中大追悼『六一』死難同學活動的情報（1947.6.16）……五八九

二　重慶大學『六一』事件後援會宣言（1947.6）……五九一
三　詹明遠關於渝市『六一事件後援會』活動的情報（1947.6.17）……五九三
四　陳長青抄送渝市大中學校成立『六一』事件聯合後援會情報的函（1947.6.24）……五九五
五　丁伯誠關於成都各大專學校進步學生代表在華西大學召開會議以響應『六二』學運等情代電（1947.6.30）……五九七
六　國民黨阻撓和破壞蘭州大專學校發動『六二』游行活動有關文件（1947.6）……五九九
七　國民黨蘭州市警察局李汝爲報告破壞『六二』學運的函（1947.6.4）……六〇三
八　國民黨甘肅省政府關於蘭州各大專學校舉行『六二』罷課游行請願當局争取破壞開除學生加强黨團特務作用電（1947.6.6）……六〇七
九　國民黨甘肅省執委會報告蘭州市『六二』學運情況的代電（1947.6.11）……六〇九
一〇　國民黨遼寧省教育廳關於陰謀破壞所屬各級學校學生響應『六二』運動辦法代電（1947.6.12）……六一一
一一　陳長青抄送破壞北京工農學院『六二』運動等情報的函（1947.6.18）……六一三
一二　國民黨河南省政府損害人權大肆逮捕開封『六二』學運中學生并提交法院代電（1947.9.15）……六一五
一三　國民黨河南省政府報告對『六二』學運所逮捕學生處理經過的代電（1947.9.19）……六一七
一四　國民黨政府行政院關於壓制河南大學『六二』運動并逮捕學生訓令（1947.8.8）……六一九
一五　國民黨浙江教育廳爲温州中學響應『六二』學運下令解散自治會并開除有關師生等的代電（1947.7.31）……六二五
一六　關於國民黨密令處理上海『六二』學運所捕之進步青年應由軍法審判文件（1947.12.9）……六二七

（四）各地争民主反内戰反饑餓運動

一　國民黨中央秘書處檢送浙大學生自治會爲促進民主憲政宣言及轉飭嚴防公函（1945.6.16）……六三一
二　國民黨檢獲的陪都青年界爲反對内戰要求民主團結緊急宣言（1945.7.26）……六三七

三　昆明各大學主辦抗戰八周年紀念大會通電反對獨裁專制發動内戰的有關文件（1945.7—1945.9）……六四一

四　國民黨政府教育部爲嚴防重慶各學校學生反對内戰要求民主簽名運動的密令（1945.8.25）……六四七

五　關於國民黨壓制成都燕京大學展開反對内戰撤退美軍的學生運動（1945.11—1945.12）……六四九

六　國民黨政府參軍處抄送聖約翰大學學運活動及開除學生情報（1945.10.26）……六五一

七　廣州大學爭取民主反對内戰示威游行經過函件（1946.2.13）……六五三

八　張發奎等陳述廣州市學生因物價騰踴貨金不足引起學運及處理辦法代電（1946.5）……六五九

九　國民黨三青團重慶支團破壞重慶各校反内戰反饑餓運動經過文件（1947.8.1）……六六一

一〇　丁伯誠抄送由於當局經濟崩潰中山大學掀起反内戰運動情報致教育部函（1947.3.7）……六七三

一一　國民黨三青團關於破壞中山大學反内戰罷課示威運動文件（1947.3.7）……六七五

一二　中山大學舉行『反内戰反饑餓』示威游行遭到國民黨特務軍警鎮壓代電（1947.6.3）……六七七

一三　國民黨廣東省教育廳關於黨政軍團鎮壓中山大學反内戰反饑餓經過報告書（1947.6）……六七九

一四　國民黨三青團唐山分團關於特務學生破壞唐山工學院反内戰反饑餓運動引起鬥争情況代電（1947.5.31）……六八三

一五　詹明遠關於濟南省市學校學生反饑餓運動的情報（1947.8.21）……六八五

一六　聲援反饑餓反迫害運動（1947.4.17）……六八七

一七　留港各愛國黨派發表支持反饑餓反迫害鬥争號召一致奮鬥結束暴政聲明（1947.4.18）……六九一

一八　新加坡華僑各界聲援祖國學生反饑餓反内戰愛國運動（1947.6.12）……六九五

第九十册　原第四輯第五十二册（下）—第五十四册

愛國民主鬥争的工農學生運動

【三】學生運動

三、國民黨鎮壓反内戰反饑餓争取民主的運動

（五）各地争取公費助學運動

南京

一　于鳴皋抄送各大學司法組新生請給公費待遇準備請願情報的函（1948.3.2）……………………三
二　胡雲山爲全國各地學校争取全面公費運動請教育部下令對付函（1948.4.13）……………………五
三　詹明遠關於中大進步學生展開助學運動的情報（1947.8.25）……………………七
四　國民黨首都警察廳關於中大自費生因物價高漲生活困難而絶食争取公費生運動的代電（1948.4.14）…九
五　金陵大學全體學生要求國民黨政府停止對學生迫害解決經濟危機救助清寒學生給國民大會的呈文（1948.4.19）……………………一一
六　國民黨中統局抄送南京市立四中等學校公費生要求增加待遇請願并準備罷課游行情報（1947.4.4）…………一三
七　詹明遠密送南京市四中等三校公費生暑期生活無着向教育局請願的情報（1947.7.26）…………一五
八　詹明遠關於南京中等學校學生助學會會議情報（1948.2.9）……………………一七
九　詹明遠抄送南京市中等學校學生助學會運動當局采取開除學籍來破壞運動的情報（1948.2.11）……一九

上海

一　國民黨中央黨政軍聯席會秘書處關於嚴厲鎮壓上海學運代電（1948.1.31）……二三
二　詹明遠關於上海清寒同學聯合會反對提高學費要求增加統一獎金名額情報（1948.2.25）……二五
三　詹明遠關於大夏大學學生因物價飛躍威脅生活再度醞釀反饑餓運動情報（1948.3.13）……二七
四　詹明遠關於大夏學生爲助學運動發表告同學書的情報（1948.2.16）……二九

浙江

一　國民黨浙江省保安司令部報告杭市學生運動代電（1948.5.8）……三三
二　胡雲山關於浙大司法組學生争取公費運動的密函（1948.5.26）……三五
三　國民黨浙江教育廳破壞公費運動的呈文（1948.6.24）……三七
四　浙江大學司法組争取公費忍痛罷課告全國司法組同學書（1948.9.4）……三九
五　《申報》抄送浙江大學生在國民黨經濟總潰崩下呼籲半自費改爲公費告社會人士書的函件（1949.4.2）……四三

四川

一　國民黨政府重慶行轅報告各校將掀起全國性的『助學運動』代電（1947.10.16）……四九
二　國民黨四川省政府鎮壓各大專學院請發平價米學運逮捕學生百餘人電（1948.4）……五一
三　詹明遠關於重大學生要求全公費舉行罷課『學運』的情報（1948.4.1）……五三
四　國民黨成都李天民等報告有關當局破壞川華兩大學學生助學金運動電（1948.2）……五五
五　國民黨特務關於川大華大成大三校學生因米價陡漲要求政府配發平價米游行請願遭到憲警鎮壓電（1948.4.9）……五七
六　詹明遠關於四川大學等各校進步學生發起要省府配發平價米請願運動的情報（1948.4.10）……五九

其他各地

一　丁伯誠抄送中正大學争取公費運動鬥争經過的情報（1947.6.11）……六三

二　詹明遠關於中正大學爭取公費的學運情報（1947.4.7）……六五
三　國民黨中統局關於南寧南武師範學生罷課要求發足膳費的情報（1947.1.16）……六七
四　國民黨山西教育廳報告破壞學生運動各項措施密電（1947.6.3）……六九
五　關於雲大附中助學學運經過報告函件（1947.12.8）……七一
六　國民黨青年輔導處關於特務破壞南開大學『全公費』運動電（1948.3.20）……七七
七　詹明遠關於南開大學爭取公費學運活動情報（1948.4.3）……七九
八　詹明遠關於武漢大學學生爭取公費學運的情報（1948.4.27）……八一
九　詹明遠關於廣西大學自治會爭取公費運動的情報（1948.4）……八三
一〇　國民黨特務關於中共領導湖南大學助學金運動和扣留進步書刊密報（1948.5.15）……八五
一一　國民黨中央青年部編：學校動態彙編（參考資料）（1948.4.6）……八七
（六）各大中學校教員反饑餓運動
一　四川大學教授爲大學設備空虛生活困窘而罷課三天電（1945.4.13）……一〇七
二　國民黨中統局關於昆明各中等學校教職員要求補發工資調整待遇及醖釀罷教有關情報（1946.12）……一〇九
三　國民黨中統局抄送南京各中小學教職員爲年關迫近生活無着再度請願情報（1947.1.13）……一一一
四　國民黨中央秘書處等關於國立山東大學教職員罷教要求合理待遇勝利結束往來代電（1947.5—1947.6）……一一三
五　朱家驊關於防止各地響應山西大學教授要求配售實物等合理待遇遭拒絕引起罷教有關文件（1947.12）……一一五
六　白崇禧抄送武大教授劉叔真因生活困難致死引起學生反饑餓運動的情報致教育部的代電（1948.4.7）……一一七
七　詹明遠關於中正大學師生爲爭取改善待遇舉行罷教罷課的情報（1948.4.13）……一一九

八　詹明遠關於廣西大學教職員因待遇太低生活困難準備罷課的情報（1948. 4. 17）……一二一
九　國民黨四川省教育局關於破壞學生反美扶日運動及小學教員因待遇過低而罷教函（1948. 6. 11）……一二三
一〇　國民黨政府教育部專門委員報告四川各大專院校因貨幣貶值生活無法維持引起員生罷教罷課經過函（1949. 3. 31）……一二五
一一　國民黨政府交通部重慶扶輪中學因米價暴漲薪金不發員生無法生活引起罷教罷課代電（1949. 7. 29）……一二九

四、國民黨破壞反帝愛國運動

（一）反美暴行

一　關於胡適報告法庭審判美軍强奸沈崇的罪行情况來往電（1947. 1. 22—1947. 1. 24）……一三九
二　中央大學學生自治會代表抗議美軍暴行向當局提出四項要求（1947. 1）……一四一
三　詹明遠關於南京市各專科以上學校抗議美軍奸污女生的暴行舉行示威游行情報（1947. 1. 6）……一四三
四　國民黨首都警察廳破壞南京各院校反美暴行運動并對進步員生迫害的專報（1947. 1. 12）……一四七
五　反動的青年黨中委對美軍奸污女學生的罪行采取獻媚美帝想阻撓學生游行情報（1947. 1. 6）……一五一
六　國民黨政府教育部爲破壞中大等校反美暴行的運動指示四項代電（1947. 1. 18）……一五三
七　浙江大學學生自治會抗議美軍暴行要美軍撤退停止内戰的傳單（1947. 1. 3）……一五五
八　關於浙大等校學生反美暴行舉行示威游行的情報（1947. 1. 6）……一五七
九　易同歐關於中共領導上海組織學生抗暴聯合會情報（1947. 1. 9）……一五九
一〇　關於暨南大學等校反美暴行通過五項決議并舉行罷課以示抗議的情報（1947. 1. 18）……一六一
一一　關於延安報導上海學生反美暴行愛國游行情况的情報（1947. 1. 31）……一六三
一二　南開中學全體師生抗議美軍在華暴行要美軍退出中國函（1947. 1. 10）……一六五
一三　國民黨外交部駐雲南特派員王占琪報告昆明市學生抗議美軍暴行開會游行及致美領事抗議書經過代電（1947. 1. 11）……一六七

一四　詹明遠關於中山大學抗議美軍奸污女生舉行示威游行等活動的情報（1947.1）……一七一
一五　厦門大學學生嚴重抗議美軍强奸北大女生的罪行要美軍滚出中國以保證人權代電（1947.1.11）……一七三
一六　重慶市各院校聯合舉行反抗美軍强奸北大女生等暴行游行示威要國民黨負責嚴懲凶犯呈文（1947.1.15）……一七五
一七　陳介生關於國民黨軍警特務破壞重慶學生反美暴行的活動函（1947.2.14）……一七七
一八　易同歐關於重慶學生抗暴聯合會領導各校進行反抗美帝暴行鬥争情報（1947.2.20）……一七九
一九　詹明遠爲中共領導重慶各校學生召開『抗暴聯合會』決議擴大和鞏固組織等情形密報（1947.3.4）……一八一
二〇　詹明遠關於四川大學進步學生組織『抗暴聯合會』的情報（1947.3.6）……一八三
二一　國民黨政府重慶教育局要學生家長迫令學生脱離學聯抗暴會否則以不准入學爲威脅函件（1947.3.7）……一八五
二二　于鳴臯關於四川大學響應抗議美軍暴行運動的情報（1947.3.9）……一八七
二三　陳長青抄送北京學生抗暴聯合會宣言的情報致教育部函（1947.2.28）……一八九
二四　于鳴臯關於全國學生抗暴聯合會組織和活動情報（1947.3.23）……一九三
二五　詹明遠關於上海學聯抗暴會對美軍宣判暴徒皮爾遜無罪表示堅決抗議的情報（1947.7.5）……一九七
二六　國民黨政府外交部爲華北學聯會抗議美帝釋放皮爾遜向美交涉情形代電（1947.9.8）……一九九
二七　國民黨政府外交部抄送華北學聯抗議美海軍撤銷皮爾遜罪案呼籲維護國家獨立尊嚴函致教育部代電（1947.9.24）……二〇一
（二）反美扶日
一　國民黨關於中共領導學生反美扶日愛國運動情報（1948.6.29）……二〇五
二　國民黨上海警察局以武力破壞各校學生舉行反美扶日愛國示威游行電（1948.6.5）……二〇九
三　國民黨軍警破壞上海各大中學校反美扶日愛國運動的情報（1948.6.5）……二一一
四　國民黨憲兵司令部關於聯合警察特務鎮壓上海各校反美扶日愛國學生運動經過文件（1948.6.22）……二一三

五　詹明遠關於昆明反美扶日運動續聞的情報（1948. 6. 21）……二一九
六　關於昆明市各校反美扶日愛國運動的情報（1948. 6. 25）……二二一
七　國民黨外交部駐雲南特派員王占琪報告昆明學生舉行反美扶日游行美領事要求保護代電（1948. 6. 25）……二二三
八　關於盧漢提出以特務憲警大刀闊斧地鎮壓昆明市愛國進步學生運動文件（1948. 7）……二二五
九　國民黨昆明市大肆逮捕反美扶日的愛國進步學生電（1947. 7. 3）……二二九
一〇　國民黨政府内政部警察總署抄送昆明學生反美扶日反迫害舉行罷課示威游行的文件（1948. 7. 6）……二三一
一一　國民黨雲南省教育廳破壞昆明市各大中學校反美扶日所舉行罷課示威游行并逮捕學生經過呈文（1948. 7. 9）……二四九
一二　國民黨政府外交部抄送天津當局破壞學生反美扶日運動函件（1948. 6. 28）……二五三
一三　國民黨青島市教育局爲破壞各校員生發動反美扶日運動經過密代電（1948. 7. 13）……二五五
一四　國民黨政府國防部抄送反美扶日運動參考資料（1948. 7. 14）……二五七
一五　關於國民黨非法破壞旅法華僑團體支援國内學生運動文件（1948. 9）……二七七
一六　于鳴皋抄送上海學聯會領導各校反對開放對日貿易宣傳情報致教育部函（1947. 9. 15）……二八一
一七　于鳴皋抄送上海學生再度掀起學運反對開放對日貿易并要當局恢復開除學生的學籍情報的函（1947. 8. 28）……二八三
一八　詹明遠關於金陵大學發動反對開放對日貿易宣傳的情報（1947. 8. 28）……二八五
（三）反英法侵犯主權運動
一　國民黨政府參軍處抄送沙磁區學生抗議英法侵犯主權將舉行示威游行情報（1946. 1. 23）……二八九
二　國民黨重慶市警察局關於中大等校師生抗議英法侵犯我主權舉行示威大游行警察追隨監視代電（1946. 2. 4）……二九一

三 詹明遠關於上海各大專學校組織『愛國護權運動大會』及其活動的情報（1947.6.17）……二九三
四 國民黨政府行政院抄送重大等校學生抗議『九龍事件』游行請願文件（1948.1.28）……二九五
五 國民黨重慶市教育局對各校學生抗議『九龍事件』運動案阻撓辦法（1948.1.23）……二九七
六 國民黨國防部第二廳關於北京各校抗議『九龍事件』活動等代電（1948.2.4）……三〇一

五、國民黨鎮壓反迫害運動

（一）『于子三慘案』

一 沈鴻烈報告逮捕于子三等人經過電（1947.10.29）……三〇九
二 竺可楨報告于子三在保警處慘死電（1947.10.30）……三一一
三 浙江大學學生自治會控訴于子三被慘殺經過函（1947.11.12）……三一三
四 詹明遠關於浙大教授會主席對『于子三慘案』發表談話的情報（1947.11.11）……三一七
五 詹明遠關於浙大學生自治會決議繼續罷課抗議當局迫害的情報（1947.11.11）……三一九
六 詹明遠關於浙大『于子三慘案』運動的情報（1947.11.13）……三二三
七 國民黨杭州省府沈鴻烈關於浙大師生抗議當局慘殺于子三同學而罷教罷課電（1947.10—1947.11）……三二五
八 國民黨浙江教育廳報告破壞各校參加于子三治喪電（1947.12.4）……三二七
九 沈鴻烈報告浙大學運在當局脅迫下已緩和及以軍警監視聽審等情電（1947.11.16）……三二九
一〇 詹明遠關於浙大校方威脅學生自治會應決定復課否則不負安全責任等情報（1947.11.17）……三三一
一一 詹明遠關於浙江大學師生對當局不公正宣判罪狀及僞造于子三證件決定罷課以示抗議的情報（1947.11.22）……三三三
一二 胡雲山請教育部非法取締于子三圖書室的密函（1948.2.7）……三三五
一三 沈鴻烈報告關於阻撓于子三移葬經過電（1948.3.14）……三三七
一四 胡雲山爲特務學生在浙大破壞『于子三』文件運動中暴露面目請設法轉學密函（1948.7.13）……三三九

一五　詹明遠關於中大學生聲援『于子三慘案』的情報（1947.11.8）……三四一
一六　同濟大學附設高工學校軍訓團長請示破壞該校學生響應『于子三慘案』學運辦法的代電（1947.11）……三四三
一七　詹明遠關於破壞上海各校響應『于子三事件』運動并開除學生的情報（1947.11）……三四五
一八　詹明遠關於大夏大學爲響應『于子三事件』被特務學生破壞引起毆打情報（1947.11.15）……三五一
一九　詹明遠關於國民黨團特務破壞北大清華等校聲援『于子三慘案』學運的情報（1947.11.11）……三五三
二〇　丁伯誠陳述廣東省當局破壞各校響應『于子三慘案』并推行反共宣傳函件（1947.12.15）……三五五
二一　厦門大學學生爲浙大于子三被國民黨慘殺罷課三天表示抗議代電（1947.11.13）……三五七

（二）『七五』血案

一　國民黨北京教育局長王季高陳述軍警槍殺東北請願學生造成『七五』血案經過函（1948.7.6）……三六一
二　關於北平『七五』血案發生情况情報（1948.7）……三六五
三　詹明遠關於東北各界聲援『七五』血案情形的情報（1948.7.13）……三六七
四　東北各界響應『七五』血案成立後援會提出抗議活動的情報（1948.7.27）……三七一
五　詹明遠關於瀋陽學生舉行『七五』慘案控訴大會暨游行的情報（1948.7.29）……三七三
六　詹明遠關於破壞瀋陽各界抗議『七五』血案的五罷運動情報（1948.8.2）……三七五
七　詹明遠關於東北華北學生組成抗議『七五』血案聯合會南下請願的情報（1948.8.3）……三七七
八　國民黨黨團特務破壞瀋陽市人民學生抗議『七五』血案活動電（1948.8.9）……三七九
九　詹明遠關於平津各院校抗議國民黨對東北同學慘殺的情報（1948.7.8）……三八一

（三）『四一』血案

一　南京大專學校學生聯合會在『四一』血案前夕發表争生存争和平宣言（1949.3.31）……三八五
二　國民黨首都衛戍司令部歪曲報告『四一』血案發生經過及其處理情形呈文（1949.4）……三八九
三　國民黨首都警察廳報告鎮壓『四一』血案經過的代電（1949.4.2）……三九三

四 國民黨政府行政院對『四一』血案歪曲情况又佯作調查的訓令（1949.4.3）……三九九
五 中央大學報告『四一』血案學生被反動軍人毆打傷亡的呈文（1949.4.5）……四〇一
六 戲劇專科學校報告『四一』血案的真相（1949.4.6）……四〇三
七 國民黨教育部關於邊疆學校所見到『四一』慘案真象函件（1949.4）……四一一
八 建國法商學院陳述『四一』血案經過及善後意見文（1949.4）……四一五
九 國民黨軍官收容總隊製造『四一』血案却反誣害學生的報告（1949.4.3）……四一七
一〇 國民黨首都衛戍總部東區警備指揮部報告反動軍人製造『四一』血案經過呈文（1949.4.2）……四二一
一一 國民黨政府立法院爲南京大專學校『四一』血案善後處理會陳述事件具象提出請願希速予處理致行政院咨（1949.4.9）……四二七
一二 上海國立專科以上學校教授聯誼會爲『四一』血案呼籲應迅即懲辦凶犯的函（1949.4.2）……四三一
一三 中央大學等校爲『四一』血案呼籲迅速處理及保障師生安全的呈文（1949.4）……四三三
一四 湖南湘潭縣立中學爲『四一』血案慰問建國法商學院函（1949.4.14）……四三五
（四）各地反迫害運動
南京
一 國民黨首都高等特刑庭報告特務憲兵逮捕學生引起學運被迫釋放及被捕人數過多處理看守等情呈（1948.5）……四三九
二 國民黨首都衛戍總司令部關於各校抗議特刑庭拖延審理被捕學生學運并促請處理代電（1948.10.22）……四四三
三 中央大學被捕同學營救會駁斥國民黨中央社誣害同學之言論的報告（1948.7.16）……四四五
四 中大營救被捕同學委員會報告成立組織情况并要求立即釋放被捕同學呈文（1948.7.16）……四四九
五 詹明遠關於中大進步學生營救會營救同學辦法的情報（1948.8.2）……四五一
六 詹明遠關於中大進步學生呼籲營救被捕同學的情報（1948.8.2）……四五五

七　詹明遠關於中大教授對被捕進步學生之反映的情報（1948.8.2）……四五七
八　關於中央大學進步學生刊布國民黨政府迫害各校同學小統計情報（1948.8.21）……四五九
九　國民黨内政部警察總署要非法取締中大營救會告同學書及每周新聞刊物的代電（1948.10.9）……四六一
一〇　唐安邦關於金大組織被捕學生營救會學運活動代電（1948.8.31）……四六五
一一　南京臨時大學學生遭國民黨迫害向社會人士沉痛呼籲（1946.1）……四六七
一二　關於國民黨剥奪藥專學校學生結社出版自由并加以迫害的文件（1948.7）……四七七

上海

一　詹明遠關於滬東吴法學院進步學生組織保障人權會并發表宣言密報（1947.6.17）……四八一
二　國民黨政府教育部嚴防滬進步學生發動『我們要求做人』的權利簽名運動密箋函（1947.6.23）……四八三
三　國民黨政府行政院秘書處抄送上海學聯代表及被捕學生家屬代表呼籲保障人權請願書的公函（1947.6.23）……四八五
四　同濟大學奉令開除一批革命進步學生的呈文（1947.8.29）……四八九
五　詹明遠關於同濟等校抗議政府逮捕學生繼續罷課的情報（1947.6.11）……四九一
六　詹明遠關於馬叙倫在滬組織被捕學生家長後援會密報（1947.6.12）……四九三
七　于鳴皋抄送上海市公私立中學四十一校學生家長組織聯合反對校方藉故開除學生情報（1947.8.11）……四九五
八　于鳴皋抄送大同等五大學因校方非法大量開除同學而組織聯合會一致反對并呼籲保障求學情報（1947.8.15）……四九七
九　詹明遠關於上海『反退學聯合會』介紹各校被開除學生數并準備赴京請願情報（1947.8.26）……四九九
一〇　國民黨上海市政府對各大專學校反對非法開除學生擬派軍警鎮壓電（1947.8.27）……五〇一
一一　于鳴皋抄送上海市各大學學生爲反對無理勒令退學組織聯合會及其活動等情報的函（1947.8.25）……五〇三

一二　國民黨三青團中幹會關於上海市學生保障學業聯合會成立并提出減少學雜費等六項要求密函件（1947.9.24）……五〇五
一三　國民黨教育部派員赴滬協助軍警機關迫害進步學生文件（1947.11—1947.12）……五〇七
一四　詹明遠關於同濟大學『争民主反迫害』運動情報（1948.1.29—1948.1.30）……五〇九
一五　關於聖約翰大學聲援『同濟事件』延期開學情報（1948.2.19）……五一一
一六　詹明遠關於同濟學生集會要求保障學業收回非法開除學生成命的情報（1948.2.19）……五一三
一七　詹明遠關於同濟大學學業保障會聯合申九紗廠設法營救逮捕同學會議情報（1948.3.30）……五一五
一八　國民黨憲兵司令部關於滬進步學生赴杭密商學運方針致教育部密代電（1948.5.28）……五一七
一九　詹明遠關於上海進步大學生抗議同濟大學校方無理的大量解聘教授準備罷課請願的情報（1948.8.4）……五一九
二〇　復旦大學進步學生反迫害運動提出三項要求的情報（1948.4.25）……五二一
二一　詹明遠關於上海法學院學運活動情報（1947.5.14）……五二三
二二　國民黨政府教育部破壞中共領導上海國立幼專及育才中學學生運動密代電（1948.8.7）……五二五
二三　國民黨特務抄送暨南大學抗議校方非法解聘教授開除學生情報（1947.8—1947.9）……五二七
二四　復旦大學關於警察總局等非法入校逮捕學生代電（1948.8.28）……五三一
二五　國民黨上海高等特刑庭將毫無罪證學生長期羈押并移送淞滬警備司令部經過的密公函（1948.12.29）……五三三
二六　上海市商會爲特刑庭瘋狂逮捕學生進行呼籲的代電（1947.1.4）……五三五
二七　詹明遠抄送上海教育界人權保障會宣言情報（1947.3.24）……五三七
二八　國民黨政府教育部關於交通大學教授抗議軍警包圍該校傷害學生及非法逮捕公函（1947.6.19）……五三九
二九　上海被捕學生家長抗議國民黨特刑庭妨害人身自由違反憲法將其子弟移押淞滬警備司令部代電（1949.1.3）……五四一

浙江
一 國民黨中統局關於浙大自治會抗議人身迫害呼籲取消特務政治釋放費鞏教授告社會人士書的情報（1946.1.30）……五四五
二 國民黨中統局關於浙大師生致蔣介石意見書幾點的情報（1946.2.28）……五四九
三 程其保報告浙江當局準備迫害進步學生及阻撓浙大學生代表赴各校的函（1948.1.8）……五五一
四 國民黨浙江省沈鴻烈報告浙大學生抗議政府逮捕各地同學而舉行罷課一天電（1948.4.14）……五五三
五 國民黨杭州高等特刑庭抄報浙大學生罷課抗議該庭非法判刑的代電（1948.9.24）……五五五
六 杭州沈鴻烈報告英士大學學生要求遷校罷課請願經過電（1947.5.10）……五五九
平津
一 國民黨憲兵司令部關於北平師大抗議國民黨製造昆明慘案青島血案的血腥罪行代電（1946.1）……五六三
二 詹明遠關於清華大學罷考要求國民黨釋放被捕同學并確保同學安全的情報（1947.3.6）……五六五
三 丁伯誠關於清華大學教授參加保障人權宣言情報（1947.4.8）……五六七
四 北大教授發表控訴蔣政府鎮壓學運罪行宣言（1947.4.13）……五六九
五 關於國民黨軍警機關請蔣介石極力解聘和開除革命進步師生并撥專款鎮壓清華燕京兩大學學運活動文件（1947.5—1947.6）……五七三
六 詹明遠關於北大等六大學自治會代表要求廣設救濟金獎學金及保證人身自由等四項向行轅請願情報（1948.4.3）……五七五
七 傅作義關於北大清華等學校反剿民反屠殺請願游行電（1948.4.10）……五七七
八 國民黨行政院爲破壞北大清華學生反剿共反慘殺游行示威訓令（1948.7.13）……五七九
九 詹明遠抄送北京市清華等三校學生抗議國民黨政府到處逮捕學生決定罷課請願的情報（1948.8.14）……五八一
一〇 詹明遠關於胡適協同軍警迫害學生的情報（1948.8.25）……五八三

一一　國民黨天津市政府破壞各校學運的代電（1947.6.3）……五八五
一二　關於燕京大學學生抗議國民黨非法逮捕同學向社會呼籲保障人權文件（1947.10.2）……五八七
一三　國民黨北平市何思源報告該市各大學學生反迫害反饑餓罷課運動及特務學生破壞情形電（1948.4.10）……五八九
一四　北平師範學院學生自治會指控國民黨特務罪惡行爲要求保障學校和師生安全給國大的代電（1948.4.15）……五九一
一五　詹明遠關於北京各學校組織護校運動并抗拒當局傳訊進步同學的情報（1948.8.20）……五九三
一六　北洋大學學生被國民黨軍警非法逮捕代電（1948.8.22）……五九五
一七　私立正陽學院舉行『四二一』大游行的學生遭到國民黨特務暴徒迫害代電（1949.4.28）……五九七

四川

一　國民黨四川教育局任覺五關於川大等學生反逮捕請願電（1947.12.30）……六〇一
二　丁伯誠報告成都川大華大反獨裁政府反迫害運動情況的函（1948.1.31）……六〇三
三　國民黨對渝市進步學生誣爲煽動學潮之嫌而加以迫害有關密函（1947.12—1948.1）……六〇五
四　詹明遠關於重大進步學生呼籲營救被捕同學的情報（1948.7.31）……六〇九
五　國民黨特務關於川大學生請願釋放被捕同學被當局鎮壓電（1949.1.1）……六一一
六　國民黨政府教育部幫辦報告渝市當局爲鎮壓各校反迫害争生存運動的簽呈（1949.5.2）……六一三
七　國民黨政府行政院抄送四川省逮捕學生壓制學運通知單（1949.5.30）……六一七

雲南

一　于鳴皋關於雲南大學學生抗議校方無理迫令學生退學情報（1947.4.5）……六二一
二　盧漢陳述雲大及其附屬中學抗議當局非法逮捕進步人士電（1947.11.9）……六二五
三　關於中共領導昆明市學生組織人權保障會等學運情報（1947.11.18）……六二七

四　詹明遠關於雲南大學學生發起一人一信運動呼籲保障人權的情報（1948. 1. 22）……六二九
五　國民黨非法處理雲大學運并侵犯人權逮捕學生代電（1948. 7. 7）……六三三
六　盧漢關於雲大南菁兩校學生反逮捕鬥争及當局鎮壓結果電（1948. 7. 17）……六三五
七　雲南大學熊慶來關於昆明軍警迫害無辜青年學生及學生反逮捕情形致教育部函（1948. 7. 24）……六三七
八　關於昆明當局對各校學生運動采取法西斯高壓手段引起人心惶惶各方人士請予制止文件（1948. 7）……六三九

其他各地

一　國民黨政府行政院抄發河南省派軍警彈壓學運并大批逮捕學生電致教育部通知（1947. 6. 6）……六四三
二　國民黨河南省政府非法大肆逮捕青年學生電（1947. 6. 14）……六四五
三　詹明遠關於瀋陽學生抗議非法逮捕大請願的情報（1948. 8. 16）……六四七
四　詹明遠關於瀋陽當局鎮壓學生抗議非法逮捕大請願運動的情報（1948. 8. 18）……六四九
五　國民黨政府教育部爲調查學生如係共産黨員迅予開除學籍致私立南通學院密代電（1948. 8. 18）……六五一
六　詹明遠關於西北工學院『四七』血案後援會要當局懲凶賠償的情報（1948. 4. 15）……六五三
七　國民黨政府教育部轉飭從速審判東北大中學校學生因共産黨罪名遭非法逮捕密急電稿（1948. 4. 27）……六五五
八　詹明遠關於遼寧省立師專教授罷教抗議王鐵漢任意侮辱師生情報（1948. 6. 25）……六五七
九　國民黨政府教育部爲鎮壓廣西大學學運迫害進步師生訓令（1946. 3）……六五九
一〇　國立西康技藝專科學校開除及逮捕學生毛文岳爲組織扁擔隊等進行愛國民主活動呈文（1946. 11. 18）……六六三
一一　詹明遠關於反動國軍亂抓西北工學院學生當兵并加以毒打引起該校師生罷課抗議的情報（1948. 4. 14）……六六五
一二　胡雲山關於西北農學院教授因待遇過低生活困難而罷教的情報（1948. 4. 6）……六六七
一三　國民黨政府行政院秘書處轉告鎮壓臺灣省立師範學院及國立臺大學生運動的通知單（1949. 4. 8）……六六九

一四　國民黨臺灣高等法院檢察處葛之覃等報告因時局崩危大量逮捕人民學生情況覆司法行政部函（1949. 8. 20）……………………………………………………………………………………………… 六七一